JN440802

한국경제
학술총서

06

한국 금광업 발전사

박기주 지음

도서출판
해남

박기주

서울대학교 경제학 박사
경제사학회 회장(2016)
현 성신여자대학교 경제학과 교수
경제사, 경제학설사 강의

『한국 경제사』(공저)
「경제이론의 역사」
「경제사회의 이해와 비판」 외 다수

한국 금광업 발전사

초판1쇄 인쇄 2025년 11월 5일
초판1쇄 발행 2025년 11월 14일

저 자 박기주
발행인 노현철
발행처 도서출판 해남

출판등록 1995. 5. 10 제 1-1885 호
주 소 서울특별시 마포구 마포대로8길 9 영명빌딩 405호
전 화 739-4822
팩 스 720-4823
이 메 일 haenamin30@naver.com
홈페이지 www.hpub.co.kr

ISBN 978-89-6238-209-9 93320

이 저서는 2021년 대한민국 교육부와 한국학중앙연구원(한국학진흥사업단)을 통해 K 학술확산연구소사업의 지원을 받아 수행된 연구임(AKS-2021-KDA-1250002).

머리말

정치·경제적으로 혼란하였던 1980년대에 학계에서는 한국 경제의 현실을 어떻게 규정하고 변혁할 것인가를 둘러싼 사회구성체 논쟁이 있었다. 이 같은 실천적 과제를 안고 많은 경제학도들이 대학원에 진학하였으며, 그들의 일부는 한국경제론을 그리고 일부는 한국경제사를 연구하였다. 저자는 병역을 마치고 진로를 고민하다가 대학원에 진학하여 한국경제사를 연구하기로 작정하였다. 사회구성체 논쟁은 한국 사회의 모순과 특징이 식민지기에서 비롯되고 해방 후에 심화되었다는 인식하에 식민지기의 역사적 경험과 그 유산을 분석하는 연구의 중요성을 크게 부각시켰기 때문이다. 당시에 한국 사학계를 중심으로 지배적 학설이었던 '자본주의 맹아론'은 조선 후기에 자생적인 자본주의 발전 가능성이 싹트고 있었음을 주장하며, 일제의 식민지 지배가 이러한 내재적 발전을 왜곡하거나 중단시켰다는 논리를 가지고 있었다. 그러나 사회구성체 논쟁의 양대 축의 하나인 식민지반봉건사회론은 자본주의 맹아론을 비판하면서 조선 후기 사회가 봉건적 성격의 사회임을 강조하고 일제 강점기가 봉건적 잔재를 유지·강화하거나 혹은 자본주의 발전을 왜곡된 형태로 이끌었다고 주장하였다.

그런데 3저 호황 이후 한국 경제가 성장을 하고 안정을 찾으면서 그동안 한국 경제에 대한 비관적 인식이 서서히 달라지기 시작하였다. 한국이 그동안 전례 없는 고도의 경제성장을 달성하며 산업화를 이루었음이 국내외 학계의 주목을 받았다. 1980년대 말에 등장한 개발국가론은 강력한 정부가 전략 산업 육성을 위해 자원을 배분하면서 성장을 주도하였다고 본 반면, 세계은행을 중심으로 주류 경제학 진영에서는 정부 정책이 시장 친화적이었음을 강조하였다. 한국 경제의 성공에 대한 이러한 인식은 그것을 가능하게 한 역사적 배경과 관련하여 경제사 연구 방향을 새롭게 설정해야 할 필요성을 불러일으켰다. 게다가 식민지기에 자본주의적 생산관계가 확산되고 특정 산업이 성장하였다는 사실 자체를 부인하기 어려워지면서 이에 대한 해석의 다양성이 커질 여지가 생겼다.

학회가 아직 활발하지 않았던 시절에 한국경제사 연구자들은 학교 부근에서 모여 거의 매월 세미나를 하였다. 대학원생은 물론이고 이미 대학에 자리를 잡은 선배도 참여한 이 세미나 모임은 일종의 학문적 공동체의 역할을 하였다. 경제사 연구자들은 대체로 자본주의 맹아론과 그 연장인 식민지 수탈론이 한국 경제의 장기적 변화를 설명하기에는 많은 한계가 있다는 생각을 공유하였다. 이에 자본주의 맹아론을 대체할 수 있는 실증적 연구와 일본의 지배가 한국의 전통 사회에 어떤 변화를 가져왔는지를 규명하는 연구가 진행되었다. 식민지기에 대한 연구는 식민지반봉건사회론의 관점으로부터 자본주의적 생산관계의 발전이라는 관점으로 이행하였다.

한국경제사 연구자들 다수가 관심을 가졌던 것은 주요 산업인 농업과 공업이었다. 저자는 대표적인 자원수탈적 산업이고 공업에 필적할 만큼 생산과 노동자 수가 단기간에 급증한 광업에 관심을 가졌다. 석사 과정에서 1930년대 조선산금정책에 대해 연구하였으며 이후 박사 과정에서 근대적 제도와 기술의 변화에 주목하면서 개항기와 식민지기의 금광업사를 연구하였다. 기술과 제도는 전근대적 산업이 근대적 산업으로 변화하는 과정에서 가장 역동적 원천 또는 원동력이라고 할 수 있다. 역사학자들의 일반적인 의식 속에 자리 잡고 있는 마르크스의 통찰에 의하면, 자본주의적 경제 체제의 출현에 결정적인 역할을 한 것은 근대적 기술(과학적 지식과 기계화)이었다. 한편, 노스(D. North)는 근세 유럽 각국의 재산권 제도를 비교하면서 경제 발전에서 그것이 갖는 중요성을 강조하였다. 그의 연구는 경제사 연구자들이 근대적 제도가 자본주의적 발전에 필수적임이 인식하도록 하였다.

역사 연구자에게는 다른 연구자들이 이용하지 않은 새로운 자료를 발굴하는 것처럼 기쁘고 즐거운 일은 없다. 연구 진행 과정에서 규장각의 고종시대 공문서 마이크로필름 자료를 이용할 수 있어 개항기 광업의 구체적 실태를 좀 더 분명히 이해할 수 있었다. 또한 식민지기에 조선인 광업계가 발행한 두 종의 잡지(『광업시대』와 『광업조선』)를 발굴하여 조선인들의 광업활동을 파악할 수 있었으며, 식민지기의 광업 현황과 통계를 수록하여 매년 발행된 『조선광업의 추세』 1938년과 1941년도분을 발굴함으로써 광공업 관련 통계의 공표가 제한된 시기의 통계를 연장할 수 있었다.

경제사 연구자들은 소수였지만 해야 할 연구 분야가 광범위했기 때문에 저자는 학위를 취득한 후에 필요에 따라 물가, 농업, 재정, 무역, 석탄광업 등 다양한 분야에 걸친 연구를 하였다. 저자를 학문의 길로 이끌고 지도하신 은사 안병직 선생님의 지론은 한 분야를 깊이 탐구하라는 것이었지만 외람되게도 그 지도를 성실하게 따르지 못하였다. 안 선생님은 제자들이 함께 모여 지속적인 연구활동을 할 수 있도록 공간을 마련해 주셨을 뿐 아니라 자료에 기반한 경제사 연구를 강조하시면서 후학들을 위해 국내 다른 곳에 없는 중요한 자료를 구비해 주셨다. 덕분에 저자도 개인으로는 구입하기 어려운 『통상휘찬』과 『구한국관보』 및 『조선총독부관보』 등을 손쉽게 이용할 수 있었다. 이들 자료는 개항기와 식민지기 연구에 이용 가치가 매우 높은 중요한 자료들이다. 안 선생님의 지도편달과 희생에 머리 숙여 감사드린다.

다양한 주제의 연구를 하다 보니 학위논문의 주제였던 금광업사에 관한 책을 출판할 생각을 하지 못하였다. 그러나 비록 시중에 내놓기에 변변치 않은 연구이지만 전근대와 근대를 망라한 산업사로서의 의미가 있어 이 책을 출판하기로 하였다. 개항기와 식민지기 금광업에 대해서는 학위논문과 학술지에 게재한 논문을 수정·보완하였으며 개항기 이전의 조선시대 금광업에 대해서는 기존 연구를 비판적으로 고찰한 논문을 추가하였다. 일본인명 및 회사명은 외국어 한글 표기법에 따랐으며 조선에서 설립된 회사는 한자의 한글 발음을 따랐다. 해방 전에는 금광업이 비교적 큰 비중을 차지하였지만 해방 후 남한은 석탄과 텅스텐광 중심이었기 때문에 금광업사 연구가 해방 후로 이어지지 못한 점은 한계로 남아 있다. 마지막으로, 한국경제 학술총서로 출판할 수 있는 기회를 제공해 준 조영준 교수님(서울대)과 원고의 감수를 맡아 매우 유익한 제언으로 내용을 개선할 수 있도록 해 준 박이택, 배석만 두 분 박사님과 출판을 위해 많은 수고를 아끼지 않은 해남출판사 사장님과 편집진에게 감사드린다.

2025년 10월

박기주

차례

서장

연구 과제와 시각

1945년경의 조선인은[1] 그로부터 반세기 전보다 반세기 후의 사회와 더 동질적인 사회에 살고 있었다. 설사 그렇지 않다 하더라도 그들은 일본의 지배가 시작되기 전의 조선인과는 상당히 다른 사회 속에 살고 있었음이 분명하다. 식민지 지배는 식민권력이 식민지로부터 이윤을 획득한다는 의미에서 착취적이라고 할 수 있지만, 방식과 효과가 매우 다양하기 때문에 사회관계를 변화시키고 전통 산업을 파괴하고 농업 생산성을 높일 수도 있으며 반대로 그렇지 않을 수도 있다. 식민지 조선은 처음에는 일본의 농산물 공급지였고 후에는 특수한 의미의 산업기지였으며, 그것이 비록 전자본주의적 사회관계를 완전히 뒤집지는 못하였지만 자본주의적 관계의 기초를 제공하였다. 즉, 근대적 소유권 제도의 확립, 시장경제의 확산, 근대적 산업시설, 임노동자의 성장, 숙련노동자의 형성, 규율과 의무에 대한 적응, 국제교역의 확대, 집권적 국가기관 등등이 그것이다 (Hamilton 1986). 물론 식민지기에 각종 제도의 변화와 농업 생산성의 향상 및 산업의 성장은 일본의 요구에 따라 왜곡된 형태로 전개되고 조선인의 요구는 종종 무시될 수밖에 없었다는 점에서 수탈적 성격을 동반하는 것이었다. 가령 농업 생산성의 향상에도 불구하고 1인당 쌀 소비량은 증가하지 않았고, 근대적 제도가 도입되었지만 민족 간 불평등은 사라지지 않았으며, 농업 발전 및 경제성장이 달성되었지만 차별적 정책의 결과로 인적 자본의 형성은 부진하였다(Myers and Peattie eds. 1984). 이처럼 제국주의의 식민지 지배는 개발과 수탈이라는 상호 이질적이면서도 동전의 양면과

---

1 편의상 해방 이전의 한반도를 조선이라고 통일하였으며, 사실상 일본의 지배를 받는 1905년부터를 식민지기로 표현하였다.

같은 모습을 갖고 있다.[2]

식민지기에 관한 국내 연구는 대개 일본 제국주의의 수탈과 그에 대한 조선인의 저항이라는 시각에서 접근하였다. 일본은 식민지 지배를 통해 자국이 필요로 하는 식량 및 자원을 획득하였으며, 기존의 연구는 그것을 수탈로 표현하였다. 일본 제국주의의 수탈에 대한 조선인의 저항을 밝히는 것은 역사 연구의 중요한 일부분인 것은 분명하지만 그러한 저항이 단순히 민족의식의 자각으로서가 아니라 토대의 변화에 기초하여 설명될 필요가 있다. 따라서 전후 시기와의 관련 속에서 식민지의 경제 영역에서 나타난 변화의 내용과 흐름을 파악하는 것이 중요하다. 물론 식민지기의 경제적 성과는 일본인 자본이 주도하고 자국의 이해를 관철시켜 나간 결과였지만, 그 속에서 조선인의 경제활동과 양식은 자본주의에 보다 적합한 것으로 변하였다. 일본의 지배가 없었더라도 그런 변화가 가능하였을 것이라는 반사실적(counterfactual) 진술은 지배의 부당성을 주장하는 데는 도움이 될지 모르지만, 조선 후기 이래 상품화폐경제의 발전이 자본주의적 발전으로 이어질 가능성은 희박하였다. 변화의 계기는 밖으로부터 주어졌으며, 조선은 주체적 변혁을 달성하는 데 실패하고 마침내 일본의 식민지로 전락한 것이 역사적 현실이다.

식민지기를 통해 조선인이 객체가 아니라 주체로서 어떤 변화를 경험하였는지를 파악하는 것이 중요하다는 시각으로 바라본 식민지 시대상은 토지조사사업, 농업 발전, 공업화, 조선인 자본가 및 노동자에 관한 일련

---

2 松本俊郎(1988)은 관동주 및 만철부속지에서 만철에 의한 공업화가 일본이 의도한 일본 자본에 의한 독점적 개발로 끝나지 않고 중국 자본에 의한 공업화를 촉진하였으며 민족 자본을 대두시켰음을 지적한다.

의 연구들 속에서 많이 구명되었다. 다소 무리가 있을지 모르지만 이들 연구의 논지는 다음과 같이 요약할 수 있을 것으로 생각한다. 첫째, 토지조사사업에 관한 연구에서 많이 강조되었지만 식민지기에 근대적 소유권 제도가 도입되었다. 둘째, 국내총생산이 처음에는 농업의 발전에 의해 그리고 나중에는 공업화의 전개에 의해 급속하게 증가하였다. 셋째, 공업화는 일본인 자본에 의해 주도되고 산업구조도 일본의 요구에 따라 재편되었지만 국내 분업 관련이 점차 확대되고 조선인 회사나 공장도 꾸준히 증가하였다. 넷째, 그러나 식민지적 상황으로 인해 조선인의 주체적 능력이 질적으로 성장하는 데는 한계가 있었다.[3] 이 책은 이러한 선행연구와 동일한 시각에서 금광업을 소재로 하여, 식민지기의 변화가 금광업에서 어떻게 관철되고 있으며 그 가운데서 조선인이 어떤 변화를 경험하게 되는가를 구명하려고 한다.

금광업을 연구 대상으로 삼은 것은 다음과 같은 이유에서이다. 첫째, 금광업이 식민지기의 산업구조에서 차지하고 있는 비중 때문이다. 일반적으로 광업을 포함하는 광공업 비중을 1930년대의 공업화 지표로 삼고 있지만 공업화에 관한 논의에서 광업은 비교적 무시되어 왔다. 그러나 사실 1930년대에 공업보다 광업이 더욱 급성장하였으며, 특히 노동자 수에서는 1930년대 말에 양 부문이 서로 비슷하였다. 광업에서 압도적인 위치를 차지하고 있던 것이 금광업이었으며, 그것은 1920년대의 도작(稻作)농업에

3 조선인이 기능자나 기술자가 되는 것은 기술천시의 관념, 차별적 교육정책, 조선인 정체성의 부정이라는 3중의 벽을 넘어야 하기 때문에 순탄하지 않았으며, 조선인 공업은 초기 단계였을 뿐 아니라 성장 전망이 어둡고 일부 업종에 심하게 편중되었다는 등의 한계를 갖고 있었다(안병직 1993; 허수열 1993).

비견되는 1930년대 중요 정책의 대상이었다. 둘째, 금광업은 식민지기에 조선인이 어떤 변화를 경험하게 되는가를 볼 수 있는 좋은 장이기 때문이다. 금광업은 전적으로 일본의 수요에 기반하여 발전하였으며 또한 생산의 대부분을 식민지 당국의 정책적 지원 속에서 일본인 자본에 의해 장악되어 있었다는 점에서 식민지 산업의 전형이었다. 그러나 동시에 금광업의 발전 과정 속에서 많은 조선인이 근대적 노동자로 포섭되어 가고 있었음은 물론이며, 특히 1932년 이후를 조선인의 진출기라고 할 정도로 많은 조선인이 광업가로 활동하고 있었다.[4] 셋째, 금광업은 식민지 산업의 전형이지만 신종 산업이 아니었다는 점에서 역사 연구의 화두이기도 한 연속과 불연속, 근대와 전근대의 문제를 포함하기 때문이다. 금광업은 금의 역사가 오래된 것처럼 이미 오래전부터 존재하였으며, 18세기 후반 이후에 특히 사금 채굴의 형태로 존재하였다. 또한 기존의 연구가 자본주의 맹아로서 주목하고 있는 덕대제라는 독특한 노동조직이 식민지기에까지 이어지고 있었다. 따라서 우리는 금광업을 통해 전근대적 제도 및 노동조직의 해체 또는 변화를 적절히 관찰할 수 있다.

이 책이 연구의 중심축으로 삼은 것은 제도와 기술이다. 먼저, 광업의 근대적 발전이 가능하기 위해서는 자유로운 개발이 허용되어야 한다. 광업자유주의는 근대의 산물이며, 근대 이전의 사회에서는 광물 채굴이 특정인(후술하는 바의 왕유권자)에 의해 끊임없이 간섭받고 있었다. 개발의 자유를 의미하는 광업자유주의는 광업가에게 배타적이고 이전이 자유로운

---

4 近藤忠三(1943)은 금광업에 대해 1917년까지 외국인 전횡시기, 1918-1931년의 외국인 구축시기, 특히 1932년 이후를 조선인의 진출시기로 구분하였다.

권리가 부여됨으로써 비로소 가능하게 되었다. 근대적 광업 제도의 핵심은 바로 그러한 광업권 제도에 있으며, 이 광업권은 일종의 사적 재산권이다. 경제성장의 기본 요건인 효율적인 경제조직은 재산에 대한 배타적 권리와 자유로운 이전의 보장을 요구하므로(North and Thomas 1973), 광물채굴권을 완전한 사적 권리로 인정하는 광업권 제도는 바로 광업 발전을 위한 전제이기도 하다. 반면 전근대 사회에서는 광물채굴권이 인정되지 않거나 제한된 범위에서밖에 인정되지 않았으며 따라서 장기적 차원에서 광산을 개발한다는 것은 불가능하였다.

다음으로, 기술은 산업의 특징과 발전단계를 보여 주는 지표이다. 근대 산업의 특징은 기계를 이용한 생산, 즉 근대적 기술 체계를 갖춘 생산이라는 데 있는 반면 전통 산업의 특징은 수공업적 기술로 가족노동 또는 소수의 고용노동에 의존하는 소경영 생산이라는 데 있다. 전통 산업 중에 근대적 기술이 이식되어 근대 산업으로 발전하는 경우가 있는데, 광업이 그 한 예라 할 수 있다(西川俊作 · 阿部武司編 1990). 전통적 광업은 소규모의 수노동에 의한 단순협업의 형태였다. 이런 기술적 조건과 맞물려 광산 소유자는 광산을 청부제로 운영하였으며, 청부인은 채굴이 용이한 부광대만을 골라 채굴하므로 광산의 수명이 매우 짧을 수밖에 없었다. 그러나 이런 전통적 광업은 기계가 사용되면서 근대적 광업으로 변하였다. 광산의 기계화가 진행되면 청부제는 점차 사라지고 광산 소유자가 직접 생산활동을 통제하게 된다. 따라서 광업의 근대화는 생산에 기계가 사용되고 그에 대응하여 고용관계도 근대적인 형태로 바뀌는 것을 의미한다(吉城文雄 1979).

금광업에 관한 연구는 주로 조선시대와 개항기에 집중되어 있으며, 광업에서의 자본주의적 발전과 일본 제국주의의 자원 침탈에 초점을 맞추었다. 1960년대 이래의 자본주의 맹아론은 비판적인 다수의 실증적 연구에 의해 진부해졌지만 분야에 따라서는 여전히 통설로 남아 있으며 광업 분야가 특히 그러하다. 자본주의 맹아론의 관점에서 조선시대 광업을 연구해 온 유승주(1993)는 물주제하에서 덕대와 혈주가 자본주의적 경영을 하였다고 이해하였다. 임병훈(1981) 역시 물주제하의 덕대 경영을 매뉴팩처 단계의 자본주의적 경영으로 파악하면서, 덕대를 실질적인 광산 경영자라고 하였다. 홍희유(1979)는 상인 물주의 경영자적 역할을 강조하고 있다는 점에서는 앞의 두 연구와 차이가 있지만, 금광의 생산조직 형태를 매뉴팩처로 보는 점에서는 동일하였다. 이상의 연구가 덕대제 경영을 매뉴팩처로 이해하는 가장 큰 이유는 매뉴팩처이면 자본주의적 경영으로 볼 수 있기 때문이었다.

개항기의 금광업에 대한 일본에서의 연구[5]는 조선산 금에 대한 수요와 금 유출 메커니즘을 잘 설명하였다. 이들 연구에 의해 개항기의 무역 확대와 일본의 금본위제 성립에 의해 조선산 금에 대한 수요가 증가하였음이 명확하게 되었다. 국내에서의 연구는 자본주의 맹아론의 연장선상에 있으며 자본주의적 발전이 개항 이후에는 저지되었다고 하였다. 박찬일(1982)은 개항기에 사금광의 덕대제를 매뉴팩처 경영으로, 덕대를 기업가로 파악하였다. 그는 조선 후기에 민영 광업이 발전하면서 생산자(중의 우두머리)가 상인의 선대제적 지배하에 있다가 개항기에 기업가적 존재로 성장하는 것으로 이해하였다. 임병훈(1983; 1988)도 개항 전반기에 생산이 활발하였던 영흥 사금광의 덕대와 광부가 자본-노동의 관계이며 따라서 덕대제가

5 姜德相(1966); 村上勝彦(1975); 大森とく子(1976); 小林英夫(1979); 廣瀬貞三(1984; 1985).

자본주의적 경영이라고 하였다. 임병훈은 덕대제 경영의 발전이 개항 후 외상의 진출로 저지되었다고 하며 박찬일도 개항 이후 유리해진 가격조건이 덕대의 자본축적을 어느 정도 자극하였지만 보호조약 이후 일본 자본의 진출에 의해 발전이 굴절되었다고 하였다.

그러나 덕대제가 자본주의적 발전 전망을 갖는다고 보기에는 실증적·논리적으로 여전히 많은 문제가 있다. 모든 연구는 덕대제의 생산관계적 측면을 중시하여 덕대를 경영자 혹은 기업가로 표현하고 있지만, 생산물의 대부분을 물주에게 양도해야 하고 상인·고리대 자본의 수탈에 의해 발전이 저지되고 있는 덕대를 과연 자본주의적 발전 전망을 가진 기업가적 존재로 볼 수 있는지 의문이다. 또한 대부분의 연구는 덕대제하의 사금 채굴을 분업적 협업으로 인식하고 그것을 근거로 하여 덕대제가 매뉴팩처에 근접한 것으로 보고 있지만[6] 그것을 설득력 있게 실증하였다고 보기 어렵다.

기존의 연구가 안고 있는 문제는 다음 두 가지 점에서 비롯된다고 생각된다. 첫째는 광업이 갖고 있는 산업적 특징을 간과하고 있다는 점이다. 광업은 자연조건에 크게 의존하며 작업장이 고정되어 있지 않고 분산되어 있으며, 광부 개인의 숙련에 의존하는 바가 크기 때문에 작업에 대한 감독과 통제에 상당한 어려움이 있다. 특히 금광업은 모든 작업 과정에서 광물 도난의 가능성도 있기 때문에 감시비용이 매우 커질 수밖에 없다. 이런 작업조건의 특성상 광업은 하청제(혹은 청부제)가 가장 쉽게 성립할 수 있는

---

6 홍희유는 석금광에서는 분업적 협업인 매뉴팩처가 발전할 수 있지만 사금광의 작업은 단순협업이라고 하였으며, 박찬일은 분업적 협업임을 주장하면서도 덕대제가 소상품 생산이며 극히 예외적으로 매뉴팩처인 것으로 보고 있다.

산업이다. 덕대제도 그런 하청제의 한 형태에 불과하므로 그 속에서 자본주의적 발전을 전망하는 것은 무리이다.[7] 물론 청부자는 소유자로부터 광산의 일부를 하청받아 생산활동을 해나가는 존재로서, 광산 소유자 및 광부와의 관계에서 다양한 모습을 보일 수 있으며, 또한 작업에 필요한 자금을 제3자로부터 조달할 경우에 자금을 제공하는 물주와도 그 관계가 다양할 수 있다. 따라서 덕대가 자본을 축적하고 광부를 임노동자로 고용할 가능성이 전혀 없는 것은 아니다.

둘째는 물주와 덕대, 그리고 광부, 이들 3자의 관계 속에서 광업을 이해하고 있다는 점이다. 그러면서도 모든 연구가 언급하지 않을 수 없었던 존재가 있는데 그것은 바로 광산의 관리였다. 가령 박찬일은 그들이 바로 중요한 자금 공급자이며 유력한 물주라고 하였다. 임병훈은 관리들이 수세·상납 과정의 중간 수탈자이며 덕대의 지속적이고 계획적인 경영을 저지하고 있었다고 하였다. 기존의 연구는 광산 관리가 덕대제 경영에 매우 중요한 영향을 미치는 존재들이었음을 인정하면서도 그들에 관해 피상적 수준의 이해에 머무르고 있다. 정부가 광산을 독점하고 있는 제도하에서 광산을 책임지고 있는 자는 왕이 임명하여 파견한 관리였다.[8] 덕대제를 하청의 한 형태로 볼 수 있는 것도 결국 그런 광업 제도의 틀 속에서이다. 따라서 덕대제에 관한 이해에 앞서 광업 제도의 특징이 먼저 파악되어야 할

---

7 자본주의 맹아론의 선상에 있는 기존의 연구와 달리, 김양식(1997; 2000)은 덕대제가 자본주의적 발전 전망을 갖고 있지 못하며 생산물을 분배하는 가부장적이고 봉건적인 노동자 집단이라고 하였다.

8 박기주(1996)와 양상현(1998)은 파원이 광산 경영을 책임지는 실질적 경영자에 가까우며 그들의 임무는 자본을 투자하여 광산을 경영하고 광세를 납부하는 것이었다고 하였다.

것이다. 이러한 점에서 본다면, 고승제(1959)가 덕대제를 노동관리기구 및 수세기구의 하나이며 오히려 광업의 근대적 발전을 제약하는 근본 요인으로 본 것은 일정한 의미가 있다.

기존의 연구는 생산과 분배에 중요한 영향을 미치는 광업 제도에 대한 명확한 인식이 부족하였다. 그 결과 유승주(1976)는 1881년의 수세(收稅) 허가 조치로 자유로운 채금이 허용되어 근대적 광업이 발전할 소지가 마련되었다고 하고, 이배용(1984)은 정부가 주도적으로 광업 근대화의 노력을 하였으나 일본의 침략으로 좌절되고 말았다고 하였다. 또한 1895년에 제정된 「사금개채조례」와 관련해서는 비록 적극적인 광업정책과는 거리가 멀다고 해도 그것에 의해 광업행정 체계가 마련되고 덕대의 자본축적이 가능하게 되었다고 평가하였다. 박찬일은 더 나아가 조례가 '금광업의 자본주의적 경영을 인정'하였다는 점에서 최초의 근대적 광업법이라고 평가하였다.[9] 그러나 당시의 광업 제도가 민간의 자유로운 채금을 허용하고 있었다고 할 수 없을 뿐 아니라, 조례가 어떤 점에서 덕대의 자본축적을 가능하게 하였으며 근대적 법령이라 할 수 있는지 의문이다.

제도 측면에서 볼 때, 일본이 통감부 설치 직후인 1906년에 「사금개채조례」를 폐지하고 「한국광업법」을 제정한 것은 큰 변화를 의미한다. 그런데 이 광업법에 관한 연구는 주로 일본의 수탈에 초점을 두고 있다. 村上勝彦(1975)은 일본이 광업법을 통해 자원 수탈을 도모하면서 광업권 취득에서 내·외국인의 차이를 두지 않음으로써 서양의 자본에 의한 광산개발

9 그러나 동시에 그는 조례에 반영되어 있는 광업정책이 개항 전 설점수세의 연장이며 오직 봉건지대에 해당하는 광세를 징수하는 정책일 뿐이라고도 평가하였다.

을 기대하였다고 한 반면, 長島修(1977)는 광업법의 내·외국인 평등 규정에 의해 일본인의 자원 취득을 촉진하고 왕실광산을 광업법의 적용을 받지 않는 지역으로 유보함으로써 독점적으로 지배하려 하였음을 강조하였다. 이배용(1989)은 「한국광업법」 제정의 의도 중 하나가 왕실광산의 폐지라고 하였지만 그것을 단지 수탈적 측면에서 해석하였을 뿐이다. 광업법은 일본이 조선 광업을 지배·수탈하기 위한 것이었다 할지라도 구 제도의 폐지와 근대적 채굴권 제도의 성립을 의미하는 것이었다는 점에서, 기존 연구에서 「한국광업법」에 대한 그 같은 제도적 평가는 미흡하였다.

식민지기의 광업에 관한 연구는 수적으로 적을 뿐 아니라 기초적인 광업 통계를 통해 광업의 전반적 추이를 설명하는 개론적 수준에 불과하며 모두 자원 수탈이라는 측면에 초점을 두고 있다. 그러나 광물 생산의 증가와 일본으로의 이출이 증가하였지만 동시에 자본주의적 관계가 확대되고 근대적 기술이 도입되었으며, 그 속에서 조선인이 수탈의 대상으로만 머문 것이 아니라 능동적인 변화를 경험하고 있었던 것은 아닌가. 그러나 기존의 연구는 일본인의 광산 침탈이 재래의 덕대제를 폐지하여 조선인 광업가들의 자본축적을 근원적으로 봉쇄하였으며 조선의 광업이 가졌던 선진적 성격이 왜곡되었다고 한다(이배용 1989). 일본의 지배에 의해 자생적 발전의 길인 덕대제가 폐지·왜곡되고 조선인의 광업 진출이 제한되었다는 이러한 인식은, 새로운 제도하에서 조선인의 광업 진출이 꾸준히 증가하여 1930년대에는 광구 출원 및 허가에서 일본인을 능가하였으며 조선인 광업가들 사이에서도 덕대제에 대한 비판적 인식이 나타나고 있었던 사실과는 모순된다.

小林英夫(1967)의 조선산금장려정책에 관한 연구는 식민지기의 금광업에 관한 구체적인 연구라고 할 수 있지만, 그의 연구는 정책 분석에 치중하였기 때문에 산업사적 관점에서 일본인 자본의 금광업 지배 메커니즘이나 일본인 자본의 진출에 따른 광업 기술의 변화, 경영 방식의 변화, 고용관계의 변화 등과 같은 산업상의 변화가 무엇인지를 설명하지는 못하였다. 한편, 1920년대부터 이미 조선인 중에서 성공한 광업가가 출현하고 또 1930년대에 그 수가 크게 늘어 1937년에 조선인은 전체 금 생산액의 25%를 생산하였지만(朝鮮銀行調査部 1948) 조선인 광업가에 관한 연구는 개인의 사적을 탐구하는 정도이다(김준헌 1987; 방기중 1996; 배석만 2016). 다만 서두에서 언급하였듯이 식민지기에 조선인의 역사적 경험에 중점을 둔 많은 연구가 있는데, 그 속에서 조선인 광업회사의 설립이나 조선인 광산노동자·기술자와 관련된 사항들을 가끔 발견할 수 있다.

조선시대에 대내외적 이유로 개발이 억제되었던 조선의 금광업은 개항기에 대일 금 수출에 자극받아 활발하게 개발되지만 제도적·기술적으로는 발전을 이루지 못하였다. 개항기에 광산은 열강들의 이권쟁탈 대상이었으나 통감부 시기에 일본이 제3국을 조선의 광업으로부터 배제함과 아울러 새로운 광업 제도를 도입하였다. 금광업이 근대적 기술 체계를 갖춘 산업으로 성장하는 것은 1930년대였으며 그 이전은 근대적 금광업 발전을 위한 조건들이 마련되는 시기였다고 할 수 있다.[10] 일본으로부터 새로

10 1921년에 열린 임시광업조사위원회 제1부의 조사보고서는 "「한국광업법」이 조선 통치의 제1착으로 발포되었던 상황이어서, 안으로는 법의 위력이 아직 발휘되지 않았으며, 밖으로는 외인이 권리를 농단하고 있어 그것을 정리·개혁하는 데 정부는 거의 전력을 경주하여 전혀 다른 것을 생각할 여지가 없었던 것이 사실이다. 그렇기 때문에 그 시대는 조선 광업정책상 요람시대로, 구폐 타파 외에 거의 논할 만한 것이 없다"고 하였다(『일본광업회지』 437호, 1921: 464).

운 제도와 기술이 이식되면서 구래의 전통적 광업은 근대적 광업으로 발전할 수 있었다. 이러한 변화를 분석하기 위한 이 책의 구성은 다음과 같다.

제1장에서는 개항 이전의 조선시대 광업상을 재구성하는 것을 과제로 하였다. 조선시대 광업을 자본주의 맹아론에 입각하여 설명하는 기존의 연구를 비판하고 제도적 특징 속에서 광업의 실태를 구명하였다.[11] 동·서양을 막론하고 근대 이전에 광물에 대한 권리는 왕유권에 속하였다. 따라서 광업개발에 대한 권리는 왕유권자에게 있었으며 광산은 정부가 파견한 관리가 운영하는 관영이거나 민간에 채굴을 허가하고 수세하는 민영의 형태가 있었다. 제1절에서는 대체로 광산개발을 억제하는 가운데 광산 운영을 부역동원에서 설점수세 방식으로 바꾼 조선왕조의 광업정책을 살펴보았다. 제2절에서는 광산 관리를 위해 파견된 광산 관리(또는 징세인)와 그들의 성격을 설명하고, 제3절에서는 기존의 연구가 주목해 온 광산의 작업방식과 덕대, 점군, 물주의 성격과 그들간의 관계를 설명하였다.

제2장에서는 개항기 금광업의 실태를 밝히는 것을 과제로 하였다. 개항 후 무역이 확대되고 일본에서 금본위제가 성립하면서 조선산 금에 대한 수요가 점차 증가하였다. 금은 조선의 중요한 수출품이었지만, 금 수출의 추이가 반드시 수요 측면에 의해서만 결정된 것은 아니었으며, 정부의 광업정책에 의해서도 큰 영향을 받았다. 제1절에서는 개항기에 금 수요 증가 요인인 대일·대청 무역의 추이와 일본의 금본위제 성립 및 금 가격의 추이가 생산에 미친 효과를 설명하였다. 제2절에서는 당시 정부가 추진한

11 근대 이전의 광업 통사로는 이정인·이터섭(2021)이 있다. 그것에 의하면 고려는 초기부터 국가가 관리 운영하는 관영광산이었으며 파견 관리의 감시와 통제하에 광물을 채굴, 제련하였다.

광산개발 및 「사금개채조례」에서 파악되는 광업 제도의 특징을 설명하였으며, 제3절에서는 당시 광업 제도의 특징이 광산의 지배구조나 관리에 어떻게 반영되었는가를 징세인을 통해 구명하였다. 제4절에서는 이런 제도에 의해 기본적으로 규정되면서 생산을 담당해 온 덕대제하에서의 작업 방식과 작업 규모를 살펴보고 덕대의 역할 및 광부와의 관계를 설명하였다.

제3장에서는 근대적 광업 발전을 위한 조건들이 어떻게 마련되어 가는가를 근대적 광업 제도와 기반이 조성되는 과정을 통해 살펴보았다. 제1절에서는 통감부 설치 후 최초의 산업법인 「한국광업법」의 제정 과정과 내용 및 결과를 검토함으로써, 광업법 제정에 의해 구래의 제도가 폐지되고 광업권 제도가 성립되는 과정을 살펴보았다. 제2절에서는 총독부가 식민지 지배 초기에 광업법뿐 아니라 광상조사를 실시하고 연료선광연구소를 설립하는 등 광업 발전을 위한 기반을 조성하는 배경이 무엇이고 그것이 광업 발전에 어떤 효과를 가지게 될 것인가를 설명하였다. 제3절에서는 근대적 제도가 마련되고 광업조사 및 연구소 설치가 있었지만 자본이 부족하여 아직 유치한 단계에 머무르고 있는 1910·1920년대의 광업 기술의 특징이 무엇이며 그것과 덕대제가 어떻게 조응하고 있었는가를 살펴보았다.

제4장에서는 금광업이 근대적 산업으로 성립·발전하는 과정을 구명하였다. 1930년대에 금광업에서 심부 채굴과 기계화가 진행되는 것은 일본인 대자본의 진출에 의해 가능하였다. 이에 제1절에서는 1930년대에 대자본의 진출을 가능하게 한 금 시가매입, 총독부의 자본 유치 및 산금5개년계획에 관해 살펴보았다. 제2절에서는 그러한 배경과 정책을 기반으로 일본인 대자본으로 생산이 집중되는 실태와 집중 메커니즘으로 작용한 건식제련소 간의 매광경쟁을 살펴보았다. 제3절에서는 자본의 진출과 함께

심부개발이 진행되면서 대광산을 중심으로 한 기계화의 실태와 생산 방식·기술의 변화에 따른 노동자 편성의 변화를 살펴보았다. 제4절에서는 기술자 및 숙련광부에 대한 수요가 증가함에 따라 추진된 총독부의 기술인력 양성의 내용을 살펴보고 노동력 이동을 막기 위한 기업의 노무 관리와 전근대적 광업노동조직인 덕대제에 대한 자본의 통제가 강화되는 실태를 살펴보았다.

제5장에서는 식민지기에 조선인 광업가의 성장을 그들의 형성, 변화 및 대응 측면에서 구명하는 것을 과제로 하였다. 제1절에서는 형성기라 할 수 있는 1920년대까지의 조선인 광업가를 살펴보았다. 새로운 제도하에서 광업권자로 처음 등장하는 조선인 광업가와 이후 1910·1920년대의 광업가 사이에 어떤 차이가 있는지를 살펴보았다. 제2절에서는 통계를 중심으로 1930년대에 조선인 광업 진출의 실상을 파악하고, 기업가라 할 만한 조선인 광업가의 광업 진출 배경과 기술·자본 축적의 특징을 분석하였다. 제3, 4절에서는 조선인 광업가들이 자신들의 기술 부족과 자본 결핍을 어떻게 해결해 가고자 하였는가를 살펴보았다. 광산설비의 신·증설, 덕대제에 대한 인식 변화, 기술진보의 사례 등을 통해, 근대적 광업 기술에 대한 조선인들의 학습노력이 어떻게 전개되었는가를 살펴보았다. 또한 조선인 광업가들이 자본 결핍의 문제를 어떻게 극복하고자 하였으며, 총독부의 대광산 편중적인 금융정책에 대해 어떻게 대응하였는가를 구명하였다.

마지막으로 각 장에서 이용한 주요 자료에 대해 설명하면 다음과 같다. 제1장에서 『조선왕조실록』(朝鮮王朝實錄), 『승정원일기』(承政院日記), 『비변사등록』(備邊司謄錄), 『일성록』(日省錄)과 같은 관찬 연대기 자료와 『만기요람』(萬機要覽), 『탁지지』(度支志) 등의 자료를 이용하였다. 제2장에서 징세인의 활동 및 덕대제와 관련하여 이용된 자료는 『통상휘찬』(通商彙纂)[12]과 규장각 소장의 구한말 문서[13] 및 일본 농상무성 광산국의 『한국광업조사보고』(韓國鑛業調査報告)[14] 등이다. 제3장에서 광업법 제정 과정과 관련하여 『일본외교문서』(日本外交文書)의 「한국광산관계잡찬」(韓國鑛山關係雜纂) 등을 이용하였으며, 1910·1920년대의 광업 기술 및 덕대제에 관련하여 광산별 조업 현황을 조사한 『(각 도)광업상황』(鑛業狀況)과 총독부의 노동자 조사자료를 이용하였다. 제4장에서는 전반적인 광업통계와 개별 광산에 관한 정보도 얻을 수 있는 『조선광업의 추세』(朝鮮鑛業の趨勢)[15]와 경성고공 광산과 학생의 「광산(실습)보고서」를 이용하였다. 또한 광업정책과 전반적 상황을 파악하기 위해 『조선광업회보』(朝鮮鑛業會報) 및 『조선광업회지』(朝鮮鑛業會誌)[16]와 식산은행이 발행한 『식은조사월보』(殖銀調査月報) 및 『식은조사집록』(殖銀調査輯錄)을 이용하였다. 제5장에서는 구한국시대 「관보」(官報)를 이용하여 광업법 시행 초기의 광업가를 분석하였으며, 1930년대의 조선인 광

12 일본 외무성이 각 지역 영사관보고를 모아 1894년부터 1913년 초까지 발행하였으며, 1881-1886년은 『통상휘편』, 1886-1889년은 『통상보고』, 1890-1893년은 일본 정부 관보에 「통상보고」로 발행하였다.

13 개인 또는 관청 간에 오간 소장과 보고 등의 문서이며 일부는 『各司謄錄』에 정서체로 포함되어 있다. 본서에서는 참고문헌에 표시한 대로 문서명을 규장각 문서번호로 대신하였다.

14 『한국광업조사보고』는 개설, 전라·경상, 황해·경기·충남·평남남부, 강원·충북, 평남북, 함남북의 총 6권으로 구성되어 있으며, 이하에서는 각 권을 「개설편」, 「전라경상편」, 「황해편」, 「강원편」, 「평남북편」, 「함남북편」으로 표기하였다.

15 조선광업령시행규칙에 따라 각 광산이 제출한 광업명세표에 기초하여 식산국 광산과가 편찬하였다. 1927-1938년도(간행)와 1941년도(미간행)가 남아 있으며 이전 연도는 『本邦鑛業の趨勢』 부록으로 있고 1919년도는 『조선광업회지』 3-11에 게재되었다.

16 조선광업회(1917년 발족) 기관지로, 회지는 1918년부터 매월 발간되었으며 1923-1935년에는 연 4회 발간하고 회보를 매월 발간하였다. 두 잡지는 광업 경영 및 기술에 관한 정보 교환지였을 뿐 아니라 총독부의 정책이 광업가에게 전달되는 통로였다.

업가 분석에 「조선총독부관보」와 『광업조선』(鑛業朝鮮), 『광업시대』(鑛業時代)라는 잡지[17]를 주로 이용하였다. 또한 조선인의 광업금융 실태를 확인하기 위해 '금산정비령'과 관련하여 작성된 「금산매도신청서」(金山賣渡申請書)[18]를 이용하였다.

---

17 『광업조선』은 조선인 광업가 단체인 조선산금조합의 기관지였으나 조합이 대동광산조합에 통합되어 후자의 기관지가 되었으며, 『광업시대』는 조선인 광업가의 연락·연구 기관이자 광업 사무와 물품 알선을 한 광업시대사가 발간한 잡지이다. 전자는 1936년 6월, 후자는 1937년 5월부터 발간되었다.

18 금광업자가 제국광업개발(구 산금진흥) 조선지사에 제출한 광산 매각서류이며, 광산의 연혁, 작업 개황(출광 및 처분 상황, 탐채광 방법, 인원 및 직별 평균 임금 등), 최근 5개년 간의 경비, 설비 및 보유자재 상황, 총투자액, 투자자금 상황, 주임기술자 이력서 등의 내용이 기재되어 있다.

제1장

조선시대 광업사 재고: 금·은·동·연점을 중심으로

제1장에서는 자본주의 맹아론에 입각하여 자본주의적 요소의 발견에 초점을 맞춘 기존의 연구가 자료를 과장하거나 잘못 해석하였음을 비판하고 조선시대 광업사를 재구성하고자 한다. 왕조국가에서 산림천택(山林川澤)의 이익은 모두 왕의 것이며 따라서 허가 없는 민간의 광물 채굴은 금지되었으며 광산개발은 정부의 정책에 의해 좌우되었다. 정부는 대중 교역, 화폐 주조, 탄환 제조 등의 필요에서 금·은·동·연 광산을 개발하지만 그것이 여러 폐단을 유발함에 따라 정책은 자주 변경되고 광산 운영 방식도 달라졌다. 조선 전기에는 대체로 정부의 파견을 받은 자가 부역을 동원하여 광산을 개발하였지만 후기에는 정부가 민간의 설점을 허가하고 수세하였다. 조선시대 광업을 이해하기 위해서는 수세를 위해 파견한 자들이 광산개발에 어떤 역할을 하였는지에 대한 이해가 중요하다. 그러나 기존의 연구가 주목한 것은 생산양식이고 자본가적 존재의 발견이었으며, 입증할 자료가 거의 없는 상황에서 혹자는 물주제, 혹자는 덕대제로 광업에서의 자본주의적 발전 전망을 주장하였다. 이에 제1절에서는 조선시대 광업 정책과 광산 운영 방식의 변천을 설명하며, 제2절에서는 정부가 광산 관리를 위해 파견한 자의 성격을 통해 왕유제하의 광업 실태를 이해하였다. 제3절에서는 과연 기존의 연구가 주장하는 것처럼 광산의 생산양식이 자본주의 맹아라고 할 만하였는지, 그리고 덕대와 광산노동자, 물주가 어떤 존재였는지를 재검토하였다.

1. 조선왕조의 광업정책

1) 광산개발에 대한 억제

(1) 조선 전기의 광업정책

조선왕조의 광업정책은 금·은·동·연의 채굴과 관련되어 있었다.[1] 이들 광물의 채굴이 필요했던 이유와 억제해야 했던 이유는 다양하였으며 따라서 조선왕조의 광업정책은 일관적이지 못하고 상황에 따라 변화가 반복되었다. 조선왕조의 광업정책에 영향을 미친 요인을 열거하면 중국에 대한 세공(歲貢), 왕실의 수요, 주전 원료, 무기 생산, 폐농과 유랑민화에 대한 우려 등을 들 수 있다.

16세기까지 조선왕조의 광업정책에 영향을 미친 가장 중요한 요인은 중국에 대한 세공이었다. 중국에 대한 조공에 금·은과 같은 귀금속이 중요한 비중을 차지하게 된 것은 고려 때부터이며, 건국 초기 조선왕조는 세공 금·은을 마련하기 위해 광산개발을 장려하였다. 태종은 "사대하는 나라에 금·은이 없을 수 없다. … 백성을 수고롭게 하는 것이 비록 중한 일이나, 자신을 섬기기 위한 것이 아니니 하늘이 어찌 싫어하겠는가?"라고 하면서 각 도에서 널리 은을 채굴하도록 하였다. 그리고 경기도 금주(衿州)에 공조판서를 보내 시굴하였고 황해, 경상, 함경, 평안에도 채방사(採訪

1 철에 대해서는 민간의 채굴에 맡기고 공납제로 필요한 양을 조달하였다. 초기에는 철장관이 鐵場에 상주하면서 취련군과 鐵所干을 상시 사역하거나 민간의 생산을 허용하고 貢鐵을 부과하였으나 차츰 관찰사가 파견한 監冶官의 감독하에 농한기에 생산하여 공철을 상납하도록 하였다.

使) 또는 채방별감을 파견하였다. 또한 각 고을에 금·은광을 발견하면 보고하라고 명하였지만 고을 수령과 민간은 공부(貢賦)가 커질 것을 염려하여 숨기는 경우가 많았다. 이에 의정부가 각 도 감사로 하여금 수령을 파견하여 채방사와 함께 탐광하도록 할 것을 건의하자 태종은 통사 장유신(張有信)을 채방사로 삼아 각 도를 순행하면서 금·은 광석이 나는 곳을 물어서 찾게 하였다.[2]

태종 당시 조선은 매년 중국에 금 150냥쭝과 백은(白銀) 700냥쭝을 바쳤다.『실록』에서 확인한 당시의 금·은 생산 실적은 [표 1-1]과 같으며, 이외에 더 있었겠지만 미미하였을 것으로 생각된다. 중앙에서 파견된 채방사 또는 채방별감 등이 지역민을 부역으로 동원하여 금·은을 생산하였으며, 작업기간이 며칠 되지 않는 것은 실적이 좋지 않아 중단한 경우로 보인다. 태종 연간 18년 동안에 금·은의 생산이 보고된 것은 9개 연도이며, 4개 연도에 금을 150냥쭝 이상, 3개 연도에 은을 100냥쭝 이상 생산한 것을 제외하면 생산량이 많지 않았다. 지역적으로는 동북면[함남]에서 주로 생산이 이루어지고 있었으나 이후 세종대에 이르러 투입되는 공력이 많은 데 비해 실적이 비용을 보상할 수 없는 정도여서 1424-1428년의 5년 동안 함경도에서 생산한 금은 연간 겨우 7·8 내지 17냥쭝에 불과하였다.[3]

조선왕조는 각 지방에 채방사를 파견하여 금·은을 채굴하고 민간의 금·은 사용을 제한하였지만 세공할 금·은을 마련하는 것이 어려워지자 세공이 불가능함을 중국에 주청하였으며 마침내 세종 11년(1429)에 금·은 세

2 『실록』 태종 11.12.9; 태종 13.12.19.
3 『실록』 세종 1.3.21; 세종 11.2.19.

표 1-1 태종 연간(1401-1418)의 금 · 은 생산 실적

실록 일자	채굴자	채굴지	작업기간	생산량(냥쭝)		노동력
1401.10.25	안동 채방사 尹琠	경상도 춘양현		은	160	
1407.3.7	안동 채방사 윤전	경상도 안동	2-3개월	은	0.3	인부 300명
1407.10.19	도순문사 李龜鐵	서북면	40일	은	4.5	주군 30명
			7일	금	0.02	寧朔軍 31명
1408.2.28	도순문사 이귀철	서북면 태주		은	53	
1411.5.1	전 司正 鄭安國	경기도 금천		은	0.14	
1411.10.17	전 낭장 金允河	동북면 단천·안변	20여 일	금	1	군인 70여 명
1411.12.9	공조판서 朴子靑	경기도 금주		은	1	
1412.1.14	경상도 채방사 司空濟		12일	은	1.4	實軍 150명
1412.2.20	황해도 채방별감 潘泳	황해도 서흥		은	50	
1412.2.21	동북면 채방별감 朴允忠	동북면 단천·안변	3일	금	3	군사 600명
1412.3.1	경상도 채방사 사공제			은	20	
1412.3.6	황해도 채방별감 반영			은	15	
1412.3.18	?	황해도 수안		은	7	
1412.3.20	동북면 채방별감 박윤충		30여 일	금	18	역군 800명
1412.10.11	동북면 채방사 박윤충			금	56	
1412.11.23	황해도 채방별감 반영			은	11	
1413.3.12	동북면 채방사 박윤충	동북면 안변	33일	금	83	역군 1,344명
		동북면 영흥	24일	금	30.5	역군 926명
		동북면 단천	30일	금	30.5	역군 998명
1413.3.22	경상도 채방별감 반영			은	50	
1413.3.25	?	황해도		은	53	
1414.3.30	동북면 채방사 박윤충			금	138	
1417.9.5	?	평안도		금	50	

표 1-1 계속

실록 일자	채굴자	채굴지	작업기간	생산량(냥쭝)		노동력
1417.9.30	함경도 도순문사 柳思訥			금	190	
1417.11.7	충청도 해미현 호장 金鍊	충청도 해미		은	0.13	
1418.3.10	강원도 채방부사 尹興義			금	137.4	
	황해도 채방판관 金貴龍			금	7.5	
	평안도 채방부사 白環			금	24.5	

주: 동북면은 함경남도, 서북면은 평안도.
자료: 『실록』.

공을 감면받았다. 조선왕조의 외교적 성과라고 할 수 있는 세공 감면 이후 광업정책은 크게 변하였다. 금·은 세공이 다시 부활하지 않도록 하기 위해서는 조선에서 금·은이 산출되면 안되기 때문에 조선왕조는 금·은의 채굴을 억제하였을 뿐 아니라 민간에 의한 밀유출도 단속하였다. 세공 감면 이후 『경국대전』에 금·은을 북경에 몰래 갖고 가는 것을 엄벌하도록 규정하였으며 『대전속록』(大典續錄)과 『후속록』에도 금·은을 갖고 가는 것을 금지하였다. 중종 8년(1513)에 사간원이 사행 가는 자들이 은을 많이 갖고 가는데 만일 중국이 조선에 은이 생산되는 줄 알고 조공을 독책한다면 폐단이 적지 않을 것이라고 하자, 중종은 그런 폐단이 생길까 염려하여 단천의 채은을 봉쇄하였으며 이후에도 그런 우려 때문에 채굴을 금지하였다.[4]

그러나 중국은 금·은이 나지 않는다고 한 조선왕조의 말을 신뢰하지 않았던 것 같다. 세공이 감면되고 많은 시간이 지난 선조 28년(1594)에 강

4 『실록』 중종 8.5.15; 중종 10.2.8; 중종 36.6.10.

원 관찰사는 조선에 주둔한 명나라 장수 호유격(胡遊擊)이 평창에서 부하 몇 사람을 보내 시굴한 은을 역관에게 보여 주고 정련할 때 쓰던 도구를 내놓으라고 수령을 다그치니 장래의 근심을 어찌해야 할지 모르겠다고 보고하였다. 이 보고를 받은 선조는 만일 중국에서 조사차 "태감(太監)이 온다면 반드시 곳곳을 개광할 터인데 무슨 수로 당해 내겠는가? 이는 국가의 존망이 달려 있는 일"이니 속히 의논하여 아뢰라고 전교하였다. 비변사는 태감이 오면 국가의 존망이 결판날 것이므로 접반사(接伴使)를 보내 호유격이 말한 의도가 무엇인지를 소상하게 알아보는 것이 좋겠다고 하면서 이전에 명나라 조선주둔사령관 송경략(宋經略)도 여러모로 채광할 만한 곳을 찾아보았지만 끝내 찾지 못하였다는 내용을 품첩(稟帖)하였다.[5]

중국에 대한 세공을 면제받았다고 해서 금·은의 채굴이 전혀 필요 없었던 것은 아니었으며, 특히 왕실 소용품을 조달해야 하는 제용감이나 상의원에서 금·은에 대한 수요가 있었다. 이에 세조 14년(1468) 3월에 환관 이중근(李重斤)은 경기도에 가서 여러 고을의 아전·이졸을 둘로 순번을 나누고 각 고을에서 200명을 동원하여 채금하도록 하였지만 명나라 사신이 온다는 소식을 듣고는 바로 채금군을 해산시켰다.[6] 성종 15년(1484)에는 조정의 대신들이 국용에 필요한 금·은을 확보하기 위한 채굴에 대해 논의하였다. 대신들은 국용의 금을 준비해야 하는데 무역에만 전적으로 의지하면 금값이 높아져 국가의 폐단이 많을 것이니 일정량을 정해 채굴하는 것이 어떻겠느냐고 진언하였다. 그러나 이에 대해 성종은 왜인과의 무역으

5 『실록』 선조 28.9.30; 선조 32.4.18.
6 『실록』 세조 14.3.16; 세조 14.3.25.

로 금을 조달하고, 만약 왜인의 금을 사지 못하였는데 긴요하게 쓸 곳이 생기면 그때 가서 채굴해 쓰는 것이 좋겠다고 전교하였다.[7]

국내적으로 금·은에 대한 수요가 있고 또 연산 9년(1503)에 연(鉛)에서 은을 분리하는 기술이 개발되기도 하였지만, 금·은 세공의 부활에 대한 우려로 인해 채굴 금지는 상당히 오랫동안 지속되었다. 임란 후의 통치 문란을 틈탄 은 채굴로 폐단이 일자 선조는 선대 임금들이 채굴을 허락하지 않은 뜻을 상기시키면서 채굴을 엄금하라고 전교하였다.[8] 선조의 명령에 대해 호조는 모리배들의 농간과 사기의 폐단을 막기 위해 사채는 엄금하더라도 관채는 유지하자고 하였으나 선조는 채은 금지를 재차 확인하였다. 이처럼 조선왕조 전기에는 세공이 부활할 것에 대한 염려가 금·은의 채굴을 억제하는 요인으로 작용하였다고 할 수 있다.

(2) 조선 후기의 광업정책

임란 이후 광해군은 선왕인 선조와 달리 재정적 필요에 따른 은광 개발에 다소 적극적이었다. 광해군은 호조에서 소진된 국가 재정의 일부를 보충하기 위해 은이 많이 난다는 청풍에 감관을 보내 취련하게 하자고 아뢰자 시행을 명하였다. 또한 단천의 은을 캐기 위해 그 사정을 잘 아는 단천군수를 연임시켰으며, 기술자와 역군을 모집하여 경기도 금천에서 기술을 익히게 한 후에 사방의 은 산출지에 파견하자는 호조의 장계를 승낙하였다.[9] 당시는 중국이 왕조 교체기였기 때문에 광산개발을 가로막았

7 『실록』 성종 15.12.16.
8 『실록』 선조 33.4.24.
9 『실록』 광해 9.1.12; 광해 10.6.12; 광해 11.4.2.

던 세공 부활에 대한 염려가 크지 않았던 듯하며, 이후 관찬기록에서 나오지 않는 것으로 보아 청이 들어선 후에 세공의 염려는 거의 사라졌다고 볼 수 있다.[10]

광산개발은 국내적으로 재정적 필요 외에도 다양한 이유로 요구되고 있었다. 양란을 거치면서 또 그 후에 북벌론이 등장하면서 화약과 탄환 제조에 필요한 유황과 연에 대한 군영문의 수요가 커졌다. 또한 17세기 후반에 조선에서도 동전이 대량으로 주조되면서 주전용 동에 대한 수요가 생겨났다. 일반적으로 주전 원료의 확보는 광산개발이 필요한 가장 큰 이유 중 하나였다. 그리고 국제정세가 안정되고 국제무역이 다시 회복되면서 대청 무역을 하기 위해 은이 필요하였다. 이처럼 17세기에는 광산개발이 필요하였던 여러 가지 이유가 있었지만 그것이 광산개발로 이어지는 요인이 되지 못하였다.

비교적 활기를 보이던 군영문의 광산개발은 북벌론의 쇠퇴와 함께 자연히 명분을 잃었으며 마침내 군영문의 광산은 호조로 귀속되었다. 주전 원료와 관련해서는 왜동(倭銅)을 원료로 하여 17세기 말에 상평통보가 주조되었다. 왜동은 기유조약(1613년)에 의해 공무역에 포함되었으며 상평통보를 주조하면서부터는 사무역을 통해서도 수입되었다. 국내산 동은 품질에 문제가 있어 18세기 말에 이르러서야 비로소 주전에 사용되었다.[11] 대

10 역관이 관서 감영의 은을 빌려 가기를 요청하자, 영조는 사신이 갈 때 관서의 은을 빌려 가지만 청국인은 매우 온순하여 우리에게 폐를 끼치지 않는다고 하였다(『실록』 영조 33.11.3).

11 『비변사등록』 정조 10.8.23. 『만기요람』에 의하면, 영조 17년(1741)에 수안, 영월의 동을 채굴하고 그 후에 보은, 안변의 동을 채굴하였으나 왜동만 못하여 사용되지 않다가 정조 9년(1785)에 호조가 주전에 안변의 永豊銅을 섞어 쓴 후부터 잇달아 사용되었다.

청 무역을 위해서는 1530·1540년대부터 대량으로 수입된 순도 높은 왜은을 사용할 수 있었다. 그러나 17세기 말부터 막부(幕府)가 은의 국외 유출을 통제하였으며 마침내 1740년대에 왜은의 수입이 거의 두절되면서 18세기 중엽부터는 대일 무역뿐 아니라 대청 무역도 위축될 수밖에 없었지만 인삼이 왜은을 대신하여 중요한 대중 수출품으로 등장하였다.

17세기에 비교적 활발하였던 광산개발은 18세기 영·정조 시대에는 극도로 억제되었다. 그 결과, 호조의 은점이 설치된 곳이 숙종 13년(1687)에는 68읍이었으나 영조가 은점에 대한 수세를 수령에게 부속시킬 때(1775년경)는 23읍에 불과하였고 마침내 수 개의 은점만 남았으며, 정조 22년(1798)에는 은점의 신설이 금지되었다.[12] 그동안 수요를 충족시켜 준 순도 높은 왜은과 왜동의 수입이 두절되어 광산개발이 필요하였음에도 활발하지 못하였던 것은 개발에 대한 부정적 인식이 강하였기 때문이라고 할 수 있다. 영조는 재정 궁핍을 호소하는 호조의 요청에 따라 잠시 채굴을 허락하기도 하지만 광산개발에 대해 부정적이었다. 영조 5년(1729)에 호조가 안변과 금곡을 적간(摘奸)하고 은점을 설치하여 채굴하도록 하자고 아뢰자 영조는 은점 설치를 허락하였다가 사흘 후에 다시 채굴을 정지하라고 명하였다. 이때 영조는 다음과 같이 당 태종의 말을 빌려 가면서, 은점의 설치가 비록 재정을 책임진 호조에게는 유익할지 모르겠지만 백성에게는 오히려 폐단이 된다고 하였다.

태종이 "수백만 꿰미의 은을 얻는 것보다는 한 사람의 훌륭한 인재를 얻는 것이

12 『만기요람』 재용편. 『탁지지』(외편 권8 財用部 金銀事實)에는 1775년에 호조 소관 은점이 15개 읍이라고 되어 있다.

> 낫다"고 하였는데 이 말은 제왕의 체통을 깊이 체득한 것이었다. 대저 채은이 호조의 입장에서는 백성에게 유익함이 있다고 하겠지만 실상은 큰 폐단이 생기게 되는 것이어서 한갓 상인들에게 이익을 독점하게만 해 줄 뿐이다.[13]

영조는 어영청에서 채굴한 동을 보고 "참으로 좋은 동이지만 한번 캐내기 시작하면 비록 무기 조달에는 편하여도 민생에는 폐단이 클 것"이라면서 채굴을 정지시켰다. 또한 호조판서가 은화를 다 써버렸으니 낭관을 보내 정평과 안변에 은점을 설치하고 세를 거두게 해달라고 하자, "일찍이 선조(宣祖)가 은 캐는 것을 불허한다고 하교하였는데 어찌 본받을 만한 것이 아니겠는가"라고 하면서 주전할 때만 캐고 바로 폐쇄하도록 하였다. 영월의 동맥 탐광을 위해 낭관을 보내자는 호조판서의 요청에 신하들이 모두 동을 채굴하도록 하자고 하였지만, 영조는 "이러한 물건은 있으나 없으나 관계될 것이 없다. 후일의 임금이 이로 인하여 사치한 마음이 생긴다면 어찌 폐단이 되지 않겠는가"라고 하면서 동점 설치를 거부하였다.[14]

수차에 걸친 영조의 금령에도 불구하고 경·외아문들의 설점 행위와 민간의 불법 채굴이 성행하였기 때문에, 영조는 『속대전』에 호조와 각 군문, 외방 각 영읍이 조정의 허가를 받지 않고 은점을 신설할 경우에 도신 이하는 파직하고 수령 이하는 잡아 문책한다고 규정하였다. 이처럼 연품(筵稟) 후에 관문(關文)을 받아야 설점할 수 있도록 하였기 때문에 군영문은 물론이고 수세권을 가진 호조도 임의로 설점하여 수세할 수 없게 되었다. 이후 호조 소관으로 몇 개의 은점이 신설 또는 복설되었지만 폐쇄된 점이

---

13 『실록』 영조 5.5.4.
14 『실록』 영조 5.11.14; 영조 7.10.10; 영조 16.12.9.

그보다 많았다. 즉, 구점 복설이 4개소, 신설 은점이 4개소였지만, 폐쇄 은점이 성천 은점과 경상도 6-7읍의 은점이고 신설했다 방색된 곳이 8개소로, 신설 또는 복설보다 2배나 되었다(유승주 1993; 임병훈 1981).

영조와 마찬가지로 정조 역시 광산개발에는 부정적이었다. 당시 주전에 필요한 동과 연행 교역에 필요한 은을 조달하기 위해 금·은·동점을 설치하여 민간의 채굴을 허가해야 한다는 요구가 있었지만 정조는 그에 응하지 않았다. 정조는 비변사 당상과 북도[함경도] 감사를 지낸 사람들을 접견하면서 전 대정 현감 박상춘(朴尙春)이 상소한 북도의 폐단에 대해 처리하도록 하였다. 상소는 8개 조항으로 되어 있었는데 그중 하나가 금·은 광산의 무뢰배들이 일으키는 폐단이었다. 이때 정조의 다음과 같은 발언은 광산개발에 대한 그의 생각을 잘 보여 준다.

> 은점과 금점의 개설을 반드시 엄중히 막고자 하는 것은 바로 백성을 위한 나의 고심이다. 그런데 말하는 자들은 간혹 지리(地利)를 묻어 둘 필요가 없다고 하지만 이는 이치에 맞는 말이 아니다. 동을 구하려면 일본 동이 있고 은을 구하려면 중국 은이 있으니 무엇 때문에 반드시 땅속의 광물을 남김없이 파낸 뒤에야 비로소 우리나라가 부유해진다고 하겠는가.[15]

정조는 화성 축성을 위한 재원을 조달하기 위해 불가피하게 수안 금점의 설점수세를 허용하였지만 다른 곳의 설점은 금지하였다. 그러나 연품을 거치지 않은 경·외아문의 사자설점(私自設店)이 종종 있었다. 이에 정조 11년(1787) 3월과 12년 10월에는 연품을 거친 호조의 관문이 없이 서울의 유사(有司)나 지방의 영읍에서 간색한다는 핑계로 차사를 보내거나 사자

15 『승정원일기』 정조 12.10.29.

설점하는 일이 드러나면, 도신은 제서유위율(制書有違律)로 처벌하고 지방관은 엄하게 장을 쳐서 금고 3년에 처하며 차인이나 계사·영비에게 엄한 형률을 적용하고 무뢰배에게는 도적을 다스리는 형률을 적용하겠다고 선포하였다(정미·무신년 정식). 또한 암행어사 이면응(李冕膺)이 금점의 설치가 나라의 재정에는 만분의 일도 도움이 되지 못하고 백성들에게 무한한 폐단만 되고 있다고 하자, 정조는 호조의 신하가 안찰(按察)하는 직책에 있으면서 지시를 제대로 받들지 못하였으나 평안 관찰사가 조정의 본의를 잘 알고 있을 터이니 엄히 단속하라고 지시하였다.[16]

이처럼 광산개발에 부정적이었던 것은 그것이 농업을 망치게 하고 백성을 유랑민으로 만들어 버릴 것에 대한 우려 때문이었다. 암행어사 이면응은 금점의 폐단이, "첫째 밭이랑을 파헤치게 되고, 둘째 농민들이 모두 이 일에 달려들어 농사를 폐하는 지경에 이르고, 셋째 무뢰배들이 많이 모여들어 작간하기가 쉽고, 넷째 변경의 관문이 그리 멀지 않은 곳에서 법으로 금하는 물건이 마구 나돌게 되는"[17] 것이라고 서계하였다. 농본주의를 강하게 내세운 영·정조는 광산개발이 가져올 폐농의 영향과 백성의 유랑민화를 받아들일 수 없었다. 물론 조선 전기에도 광업이 농업에 미치는 폐단이 없지 않았지만,[18] 조선 후기는 아예 농업을 버리고 금·은점을 떠돌아다니는 자들이 많아진 탓에 전기와는 사정이 달랐다.

정조는 전 평안도 관찰사 이성원(李性源)을 불러 관서의 폐단을 물을

---

16 『승정원일기』 정조 11.3.21; 정조 12.10.29; 정조 14.3.24.

17 『실록』 정조 14.3.24.

18 조선 전기에 금을 채굴할 때 춘경 전인 음력 1-2월과 추수 전인 8-9월에 각각 40일씩 노역하도록 되어 있었으며, 상납할 양에 미달하면 정해진 작업기간을 넘기기도 하여 농사 적기를 놓칠 수 있었다(『실록』 세종 8.6.26).

때, 백성의 태반이 금을 캐러 가니 농사가 잘 되지 않는 것이라고 하자, "농사에 힘쓰지 않고 놀고먹는 자가 많아지는 것은 금해야 할 일 중에서도 큰 것일뿐더러 이 밖에도 말하기 어려운 폐단이 낱낱이 거론할 수 없이 많을 것이니" 채굴을 허가해서는 안되며 경사(京司)의 관문을 얻어 설점하는 것을 엄히 경계하라고 명하였다. 정조 23년에 연석(筵席)에서 좌의정 심환지(沈煥之)가 금의 채굴을 금한 법의 뜻이 엄격한데도 본업을 버리고 말업을 따르는 폐단이 많으니 금을 채굴하지 못하도록 하는 일이 급선무라고 하였다. 이에 정조는 자신의 뜻도 그러하다면서 지방 수령을 엄히 단속하고 금점을 일체 혁파하며 채굴에 종사하던 무리를 농업으로 돌려보내고 때때로 추가 단속하라고 지시하였다.[19]

그러나 이처럼 사자설점에 대한 엄격한 금칙이 내려졌음에도 불구하고 군영문뿐 아니라 호조에서도 간색이나 적간을 핑계로 기간을 연장함으로써 사실상 사자설점하는 일이 그치지 않았다. 사자설점과 함께 18세기 말부터 자주 문제가 되었던 것은 금점에서의 잠채(潛採)였다. 기존의 연구는 사자설점과 잠채를 구분하지 않아 자료 해석에서 문제가 있었다. 잠채는 점(店)이 설치된 곳에서 몰래 이루어지는 채굴을 말하지만 경우에 따라서는 점이 없는 곳에서도 이루어지고 있었다. 잠채가 금점에서 성행한 것은 금이 은보다 가치가 크고 당시의 금점은 채굴이 쉬운 사금점이었기 때문이다.[20] 잠채 무리들은 이곳저곳을 다니며 도적질과 약탈을 하는 등 사회를 불안하게 하는 집단으로 인식되었으며 함흥에서는 잠채하던 점군들

19 『실록』 정조 8.2.25; 정조 23.12.13.

20 동에 비해 은 가치는 2배였지만 금은 40배였다(『승정원일기』 영조 40.8.27; 『비변사등록』 정조 5.3.15).

이 그것을 고발하려는 이존을 살해하는 사건이 일어나기도 하였다. 이 때문에 감사와 수령은 그들을 체포하여 엄벌하고 심한 경우에는 토포영에 이송하여 치도율로 다스렸다. 그럼에도 불구하고 잠채가 성행할 수 있었던 것은 지방 수령의 묵인 때문이었다.[21]

순조 초에 정령이 해이해진 틈을 타 사자설점과 잠채가 만연하자 순조 6년(1806)에 잠채가 행해지고 있는 곳을 경품설점(經稟設店)하여 호조가 수세하도록 하였다. 그러나 사자설점과 잠채가 사라지지 않자, 순조 8년에 우의정 김재찬(金載瓚)은 금을 채굴하느라 백성들이 생업을 버리고 영리를 좇는 까닭에 들을 묵혀 황폐해진 땅이 많으니 잠채와 사자설점의 폐단을 혁파하지 못한 관원을 귀양보내는 율로 다스리자고 하자 순조가 그에 따랐다. 순조 11년에 금령을 내리고 32년에는 영의정 남공철(南公轍)의 요청에 따라 호조의 원정수세점(原定收稅店) 외에는 금점 설치를 엄금하였다.[22] 헌종 2년(1836)에도 좌의정 홍석주(洪奭周)가 사사로이 채굴·제련하는 자가 있으니 각 도 감사에게 신칙하여 금할 것을 건의하여 금령이 내려졌다.[23]

요컨대, 재정의 보충, 대청 무역 수단, 주전 원료의 확보 등을 위해 광업을 개발해야 한다는 주장이 없지 않았고 또한 수시로 설점이 허용되기도 하였지만, 광업에 대한 조선왕조의 정책은 기본적으로 광산개발을 억제하는 것이었다. 개발을 억제하였던 중요한 이유는 조선 전기에는 금·

---

21 좌의정 심환지는 그 점을 다음과 같이 말하였다. "금이 나오는 곳이라고 해야 고작해서 몇 군데밖에 되지 않을 것인데, 고을 수령들이 만약 그 경내를 각자 알아서 제대로 금지시키지 못한다고 한다면, 관의 명령을 도대체 어디에 시행한단 말입니까"(『실록』 정조 23.12.13).

22 『실록』 순조 6.12.10; 순조 8.2.5; 『비변사등록』 순조 11.윤3.12; 순조 32.12.19.

23 『실록』 헌종 2.5.25.

은 세공의 부활에 대한 우려였으며 후기에는 광업으로 인한 폐농과 유랑민화에 대한 염려였다. 조선시대의 광업은 이와 같은 근본적인 제약하에 있었다. 허가 없이 채굴하는 것은 불법이었으며 설령 관의 감시를 피하여 몰래 채굴하는 것이 가능하였다 하더라도 그러한 잠채는 엄금의 대상이어서 소규모이고 지속적일 수 없었다. 국가의 감시와 금령이 반복되고 있는 상황이므로 잠채와 사자설점에 의해서는 광업이 안정적으로 성장하고 있었다고 하기는 어렵다.

2) 부역동원에서 설점수세로의 이행

(1) 부역동원에 의한 광산 운영

조선왕조가 기본적으로 광산개발을 억제하였지만 필요에 따라 채굴이 이루어진 광산은 어떤 방식으로 운영되었는지를 살펴보자. 전국에서 가장 오랜 채굴의 역사를 가진 함경도 단천 은광의 사례를 통해 광산 운영 방식의 변화를 추적해 볼 수 있다.[24] [표 1-1]에서 확인할 수 있듯이 단천은 원래 금을 채굴하던 곳으로서 채방사 박윤충이 태종 13년(1413) 1월 한 달간 역군 998명을 동원하여 금 30냥쭝을 생산하였을 정도로 괜찮은 광산이었다. 초선 초기에는 이처럼 중앙에서 파견된 채방사(또는 채방별감)라는 관리들이 농한기를 이용하여 단기간 현지에서 생산을 직접 지휘·감독하였으며 태종 연간에만 해도 채방사를 전국 각지에 파견하여 금·은을 채굴하였다.

24 유승주(1993)는 단천 은광의 채굴 방식을 임시관채, 춘추관채, 민채납곡, 민채납세, 관채무곡 등으로 구분하였다.

그런데 태종 15년에 강원도 관찰사는 금이 산출되는 군현에 대해 요역과 공물을 면제하고 대신 생산량에 따라 상공(常貢)을 정해 상납하도록 하자는 글을 올렸으며, 공조에서도 금·은의 채굴을 상공제로 할 것을 진언하였다. 부역이 지역민에게 불편을 야기하는 폐단이 있고 또한 투입되는 공력에 비해 채굴 실적이 좋지 않았기 때문이었다.[25] 단천은 세종 3년(1421)에 춘추로 금 27냥쭝씩 상납하는 것으로 정해졌다.[26] 상공제하에서 단천 수령은 매년 춘추로 장정을 징발하여 40일씩 채굴하였다. 그러나 부담이 과중하였기 때문에 세종 7년에 상공액을 그대로 둔 채 봄에는 단천 주민이 채굴하고 가을에는 북청 주민이 와서 채굴하여 상공액을 부담하는 식으로 바뀌었으며, 세종 8년에는 상공액의 1/3을 감면받았다.[27] 과중한 상공을 인근 고을과 분담하는 예는 단천 외에도 더 있었다.[28]

중앙에서 파견된 채방사에 의한 채굴이든 지방 수령이 책임지는 상공제든 노동력은 모두 해당 지역에서 8결당 1명씩 징발된 부역이었다.[29] 수령은 역의 부담이 늘어날 것을 우려하여 광산개발에 소극적이었기 때문에 시굴 단계에 채방사가 파견되고 후에 상공제로 바뀌는 경우가 많았지만

---

25 『실록』 태종 15.4.20; 태종 17.8.25; 세종 1.3.21.

26 세종 2년에 채방사를 파견하라는 명령이 있었지만, 세종 3년에 매년 춘추로 27냥쭝을 상납토록 하였기 때문에 상공제가 이때부터 실시된 것으로 생각된다(『실록』 세종 2.8.9; 세종 3.1.19).

27 『실록』 세종 7.8.28; 세종 8.6.26.

28 경상도 영해에 대해 공물을 줄이고 동을 상공하도록 하였는데 백성들이 과중한 부담을 호소하자 상납할 동을 인근 고을이 분담하여 都會하도록 하였다(『실록』 문종 1.6.16). 유승주(1993)는 이를 도회제라 하고 상공제와 구분하였지만 상공을 몇 개 고을이 분담하는 정도의 의미밖에 없다.

29 안변과 단천의 경지면적은 각각 11,000결과 8,000결인데 부역에 동원된 인원은 각각 1,344명과 988명이어서 8.2결당 1명이었다(장국종 1991).

전국적으로 보면 이 둘은 병존하였다고 할 수 있다. 단천의 경우에는 전자에서 후자로 이행하였지만 정부 입장에서 보면 양자 모두 장단점이 있어 우열을 논하기 어려웠던 것 같다. 예컨대, 의정부는 세종 23년에 채금경차관을 보내면 폐해가 많으니 상공을 정해 지방 수령이 친히 감독하도록 하자고 건의하였지만 세종 30년에는 상공의 액수를 정하기 어려우니 관리를 보내 채굴하도록 하자고 건의하였다.[30]

세종 11년에 금·은 세공이 감면된 이후 단천에서 금 채굴은 거의 중단되다시피 하였다. 사실 단천은 금보다는 연이 풍부한 곳이었으며 민간에 연 채굴을 허가하고 세를 받고 있었다. 연산 9년(1503)에 연·은분리법이 개발되면서 연광에 함유된 은을 채굴할 수 있게 되자 단천에서는 1인당 이틀에 2냥쭝의 세은을 징수하여 총 28냥쭝을 상의원에 보냈다. 즉, 중앙에서 파견된 자에 의한 관채나 지방 수령이 책임을 지는 상공의 방식이 아니라 민간이 채굴하고 납세하는 방식, 즉 사채(私採)가 허용되었다. 그러나 사채에 대해 찬반양론이 있어, 연산 10년에 정언 윤원(尹源)은 "단천의 연을 사람들에게 캐게 하고 세납하기로 이미 법을 정하여 공사 간에 모두 편리"하다 하였지만, 한성 판윤 민효증(閔孝曾)은 "단천의 연을 사채 수세하지 말고 매년 춘추로 관에서 취련 상납"하도록 하자고 하였다.[31]

은이 중국으로 흘러들어가는 것을 막고 군자를 마련하기 위해 사채를 중단하고 관에서 취련하여 상납하도록 하자는 건의가 있었지만 사채는 계속되었다. 그 후 중종 10년(1515) 2-3월경에 군량미 마련을 위해 납속(納粟)

30 『실록』 세종 23.8.22; 세종 30.8.7.
31 『실록』 연산 10.1.24; 연산 10.7.13; 연산 10.7.23.

채은하는 방식이 시행되었다. 단천 이북의 북도에서는 군량미를 보충하기 위해 외부로부터 식량 이입이 필요하였다. 납속채은은 단천 이남으로부터 식량이 유입될 것을 기대하고 실시된 것이지만, 상인들은 식량이 아니라 면포를 갖고 와서 단천에서 식량과 교환하여 상납하고 은을 채굴하였다.[32] 이는 군량미를 확보한다는 취지에 맞지 않을 뿐 아니라 채굴한 은을 상인들이 중국으로 유출시키면 세공이 부활할 우려도 있었기 때문에 마침내 사채는 금지되었다.

이후 중종 15년에 경차관으로 파견된 공조정랑 허확(許確)이 은을 상납하자, 이에 대해 사관은 그동안 부상에게 은값을 내고 스스로 채굴하여 이익을 삼게 하였는데 '민채'(사채와 동일한 의미)의 폐단을 없애고 관원을 보내기는 이번이 처음이라고 기록하였다. 이로 보아, 단천에서는 납속채은이 폐지되고 다시 채은경차관이 파견된 것으로 보인다. 경차관은 춘추로 단천 주민의 부역을 동원하여 채굴하였으나 주민의 부담이 컸기 때문에, 공노비로 하여금 신역을 대신하여 채굴하도록 하고 또 부담을 줄이기 위해 채굴을 한두 해 걸러서 하자는 건의가 있었다.[33]

경차관에 의한 채굴은 수년간 진행되다가 중단되었다. 이후 중종 28년에 채굴 재개를 논의하는 중에 이전처럼 채은납세하도록 하자는 호조의 건의가 있었으나, 부상대고만 이로울 뿐이며 군자도 마련되지 않을 것이라는 사헌부의 반대로 실행되지 못하였다. 중종 35년에 함경 감사는 항상 1,000여 냥쭝의 은을 진상하였는데 금년에는 채굴량이 이전의 5분의 1도

---

32 『실록』 중종 3.11.6; 중종 4.1.28; 중종 10.2.8; 중종 10.3.15; 중종 11.6.1.
33 『실록』 중종 15.11.27; 중종 18.9.12.

안되니 은맥이 다하였다고 보고하였다. 이후 오랫동안 채굴되지 않고 있던 단천 은광은 선조 26년(1593)에 이르러 조총 탄환용 연(鉛)을 조달하기 위한 비변사의 요청으로 금령을 풀고 관채를 허용하였다. 그러나 이미 굴이 너무 깊어 공력이 많이 드는 반면에 소득이 크지 않았다. 이에 단천 주민의 부담을 줄이기 위해 다른 공물을 경감시키고 단천군수를 차사원(差使員)에 임명하여 채은관을 도와 채굴하도록 하였다.[34]

앞에서 언급한 바대로 선조 33년에 명나라 장수 호유격의 일로 인해 지방 수령이 임의로 허락한 사채는 물론이고 관채도 중단되었다가 선조 36년 초에 다시 함경도 채은경차관이 파견되었다. 그러나 경차관은 채은을 위해 모은 역군이 겨우 백 명 정도에 불과하므로 공물을 감하여 은을 채굴하러 나올 수 있도록 하고 기존의 은맥으로는 더 이상 채굴이 불가능하므로 새로 발견한 은맥을 숨기지 않도록 조치해 줄 것을 요청하였다. 이에 호조의 제언으로 신맥 발견자가 노비라면 면천하고 군보(軍保)일 경우에는 면역한 후 6품 영직(影職)을 제수하고 서얼이면 허통(許通)하고 양반이면 6품직에 제수하기로 하였다.[35] 『만기요람』에 의하면, 단천 은광에서는 선조 재위 말년에 다시 토공·민역을 면제하고 은 1,000냥쭝을 상납하는 상공제가 실시된 것으로 보인다.[36]

요컨대, 단천 은광은 잠깐 동안 납속채은 방식의 사채가 허용된 16세기 초를 제외하면 중앙에서 파견한 자가 직접 관장하거나 상공제 방식으

---

34 『실록』 중종 28.7.1; 중종 28.7.5; 중종 35.9.10; 선조 26.8.3; 선조 27.5.25.

35 『실록』 선조 36.3.19.

36 이후 상공액은 현종 6년(1665)에 400냥쭝이 줄고 숙종 28년(1702)에 100냥쭝이 줄어 500냥쭝이 되었으며, 매년 춘추로 반분하여 상납하였다(『만기요람』). 상공제는 순조 17년(1817)에 혁파됨으로써 마침내 부역에 기초한 광업이 마지막으로 해체되었다.

로 채굴이 이루어졌으며, 필요한 노동력은 단천과 인근 지방에서 부역의 형태로 동원되었다. 그러나 17세기 중엽부터는 광산 운영 방식이 점차 설점수세로 변하게 된다. 이하에서는 설점수세로 변하는 과정과 내용을 살펴보기로 한다.

(2) 설점수세

앞에서 언급하였듯이 17세기에 들어서면서 광산개발은 활기를 띠게 되는데, 이때 관채와 사채 어느 방식으로 할 것인가를 둘러싼 논의가 분분하였다. 관채는 임명받은 관리(상공제에서는 지방 수령)가 부역을 동원하여 채굴하는 방식이며, 사채는 민간에 채굴을 허용하고 세를 걷는 방식이다. 선조 39년에 경기 양주의 은광을 둘러싸고, 호조는 민에 채굴을 허락하고 수세한다면 공사 간에 이익이 많고 편리할 것이며 세도가들이 이익을 독점할 것에 대해서는 법을 잘 세워 처리할 문제라고 하자, 선조는 사채는 곤란하니 관채로 하라고 명하였다. 그러나 며칠 지나지 않아 다시 사채를 허락하고 세를 받는다면 국가재정에 도움이 될 것이라는 건의가 있었다.[37] 마찬가지로 호조는 광해 9년(1617)에 청풍에서 은이 많이 난다고 하자 감관을 차정하여 쇄마를 지급해 주고 장인을 데리고 가서 부역을 동원하여 제련하게 하였으나, 광해 11년에는 경기 금천에서 기술자를 양성하여 사방의 은 산출지에 보내 채굴하게 하고 세를 거두면 국가에도 큰 이익이 될 것이라고 하였다.[38] 이처럼 사채와 관채 중 어느 방식으로 할 것인가에 대

---

37 『실록』 선조 39.7.14; 선조 39.8.7.
38 『실록』 광해 9.1.12; 광해 11.4.2.

한 논의는 진행형이었다.

17세기 중엽의 조선왕조는 이미 두 차례의 전란을 겪은 뒤라 정부가 직접 자금을 투자하여 광산을 경영하는 것이 불가능하였다. 또한 부역에 대한 민의 저항이 강하여, 예컨대 단천 주민은 신맥이 발견되면 요역을 피하여 타지방으로 도망가 버리거나 신맥이 발견되더라도 요역을 두려워하여 은폐하였다. 따라서 종래와 같이 국가에 의한 자금 투입과 부역에 기초한 광산 운영은 불가능하였다. 다른 한편으로 재정 보충과 대외무역의 필요에 따라 은에 대한 수요가 있었기 때문에 개발은 불가피하였으나 관채만으로는 은에 대한 수요를 충족시킬 수 없는 형편이었다. 이를 대신할 수 있는 것은 민간에 채굴을 허락하고 세금을 받는 사채였다.

이에 파주, 교하, 곡산, 춘천, 공주 등지에서 관이 설점하고 점군에게 채굴을 허가하고 수세하는 설점수세가 효종 2년(1651)에 선포되었다. 다음 기사에서 보듯이 호조는 단천 은광에 대해 채은관을 파견하여 개광, 즉 설점한 후에 모민·허급하여 수세하기로 하였다. 이러한 설점수세는 17세기 중엽부터 광산개발의 일반적 방식이 되었다. 이전의 관채나 상공제와 가장 크게 달라진 것은 부역에 기초하지 않는다는 점이었다. 즉, 이전의 채은경차관은 부역을 동원하고 생산물 전체를 수취하였지만, 기사에 나오는 채은관은 자유롭게 모여든 점군들이 채굴하도록 하고 세금을 징수한다는 점에서 차이가 있다. 여기서 채은관은 단순히 수세만 하는 것이 아니며 설점 후에 점군을 모집하는 역할도 하였다.

> 효종 2년에 호조에서 아뢰기를, "단천의 은광이 이미 2백 년을 지나, 부역[功役]의 비용이 역시 은값보다 적지 않사오나 … 나라의 물력은 부족하고 요역은 매우 무거운데 늘 국력으로 은을 캐면 역시 노력과 비용이 많이 들 것입니다. 채은

관으로 하여금 광을 찾아 뚫은 후에 백성을 모집하여 허가해 주고 다소의 세를 수납하도록 알맞게 수를 정해 주면, 관은 힘을 허비하지 않아도 세입이 자연 많아질 것입니다. … 은이 나는 곳을 채은관이 이미 알고 있사오니 가서 살펴 광혈을 개발하도록 하고 백성으로 하여금 세를 바치고 캐어 쓰게 하면 큰 자본을 가진 장사들이 반드시 즐겨 달려올 것입니다" 하니, 임금이 이를 따랐다.[39]

17세기 중엽부터 설점수세가 확대되면서 해결해야 할 문제가 있었다. 그것은 군영문이 관리하던 광산을 호조로 통합하는 것이었다. 17세기에 호조와 군영문 간에는 광산 쟁탈전이 있었다. 17세기 전반기는 양란과 북벌론이 맞물리면서 군사력 증강이 시대적 과제였으며, 이에 군영문이 설치되어 무기와 탄환을 제조하면서 자연히 탄환 제조의 원료인 연과 유황에 대한 수요가 급증하게 되자 각 군영문은 광산을 적극적으로 개발하기 시작하였다. 그러나 17세기 후반에 북벌론이 후퇴하면서 군영문의 광산개발 명분은 약해진 반면, 사신 접대비와 공무역에 많은 은이 필요하게 된 호조가 적극적으로 은광개발을 도모하게 되었다. 은과 연이 광물의 성질상 동일한 광산에서 산출되는 관계로, 호조는 군영문의 연점을 호조의 은점으로 흡수하려고 하였다.

군영문의 연·은점을 호조에 귀속시키려는 시도는 숙종 13년 1월에 영덕 은점에 호조가 감관을 차송하려는 논의에서 시작되었다. 군영문이 감관을 파견하여 연을 채굴, 수세하는 영덕 은점에서 많은 폐단이 발생하고 있음이 보고되자, 영의정 김수항(金壽恒)은 호조가 감관을 파견하여 채굴하고 은을 호조에 보내 경비에 보태고 연을 각 아문에 보내도록 하면 폐

39 『연려실기술』 別集 제11권 政敎典故.

단이 생기지 않을 것이라고 건의하였다. 이에 군영문의 연점을 호조에 이속하고 수세를 위해 호조의 별장을 경상도와 평안도에 파견하고 군영문의 감관을 혁파하기로 하였다. 그러나 좌의정 남구만(南九萬)이 기존의 감관보다 호조의 별장 파견이 갖고 있는 문제가 더 크다는 점을 거론하면서 반대하고 호조판서 이민서(李敏敍)는 별장을 파견하기보다 수령이 수세하도록 하는 것이 당연하다고 하면서 결국 호조의 별장 파견은 관철되지 못하였다.[40]

숙종 16년에 남인 정권이 들어서고 호조의 전관수세(專管收稅)를 반대하였던 남구만이 실각하면서 마침내 군영문의 연·은점은 모두 호조로 이속되었다. 이후에도 호조 파견 별장에 의한 전관수세에 대해 반론이 많았지만 숙종 28년에 연·은점을 모두 호조에 전속시키고 절목을 만들라는 명령이 있었으며,[41] 그에 따라 군영문은 소관하던 모든 연·은점을 호조에 이속시켜야 하였을 뿐 아니라 설점수세권도 박탈되었다(유승주 1993).

그렇다고 해서 호조에 의한 전관수세가 완전하게 관철된 것은 아니었다. 예컨대 황해, 평안 양도는 감사가 관향사(管餉使)를 겸하고 있어 감영에도 설점권이 부여되었으며, 이 때문에 호조의 별장과 감영의 차인 간에 분쟁이 발생하기도 하였다.[42] 황해도는 경종 원년(1721), 평안도는 영조 13년(1737)에야 비로소 감영의 설점권이 박탈되고 모두 호조의 전관수세로 되었다. 그러나 군문에서도 여러 가지 명분을 내세워 연점을 확보하려 하였

40 『비변사등록』 숙종 13.1.2; 『승정원일기』 숙종 13.3.13; 숙종 13.4.3. 상세한 과정은 유승주(1993: 252-260)를 참조.

41 『승정원일기』 숙종 16.1.15; 『비변사등록』 숙종 28.2.13; 숙종 28.6.26.

42 『비변사등록』 숙종 42.11.22; 『승정원일기』 경종 1.5.27.

고 이에 영조는 21년에 군문이 연환을 조달할 수 있도록 설점을 허가하거나 호조 소관의 은점에서 세연(稅鉛)을 수취할 수 있도록 하였다. 또한 호조의 전관수세에 대해 각 영읍이 은점의 폐단을 들어 설점 행위 자체를 방색하기도 하고 혹은 사사로이 설점하여 수세하다가 발각되어 호조에 빼앗기기도 하였다. 이처럼 호조의 전관수세하에서도 여러 명분을 내세운 경·외아문의 설점 행위가 존재하였다. 강원 감사가 보낸 장계에 의하면, 월과연환(月課鉛丸)을 조달하기 위해 감영이 설치한 삼척 연점에 호조와 금위영에서도 각각 별장을 보냈기 때문에 결국 세 아문의 별장 또는 차인이 수세하고 있었다.[43] 호조의 전관수세가 결정된 후에도 경·외아문에 의한 설점이 중단되지 않았기 때문에, 호조판서 채제공(蔡濟恭)은 은점으로 캘 만한 곳이 모두 아문과 군문 또는 궁방이 절수한 바가 되어 설령 개광할 곳이 있어도 탁지에 소속되어 있지 않다고 하였다.[44]

설점수세가 해결해야 할 또 하나의 문제는 호조가 파견한 별장이 사적 이익을 도모하는 폐단, 즉 대리인의 도덕적 해이 문제였다. 평안도 강계의 운파 은점에 대한 호조의 수세액이 1,000냥인데 별장이 거둔 것은 3,500여 냥이었다. 이에 채제공은 운파 은점이 번성한 것이 호조에 이익일 것 같지만 그렇지 않고 결국은 별장이 다 훔쳐 먹어 호조가 걷는 것이 전무하다고 하였다. 결국 영조 51년에 호조판서 구윤옥(具允鈺)은 "별장배가 자기 것처럼 써버리고 사실을 보고하지 않아 세납이 점차 줄고 마침내 무실하

43 "도내 삼척 땅에 연맥이 있는데 신의 감영에서 설점하여 군기 중에 연환을 만들려고 합니다. 그런데 지난번 금위영에서 수세를 위하여 별장을 내려 보냈고, 뒤따라 도착한 호조의 관문에 '삼척의 은이 나는 곳에 수세하러 별장을 보내겠다'고 하였습니다"(『비변사등록』 영조 28.7.16).

44 『실록』 영조 47.4.19.

게 되었으니 어찌 이것이 처음 설점한 뜻이겠습니까?"라고 하면서 별장 차송 규칙을 혁파하고 도신과 수령에게 맡겨 세를 수납하도록 하자고 건의하였으며, 3정승 모두 별장의 폐단이 많음을 지적하여 호조의 별장에 의한 수세는 폐지되고 수령에 의한 수세가 실시되었다.[45]

그러나 수령수세는 오래 지속되거나 널리 시행되지는 않았다고 생각된다. 예컨대, 정조 4년(1780)에 함경 감사는 안변 동광을 적간한 후에 동점 설치가 합당하다고 보고하는 중에, "응행절목을 호조에서 내려 보내면 수세 등의 일을 은점의 예대로 해야 하는데, 계사·장교가 내려와서 머물며 세를 거두면 백성의 폐단이 없지 않으니 내려 보내지 말고 세액을 작정한 뒤 본영이 거두어 올려 보내는 일을 묘당으로 하여금 품지하여 분부하게 하소서"[46]라고 하였다. 즉, 은점의 예는 수령수세가 아니라 호조에서 계사나 장교를 파송하여 세를 거둔다는 것이었다. 이후의 기사를 보면 도신과 수령에게는 수세가 아니라 점의 폐단을 검속하는 역할이 주어졌다.

수령수세가 지속될 수 없었던 것은 수령수세 역시 별장수세와 마찬가지로 사익을 추구하는 대리인 문제를 안고 있기 때문이었다. 예컨대, 수안군수 이언배(李彦培)는 탐욕스럽고 오로지 재물 모으기만 일삼는 자로, 은을 반값에 사려는데 점인이 그에 따르지 않자 온갖 방법으로 위협하다가 끝내 그를 장살(杖殺)하였다.[47] 점의 폐단을 검속해야 할 수령이 호조의 관문도 없이 임의로 설점하는 일이 빈번하였으며, 순조 8년의 암행어

45 『승정원일기』 영조 40.8.7; 영조 49.11.13; 영조 51.1.29; 『탁지지』 외편 권8 財用部, 金銀事實.
46 『승정원일기』 정조 4.5.29.
47 『실록』 영조 51.9.28; 영조 51.11.8.

사 서계에 의하면, 평안 감사 조득영(趙得永)은 재직 2년 동안 성천 등 아홉 고을에 금점을 임의로 설치하고 상납을 요구하며 혹독한 형장을 날마다 자행하였다.[48]

2. 광산 관리자와 징세인

1) 채방사와 경차관

관채는 물론이고 사채의 경우에도 관에서 파견한 관리자가 있었다. 유승주(1993)는 각 시대의 광산 관리자의 호칭을 빌어 15세기 채방사제, 16세기 채은경차관제, 17세기 감관제, 18세기 별장제 등으로 시기 구분을 하였다. 그런데 이러한 구분에는 몇 가지 문제가 있다. 첫째, 광산 관리자의 호칭이 특정 시기에 한정되지 않았다는 점이다. 예컨대, 채은경차관이라는 호칭은 15세기 초에도 사용되었다.[49] 둘째, 이들 호칭은 광산에만 사용된 것이 아니라 특정 업무를 위해 임시로 파견된 자들에 대한 일반적 호칭이었다는 점이다. 예컨대, 채방사(採訪使)는 어떤 실정을 조사하기 위해 파견된 임시 관직으로서, 잠실(蠶室) 채방사와 매를 진헌하는 채방사도 있었다. 특히 경차관(敬差官)이나 감관이라는 호칭은 조선왕조 전 시기에 두

48 『실록』 순조 8.9.7.

49 태종 17년에 채은경차관이 금성현에서 鉛을 생산하여 바쳤으며 세종 9년에 경상도에 채동경차관이 있었으며 세종 23년에 채금경차관의 폐해가 많다는 기록이 있다(『실록』 태종 17.3.10; 세종 9.1.7; 세종 23.8.22).

루 나오며 특정 직무에 국한되지 않았다. 셋째, 시기 구분을 할 정도로 호칭별로 뚜렷한 성격의 차이나 특징이 있었는가 하는 문제이다. 이는 조선시대 광업을 이해함에 있어서 중요한 문제이므로, 이하에서 각 시기의 광산 관리자가 어떤 존재였는가를 구명하기로 한다.

태종은 내자주부(內資注簿) 김윤하(金允河)와 동부대언(同副代言) 성엄(成揜)에게 "은장을 뽑아 사공제(司空濟)와 김귀룡(金貴龍)에게 은 캐는 기술을 배운 후에 김해, 서산 두 지역의 은을 캐도록 하라"고 지시하였다. 사공제는 판전농시사(判典農寺事)로서 은산, 태천의 채방사이고, 김귀룡은 사재주부(司宰注簿)로서 곡산의 채방판관이었다.[50] 앞의 [표 1-1]은 태종 연간에 채방사로 임명된 자들이 어떤 자들이었는지를 보여 준다. 그들은 전서(典書), 판전농시사, 사재주부, 동부대언, 대호군, 공조정랑, 선전관 등의 관직을 가진 자들로서 직위가 높으면 채방사, 낮으면 채방별감 또는 채방판관으로 임명되었다. 한편, 안동 채방사 윤전은 "300명의 인부를 부려 두 달 동안에 겨우 3전을 얻었고 많은 사익을 도모"하였으며 관찰사가 그 사실을 보고하여 파직되자 황해도에서 채은하겠다고 신청하였다. 이에 사간원은 윤전이 경상도에서 백성들을 모아 산을 팠으나 1전도 얻지 못하였고 김해, 청도에서도 역군을 모아 땅을 팠으나 얻은 것이 없고 안동에서 얻은 것 또한 3-4전에 불과한데, 백성을 수고롭게 하고 재물을 손상시킨 것은 심하다고 하면서 그를 소환할 것을 요청하였다.[51]

채방사와 달리 채은경차관에 관한 기록은 극히 드물다. 연산 10년

50 『실록』 태종 18.1.8.
51 『실록』 태종 7.3.7.

(1504)의 기사에 의하면 함경도 채은사로 임명된 첨정 기저(奇褚)는 "욕심이 많고 폐단을 일으키므로 여론이 그를 야비하게 여겼다." 중종은 영의정이 단천에 경차관을 보내자고 하자 그렇게 하지 않는 이유로 "거짓되고 간사한 사람을 금하기 위해서"라고 하였다.[52] 선조 때 사헌부는 각 아문이 공무로 사람을 파견하고는 기억하지도 않고 성적도 따지지 않는 탓에 폐단을 일으키는 자가 이어지니 어전관(魚箭官), 무곡관, 채은관 등을 파하고 각 도 감사에게 일을 관장하도록 할 것을 건의하였으며, 비변사는 단천 군수를 차사원에 임명하여 채은관과 함께 채은을 감독하도록 할 것을 건의하여 허락받았다.[53] 채방사와 마찬가지로 이들 채은경차관 역시 첨정이나 판관, 홍문관 부교리, 성균관 전적(典籍)과 같은 관직을 가진 자들이었다.

이처럼 채방사와 경차관은 모두 중앙에서 파견된 품관으로서 관장을 대동하고 현지의 농민을 징발하여 생산을 주관하였으며 지방관과 함께 광산을 운영하는 경우도 있었다. 채방사와 경차관은 광산을 개발할 때 공적 자금을 투입하고 채굴한 광물을 상납하지만 앞에서 제시한 여러 사례에서 유추할 수 있듯이 사익을 도모하는 경향이 많았다. 이로 인하여 폐단이 발생하자 지방관에게 채굴을 감독하게 하거나 상공제로 전환하였지만 그 역시 해결책은 될 수 없었다. 지방관은 성심을 다하여 채굴하지도 않을뿐더러 목민이라는 본 업무를 버리고 채굴을 감독할 수도 없으며 지방관 역시 횡령의 가능성이 있었기 때문이다.[54]

52 『실록』 연산 10.7.6; 중종 15.2.28.

53 『실록』 선조 27.5.16; 선조 27.5.25.

54 세종 때 의정부는 동 채굴이 절박한데 수령들이 마음을 쓰지 않으니 조관을 보내자고 청하였다. 또한 연산군 때는 단천에서 처음에는 은이 많이 나다가 나중에는 그렇지 않은 것을 두고 수령이 횡령한 것이 아닌지를 국문하는 일이 있었다(『실록』 세종 21.8.23; 연산

2) 감관, 별장, 계사·영비

(1) 감관

유승주(1993)에 의하면 17세기는 감관제하의 관영 군수광업 시대이며 군영문에서 파견한 임시직 관리인 감관이 군영문에 등록된 자들을 징발하여 광산을 경영하였다. 그러나 호조의 전관수세 논의가 시작될 때 호조도 영덕 은점에 감관을 파견하기로 하였으며 18세기 후반과 19세기 후반에도 수세를 위해 감관을 파견하고 있었다는 점에서[55] 감관을 군영문이 관영 광산에 파견한 관리인으로 규정하는 것에는 문제가 있다. 이 때문에 감관과 별장을 다르게 파악하고 있는 유승주와 달리, 임병훈(1981)과 홍희유(1979)는 감관과 설점수세하의 별장을 구분하지 않았다. 그러면 감관이 어떤 자였는지를 몇 개의 사례를 통해 살펴보기로 한다.

첫 번째 기사는 광해 10년(1618)에 호조가 청풍에 은이 많이 난다는 소문이 있으니 감관을 임명하여 마침 훈련도감의 분부를 받고 온 단천의 채은 장인과 함께 보내도록 해달라는 내용이다. 두 번째 기사는 현종 5년에 함경 감사 민정중(閔鼎重)이 단천의 은맥이 다하여 공은(貢銀)을 채우기 힘드니 감해 달라고 올린 장계의 일부이다. 앞에서 언급한 대로 단천 은점은 명나라 장수 호유격의 일로 채굴이 중단되었다가 선조 36년(1603)에 채은관이 파견되지만 생산이 여의치 않자 상공제가 실시되었으며, 광산 관리

10.7.7). 목민에 힘쓰는 수령은 자연히 채굴에 소극적일 수밖에 없으며 반대로 광산개발에 적극적인 자는 사익을 도모하였다.

55 『비변사등록』 숙종 13.1.2. 1787년에 훈련대장은 안변에서 동이 적게 산출되는 것은 도신이 폐단을 이유로 감관을 쫓아낸 까닭이라고 하였으며(『일성록』 정조 11.3.15), 개항기에 영흥 금광의 수세 담당자를 감관이라 하였다(고승제 1959: 290).

자는 채은관에서 함경 감사가 임명한 감관으로 바뀌었다. 마지막 기사는 17세기 말 호조의 전관수세를 둘러싼 논의의 발단이었던 영덕 은점에 관한 기사이며, 좌부승지가 경상 감사로 있을 때 영덕 은점에 거액의 미수금이 있는 이유를 설명하면서 말한 은점의 실태이다.

[1] 호조가 아뢰기를 "출신 이영(李瀛)을 감관으로 차정하여 쇄마를 지급해 주고 장인을 데리고 내려가서 그로 하여금 시험삼아 취련하게 하소서. 그리고 본군의 역을 줄여서 편의에 따라 부역시키도록 할 것을 해당 도에 이문(移文)하라는 뜻으로 감히 아룁니다"고 하니 아뢴 대로 하라고 전교하였다.

[2] 현종 5년에 함경 감사 민정중이 "근년에 와서 은맥이 갑자기 다하여 다시 캘 만한 길이 없으므로 … 부족한 수를 백성에게 부과할 수도 없고 또 기한을 물릴 수도 없어 이에 새로 부유한 품관 9명을 가려 뽑아 감관으로 사무를 담당시키고 그들로 하여금 채광과 주조를 감독하게 하되, 1명의 감독을 40일로 한정하고 40일 동안에 바치는 것을 110냥으로 하니, 감관을 한번 지내면 가업을 모두 파산하게 되며, 장인들은 한 해가 지나도록 일하여도 매일 독촉만 받고 마침내 하찮은 소득도 없으므로 역시 모두 도망하고 흩어졌으니 … 알맞게 수를 감하여 백성의 원망을 풀어 주는 것이 사리에 합당할 것 같습니다" 하였다.

[3] 좌부승지 박태손(朴泰遜)이 아뢰기를 "신이 본도에 있을 때 문서 가운데 미수 은자 500여 냥이 있기에 그 곡절을 물었더니, '은을 채굴하는 자들은 아침에 모였다가 저녁에 흩어지는 등 사는 곳이 일정하지 않아 일일이 거둘 수 없기 때문에 미수되기에 이르렀다'고 하였습니다. 대체로 은을 채굴할 때에 감관이란 자들이 20-30명씩 혹은 10여 명을 거느리면서 은맥이 나타났다는 말을 들으면 일시에 운집합니다. 그러나 이들은 모두 근거지가 없고 호적에도 없는 무리들이므로 은맥이 끊어지면 모두 흩어지기 때문에 비록 세를 징수하려고 해도 어찌할 수 없는 형편입니다."[56]

---

56 『실록』 광해 9.1.12; 『연려실기술』 別集 제11권 政敎典故; 『승정원일기』 숙종 13.9.13.

세 사례 간에는 약 1세기 가까운 시차에 따른 차이가 있다. 청풍은 설점수세 이전의 은점이고 단천은 공은을 내는 은점이며 영덕은 설점수세 은점이다. 청풍 은점의 감관은 호조로부터 쇄마를 지급받고 장인을 대동하고 부역을 동원하여 은 생산을 주관한 자라는 점에서 이전 시대의 광산 관리자와 크게 다르지 않았다. 단천 은점에서 부유한 품관을 감관으로 임명한 것은 채굴과 제련 비용을 감당하고 공은에 부족이 발생하면 메우도록 하기 위한 조치임을 알 수 있다. 감관이 공은을 상납하느라 파산할 수도 있다는 것은 감관이 상당 정도로 사적 경영을 하는 존재였음을 전제하지 않으면 있을 수 없는 일이다. 영덕 은점은 성천 은점과 함께 가장 광맥이 풍부하였으며 군영문에서 감관을 파견하여 채굴하고 있었다. 영덕 은점의 감관은 인부 10명 또는 20-30명을[57] 거느리고 은을 채굴하여 수세상납하는 자이며 다음에 설명할 별장과 크게 다르지 않은 존재였다고 할 수 있다. 요컨대, 17세기의 감관은 상당히 다양하여 과도기적인 모습을 갖고 있었다고 할 수 있다.

(2) 별장

숙종 13년에 광산에 대한 호조의 전관수세를 논의하는 과정에서 호조가 수세를 위해 파견한 자의 호칭은 감관에서 별장으로 바뀌며 이후에는 별장이라는 호칭이 일반적으로 사용되었다. 그러나 호조가 파견한 징세인 호칭은 별장만이 아니라 감관, 산원(散員), 낭관, 차인 등이 사용되기

57 이를 유승주(1993)는 장인의 수로 보았으나 임병훈(1981)과 홍희유(1979)는 광부의 수로 보았다.

도 하였으며, 다른 아문에서도 파견한 징세인을 별장으로 호칭하였다.[58]

먼저 별장의 성격을 파악하기 위해 몇 가지 사례를 보기로 한다. 첫 번째 기사는 호조가 당시 영덕과 성천 은점을 전관수세하기 위해 경상도와 평안도에 별장을 파견하기로 한 것에 대해, 좌의정 남구만이 반대하며 올린 상소의 일부이다. 두 번째와 세 번째 역시 성천 은점의 예이다. 성천 은점은 원래 군영문이 설점하였으나 숙종 16년에 영덕 은점과 함께 호조가 전관수세하게 되었다. 두 번째 기사는 숙종 28년에 병조판서 이유(李濡)가 호조의 별장을 혁파하고 평안 감사가 차출한 별장에게 맡길 것을 건의하면서 은점의 폐단을 언급한 것이다. 세 번째 기사는 성천 은점의 폐단이 된 별장 이욱(李旭)의 탐학에 대해 평안 감사 이세재(李世載)가 치계한 내용이다.

[1] 별장의 지위와 인망이 혹 가볍고 임무와 권한이 중하지 못할까 우려하여 인부(印符)를 만들어 주기를 청하고 또 군현에 공문을 보내도록 허락하였으며, 사령과 서원, 통인(通引), 밥 짓는 계집종과 사내종을 각각 2명씩 번갈아 정해 주었다 하니, 이는 바로 엄연한 별성(別星)의 예우입니다. 그리고 권한과 임무의 중요함과 접대하기 번거로움은 또 일반적인 규례에 따른 사행(使行)에 비할 바가 아닙니다. 한 도를 마음대로 통제하고 혹 큰 이익을 독점하며 종횡으로 오가니 그들이 하는 대로 맡겨 둔다면 어찌 지난날 각 아문에서 사사로이 보낸 감관의 병폐에 그칠 뿐이겠습니까. … 조정에서 임명하여 보낸 자로 인부를 가지고 있는 관원이니 … 도백인들 또한 어떻게 이들을 금지하여 통제할 수 있겠습니까. … 이번에 임명된 별장 한 사람은 바로 관서 지방의 천한 노비로 일찍이 허적(許積)의 집에서 거간꾼 노릇을 하던 자인데, … 이와 같은 무리들이 마침내 인부를 차는 권세를 빌려 한 도의 이익

58 예컨대, 수안 은점에는 호조의 별장 외에 많은 별장들이 있었다(『비변사등록』 숙종 42.11.22).

을 독점할 것입니다.

[2] 금·은은 땅에서 산출되니 그 이익은 마땅히 국용으로 들어가야지 사가로 들어가서는 부당한데 호조 및 각 군문에서 각기 외방에 은점을 설치함이 비록 착실하게 하는 듯하지만 모두 차인의 주머니로 들어가서 한 푼도 나라로 들어온 것이 없습니다. 신이 지난번 평안도[西藩]에 있으면서 듣건대 성천에 연혈(鉛穴)이 많이 있어 혹 연맥을 찾아 큰 곳은 수만 냥을 채굴하기도 한다고 하지만 나라로 들어오는 것은 매번 원래 정해진 연군(鉛軍)에게만 징수하는데 연군들은 1년에 은 5전씩만 바치니 다른 역에 비해 헐합니다. 은혈에서는 별장이 약간 명의 은맥을 아는 자를 거느리고 채굴하는데 그 채굴해 얻은 것이 비록 몇만 냥이 되더라도 별장은 2분(分)을 갖고 군인은 1분을 갖는 이외에는 하나도 국용으로 들어오는 것이 없습니다.

[3] 은점 별장 이욱은 스스로 식량을 관리하고 장물 징납을 독촉하라는 조정의 명령이 내려온 지 몇 달이 지난 지금까지 줄곧 관망만 하고 있습니다. 은점에서 가렴한 것이 7,000금에 가까운데다 또 영고전(營庫錢) 42,500냥을 관가를 속이고 빙공모리하여 죄다 사용(私用)하였으나 형세상 징계해 받아낼 길이 전혀 없습니다.[59]

유승주(1993)에 의하면, 별장은 호조가 은점 관리를 위해 임시로 파견한 수세청부업자로서 형식적 관리자에 불과하며, 실질적 운영자는 10여 명 내지 20-30명에 이르는 점장들이고 그중 두목이 점역(店役)을 총괄하였다. 별장은 신임이 두터운 서울의 부상대고나 대신의 사인으로, 자신의 자본을 투입하지는 않았기 때문에 언제든지 직을 박탈당할 수 있었으며 설점을 끝내면 서울에 거주하면서 수세만 관장하고 호조에 납부할 세은과 자기의 분배 몫을 수취하는 자에 불과하였다. 그런데 유승주가 별장을 형식적 관리자로 보는 근거로 인용한 자료는 앞서 감관을 설명할 때 인용한

59 『승정원일기』 숙종 13.3.15; 『비변사등록』 숙종 28.6.26; 『실록』 숙종 29.7.6.

세 번째 기사였다. 즉, 그는 감관을 광산의 실질적 운영자라고 할 때 사용한 자료로 별장을 형식적 관리자라고 설명하는 모순을 보였다.

반면, 홍희유(1979)는 별장은 납세의 책임을 가진 징세인이지만 실제로는 경영권을 위임받은 경영자이며 수세점은 봉건국가의 통제를 받았지만 본질상 개인 경영의 성격을 띠는 것이라고 하면서, 위의 두 번째 인용문에서처럼 별장이 수취하는 2/3는 바로 생산자로부터의 수탈이고 점군들의 몫인 1/3은 임금의 성격을 갖고 있다고 하였다. 임병훈(1981)도 별장은 광산을 관리하고 생산 과정에 참여하여 점군을 모집하고 작업을 지휘·감독하는 광업 경영자이며 채굴한 은의 상당 부분을 취득하면서 국가와 일정한 대립을 보이기도 하고 국가의 대리인으로 수세·상납의 역할도 하는 이중적 성격을 갖는 존재였다고 하였다. 그러나 두 연구는 자본주의 맹아론의 관점에 서 있기 때문에 별장에 대해 더 이상의 의미를 부여하지 않았다.

앞에서 본 영덕 은점의 감관과 위의 기록에 나오는 별장은 파견기관이 다르다는 점 외에는 본질적으로 차이가 없다고 할 수 있다. 즉, 둘 다 품관이 아닐뿐더러 장인을 거느리고 가서 설점한 후에 점군을 모아 광산을 관리·경영하는 자들이었다. 별장은 자신을 파견한 호조(혹은 아문)에 정해진 점군[元定鉛軍] 수에 따라 한 사람당 1년에 5전의 세금을 납부하는 책임을 갖고 있었다. 생산량에 비해 점군 1인당 5전은 매우 헐하였기 때문에 그것을 제외한 은의 대부분은 별장의 주머니로 들어갔다. 이는 별장이 단지 점군 수에 따라 수세·상납하는 형식적 관리자가 아니었음을 말해 준다.

별장이 생산물의 2/3를 차지할 수 있었던 이유 중 하나는 그가 은점을 실질적으로 운영하는 존재였다는 점이다. 세 번째 기사에 나오는 성천 은점의 별장 이욱은 군영문의 군수물을 구입해 바친 공로로 영직(影職)의 포상을 받기도 하였으며 호조판서 조태채(趙泰采)의 사인이기도 한 부상대고였다.[60] 그는 조태채가 평안 감사(숙종 26년 5월 임명)로 있을 때 별장이 된 것으로 추측된다. 별장은 이욱처럼 부강한 자이거나 혹은 그 후원을 받는 자로서, 많은 자본을 은점에 투입하고 숙련된 장인[知銀脈者]을 거느리면서 수백 명의 점군을 모집하고 생산 과정을 지휘·감독하였을 것으로 보인다(임병훈 1981). 그렇기 때문에 남구만은 수세점을 별장의 사적 경영에 불과하다고 말하고 있다.

생산물의 2/3를 차지할 수 있었던 또 하나의 이유는 별장이 광산왕유제하에서 호조의 차인으로 배타적 권리를 부여받은 자이기 때문이다. 남구만의 상소에 의하면, 별장은 품관은 아니지만 장인지관(掌印之官)으로 별성(別星), 즉 봉명사신과 다를 바 없어 각 아문이 사사로이 보낸 감관의 폐단을 능가하며, 조정의 인부(印符)를 가진 관원이니 도신이라도 그들을 금지하고 통제할 수 없을 것이라고 하였다. 물론 이는 다소 과장된 표현이라고 생각되지만, 별장은 그런 공적 권력을 배경으로 하여 많은 이익을 독점할 수 있었을 것이다.[61] 세 번째 인용문에서처럼 별장이 국고인 영고전 42,500냥을 빌려 사적 이익을 도모하는 일도 그래서 가능하였던 것이다.

별장은 정해진 수보다 많은 점군을 모집하여 세금을 포탈할 수 있었다. 이 때문에 각 아문은 별장을 차송할 때 정액모군하도록 하고 해당 도의 관찰사와 수령이 별장들의 가설가모(加設加募)하는 폐단을 엄히 규찰하도록 하였으며, 평안 감사는 전 별장 이욱이 점군 수와 징수 내역을 기록

60 『실록』 숙종 29.7.11.
61 이욱이 교묘하게 명목을 만들어 연변의 고을에서 불법으로 징수한 것이, 丁銀 1,629냥쭝, 전문 7,685냥이나 되었다(『실록』 숙종 28.7.11).

한 점인문서와 회계장부를 조사하였다.[62] 별장이 원정(元定)을 초과하는 점군을 모집하여 세금을 포탈하였기 때문에, 생산이 수만 냥이고 점군이 수천 명임에도 이익이 국고로 들어온 것은 없고 모두 별장의 주머니로 들어가게 된 것이다. 이를 두고 채제공은 별장이 모두 투식(偷食)하고 호조가 거두는 것이 전무하다고 하였다.[63] 앞에서 언급한 대로 영조 51년에 호조판서와 3정승이 이구동성으로 별장의 모리 행위로 인해 호조의 세입이 줄었다고 성토하면서 호조의 별장에 의한 수세는 폐지되고 지방 수령이 수세를 맡게 되었다.[64]

(3) 계사 · 영비

18세기부터 별장 외에 계사(計士)나 영비(營裨)와 같은 다양한 호칭이 사용되었다. 영비는 군영이나 감영의 비장을 말하며, 계사는 조선시대 호조에 소속되어 회계 사무를 담당한 종 8품 관리이며, 영조 52년 이전에는 산원(算員)이라 하였다. 영조 3년에 호조판서는 문천 은점에 감영에서 보낸 차인이 사익만을 챙기고 민폐를 끼치니 호조의 전관수세에 따라 은점을 모두 호조에 소속시키고 산원이 수세·상납하도록 해달라고 요청하였다. 영조 6년 봄에 호조는 감영과 수세권을 둘러싼 쟁탈전을 하는 가운데 자산 금점에 대한 수세를 위해 산원을 파견하도록 해줄 것을 요청하였으

62 『승정원일기』 숙종 13.3.15; 숙종 29.7.28.
63 『승정원일기』 영조 49.11.13.
64 호조판서는 별장배가 모두 써 버리고 보고하지 않아 세납이 점차 줄어 실속이 없게 되었다고 하고, 영의정은 호조가 보낸 차인이란 자가 모두 사인이라 납세는 전무하고 오히려 폐단만 많이 일으킨다 하였으며, 좌·우의정도 차인을 보내는 것은 폐단만 있고 유익이 없다고 하였다(『승정원일기』 영조 51.1.29).

며, 이후 초가을에 호조가 산원을 보냈으나 감영에서 따로 별장을 보내 수세하였다. 또한 익년에 호조판서는 함경도의 정평 은점에 낭청을 파견하여 수세하고 어영청이 낭청을 파견한 안변 동점에도 호조가 보낸 낭청이 함께 적간하도록 하자고 하였다.[65]

별장, 차인, 산원, 낭청 등의 다양한 호칭에 어떤 차이가 있는지를 알 수 없지만 모두 수세를 목적으로 파견된 자들인 것은 분명하다. 따라서 앞에서 말한 대로 호칭이 징세인의 성격을 구분해 주는 것은 아님을 상기할 필요가 있다. 또한 낭청(혹은 낭관)[66]과 산원은 관직명이지만 별장과 차인(혹은 차사원)은 특정의 관직을 지칭하고 있지는 않다.

유승주(1993)는 18세기 말 성천과 자산의 사금점에서 계사가 처음 등장하며, 이후 순조 초에 이르러 사금점에 은점과 동점처럼 물주제가 성립하기 전까지 계사제였다고 한다. 그러나 계사는 산원으로 불릴 때부터 따지면 18세기 초부터 파견된 적이 있으며 사금점뿐 아니라 연·은점과 동점에도 존재하였다는 점에서,[67] 18세기 말의 사금점을 계사제로 설명하는 것은 문제가 있다. 그러면 계사가 어떤 존재였는지를 몇 개의 기사를 통해 살펴보자. 첫 번째 기사는 박상춘이 북도의 금·은점의 폐단을 보고하자 정조가

65 『비변사등록』 영조 3.1.10; 영조 6.5.1; 영조 6.11.26; 영조 7.10.12.

66 낭청은 각 관서의 당하관에 해당하는 관료로서 낭관이라고도 하며 1555년에 비변사가 상설기구가 되면서 관직명이 되었으며 그 후에도 품계를 특정하지 않은 채 많이 임명되었다.

67 정조 4년에 함경 감사는 안변 동광에 계사나 장교를 파견하지 말 것을 장문하였으며 11년에 연풍 동점, 19년에 풍덕 은점, 20년에 장단 은점에 계사가 파견되었으며, 정약용이 서읍에 있을 때 간민 3-4명이 은광 설점을 위해 호조의 관문을 가지고 계사를 따라 내려왔다고 하였다(『일성록』 정조 4.5.29; 정조 19.9.12; 정조 20.10.22; 『비변사등록』 정조 11.3.21; 『목민심서』 공전6조 산림).

사자설점에 대한 금칙을 내리면서 한 말이다. 두 번째 기사는 정평 금점의 백성들의 호소와 그에 대한 정조의 답이다. 세 번째 기사는 우의정이 수안 금점에 대한 단속 방도를 말하면서 황해 감사의 장계를 인용한 부분이다.

[1] 이제부터 규정을 엄격히 세워, 연품을 거쳐 반포한 조령이 없는데도 서울의 유사나 지방의 영읍에서 모리배의 말을 기꺼이 듣고서 간색(看色)한다는 핑계로 차사를 보내는 경우, 그 일을 담당한 신하와 해당 도신은 곧바로 제서유위율을 시행하여 고신(告身) 5등을 추탈하되 공과 의를 적용하여 용서하지 말고, 금하지 않거나 직접 범한 수령은 영문에 잡아와 엄하게 장을 쳐서 금고 삼년에 처하고, 해당 차인은 한 차례 엄형을 가하여 유배하고, 계사와 영비는 같은 형률을 적용하며,

[2] 차인들은 상사(上司)와 상영(上營)의 관문을 갖고서 관예를 위협하고 백성들을 협박하기 때문에 하대동의 원적에 오른 근 100호가 모두 뿔뿔이 흩어져 다른 곳으로 갔습니다. … 하여 전교하기를 … 호조판서가 충분히 살피고 의심할 것이 없다는 것을 반드시 알고 난 뒤에 차인을 차출하여 보냈다면 이런 폐단이 어떻게 나오겠는가? 즉시 묘당으로 하여금 양도의 도신에게 분부하여 폐단을 일으킨 차인은 호·성의 비장이나 호조의 계사를 막론하고 각별히 엄히 다스려 쫓아 보낸 뒤에 장계로 보고하게 하라.

[3] 가장 왕성하게 점을 설치할 때는 하루아침에 받는 세금이 수천여 냥이나 되며, 그중 700냥은 화성부에 상납하고 50여 냥은 점 안의 소임 등의 급료 값으로 제하고, 남은 1,000냥은 차인이 차지합니다. 이 밖에 막세·토세·전세(廛稅) 등의 명색이 하나둘이 아닌데, 혹 차인에게 속하기도 하고 혹 본관에 속하기도 하여 … 이른바 차인이란 사익을 구하는 데 급급한 무리로서, 엄중히 단속해서 간교를 부리지 못하게 할 수 없어서 공납은 적은 반면 사비(私費)는 많습니다. … 호조에서 차송하든지 감영에서 차송하든지를 막론하고 계사 아니면 막비(幕裨)니 어찌 피차 우열이 있다고 말할 수 있겠습니까?[68]

68 『승정원일기』 정조 12.10.29; 『일성록』 정조 19.4.2; 『비변사등록』 정조 22.7.27.

유승주(1993)는 사금점의 계사를 별장과 마찬가지로 단순한 징세청부업자로 보았는데, 별장이 단순한 징세청부업자가 아님은 앞서 설명한 대로이다. 임병훈(1981)은 계사 역시 사익을 구하고 세의 일부를 착취하지만 경영에는 관여하지 않았으며 17·18세기의 별장이나 감관과 달리 역가를 받고 검속·수세하는 관리에 불과하였다고 하였다. 그러나 인용한 기사로 보면 계사는 별장과 크게 다르지 않은 존재였다고 할 수 있다. 첫 번째 기사를 보면, 서울의 유사와 지방의 영읍은 정조의 강력한 금칙으로 인해 합법적인 설점이 어렵게 되자 간색한다는 핑계로 차사, 차인, 계사와 영비를 파송하였다. 두 번째 기사를 보면 관문을 갖고 있는 차인은 곧 계사와 영비이며, 그들은 생산을 감독하고 점군들을 착취하는 자들이었다. 사실 불법적인 설점을 적극적으로 부추기는 자들은 바로 이들 계사와 영비들이었다.[69] 세 번째 기사에서 차인으로 표현된 계사는 점을 운영하면서 생산물의 대부분을 차지하였을 뿐 아니라 각종 명목의 잡세도 징수하였다. 그들은 수세의 임무를 갖고 있지만 이처럼 사익을 우선해서 구하는 자들이었기 때문에 공납은 적고 사적으로 지출하는 것이 많았던 것이다.

요컨대, 계사 역시 전 시대의 감관이나 별장과 크게 다르지 않았다고 할 수 있다. 기존의 연구는 별장과 계사 모두 또는 계사만을 징세청부업자로 파악하고 있지만 전근대 사회에서 그들이 갖는 사회경제적 의미를 깊이 생각하지 않은 것 같다. 그것은 역시 조선 후기의 광업을 자본주의적인

69 예컨대, 朝令이 시행되지 못하는 이유는 전적으로 계사와 영비가 관장을 부추기기 때문(『일성록』 정조 14.3.24)이라든가 금·은광을 금하는 법이 매우 엄한데도 모리배들이 京司의 관문을 얻기를 꾀하고 영읍에 내려가 부탁을 하여 여러 곳에서 채굴하고 있다(『실록』 순조 32.12.19)는 등이다.

것으로 보고자 하는 의도에서 비롯된 것이라고 할 수 있다.

조선왕조 후기에 광산은 일시 지방 수령에게 맡겨지기도 하였으나 수령이 직접 광산을 관리하는 것은 한계가 있었으며, 따라서 호조가 다시 계사를 파견하든지 아니면 감영에서 영비를 파견하였을 것이다. 감관, 별장, 계사 모두 징세인이지만 생산물의 대부분을 차지할 수 있었던 것은 이미 설명한 대로이다. 징세인은 왕유제하에 공적 권력을 배경으로 설점을 독점하면서 원래 정해진 것보다 더 많은 점군을 모집함으로써 자신의 이익을 챙길 수 있었다. 정약용이 『목민심서』에서 금점의 수세액이 채굴 인원에 달려 있기 때문에 감독자는 점군을 모을 때 그저 많이 뽑기에만 힘쓴다고 한 것도 그 같은 사정을 말해 준다.

3. 덕대, 점군, 물주

1) 광산의 작업 방식

19세기에 광산에서 매뉴팩처가 성립하였다는 것은 거의 통설처럼 되어 있다. 매뉴팩처에 주목하는 이유는 분업적 협업에 의한 생산이 이루어지는 매뉴팩처에서 비로소 노동에 대한 통제와 규율이 필요하고 자본과 임노동의 관계가 성립하기 때문이다. 기존 연구는 정약용이 제시한 새로운 채금법을 중요한 근거로 하여 금광에서의 생산을 분업적 협업이라고 보았다. 즉, 유승주(1993)와 임병훈(1981)은 운반과 채굴이 분업화된 매뉴팩처로, 홍희유는 채굴공정, 분쇄공정, 선별공정, 도태(淘汰)공정이 분업화된 매뉴팩처로 이해하였다. 정약용이 새로운 채금법이라고 소개한 화도법(火淘法)은 다음과 같다.

> 먼저 얼음창고 형태와 같은 구덩이를 파고 또 헛간 수십 간을 짓고 밑에는 온돌을 놓는다. 100명이 흙을 파고 50명이 져서 구덩이에 부어 넣는다. … 구덩이에 흙이 가득하면 차례로 온돌을 놓은 헛간에 옮겨 건조시켜서 습기를 제거하고 곧 맷돌로 세세하게 간 다음 성근 체와 고운 체 두 가지로 체질하여 먼저 굵은 것을 줍는다. 다음은 차지법(車芝法)으로 체 아래 흙을 버리고 또 사제법(篩蹄法)으로 미세한 것을 취한다. 마지막에 목조법(木槽法)으로 금가루를 취하면 마른 흙 속에 있는 금은 저절로 한 알의 누락도 없고 한 구덩이의 흙도 하루가 다 못가서 체질을 마칠 수 있다. 일꾼들은 굴토, 부토만 하고 금을 일지 못하게 하면 한 알의 금도 저절로 유실될 걱정이 없어질 것이다. 대저 모래를 일어 금을 얻는 것이 고금의 상법이나 … 지금 이 화도법을 창안 사용하면 불로 물을 대신하고 여름을 겨울로써 바꿀 수 있으니 진실로 더 없이 좋은 방법이다. … 금을 채굴할 때는 굴토자 100명과 부토자 50명에게 공조로부터 특별이 허리에 차는 요패를 제조하여 낙인을 찍어서 한 사람에게 한 개씩 나누어 주고, 요패가 없는 자는 섞여 있지 못하게 하며, 인부에게는 매일 품삯을 얼마씩 준다. 15명마다 감독하는 사람과 사환 한 명을 두고 또한 각각 급료 몇 전씩을 준다.[70]

홍희유(1979)는 화도법을 석금 채굴법으로 보지만 유승주와 임병훈은 사금 채굴법으로 보는데, 사제법과 목조법을 사용한다는 점에서 후자의 견해가 타당한 것 같다. 특히 정약용은 금 산출지가 계곡의 공한지이며 전답과 연결되어 있기도 하다고 하여 사금광이 일반적임을 말하고 있다. 정약용이 화도법을 추천한 것은 물을 부어 금을 가려내는 수류법(水流法) 또는 세척법으로는 겨울이 아닌 봄·여름에 작업할 수밖에 없는데, 그러면

---

70 『목민심서』 공전6조 산림.

농사를 실기할 가능성이 있다고 생각한 때문이었다. 그러나 홍희유는 화도법을 석금 채굴법으로 잘못 이해하고 석금광을 매뉴팩처, 사금광을 단순 협업으로 구분하였다.

정약용은 금을 채굴할 때, 굴토군을 100명, 부토군을 50명으로 하고 공조가 만든 요패를 차게 하며, 일꾼들에게 품삯을 주되 15명마다 감독 1인을 두라고 하였다. 그리고 점군들은 굴토와 운반만 하고 국가가 금 이는 일을 직접 하면 금을 모두 수납할 수 있다고 하였다. 이에 근거하여 유승주와 임병훈은 사금점에는 150-200명이 고용되었으며 작업 1조가 굴토군 10명, 부토군 5명으로 분업적 협업을 하였을 것으로 추측하였다. 그런데 정약용이 새로운 채금법이라고 소개한 것을 보면 화도법은 당시의 일반적인 작업 방식이 아니었다고 할 수 있다. 게다가 150여 명이라는 것은 정약용이 금광 국영론을 염두에 두고 생각한 규모이기 때문에 과연 그것이 당시 금광산의 일반적 규모였다고 할 수 있는지 의문이다. 또 설령 그렇다고 하더라도 운반과 채굴이 분리되어 있는 정도로는 단순협업에 불과하며 매뉴팩처라고 하기는 어렵다.

18세기 말에 금광 설점에 대한 논의가 많았던 것은 수원 화성 성역비 때문이었다. 성역비 조달을 위해 1794년에 호조가 수안 금혈을 적간한 후 수세권을 화성으로 이관하여 설점하였으며 익년에 부총관 권회(權恢)도 사금 채굴을 허가할 것을 건의하였다. 권회는 은점이나 동점이 굴을 파고 제련하기 위해 많은 인력이 필요하여 원근에서 무뢰배들이 모여드는 폐단을 일으키는 것과는 달리, 채금은 흙을 파고 모래를 일어 채굴하는 것에 불과하므로 금맥을 잘 아는 자에게 채굴을 맡기고 수세하면 된다고 하였다.[71] 이처럼 당시의 금점이라는 것은 대부분 권회가 권장한 바와 같은 사금점이었다.

사금을 채굴하는 도구와 방식은 간단하였다. 금점에서 사용되는 도구는 바가지 하나, 가래 하나, 자루 하나였으며, 가래로 굴토한 흙을 자루에 담아 운반하고 바가지로 이는데, 하루 종일 한 자루의 흙을 일면 일을 하지 않고도 먹을 수 있으며 어린 여자아이도 파고 이는 일을 잘할 수 있었다고 한다.[72] 정약용이 열거한 채금도구는 여덟 가지인데 유치한 것이었고 게다가 모두 사용된 것 같지는 않다.

1794년에 설점한 수안 금점은 1798년에 5개의 금맥 중 2개의 채굴이 끝난 상황인데, 여름에 39개의 혈을 만들었으며 채굴을 중지한 혈이 99개였다. 혈은 사금점의 작업장을 지칭한다. 점군은 550명이며 막사는 700여 개, 인구는 약 1,500명이었다.[73] 39개 혈에 점군이 550명이므로 하나의 혈에 평균 14명이 작업하였던 셈이며, 설점한 지 3년이 지났는데 채굴 중지한 혈이 99개이니 매년 30여 개의 혈에서 채금이 이루어지고 있었다.

후술하듯이 개항기에 이르러서도 사금 채굴에 사용된 도구는 극히 유치하여 농기구를 응용한 것에 불과하고 하절기나 결빙기가 되면 채굴이 중단될 수밖에 없는 계절적 제약을 갖고 있었으며 채굴면적이 좁고 작업기간도 매우 짧아 보름 내지 한 달 정도에 불과하였다. 조선 후기에 사금광의 작업 방식이 개항기보다 더 낫지는 않았을 것으로 생각된다.

한편, 홍희유는 생산 기술의 특성상 사금점에는 단순 소상품 생산이

---

71 『일성록』 정조 19.8.4.

72 往赴成川金穴云 視其器械 一木瓢一布袋一小鑿而已 … 小兒女 尤善掘善淘(『열하일기』 太學留館錄); 採者 携一木瓢一布袋一小鍬而往 …(『임원경제지』).

73 『승정원일기』 정조 22.7.27.

보편적이었으며 석광인 은점과 동점에는 물주가 지배하는 자본주의적 경영(분업적 협업)과 물주에게 완전히 예속되지 않은 소영업이 병존하였다고 한다. 은점으로 가장 유명하였던 단천 은점은 갱 깊이가 십여 리에 달하였으며 갱내 산소 부족으로 호흡이 곤란하고 횃불이 꺼져 손으로 더듬고 냄새와 맛으로 광석을 찾아낼 수밖에 없었다(고승제 1959). 영조 16년(1740)에 우의정 유척기(兪拓基)는 은점의 폐단을 말하면서 은점을 설치하면 산 전체가 마치 벌집[蜂巢]과 같이 된다고 하였다.[74] 유명한 영풍과 갑산 동점은 갱의 깊이가 천미터 이상이었다는데 갑산 동점의 규모와 작업 방식은 다음에 일부 인용한 19세기 말의 노동가사인 동점별곡을 통해 짐작할 수 있다.

> 무동별장 황선달은 고진동의 무동할제
> 편수별패 연군들은 벌떼같이 날아들어
> 사오십장 깊은혈에 정망치를 갖초들고
> 한번치고 두번치면 석수갈피 날아들제
> 수백장 깊은굴에 땅속으로 기여들어
> 곧은동방* 내동방*의 삼사층을 꾸며내니
> 지동치듯 무너지니 혼비백산 가련토다
>
> 성연주*와 혈주들은 동서남북 뫼여들어
> 백호등*에 혈을파고 개암*같이 출입할제
> 청화동*을 마주앉아 좌우수로 죄겨낼제
> 눈에들고 목에메니 화연내*에 기막힌다 …
> 동서사방 두루파니 만여장이 한심하다 …
> 구군반수 역사군과 매철장수 수운군의

74 『비변사등록』 영조 16.1.21.

시신인들 온전하며 백골인들 성할소냐 …

(*는 차례로 수직갱, 수평갱, 제련주, 백호봉, 개미, 고품위동, 관솔불 연기).

과장된 표현이지만 굴의 길이가 만여 장(丈)인데, 정과 망치만으로 채굴하였으며 동바리를 설치하지 않아 붕괴 사고로 채굴하러 들어간 자들이 나오지 못하는 경우가 헤아릴 수 없을 정도였다. 갱은 광맥을 따라 이리저리 꼬불꼬불하여 한두 사람이 기어서 겨우 출입할 수 있을 정도의 오소리 굴과 같아서 한 삼태기의 광석을 갱 밖으로 운반하는 데 반나절이나 걸릴 정도였다(장국종 1991). 이와 같은 채굴 방식은 『임원경제지』에 소개되어 있는 당시 중국의 은광이 원시적이나마 통기시설과 조명시설을 갖추고 있음에 비해 훨씬 낙후하였다. 채굴 광석은 제련 과정을 거치는데, 몇 번의 공정을 거치는가에 따라 품질이 결정된다. 조선은 양질의 왜동을 쓰다가 19세기에야 비로소 왜동에 비해 비교적 손색이 없는 동을 생산할 수 있었다. 은 제련의 역사는 동보다 오래되었으나 18세기 초의 『단천읍지』나 19세기 초의 『임원경제지』에 소개된 단천의 은 제련법은 16세기 초에 개발된 연·은분리법에서 더 이상의 기술적 진보가 없었을 정도로 미숙하였다(장국종 1991).

19세기 중엽의 동점을 잘 묘사하고 있는 동점별곡은 동점에 다양한 노동자, 즉 편수(제련부), 별패(풍구군), 연군(채굴부), 구군(동발군), 반수(배수부), 역사군(일군), 매철장수(선광부), 수운군(운반부)이 존재하였음을 보여준다. 따라서 상당한 정도의 분업적 협업이 있었음을 추측해 볼 수 있지만, 석광에서 이루어지는 분업적 협업은 산업의 특성에 기인한 것이며 따라서 그것은 근대 이전에도 존재하였다고 할 수 있다. 그렇기 때문에 분업적 협업이 존재하였다는 것만으로 자본주의적 관계의 필요충분조건이라고 할 수는 없다. 중요한 것은 노동 과정을 통제할 뿐 아니라 생산물을 지배하는 자가 누구인가 하는 점이다. 이를 확인하기 위해 덕대, 점군, 물주의 성격을 살펴볼 필요가 있다.

2) 덕대와 점군

덕대라는 용어의 유일한 예는 19세기 초 홍경래 난의 공초 기록인『관서평란록』(關西平亂錄)에 나오는 운산 금점의 '덕대편수'이다. 난을 주도한 인물 중 하나인 우군칙(禹君則)은 모군(募軍)의 책임을 맡고 있었는데, 김여정(金汝正)에 대한 공초에 의하면 강득황(姜得黃)이 김여정에게 말하기를 경성에 거주하는 물주가 수천 냥을 보내 우군칙으로 하여금 모군하여 채금하도록 하였다는 것이다. 또 득황의 부 윤택에 대한 공초에 의하면, 군칙이 금점을 열고 점장이 경성에서 온다고 하면서 채금군을 모을 때 군칙의 처고모부인 득황이 덕대편수로 거기에 포함되었다.

유승주(1993)는 덕대편수가 덕대의 부하덕대를 지칭한다고 보고 우군칙을 매뉴팩처 경영을 하는 덕대로, 강득황을 덕대편수로 이해한 반면, 임병훈(1981)과 홍희유(1979)는 우군칙을 물주 또는 그 대리인으로, 강득황을 덕대로 이해하였다. 사실 우군칙은 홍삼 상인 경력이 있으며 또 다른 공초 기록에는 물주로 지칭되고 있기 때문에 덕대라기보다는 경성에 거주하는 물주의 대리인이었다고 생각된다. 또한 편수는 노동자의 우두머리 또는 기술자를 지칭하고 덕대 역시 광부의 우두머리를 지칭하므로 결국 덕대편수는 동의어를 반복 사용한 것이거나 기술자의 우두머리를 지칭하는 것이라고 생각된다. 따라서 군칙을 물주나 그 대리인으로, 득황을 덕대로 보는 것이 타당하다. 한편, 유승주는 은점과 동점에는 금점의 덕대에 상응하는 혈주가 있었다고 한다.[75] 사금점에도 작업장을 혈이라 하였으므로 덕대 대신에 혈주라는 호칭이 사용되기도 하였을 것으로 보인다.

기존 연구는 덕대나 혈주의 등장이 17세기 중엽 이후 설점수세로 인한 봉건적 관영광업의 해체와 18세기 말 상업자본의 광업 진출에 의한 물주제의 등장이라는 자본주의적 발전과 관계되어 있다고 본다. 임병훈은 덕대가 물주로부터 자금을 조달하여 자기 책임하에 노동을 지휘하며 화폐자본을 산업자본으로 전화시키는 역할을 하는 광산의 실질적 경영자였다고 한다. 수령은 물주를 통해 수세하는데, 물주제하의 덕대는 물주와의 관계에서 취약하여 근대적 기업가와 차이가 있지만 자본주의적 경영을 하였다는 것이다. 유승주 역시 혈주나 덕대를 물주의 자본에 의지하여 광업을 영위하는 실질적인 경영자라고 하였다. 그는 별장제하의 연·은점의 장인과 계사제하의 사금점 두목이 물주제하에서 덕대로 발전하며, 덕대는 물주의 자본을 유치하여 자본주의적 방식으로 광산을 경영하면서 물주 몫과 임금과 세금을 제외한 나머지를 자기 몫으로 하였다고 한다. 홍희유는 덕대에 관해서는 언급하지 않았지만 혈주를 채광업주이자 연군을 고용하는 자이며 자기 자금으로 경영하거나 상인으로부터 차입하여 경영하는데 후자의 경우에는 물주의 대리인에 불과하다고 하였다.

기존 연구에서 덕대에 대한 설명은 사실 거의 상상에 가깝다. 유일한

---

75 18세기 말에 경성 의관이 물주이고 현지인이 혈주가 되어 설점하고 모군하였다는 것과 동점별곡에 혈주가 채굴 광부의 우두머리인 것이 각각 은점과 동점의 혈주에 관한 유일한 사례이다.

자료인 공초기록은 아쉽게도 덕대의 실체를 설명해 주는 바가 거의 없기 때문이다. 개항기의 덕대에 대해서는 좀 더 상세한 자료가 존재하는데, 유승주는 개항기에 덕대가 물주의 자금을 이용하여 기업가로 성장하였을 것으로 예상하였지만 사실은 그렇지 못하다. 후술하듯이 개항기에 덕대는 징세인의 허가를 받아 채굴하는 광부의 우두머리이며, 광부 수에 따라 부과된 광세를 징세인에게 상납하는 역할을 하였다. 덕대는 휴업 중에도 노동조직을 유지하였으며 덕대와 광부 간의 관계는 고용관계라기보다 동업자적 관계나 생산물을 분여하는 관계였다. 개항기의 실체로부터 판단한다면 조선 후기의 덕대를 과연 실질적 경영자라 할 수 있을지는 의문이다.

이와 관련하여 살펴볼 것은 조선 후기의 광산노동자가 과연 임노동자였는가라는 점이다. 이 책에서는 광산노동자를 편의상 점군으로 통일하였지만, 채굴 광종에 따라 연군, 은군, 금군으로 부르기도 하였다. 점군의 성격에 대한 기존 연구의 이해는 대체로 동일하다. 즉, 점군들은 대체로 농촌으로부터 유리된 자들로, 품삯을 받거나 광물의 일부를 받고 작업에 종사하는 임금노동자였다는 것이다. 국가의 인신적 지배가 와해되는 18세기 중엽 이후에 몰락한 수많은 농민이 광산에 모여들어 광산노동자가 되었다. 앞서 감관을 설명할 때 인용한 영덕 은점의 점군들도 아침에 모였다가 저녁에 흩어지며 사는 곳이 일정하지 않은 자들이었다.

설점수세하의 점군은 두 번의 전란으로 인해 피폐해진 농촌으로부터 창출된 소위 '무뢰배'들이었다. 이들은 농촌질서를 무너뜨리고 사회를 혼란하게 할 것을 두려워한 국가로부터 통제되어야 할 대상이었다. 따라서 별장이 점군을 모을 때 그 수가 제한되어 있었으며[定額募軍] 수령이 그것을 규찰하도록 하였다. 설점수세에 의해 봉건적 잉여수취 형태가 부역에서 현물 징수로 바뀐 후에, 비록 호조의 수세가 철저하지는 못하였지만 점군은 1명당 매년 5전의 세은(稅銀)을 내고 있었다. 세은은 다른 역에 비하면 그 부담이 반도 되지 않았다고 하지만 근대적 조세와는 달리 국가의 인신적 지배로부터 유래한 것이었다. 설점수세하의 점군은 세은을 하나의 역으로 인정받아 다른 잡역을 면제받을 수 있었지만, 세은 외에 수령이 징수하는 풍로세, 막세, 노세(路稅) 등의 잡세를 부담해야 하였다.[76]

관영이나 상공제와 달리 설점수세는 연중 상시노동을 전제로 하는 것이고 따라서 점군들은 생산물 중 세은을 내고 남은 나머지로 생계를 유지하였다. 18세기 말에 금점의 점군들은 각자 생산도구를 가지고 가족 노동력도 사용하는 소생산자로서의 모습을 가지고 있었다. 이런 점에서 설점수세하의 점군은 조선 전기에 부역으로 동원된 자들과는 달랐다고 할 수 있다. 17세기 말 성천 은점의 예에서 생산의 약 1/3이 점군의 몫으로 인정되고 있었다. 점군들은 생필품을 상인, 별장, 지방 수령(수안군수의 예)[77]으로부터 선대받고 자기 몫의 생산물로 그것을 상환하였다. 따라서 생산물의 대부분이 징세인과 선대 상인에게 돌아가고 점군에게 남는 것은 거의 없었을 것으로 생각된다.

요컨대, 점군들은 정액모군이라는 말에서 드러나듯이 아직 국가의 노동력 징발 체계에서 완전히 벗어나지 못한 존재였으며, 또한 간단한 채굴도구를 스스로 소유하면서 생산물의 일부를 덕대 혹은 물주와 나눠 갖는 존재였다는 점에서 자유로운 임노동자라기보다는 과도기적 형태의 노동

76 『비변사등록』 숙종 28.2.13; 숙종 42.11.22.
77 수안군수는 상정미를 점민에게 나누어 주고 1석당 6냥을 늑봉하였다(『승정원일기』 숙종 43.2.4).

자이며, 이런 모습은 개항기까지 이어지고 있었다.

3) 물주

조선시대 광업사에서 덕대와 함께 주목되는 존재는 물주이다. 약간의 차이가 있지만 기존 연구는 모두 광업의 자본주의적 발전을 염두에 두고 물주를 이해하고 있다. 홍희유(1979)는 물주를 진취적인 경영주라고 가장 적극적으로 평가하였다. 그에 의하면, 별장제에서의 물주는 경영주가 되지 못하고 다만 점군에게 생필품을 제공하고 상업고리대적·분익제적 착취를 하면서 별장과 잉여물의 수취를 둘러싸고 대립관계에 있었으나, 18세기 중엽 이후에 별장들의 억압과 전횡을 배제하고 실질적 경영주로 부상하며 광산에 모여든 물락 농민과 새로운 자본주의적 착취관계를 형성하였다. 즉, 단지 점인(또는 점민)에 불과하였던 상인이 18세기 말에는 물주 또는 광주가 되었다는 것이다. 그러나 점인에 관한 기사를 종합해 보면, 점인은 대부분 점군을 지칭하며,[78] 따라서 점인이 물주로 성장하였다는 것은 잘못된 이해라고 할 수 있다.

임병훈(1981)은 17-18세기에 점군들의 의식주를 공급하고 은을 매입하면서 이윤을 획득하던 상인이 18세기 후반에 수령수세하에서 물주로 등

78 홍희유는 숙종 28년 성천 은점의 점인을 물주의 예로 들지만, 별장이 작성한 점인문서는 점군 수를 기록한 것이므로 점인을 점군으로 보는 것이 타당하다. 숙종 43년에 수안군수가 점민에게 상정미를 나누어 주고 늑봉하여 점민이 京司에 정소한 일이 있었는데, 이때의 점민 역시 점군을 지칭한다고 볼 수 있다. 또한 禹禎圭가 토지 없는 백성이 점민이 되어 광산에 모인다고 하였는데 그때의 점민도 점군을 의미한다(『승정원일기』 숙종 28.7.28; 숙종 43.2.4; 정조 12.6.12).

장하며, 그들이 은점에서 금점으로 투자를 전환하면서 19세기에 금점에서 상인자본이 산업자본으로 전화되었다고 하였다. 즉, 그는 수령이 물주를 통해 수세하면서 물주가 금점에 투자하였다고 함으로써 물주의 등장을 수령수세와 연관시켰다. 그러나 앞서 설명하였듯이 수령수세는 오래 지속되지 못하였으며, 그렇다면 물주의 존립 근거가 사라지고 만다.

유승주(1993)는 18세기 후반에 잠채가 발전하여 민간자본에 의한 광산경영인 물주제가 은·동점에서 발생하고 이를 기반으로 수령수세제가 실시되었으며, 금점에서는 19세기 초 혼란기에 경·외아문이 물주제에 기반하여 사자설점을 하였다고 보았다. 그는 수령수세가 물주에 의한 설점이라는 점에서 호조의 설점수세와 다르며 따라서 별장제가 관청 선대제적 민영광업이라면 물주제는 자본주의적 민영광업이었다고 한다. 물주가 설점을 허가받아 광세를 수납하는 책임을 지면서 운영비를 부담하고 점군을 모집·고용하고 생산물을 독점·판매하는 권리를 가지며, 혈주나 덕대를 대리인으로 선정하여 작업을 관장하도록 하였다는 것이다.

그는 기사에 나오는 다양한 호칭[79]이 물주를 지칭하는 것으로 유추하고, 물주가 광맥의 풍잔과 폐단의 유무에 따라 호조에 진고하고 호조로부터 채굴허가증을 받아 간색·적간하여 설점하며, 설점 시에 토지와 산림을 매입하고 채굴과 제련에 필요한 목재와 목탄을 구입하며, 광물의 생산·판매가 이루어질 때까지 점군의 생활비를 지급하였다고 한다. 이 정도의 역할이라면 물주를 자본가 혹은 경영자로 이해하는 것이 자연스러울텐데,

79 그가 말하는 다양한 호칭은 모리배, 간민, 陳告人, 入聞者, 聽聞者, 圖得京司關文, 圖出호조관문, 도득공문, 점장, 점인, 점민, 점한배 등이다.

그는 덕대를 자본가적 존재로 보고 물주가 덕대의 광산 경영에는 간섭하지 않았다고 한다. 무엇보다도 그가 예시한 다양한 호칭이 물주를 지칭한 것으로 볼 근거가 없다. 오히려 기사의 맥락을 보면 그들은 경·외아문이 파견한 차인이거나 점군일 가능성이 매우 높다. 사실 광산의 물주라는 용어가 나오는 것은 기존 연구가 인용하고 있는 다음과 같은 기사 정도이다.

> [1] 수안군수 이언배(李彦培)는, 고을에 은점이 있어 송도 부상이 물주가 되었는데 단지 반값을 주고 그에게 환전하자고 하니 은상이 예에 의거하여 응하지 아니하자, 그를 중하게 심문하여 그 자리에서 죽게 하였습니다.
>
> [2] 국내의 동맥이 이와 같이 풍성하니 결코 등한히 버려 둘 곳이 아닙니다. 점을 설치하여 채굴하는 일을 그만들 수 없는데, 은점과는 달라 물주가 없으니 본도에서 세를 거두어 상납하고자 하더라도 장차 행할 수 없는 형편입니다.
>
> [3] 조정에서 각 읍에 행회(行會)하여, 은이 나는 고을에 은을 주조하여 상납하라 하면 지방관은 부득불 역정(役丁)을 징발하여 은을 주조하고 농업을 폐하므로 민폐가 되겠지만, 설점을 허가하면 부상대고가 물력을 내어 용인을 모으니 무토불농지민이 점민이 되고자 하여 모여들고 굴토 주은(鑄銀)하여 호조와 영읍에 납세하고 남는 것은 물주에게 돌아가고 무토지민이 살아갈 수 있으니 공사 모두 이익이라 할 수 있으니 어찌 민폐라 하겠는가?[80]

첫 번째는 수안군수가 은점의 물주인 은상을 늑매하려다가 말을 듣지 않자 고문해서 죽게 하였다는 기사이다. 은점 주변에는 점군들이 납세하고 남은 은을 사는 상인들이 있었다. 상인들은 점군들에게 의식주를 선대하였으며 이 기사에서 은상을 물주라고 한 것도 그런 연유에서라고 생각

80 『실록』 영조 51.9.28; 『승정원일기』 정조 4.5.29; 정조 12.6.12.

된다. 두 번째는 함경 감사가 안변에 동점을 설점하되 계사가 와서 수세하면 관민에 폐단이 있으니 감영에서 수세·상납하겠다고 장계한 것을 두고 조정에서 논의한 내용이다. 물주가 없다는 것은 금·은점처럼 설점수세할 자가 없다는 의미이다. 세 번째는 우정규(禹禎圭)가 『경제야언』 은점물금지의(銀店勿禁之議)에서 국고의 은을 확보하기 위한 방책을 제시한 부분이다. 그는 부역을 징발하여 수령이 관리하는 관채보다 설점수세하여 상인 물주에게 맡기는 것이 공사 간에 이익이라 하였다. 우하영(禹夏永)도 『천일록』에서 물주가 설점하는 일에 재력을 투입하면 세납은 고사하고 들인 재력을 먼저 취하겠지만 그것은 너그럽게 봐줄 만하며 공가(公家)에서는 조금의 비용도 없이 한 장의 관문만 내면 되므로 실로 공사의 이익이 있다고 하였다.[81] 우정규와 우하영은 물주가 관문을 받아 점군을 모아 채굴하며 세납보다 사익을 먼저 취한다고 하였는데, 관문을 가진 징세인 외에는 설점의 권한이 없기 때문에 그들이 말하는 물주는 앞에서 본 성천 은점 별장 이욱처럼 수세를 위해 파견된 징세인일 가능성이 있다.

물주라는 용어는 사실 훨씬 이전부터 사용되었다. 태종 원년(1401)에 경기 안렴사(按廉使) 정혼(鄭渾)은 수재·한재로 곤궁해진 백성이 꾸어 쓴 돈을 갚을 수가 없는데 물주가 독촉하니 몸을 팔고 자식을 파는 자까지 있다고 하였다. 또 사신행차에 무역을 의뢰한 부상대고를 물주라 하였으며, 관청의 선상노(選上奴)가 대립가(代立價)를 경중(京中)의 부자에게 빌리면서 물주라 하였고 또 사채권자를 물주라고 표현하였다.[82] 이처럼 물주는 채권자

---

81 『천일록』 採銀便否說.

82 『실록』 태종 1.5.26; 세종 5.8.23; 성종 5.1.26; 연산 8.12.11.

혹은 돈 대는 사람을 의미할 뿐 생산관계적 함의를 갖고 있다고 하기 어렵다. 점에 모여든 점군들에게 의식주를 선대하면 징세인이든 점 주변의 상인이든 물주가 되는 것이며, 점군과 물주의 관계는 단순한 금전적 대차관계였다고 할 수 있다.

중요한 사실은 감관, 별장, 계사 등의 징세인이 점에서 모리 행위를 하고 있다는 기사가 훨씬 많이 존재한다는 점이다. 기존의 연구는 광업에서 자본주의 맹아론을 주장하지만 덕대는 물론이고 물주에 대해서도 몇 개 되지 않는 기사에 의거하여 과장 해석하거나 근거를 찾기 어려운 주장을 하고 있다고 생각된다. 징세인에 비해 물주에 대한 기사가 적은 것이 관찬사료라는 한계 때문에 나타난 현상이라고만 할 수는 없다. 광산왕유제하에서 잠채는 물론 설점도 쉽게 허가되지 않는 상황이었기 때문에, 징세인이 아닌 상인이 점군들에게 의식주를 선대하고 금·은을 매입하는 정도 이상으로 위험을 감수하며 광산에 물력을 투입할 수 있었다고 보기는 어렵다.

4. 소결

이상에서 조선시대 광업에 관한 기존의 대표적인 연구를 비판적으로 검토하면서 광업의 이미지를 재구성하였다. 서두에서 언급한 것처럼 기존의 연구는 비록 서로 약간의 차이가 있지만 본질적으로 자본주의 맹아론으로 묶여질 수 있는 연구들이며, 거기에는 자료 해석상의 문제점과 함께 자료적 근거가 결여된 주장이 포함되어 있다. 제1장에서는 채굴권이 사적 권리로 성립하지 않은 전근대 사회에서 광산이 왕유제적 지배하에 있음을 전제로 하여, 첫째 광산에 대한 관리 방식이 어떻게 바뀌었는지, 둘째 광산 운영자로 통칭될 수 있는 자들이 어떤 존재였는지, 셋째 광산 경영이 과연 자본주의 맹아라고 할 수 있는 실체를 갖고 있었는지를 밝히는 데 주목하였다.

유럽에서 왕유권자인 영주는 스스로 광산을 경영할 기술을 갖고 있지 못하였기 때문에 숙련광부를 모으기 위해 경쟁하였으며, 이 과정에서 십일세만 내고 자유롭게 영업하는 '광산의 자유'가 허용되었다. 물론 그것만으로 광산왕유제가 해체되거나 정지되는 것은 아니며 여전히 왕유권자에게 감독과 간섭의 권리가 남아 있었지만, 이러한 변화와 발전은 왕유권자가 적극적으로 광산개발을 추진하는 경우에 나타났다. 그러나 조선시대에 광산개발이 활발하였던 시기가 없지 않았으나 대체로 억제되고 있었다. 조선 전기에는 중국으로부터의 금·은 세공의 부활에 대한 우려 때문에, 후기에는 폐농에 의한 전세의 감소와 백성의 유랑민화에 대한 우려 때문에 광산개발을 억제하였다. 1746년의 『속대전』은 반드시 연품을 거쳐 설점을 하도록 규정하였으며 1787·1788년에는 불법 설점을 엄격하게 다스릴 것임을 선언하였다(정미·무신년 정식). 그러나 경·외아문들이 연품을 거치지 않고 사자설점하는 행위가 사라지지 않았다.

근대 이전의 유럽에서와 같은 광산의 자유는 존재하지 않았으며, 광산에 파견된 관리 또는 지방 수령이 부역을 동원하여 채굴[官採]하거나 민간에 채굴을 맡기고[私採] 징세인을 통해 세금을 징수하였다. 대체로 17세기 초까지 조선의 광업은 기본적으로 중앙에서 파견된 품관이 부역을 동원하여 춘추로 단기간의 채굴을 관장하는 관영 형태였으나, 17세기 중엽에 전란으로 인한 재정적 곤란과 부역에 대한 저항을 배경으로 설점수세 방식의 민영으로 변하였다. 설점수세는 호조가 은맥이 발견된 곳에 징세인을 파견하여 개착한 후 모민허급(募民許給)하고 수세하는 제도로서, 호조가 군영문의 광산을 흡수하는 17세기 말에 정착되었다. 설점수세가 시행된 후에는 호조로 수세를 일원화하는 전관수세 문제와 징세인의 행위에서 나타나는 대리인 문제가 있었다.

왕유권자의 대리인인 광산 운영자는 조선 전기에는 중앙에서 파견된 품관으로서 관장을 대동하고 현지의 농민을 부역에 동원하여 생산을 주관하며 공적 자금을 투입하고 채굴 광물을 상납하는 역할을 하였다. 그러나 그들 중에는 사적 이익을 도모하여 폐단을 일으키는 자도 있었다. 조선 후기에 설점수세제가 되면서 감관, 별장, 계사 등 다양한 호칭의 징세인이 등장하였다. 호조가 파견한 별장에 의한 광산 관리가 많은 폐단을 야기하자 1775년에 호조 소관의 모든 은점에서 별장수세가 폐지되고 수령수세가 실시되었으며 다시 정조 연간에 호조로부터 계사라는 징세인이 파견되었다. 즉, 조선 후기에 광산은 일시 수령수세였던 시기를 제외하면 별장 또는 계사라는 징세인의 운영하에 있었다. 호칭이 어떠하든 징세인은 설점한 후에 점군을 모으고 점군 수에 따라 정해진 세액을 자신을 파송한 기관에 상납하며 나머지 생산물의 대부분을 자신의 이익으로 하는 광산의 실질적 경영자였다. 그들은 품관이 아니었지만 광산왕유제에 기초한 배타적 권리를 부여받은 자이며 이런 공적 권력을 배경으로 하여 공금을 빌려 이익을 도모하기도 하고 정해진 수보다 많은 점군을 동원함으로써 세금을 포탈하는 폐단을 보였다.

개발이 억제되고 있었기 때문에 그다지 기술 발전의 여지가 없어 조선시대 광산의 채굴법은 매우 후진적이었으며, 자료가 빈약하여 완벽하게 밝힐 수는 없지만 생산조직 면에서도 자본주의적 발전을 전망할 수 있는 것은 아니었다. 다음 장에서 좀 더 상세히 설명하겠지만, 덕대는 광부와 일종의 동업자적 관계에 있는 우두머리일 뿐 광산의 실질적 경영자로 보기 어렵고, 점군들은 아직 국가의 인신적 지배에서 완전히 벗어나지 못한 존재였으며 채굴도구를 스스로 소유하면서 생산물을 덕대 또는 물주와 나누어 갖는 존재였다. 물주는 생산물로 변제받기로 하고 점군에게 의식주 등 생필품을 선대하는 대부자이며, 점 주변의 상인이거나 징세인이 그 역할을 하였을 것이다.

제2장

개항기 금광업의 실태

제2장에서는 조선이 자본주의 세계 체제와 접하는 역사적 계기가 된 개항기에 금광업의 실태를, 특히 제도적 특징과 관련하여 밝히고자 한다. 당시 광업 제도는 1895년에 제정된「사금개채조례」가 잘 설명하고 있으며, 정부가 주도한 광산개발도 바로 그런 제도적 틀 속에서 진행되었다. 광산은 정부, 즉 왕의 소유였고 여전히 민간의 자유로운 광산개발은 금지되어 있었다. 정부는 징세인을 파견하여 광산을 관리하였으며 광부들은 그들로부터 허가를 받아야 채굴에 종사할 수 있었다. 제1장에서도 언급하였지만, 기존의 연구가 간과해 온 이들 징세인에 관해 주목할 필요가 있는 것은 그들이 당시의 광업 제도의 특징을 체현하고 있는 자이며 동시에 광산개발에서도 중요한 역할을 담당한 자들이기 때문이다. 그들을 물주 일반과 동일한 범주로 취급한다든가 단순히 수세·상납 과정의 중간 수탈자로만 이해하는 것은 피상적인 이해이다.

한편, 기존의 연구는 덕대제로부터 자본주의적 발전을 전망하면서 덕대제의 작업 방식을 분업적 협업 혹은 매뉴팩처로 규정하였다. 그러나 아직 작업 방식이나 덕대제의 규모에 관한 엄밀한 분석은 없었으며, 덕대제가 기술적 조건뿐 아니라 제도에 의해서 어떻게 규정되고 있었는가의 관심은 부재하였다.

이상의 문제들을 검토하기 위해 제1절에서는 먼저 개항기 금광업의 환경이 되는 금 수요조건 및 가격의 변화에 관해 살펴보고, 제2절에서는 개항기에 정부의 광산개발 및「사금개채조례」의 성격을 검토하고, 제3절에서는 징세인의 역할과 성격, 제4절에서는 생산의 주체인 덕대제에 관해 살펴보기로 한다.

1. 금 수요의 증가와 금 가격의 추이

1) 상품무역의 증가와 금 수출

(1) 상품무역과 금 수출의 관계

조선왕조 후기에 대청 무역은 사무역도 전개되면서 다소 확대되는 모습을 보였다. 조·청·일 3국 간의 무역을 연계하던 왜은의 수입이 18세기 중엽에 두절된 후에는 인삼이 왜은을 대신하여 중요한 대청 수출품 역할을 하였다. 대청 무역은 비록 규모가 점차 커지고 있었다고 해도 사행무역을 중심으로 하는 것인 만큼 여전히 제한적이고 특권적이었으며, 따라서 확대에 제한이 있었다. 그런 중에 다가온 개항으로 자유무역 체제가 성립하면서 조선의 무역 규모는 크게 확대되었다. [표 2-1]은 개항장을 통한 조선의 무역수지와 금 수출의 추이를 보여 준다. 이 통계는 육로 무역을 포함하고 있지 않기 때문에 실제의 무역액 및 금 수출액보다 과소평가된 것이지만, 무역의 추이를 살펴보는 데는 큰 문제가 없을 것이다. 조선의 개항장 무역액은 1885-1904년 사이에 15배로 증가하였으며, 무역의 상대국은 거의 전적으로 일본과 청국이었고 무역 상권은 개항장에 진출한 일상(日商)과 청상(淸商)이 장악하고 있었다.

매년 수입액이 빠른 속도로 증가하였을 뿐 아니라 그것과 나란히 조선으로부터 미, 대두, 우피 등과 같은 1차산품의 수출액이 빠르게 증가하였다. 그러나 조선의 무역수지는 전 시기를 통하여 매년 수출액이 수입액에 훨씬 미치지 못하는 항상적 적자 상태였으며, 특히 대청 무역이 대일 무역보다 적자 규모가 상대적으로 더 컸다. 이러한 무역적자를 메운 것이

표 2-1 개항기 조선의 무역수지와 금 수출 (단위: 천 엔)

연도	대일 무역				대청 무역				합계			
	수출	수입	수지	금 수출	수출	수입	수지	금 수출	수출	수입	수지	금 수출
1885	377	1,376	−999		9	313	−304		386	1,689	−1,303	
1886	487	2,060	−1,573	910	16	454	−438	218	503	2,514	−2,011	1,128
1887	783	2,079	−1,296	1,177	19	742	−723	210	802	2,821	−2,019	1,387
1888	782	2,188	−1,406	1,022	72	857	−785	347	854	3,045	−2,191	1,369
1889	1,114	2,282	−1,168	604	109	1,094	−985	371	1,223	3,376	−2,153	975
1890	3,464	3,077	387	274	71	1,744	−1,673	473	3,535	4,821	−1,286	747
1891	3,195	3,202	−7	271	135	2,033	−1,898	413	3,330	5,235	−1,905	684
1892	2,272	2,542	−270	367	150	2,051	−1,901	486	2,444	4,598	−2,154	853
1893	1,543	1,949	−406	425	134	1,906	−1,772	494	1,698	3,880	−2,182	919
1894	2,051	3,647	−1,596	639	162	2,065	−1,903	295	2,312	5,832	−3,520	934
1895	2,366	5,839	−3,473	953	92	2,120	−2,028	400	2,482	8,089	−5,607	1,353
1896	4,396	4,294	102	803	264	2,159	−1,895	587	4,728	6,521	−1,793	1,390
1897	8,090	6,432	1,658	948	736	3,536	−2,800	1,087	8,974	10,068	−1,094	2,035
1898	4,523	6,777	−2,254	1,193	1,130	4,929	−3,799	1,183	5,710	11,817	−6,107	2,376
1899	4,205	6,658	−2,453	2,049	685	3,471	−2,786	884	4,997	10,227	−5,230	2,933
1900	7,232	8,241	−1,009	3,065	1,969	2,582	−613	568	9,440	10,940	−1,500	3,633
1901	7,402	9,052	−1,650	4,857	800	5,618	−4,818	136	8,462	14,697	−6,235	4,993
1902	6,550	8,689	−2,139	5,004	1,536	4,832	−3,296	60	8,317	13,541	−5,224	5,064
1903	7,600	11,555	−3,955	5,456	1,549	5,359	−3,810	0	9,478	17,041	−7,563	5,456
1904	5,697	19,007	−13,310	4,999	1,233	5,053	−3,820	11	6,933	24,225	−17,292	5,010
1905	5,390	23,562	−18,172	5,205	1,502	5,945	−4,443	2	6,902	29,611	−22,709	5,207

주: 무역 합계는 기타 국가와의 무역액을 포함.
자료: 小林英夫(1979: 172-173).

바로 금 수출이었으며, 그런 점에서 1886-1904년 사이에 약 4.5배로 증가한 금 수출은 개항기에 무역 확대를 가능하게 한 가장 중요한 요인 중 하나였다. 이처럼 금 수출은 상품무역과 밀접하게 연결되어 있었으며, 그 결과 상품시장에서와 마찬가지로 금 거래시장에서도 일상과 청상은 상호 경쟁하는 관계에 있었다.

그런데 양국 상인은 금 매입에 있어 차이가 있었으며[1] 그것은 양국 상인의 무역 패턴과 관계가 있었다. 일상은 상품을 수입할 뿐 아니라 자국이 필요로 하는 조선의 미곡이나 대두, 우피 등을 일본으로 수출하였다. 특히 미곡과 대두 수출은 조선과 일본 양국 간의 가격 차이에 따른 이익이 컸기 때문에 일상은 이익이 별로 없는 금보다 미·대두 수출을 선호하였다.[2] 즉, 일상에게 금 수출은 미·대두의 수출 동향에 좌우되는 이차적인 것일 수밖에 없었다. 일상은 금 매입에서는 거의 이익을 남길 수 없었으나 대신 영국산 면제품을 수입하여 고가로 판매함으로써 이익을 확보할 수 있었다.[3] 그들은 거래에 주로 한전을 사용하였으며, 미·대두를 매입할 때와 마찬가지로 금 매입도 대개 현금으로 거래하였다. 그러나 청상은 조선으로부터의 마땅한 수출품이 없는 편(片)무역을 하였기 때문에 수입품과 물물교환으로 금을 매입하였으며,[4] 이런 차이는 금 매입에서 청상에게 불리하게 작용하

1 일상과 청상이 지방에 가서 금을 직접 매입하는 경우는 거의 없었으며, 상인이 장시에 나온 금을 매입하거나 광산에 가서 직접 매입하여 개항장에서 직접 혹은 객주를 거쳐 외상에게 매각하는 것이 일반적이었다. 또한 貢稅나 商賣로 서울에 수송되어 온 금을 객주가 매입하여 청상이나 일상에게 전매하였다. 『통상휘찬』 17호, 원산, 1895.4.9; 93호 호외, 원산, 1897.6.29; 110호, 경성, 1898.8.8; 174호, 경성, 1900.7.16(지명은 영사관, 일자는 보고일, 이하 동일).

2 『통상휘찬』 80호, 부산, 1897.10.6.

3 *Diplomatic and Consular Reports on Trade and Finance*, #1, 1882.

였을 것으로 생각된다. 그러나 국제 금시장에 가까이 있는 청상은 일상보다 쉽게 은 가격 하락의 세계적 추세에 편승할 수 있었다.[5] 즉, 국제 금 시세 정보는 오사카 시장에 영향 받는 일상보다 상하이 시장에 양향 받는 청상에게 들어가는 것이 빠르고 오사카보다 상하이의 금 시세가 유리하였기 때문에 청상은 일상보다 고가로 금을 매입할 수 있었다.[6]

(2) 무역의 추이와 금 수출

비록 양국 상인이 매입 경쟁을 하였지만 금 수출액이 개항기 내내 지속적으로 증가한 것은 아니었다. 금 수출액은 1890년대 전반기에 다소 완만한 증가를 보이다가 1890년대 후반과 1900년대 초에 급증하였으며, 1900년대 중엽에는 거의 일정하였다. 국별로는 일상에 의한 대일 금 수출이 압도적 비율을 차지하였다. 금 수출을 기준으로 보면, 1890-1898년은 일상과 청상 간의 경쟁기였고 그 이전과 이후는 일상의 독점기라고 할 수 있을 것이다. 이하에서 전체 금 수출액의 추이와 국별 추이가 양국과의 무역 추이 및 양국 상인의 무역 패턴과 어떻게 연관되어 있는지를 설명한다.

개항과 함께 무역은 기존의 육로 무역에서 개항장 무역으로 중심이 옮아가고 있었으며, 개항장 무역은 일상이 장악하고 있는 대일 무역이 대부분을 차지하였다. 개항 초기인 1882년 상반기까지 일상에 의한 대일 수입품은 대부분 제3국 제품이며, 특히 영국산 면제품이 압도적인 비율을 차

4 『통상휘찬』 93호 호외, 원산, 1897.6.29.

5 1897년에 중국으로 금 수출이 급증한 것도 바로 중국에서 은의 평가절하로 금 가격이 상승하였기 때문이었다(*Diplomatic and Consular Reports on Trade and Finance*, #2132, 1898).

6 『통상휘찬』 4호, 경성, 1894.4.16; 78호, 원산, 1897.8.25.

지하였다. 이후 조청상민수륙장정(朝淸商民水陸章程) 체결과 갑신정변 이후에 청상의 진출이 활발해지고 조·일 무역에서 무관세 원칙이 폐지됨으로써 일상의 활동이 상대적으로 위축되어 수입에서 일상의 독점적 지위는 약화되었지만, 그럼에도 불구하고 여전히 일상에 의한 대일 수입이 총수입의 압도적 비중을 차지하였다. 한편, 대일 수입 증가에 맞추어 개항 초기부터 미곡과 대두의 대일 수출도 꾸준히 증가하였다. 임오군란 전의 실적을 보면 대일 수출액에서 미곡을 포함한 대두, 우피가 6할을 차지하고 금·은이 2할을 차지하였다. 그러나 미곡 수출에 따른 미가 폭등으로 하층민의 생활이 궁박해지고 그것이 한 원인이 되어 임오군란이 발생하면서 마침내 대일 미곡 수출은 저지되기에 이르렀다(吉野誠 1975). 임오군란 후에 미곡을 대신하여 우피와 금 수출이 증가하였으며, 특히 금 수출액은 상품 수출액을 능가하였다. 일상은 갑신정변 후에도 무역에서 압도적인 지위를 유지하고 있었기 때문에 금 매입에서 청상을 앞서고 있었다. 그러나 1880년대 말부터 청상은 무역에서 일상과 경쟁하면서 금 매입에서도 일상을 위협하였다.

1890년대에 미곡은 중요한 대일 수출품으로 자리잡았다. 일본은 1889년의 대흉작과 풍수해로 생산이 크게 감소하자 1890년에 조선의 미곡을 대량 수입하였으며 그것은 일시적 수입 증가의 상황이 해소된 후에도 지속되었다(村上勝彦 1975). 1880년대 후반에 연간 1만 석 미만이던 대일 미곡 수출은 30만 석대로 증가한 후 계속 수십만 석을 유지하였다. 일상이 미곡 수집에 집중하면서 이익이 크지 않은 금 매입은 둔화되었다. 한편, 갑신정변 이후 조선의 상권을 둘러싸고 일·청상 간의 경쟁이 시작되면서 총수입의 2할 미만이던 대청 수입이 차츰 증가하여 청일전쟁 직전에는 대일 수입과 거의 대등하게 되었다. 조선의 최대 수입품인 면제품의 압도적인 비중을 차지한 영국산 면제품(특히 생금건)은 주로 청상에 의해 수입되었다. 반면 영국산 면제품의 중계무역에서 청상보다 불리할 수밖에 없는 일상은 갑신정변 이후 중계무역에서 점차 탈피하였다. 영국산 면제품 판매를 독점한 청상은 내륙상권을 장악하였고 일상의 상권은 점차 축소되었다. 청상의 상권 확대는 금 수출에서도 청상의 세력 강화로 나타나 마침내 대일 금 수출은 부진해지고 대청 금 수출의 비율이 커지는 역전현상이 나타났으며 1898년까지 청상이 지금(地金) 상권에서 우위를 장악하였다.

청일전쟁 후 청상의 세력이 약해지면서 다시 대일 수입이 크게 증가하였다. 대일 수입 중 가장 큰 비중을 차지한 것은 영국산 면제품보다 가격과 내구성이 우수하였던 일본산 면포이며 면사였다. 일본산 면제품의 수입이 크게 증가하는 것과 함께, 청일전쟁 후 일본의 외교적 압력으로 방곡령의 시행 빈도가 크게 줄면서 대일 미곡 수출도 다시 증가하였다(吉野誠 1975). 소위 미면교환 체제, 즉 일본의 면제품과 조선 미곡의 교환 체제가 시작되었다. 일본산 면제품이 시장을 지배하면서 영국산 면제품을 중계무역하던 청상은 점차 세력을 상실하였으며, 그것은 금 수출시장에서의 세력 약화를 의미하였다. 1898년까지 유지되어 온 금 수출시장에서 청상과 일상의 경쟁적 관계가 무너지고 이후 대청 금 수출은 급감하였다. 반면 미곡 수출의 급증에도 불구하고 일본산 면제품 수입의 급증으로 대일 무역적자가 확대되면서 대일 금 수출은 다시 증가하였다. 특히 1899년에는 일본 내 미가의 하락과 국내 미가의 등귀로 인해 일상에 의한 대일 미곡 수출이 크게 감소한(하원호 1993) 반면, 대일 금 수출이 전년에 비해 크게 증가하였으며 이후 급증하였다. 그런데 대일 금 수출이 증가하게 된 원인이 반드시 미면교환 체제라는 무역구조에만 있는 것은 아니었다. 이 기간에 대일 금 수출의 또 다른 요인이 있는데, 그것은 바로 1897년에 실시된 일본의 금본위제였다.

2) 일본 금본위제의 성립과 조선산 금 수집

(1) 일본 금본위제로의 이행

일본에서 금본위제가 실시된 것은 1897년이지만 이미 전부터 일본은 조선산 금을 수집하는 정책을 전개하였다. 일본은 「일본은행조례」(1882년)를 통해 정부지폐와 국립은행권의 형태로 유통되던 화폐를 정리하고 중앙은행이 태환은행권을 발행하도록 하였으며, 동 조례에 의거하여 은화를 교환준비로 하는 「태환은행권조례」(1884년)를 발표하였다. 일본이 금본위제의 세계적 추세 속에서 조만간 금본위제로 갈 것으로 생각하면서도 은본위제를 채택하게 된 것은, 비서구 제국과의 무역에서 은화가 편리하다는 점과 정부와 일본은행이 축적한 정화(specie)가 주로 은화였다는 점 때문이었다.

금본위제로 가기 위해서는 금의 확보가 무엇보다도 선결되어야 할 문제였다. 이를 위해 조선산 금을 수집하는 역할을 한 것은 제일은행(第一銀行) 조선지점이었다. 1878년 6월 부산에 지점을 설치한 제일은행은, 조선에 일본화폐를 유통시키고 조선산 금을 매수할 계획을 갖고 있던 자국 정부에 요청하여, 조선산 금 매입을 위한 자금을 대하받아 당시 조선 최대의 사금 집산지인 원산에 출장소를 설치하였다(1880년 5월). 제일은행은 이처럼 조선에서 영업을 시작한 초기부터 금괴 및 사금을 매입하였으며, 1884

년 2월에 대장성으로부터 1년 기한으로 30만 엔의 대하금을 받아 조선 내 지점·출장소와 상하이의 거래점에서 조선산 금과 상하이의 양은(兩銀)을 매입하였다. 이어 제일은행은 1886년 5월에 대장성의 명령으로 일본은행과 금·은 거래에 관한 약정을 맺고 동년 9월에 대장성으로부터 3년 기한으로 10만 엔을 대하받았다. 당시에 조·일 무역의 규모가 크지 않았지만 제일은행의 금 매입 실적은 상당히 양호하였다. 금 매입이 계속 증가하고 있었기 때문에, 제일은행은 대하금 상환을 3년 유예하고 일상들이 금 매입에 노력하도록 이자 및 수수료를 경감하였다. 당시 일본은 은본위제였기 때문에 정화의 대부분이 은화나 은괴이고 금은 그것을 보완하는 정도에 불과하였지만, 제일은행의 조선산 금 매입 실적이 양호하여, 1886-1889년에 대일 금 수출 370만 엔 중 1886년 5월－1889년 8월에 제일은행이 일본은행에 납부한 금·은이 206만여 엔이었다(高衫東峰 1940).

일본의 화폐 제도는 1888년 8월에 「태환은행권조례」 개정을 통해 금을 정화준비로 인정함으로써 점차 금본위제로 이행하였다. 당시 일본은행의 정화준비에서 은이 여전히 큰 비중을 차지하고 있었지만 조례 개정에 의해 금의 비중이 점차 커졌다. 그리고 마침내 국제 은 가격의 극심한 변동 속에서 '화폐 제도 개선을 위한 조사회'가 발족되었으며, 1897년에 은행권조례가 개정됨으로써 일본의 화폐 제도는 금본위제로 이행하였다.

(2) 무이자산금구입자금의 대부

금본위제로의 이행은 조선산 금에 대한 수요 증대를 의미하는 것이었지만 바로 개항장에서 일상의 금 매입 증대로 나타나지는 않았다. 금본위제 실시로 금 시세가 등귀하였지만 조선인이 개항장에 가져오는 것은 순금이 아니어서 순금 가격에 준해서 가격을 매긴다면 손해날 것이 분명하였으며, 따라서 일상은 금 매입을 오히려 꺼리고 여전히 이익이 많이 남는 미·대두 수출을 선호하였다. 게다가 오사카 조폐국 시금(試金)분석장이 휴업하여 이미 수출된 금의 납입도 중지된 형편이었기 때문에 일상의 금 매입은 활기를 잃었다.[7] 일상의 금 매입 부진은 1898년 전반기까지 지속되었으며 이러한 상황에서 일본 정부는 조선산 금을 수집하기 위해 무이자산금구입자금(無利子産金購入資金)을 제일은행에 제공하였다.[8]

일본이 금본위제로 이행할 수 있었던 것은 물론 청일전쟁 배상금 덕분이었지만, 화폐 제도 개선을 위한 조사회는 이미 조선산 금을 정화준비의 원천으로 주목하였으며, 금본위제로 이행한 후에는 금본위제 유지를 위한 중요한 수단의 하나로 인식하였다(村上勝彦 1975). 금본위제가 실시되자 제일은행은 일본은행의 의뢰를 받아 조사한 결과, 1년에 200관쭝 이상의 금괴를 매입하는 것이 어렵지 않다고 보고 일본은행으로부터 1899년 6월에 20만 엔을 무이자로 대부받아 금 매입 사무를 확장하였으며, 무이자 대부금은 1900년 5월에 50만 엔으로 증가하였다(高衫東峰 1940). 제일은행이 무이자산금구입자금으로 수집한 금이 점차 대일 금 수출에서 큰 비중을 차지하게 되었다. 산금구입자금은 제일은행뿐 아니라 개항장에 진출한 다른 은행에도 제공되었으므로 대일 금 수출의 대부분이 이 자금에 의해 수집된 것이었다고도 할 수 있다. 산금구입자금에 의한 금 수집은 금 수출

7 『통상휘찬』 80호, 부산, 1897.10.6; 100호, 부산, 1898.5.16; 107호 부록, 원산, 1898.7.8.

8 무이자산금구입자금에 의한 금 수집은 제일은행권의 유통을 확대함으로써 식민지 화폐제도 성립의 단초를 이루었으며 또한 수입무역에서 청상의 결정적인 후퇴를 의미하였다(小林英夫 1979).

구조의 변화에 결정적 역할을 하였다. 1899년의 대일 금 수출은 1898년의 두 배 가까이 증가하였으며, 마침내 일상은 금 수출에서 경쟁관계에 있던 청상을 압도하였다.

무이자산금구입자금 외에도 일본 정부는 일상의 금 매입을 장려하기 위해, 우선(郵船)회사 운임을 할인해 주었으며, 금괴 수납대금을 화폐주조 후가 아니라 분석확정 후에 바로 지불함으로써 금 매입에 수반되는 잡비를 절감할 수 있도록 하였다.[9] 특히 금 매입시에 일상이 가장 곤란하게 여겼던 감정 업무를 위해 조선 내에 분석소가 설치되었다. 제일은행은 1900년 5월에 경성출장소에 지금분석소를 설치하고 11월에 「지금취급규칙」을 정하여 금·은 지금의 매입과 감정 업무를 함으로써 1년에 500관쭁 이상의 금괴를 매입할 수 있게 되었다(高衫東峰 1940). 분석소 설치는 금을 집중시키는 효과가 있어 경성분석소 설치 후 대일 수출 금이 제일은행으로 집중되었으며, 평양분석소와 원산분석소가 설치된 익년에도 대일 금 수출에서 제일은행의 비율이 증가하였다([표 2-2]).

그러나 무이자산금구입자금에 의한 금 수집은 대일 금 수출의 증가가 금 생산 증가로 이어지도록 하는 데는 성공하지 못하였다. 1898년까지는 대청 금 수출과 대일 금 수출은 비슷한 수준이고 이후 대일 금 수출이 증가하지만 그것은 대청 수출이 대일 수출로 바뀐 것이며, 1901년 이후 대일 금 수출은 증가하지 않고 정체하였다. 이는 유통 과정을 통한 금 수집만으로는 금 생산의 증대를 가져올 수 없었음을 의미한다.

---

9 『통상휘찬』 186호, 원산, 1900.9.29.

표 2-2 제일은행의 조선산 금 매입 (단위: 관쭝, 엔, %)

연도	매입량	금액	대일 금 수출에 대한 비율	비고
1900*	2.5	9.4		5월 경성분석소 설치
1901	641.0	2,764.0	56.9	
1902	824.9	3,519.3	70.3	
1903	856.0	3,791.9	69.5	
1904	821.2	3,664.6	73.3	10월 평양분석소 설치
1905	954.1	4,231.7	81.3	
1906	800.4	3,555.7	77.3	10월 원산분석소 설치
1907	860.6	3,784.8	84.7	

주: * 11, 12월분.
자료: 高衫東峰(1940: 165).

(3) 개항기의 금 가격 추이

개항기의 무역 확대와 일본의 금본위제 성립에 의한 금 수요의 증가는 금 생산에 유리한 환경이었다. 그러나 생산에 보다 직접적으로 영향을 미치는 것은 가격이므로 금 가격의 추이를 살펴볼 필요가 있다. 금의 조선 내 수요는 그리 크지 않아 장신구, 금박, 가락지 등에 사용되고 있는 정도에 불과하였기 때문에 개항장에서의 금 가격은 국내의 금 수요와 공급이 아니라 국제 금 가격에 의해 결정되고 있었다.

해관의 통계에서 파악되지 않는 밀 수출이 상당하였을 것으로 추정되지만 해관 통계의 금 수출액은 20년 동안에 4.5배 증가하였으며, 특히 1890년대 후반에 크게 증가하였다([표 2-1]). 외국인 특허 광산(운산, 은산)이 등장하기 전인 1890년대 중엽까지는 모두 조선인 광산에서 생산된 금이었다. 표와 약간의 차이가 있지만, 영국 영사관 보고에 의하면 1901년의 금 수출액 51만 파운드(약 510만 엔) 중 15만 파운드 이상이 외국인 특허 광산인 운산광산에서 생산되었다.[10] 나머지 36만 파운드에 시베리아산 금이 포함되었음을 감안하더라도 조선인 광산에서 생산한 금은 1890년대 중엽과 비교하여 2배 정도 증가하였으며, 1904년경에는 대략 300만－350만 엔으로[11] 1901년과 크게 다르지 않았다고 할 수 있다. 따라서 조선인의 금 생산은 1890년 전후에 감소하였으며 1890년대 후반에 크게 증가하였다가 1900년대에 정체하는 모습을 보이고 있었다고 할 수 있다.

금 가격은 개항 초에 비해 많이 상승하였으며 국제(상하이 및 오사카) 금 가격에 영향을 받고 있었기 때문에 가격 추이에서 지역 간에 큰 차이가 없었던 것으로 보인다. 개항 전반기에 최대 금 수출항이었던 원산의 금 가격은 1890년경에 하락하였다가 1893년 말, 1894년에 크게 상승하였으며 그 이후에도 완만히 상승하였다. 이러한 가격 추이는 금 생산에 유리한 조건으로 작용하였을 것이다. 그러나 금 가격의 추이를 보는 것만으로는 부족하다. 왜냐하면 원래 농업에 종사하는 자가 부업으로 또는 실농하여 호구지책으로 사금 채굴을 하는 자가 많고 또한 채굴 시기가 농번기와 겹치는 등 농업과 상당히 밀접한 관계에 있었기 때문이다.[12] 따라서 사금 생산에 영향을 주는 중요한 요인 중 하나는 미가에 대한 금의 상대가격이라고 할 수 있다.

수출 미가는 작황과 수요지인 일본의 미가에 의해 규정되는 바가 크

10 *Diplomatic and Consular Reports on Trade and Finance*, #2849, 1902.

11 제일은행의 금 수집은 경성지점의 160·170만 내지 200만 엔, 원산에서 수출되는 100만 내지 120·130만 엔의 3-4할, 평양지점의 100여만 엔, 부산의 10여만 엔이었다(「개설편」: 19).

12 원산 지방에서 사금 채굴 시기는 봄 해빙기부터 늦가을까지로, 대체로 4-10월이었다.

그림 2-1 개항장의 미가 및 금 가격과 상대가격지수(1890=1.0) (단위: 엔/석, 엔/돈쭝)

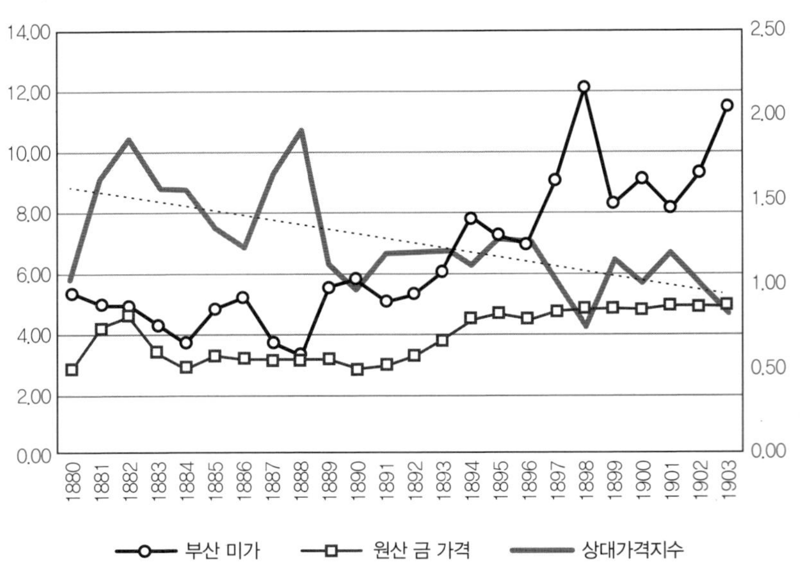

주: 미가와 금 가격은 좌축, 상대가격지수는 우축.
자료: 박기주(1998: 165).

고 또한 개항장 간에 약간의 차이는 있지만, 금 가격과 마찬가지로 가격 추이에서 개항장 간에 큰 차이가 없었다고 할 수 있다(하원호 1993). 그래서 시계열이 길고 누락이 없는 부산 미가와 원산 금 가격으로부터 금의 상대가격지수의 추이를 살펴보았다([그림 2-1]). 이미 언급한 대로 금 가격은 1890년대 중엽에 상승하고 이후 매우 완만히 상승하고 있었지만, 미가의 빠른 상승으로 인해 금의 상대가격이 하락하는 추세여서 사금 채굴은 미작에 비해 상대적으로 불리한 가격조건에 있었다. 이에 일본 영사관 보고는, 조선인들이 사금 채굴에 전업적으로 종사하지 않고 흉년으로 식료를 구할 수 없을 때 비로소 그 일에 종사하는 것은 사금 채굴이 박리이기 때문이라고 설명하였다.[13] 다시 말하면, 금 수요가 증가하고 금 가격이 상당히 상승하였음에도 불구하고 사금 채굴은 아직 농업을 버리고 종사할 만큼 유리하지 않았다.

금 수출의 변화는 상품무역, 일본의 금본위제, 금 가격 및 상대가격 중 어느 하나만으로 설명되지는 않는다. 가령 금 수출의 감소 요인인 대일 미곡 수출의 증가는 1890년부터였지만 이미 1889년에 금 수출이 크게 감소하였으며, 금 수출의 증가 요인인 일본 금본위제의 성립은 1897년이지만 이미 1895년부터 금 수출이 상당히 증가하였다. 또한 금 가격과 금 수출 간의 관계에서도, 금 가격이 1890년에 급락하지만 금 수출액은 1889년부터 급감하며, 1894년에 금 가격이 등귀함에도 금 수출액은 크게 증가하지 않았다. 1890년대 후반에는 금의 상대가격 하락에도 불구하고 금 수출액이 급증하기 때문에 금의 상대가격과 금 수출의 관계도 명확하지 않다. 이처럼 개항기 금 수출의 변화는 수요 요인이나 가격조건의 어느 하나로 설명될 수 없으며, 공급 측의 요인인 풍흉에 따른 농가소득의 변화나[14] 정부 정책의 변화에 의해 상당히 영향을 받고 있었다고 할 수 있다. 특히 1889년부터 금 수출액이 급감하고 1895년부터 금 수출액이 크게 증가하는 것은 금의 상대가격 변화뿐 아니라 정책 변화에 기인한 것이기도 하다.

---

13 『통상휘찬』 66호, 부산, 1897.4.21; 100호, 부산, 1898.5.16.

14 사금 수출은 흉년인 해에는 증가하였고 풍년인 해에는 감소하였다. 그러나 수출 미가의 급등으로 생활에 여유가 있으면 흉년임에도 불구하고 사금 수출은 오히려 감소하였다(『통상휘찬』 66호, 원산, 1897.4.21; 166호, 부산, 1900.4.21).

2. 정부의 광산개발과 「사금개채조례」

1) 정부의 광산개발과 한계

(1) 1880년대 후반의 정책 변화

일본 영사관 보고에 의하면, 1886년에 대일 금 수출액이 91만 엔으로 전년도에 비해 크게 증가할 수 있었던 것은 정부가 금 채굴 금지를 해제하였기 때문이며, 금 수출이 1889년에 다시 크게 감소한 것은 1888년 10월에 내려진 채굴 금지 때문이었다.[15] 한편, 서울은 가장 중요한 금 집산지였는데, 이는 조세를 상납할 때 한전보다 가벼운 금을 갖고 와서 교환하는 것이 편리하였기 때문이었다. 이처럼 정부는 금의 생산과 집산에 중요한 영향을 미치고 있었다. 이에 이하에서는 개항기에 정부의 광업정책과 제도적 특징을 살펴보기로 한다.

조선왕조는 경·외아문이 허가 없이 설점하는 것을 금지한 1740년의 경품설점에 의해 광산개발을 억제하였으며, 19세기에도 그러한 정책의 기조를 바꾸지 않았다. 그러나 개항 이후 정부는 광산개발의 필요성을 인식하고 적극적으로 광산을 개발하고자 하였는데, 그것은 무엇보다도 대원군 집정 이래 과다한 지출로 인한 재정 궁핍을 메우는 조치가 필요하였기 때문이었다. 1881년 2월에 통리기무아문의 경리사 김병덕(金炳德)은 금

15 금령 해제로 1885년 하반기 이래 인천항의 금 수출이 크게 증가하였으나 1889년에 부산의 금 수출이 감소하게 된 원인의 하나는 금령에 의한 채굴 중지에 있었다(『통상휘편』 1885下, 인천, 1886.3.1; 『통상보고』 94호, 부산, 1888.12.12; 『통상휘찬』 5호, 부산, 1894.3.30).

지되어 있는 금·은광의 채굴을 허가할 경우에는 탁지부가 수세하던 방식이 있으니 통리기무아문이 영남과 관서의 금·은광을 관장하도록 해줄 것을 요청하여 왕으로부터 허락받았다. 유승주(1993)는 이를 채굴 금지 정책의 변화로 보았지만, 1883년에 관북과 해서의 관찰사들이 도내 모든 광산을 혁파하였다고 보고하는 것으로 보아 채굴 금지는 여전히 유효하였다.[16]

청국이나 일본을 다녀온 영선사나 신사유람단은 광산개발을 부국강병책으로 인식하여 개발의 시급함을 건의하였다. 또한 주일청국참찬관 황준센(黃遵憲)의 『조선책략』(朝鮮策略)은 서양의 기술로 광산을 개발하는 것이 자강의 기초가 된다고 하여 개화파들의 대정부 건의에 영향을 주었다(강창석 1999). 정부가 광산개발에 적극적으로 나선 것은 1880년대 중엽부터였다. 통리기무아문을 계승한 통리군국사무아문은 1884년 3월에 군량미 부족의 대책으로 친군영이 광산을 채굴하도록 해줄 것을 건의하여 윤허받았으며, 동년 9월에 고종은 군국사무아문 7사 중 하나인 장내사(掌內司)가 개광을 전관하도록 하면서, 작간의 폐를 금하기 위해 설국치관할 절목을 마련하라고 명하였다.[17] 이는 재정 보충을 위한 광산개발의 필요성과 광산에 대한 열강들의 관심이 높아지면서 광무전담기구를 설치할 필요성이 커졌기 때문이었을 것이다. 그러나 갑신정변 등으로 인해 설국치관의 명령은 실현되지 못하였으며, 그런 상황에서 1885년에 통리아문은 각지에 광무를 전관할 자를 파견하였으나 아직 일부 지역에 국한되었고 파견인의 직위조차 정해지지 않았다.

---

16 『고종실록』, 고종 18.2.27; 『통서일기』 1, 고종 20.8.22; 고종 20.10.6.
17 『고종실록』, 고종 21.3.6; 고종 21.9.16.

이후 통리군국사무아문이 의정부에 통합되고 1885년 5월에 군국 사무와 궁내 사무를 담당하는 내무부가 궁중에 설치되었으며 내무부가 광무도 담당하였던 것으로 보인다. 그러다가 1887년 4월에 광무국이 설치되고 내무부사가 총판(總辦)으로 임명되었지만 광무국 총판에 임명된 협판내무부사 민영익(閔泳翊)이 청국에서 귀임하지 않자 다시 협판내무부사 한규설(韓圭卨)이 새로 광무국 총판으로 임명되는 등, 새로운 기구의 설치가 순조롭지 못하였다. 그런 가운데 내무부의 요청에 의해 함남과 평북에 광무 담당자가 파견되었으며 1888년부터는 광무국의 요청에 의해 각지에 광무감리가 파견되었다. 파견인 호칭이 감리로 통일되어 도별로 파견되고 있는 것으로 보아 광무 체계가 이때 어느 정도 정립된 것으로 추측된다. 나아가 정부는 외국인 기사의 초빙에 의한 광산개발을 시도하였지만, 경영조직이 재래식이고 개혁 여건이 불비한 상태여서 근대식 기술과 기계의 도입은 성공하지 못하였다.[18]

(2) 광산개발의 성격과 한계

1880년대 후반에 정부의 적극적인 개발 의지는 분명히 새로운 현상이었지만 본질적으로 조선 후기 이래의 광업정책의 연장이었다. 첫째, 광산개발의 동기가 산업 육성이 아니라 정부 재정을 보충하는 데 있었다. 부국강병을 위해 창설된 기구는 역설적이게도 무명잡세의 신설 또는 집중으로 재정을 확보하였다. 이는 정부 재정이 파탄 상태였음을 반영하는데, 이런

18 『문서』 20, #86, 高平 임시대리공사→외무대신, 1887.5.10; 이배용(1989: 25); 박만규(1984: 281).

상황에서 광산은 새로운 재정수입원으로 등장하였다. 1881년에 통리기무아문이 광산을 관장하도록 해줄 것을 요청한 김병덕은 민영익과 함께 통리기무아문 내 이용사(理用司)를 관장하였는데, 이용사는 경리·재용 등의 업무를 담당하는 부서였다. 특히 이 기구의 중요한 사무인 군(軍) 유지에 있어 광산개발은 매우 중요하였다. 이미 과거에도 그러하였지만, 광산은 군 재정을 보충하기 위한 가장 좋은 수단이었다.

둘째, 광산개채는 왕의 교시에 따라 통리아문의 주도로 이루어졌으며 민간의 채굴은 잠채 또는 사채라 하여 여전히 금지되었다.[19] 이는 광무가 내무부와 광무국으로 넘어가서도 마찬가지였다. 광산개채를 위해 통리아문은 개광에 관한 업무 일체를 담당할 자를 파견하였으며 해당 지방의 수령에게 그들의 요구에 충실히 응할 것을 지시하였다. 예컨대, 통리아문은 1885년에 단천과 영흥광을 허가하고 개광 사무를 북청부사 이용익(李容翊)에게 일임하면서 함북 감영이 손보전(損補錢) 1.4만 냥을 개발비로 그에게 획급할 것과 해당 지방 수령들이 그의 지시를 착실히 따르고 사채를 금할 것을 지시하였다. 또한 이용익이 인근 읍의 방곡으로 영흥·단천광을 중단해야 할 지경이라고 보고하자, 지방 수령에게 양 광산의 무곡을 위해 절대 방곡을 하지 말 것을 지시하고 영흥부가 인총세·막세 등의 명목으로 광부를 수탈하는 것을 엄금하였다.[20] 이러한 개발에 힘입어 이 지역의 금이 수출되는 통로인 원산항은 개항 전반기에 최대의 금 수출항이 되었다.

19 예컨대, 박천좌수가 재령광을 금광 별장들과 부화뇌동하여 국광이라 칭하면서 채굴한다고 하자 고종은 그들을 엄벌하고 채굴한 금을 통리아문에 납입하도록 할 것을 지시하였다(『통서일기』 1, 고종 22.6.13).

20 『통서일기』 1, 고종 22.1.15; 고종 22.1.25; 고종 22.1.26; 고종 22.1.30; 고종 22.3.13; 고종 22.5.2; 고종 22.8.6.

이처럼 1880년대 후반에 중앙에서 파견된 자들에 의해 광산개발이 활발하게 이루어지고 있었으며 정부는 그들에게 개광에 필요한 자금도 제공하였다.[21] 민간의 자유로운 채굴은 일체 금지되고 정부 주도에 의해 광산이 개발되고 있었으며, 그것은 어디까지나 재정적 필요에 따른 것이었다. 그러나 개광에 따른 재정 수입의 효과는 그리 크지 않았던 것 같다. 영흥광이 개광된 지 몇 개월 후에 이용익이 상납한 세금은 겨우 30냥에 불과하였으며, 통리아문은 영흥광 개광을 명령한 지 오래인데 실효가 없고 오히려 사채 소문만 낭자하니 사채하는 자를 낱낱이 보고할 것을 이용익에게 지시하였다.[22]

재정적 필요에 따른 정부의 자의적인 광산개발은 그것과 표리관계인 광폐 문제를 야기할 수밖에 없었다. 1885년에 영흥광 개발을 위해 북청부사 이용익이 파견된 지 1달이 경과한 때에 관찰사 임한수(林翰洙)는 개광지 내의 분묘를 훼파하지 말고 전토를 원하는 값으로 매입하여 해가 없도록 하고, 세곡이 귀해지면 원산항의 수입미를 매입하도록 하여 민에 해가 없도록 하며, 만약 폐단이 있으면 해당 영읍의 보고를 기다리지 말고 통리아문에서 광산을 혁파해 줄 것을 요청하였다. 이에 통리아문은 영흥광 개광이 국가 경비를 보충하기 위한 것이어서 소홀히 할 수 없으나 광규가 엄격해야 하니 인가·분묘를 범하지 말고 원하는 가격으로 전토를 매입하고 규칙을 따르지 않는 자를 바로 포박할 것을 단천·영흥광에 알리겠다고 하였

21 통리아문은 1887년에 영흥부사 이용익을 함남광무감리로 임명하고 원산 세은 8천여 元을 연료비와 역비, 운반비 명목으로 쓸 수 있도록 하였으며(『고종실록』, 고종 24.5.7; 『통서일기』 1, 고종 24.5.13; 고종 24.6.17), 이후 1891년까지 각지의 수령을 광무감리로 임명하였다.

22 『통서일기』 1, 고종 22.5.2; 고종 22.5.15.

다. 그러나 광폐가 점차 심각해지고 그것이 한 원인이 되어 1888년에 함경도에서 민란이 연이어 발생하였다. 그러자 좌의정 김병시(金炳始)는 간악한 자들에 의해 곳곳에 난굴이 벌어지고 광역에 농민이 늑역당하여 경작이 어렵고 분묘가 훼손되고 전토가 못쓰게 되는 폐단이 발생하고 있음을 지적하고, 토색한 돈으로 주머니를 채우니 광무가 허망하게 되고 민란이 이에 기인한다고 하면서 광산의 혁파를 요청하였다.[23] 광폐는 영흥광에 국한된 문제가 아니었기 때문에 1888년 10월에 정부는 각 도에 지시하여 금광 채굴을 금지하기도 하였다.[24]

여기서 우리는 정부의 광산개발이 갖는 두 가지 한계점을 지적할 수 있다. 첫째, 광폐 문제로 인해 광산개발은 중지될 수밖에 없었다는 것이다. 광폐 문제의 본질은 광산개발이 사인의 분묘나 토지에 대한 침해로 나타나고 있지만 그것에 대한 적절한 보상이 이루어지고 있지 못하였다는 데 있다. 타인의 재산권 침해에 대한 아무런 규정이 없었을 뿐 아니라 광산개발이 국가 권력을 배경으로 하고 있어 사인의 권리를 쉽게 침해하는 상황이었므로 광산개발은 자연히 민의 반발을 야기하여 지속될 수 없는 한계를 갖고 있었다. 둘째, 광산개발은 바로 전답의 황폐화로 나타나게 되고 백성의 유랑민화를 발생시키며 그것은 곧 국가의 결세 감축을 가져올 수밖에 없게 된다는 점에서도 광산개발의 한계가 존재하였다.

23 『통서일기』 1, 고종 22.5.12; 고종 22.5.13; 『고종실록』, 고종 25.8.26.
24 『통상보고』 94호, 부산, 1888.12.12.

2)「사금개채조례」의 내용과 성격

(1) 조례의 내용

광무기관의 성격은 갑오개혁에 의한 정부조직 재편 과정에서 크게 변하였다. 1894년 6월에 농상아문에 광물 분석, 지형 측량을 담당하는 지질국이 설치되고 공무아문에 광물의 측량, 시험, 수집, 보존을 담당하는 광무국이 설치되었으며, 공무아문이 3개월마다 감리가 상납하는 광세를 받아 탁지아문으로 넘겼다.[25] 농상아문과 공무아문이 1895년 3월에 농상공부로 통합·개편되고 광산국이 설치되면서 양 아문에 분산되어 있던 광무가 통합되었다. 광산국에는 광업과와 지질과가 있었으며 광업과는 '광산조사, 광산허부, 광구, 광업보호, 광업 기술에 관한 사항'을 관장하였다. 이후 정부는 하세가와(谷川芳之助)를 광무고문으로 초빙하고 광무보좌관으로 초빙된 니시와다(西和田久學)에게 함경, 평안, 황해, 강원도 광산을 조사하도록 하였다. 또한 외국인을 통해 근대적 광업 기술을 체계적으로 학습하기 위해 1900년에 광산국 내에 3년제 광무학교를 설립하고 프랑스인을 감독과 교관으로 초빙하였다. 이처럼 근대적 성격의 기관을 설립하였지만 제도는 전과 달라지지 않았는데, 그것을 보여 주는 것이 바로 1895년에 제정된 「사금개채조례」(砂金開採條例)였다.

사금 채굴이 경지를 침해하여 분쟁을 야기하고 국가의 주요 수입인 결세를 감소시킬 우려가 있어 금지하였음에도 각처에서 도굴이 이루어지고 있었기 때문에 정부는 그러한 상황에 대응하여 「사금개채조례」를 공포하

25 『고종실록』, 고종 31.8.14.

였다. 농상공부 대신 김가진(金嘉鎭)이 발의하여 1895년 5월 19일 칙령 제94호로 공포된 이 조례는 부칙을 포함하여 총 47개 조로 구성되어 있으며 사금 채굴 절차를 규정하는 것이 목적이었다. 조례는 1897년 1월과 9월 두 번의 개정이 있은 후 1906년 「한국광업법」 제정에 이르기까지 존속되었다. 조례의 내용을 요약하면 다음과 같다.

① 개채 과정(제2-5조). 농상공부 광산국장과 기사가 광산을 미리 답사한 후 개채의 허부를 정하며 이때 농상공부는 광산개채 사무를 전담할 영파원(另派員)을 첨파한다. 영파원은 현지에 주재하면서 각광을 관리하며 광산국장, 기사, 영파원에게는 신장(信章)을 발급하여 사무를 담당하도록 한다. 지방관이 사단을 야기하여 광무를 방해하면 영파원의 보고를 받아 농상공부는 그러한 행위를 못하게 한다.

② 파원 지위(제6-11조). 지방관과 교섭할 일이 있는 경우에 광산국장과 기사가 편의에 따라 처리할 수 있으며, 광산국장과 기사가 귀환한 후에 지방관과 교섭하는 일은 영파원이 전적으로 처리한다. 개채를 한 후에 세금 탈루가 있다면 영파원은 장부를 조사하여 추후에 징수한다. 각광 사무에 바로잡을 일이 있으면 농상공부가 수시로 관원을 파견하여 점검한다.

③ 수세 과정(제12-20조). 영파원은 자신이 임명하는 세감을 통해 매월 두 차례 광부로부터 세금을 징수하여 매월 말 장부와 함께 농상공부에 상납한다. 영파원은 농상공부에서 정한 저울을 사용하여야 하며 또한 세금을 징수하면 동시에 영수증을 발급한다.

④ 관리 급료(제21-22조). 영파원에게는 징수세액의 1/30에 상당하는 현물이나 대전을 지급하고 세감에게는 징수세액의 1/20을 지급한다.

⑤ 광부 관리(제23-31, 36-39조). 영파원은 현지인으로 덕대를 삼고 현지인이 아닌 경우에는 보증인을 세우도록 한다. 영파원은 광부에게 번호를 단 광표를 지급하고 세금을 보낼 때 광표 부본[存根]을 함께 보내 수세 실액을 파악할 수 있도록 한다. 광표는 덕대가 세감으로부터 받아 광부에게 분급하며, 광부로 하여금 광표를 휴대하도록 하고 수시로 검사하여 잠채를 방지하며, 정식 광부가 아닌 수공(水工)이나 화공(火工)에게도 세감이 표를 주어 획일적

으로 점검할 수 있도록 한다. 광표 없이 채굴할 경우에는 채금한 것을 몰수하며 광표 없이 광부라 사칭하는 자는 본인과 연주(煙主)를 징벌한다. 흉포하여 말썽을 일으키는 광부는 영파원과 세감이 정한 규정에 따라 징계하거나 축출하며 민간인이 광규를 범하면 해당 지방관이 심판한다.

⑥ 광세 납부(제32-35, 40-42조). 광부는 매월 금 7푼쭝의 세금을 두 번에 분납하며 광부를 인솔하는 덕대가 그것을 대납하며 이때 광부 10명당 1명분의 세금을 삭감한다. 또한 광부는 광표 발급에 대해 전 5푼의 수수료를 내야 한다. 덕대가 탈세하여 도주하면 보증인에게 징상(徵償)하고 세감이 횡령하면 영파원에게 징상하며 영파원이 은닉하거나 장부를 위조하면 징상하고 제명한다.

⑦ 광지 제한(제43-44조). 전답의 50보 이내와 가옥과 분묘의 50보 이내를 범할 수 없으며 당사자가 이주나 이장을 원하면 덕대가 좋은 값으로 사들인다.

⑧ 개채 불허(부칙). 금, 은, 철, 동, 석탄과 기타 각광 중 아직 개채하지 아니한 것은 개채를 불허하고 이미 개채한 곳은 당분간 전례에 따라 추세하되 장정을 마련할 때까지 기다려야 한다.

(2) 광산왕유제적 성격

조례는 광세 징수를 통해 국가 재정을 확보하고 무질서한 개채로 인해 야기되는 광폐를 막고자 한 점에서 일정한 의의를 갖고 있지만, 사금 개채에만 국한된 것이었다는 점에서 광업을 국가산업으로 발전시키려는 적극적인 정책과는 거리가 먼 전근대적 범주를 벗어나지 못하였다(이배용 1984; 박만규 1984). 그런데 조례가 전근대적 범주에서 벗어나지 않는다고 보는 본질적인 이유는 전근대적 광산왕유제(Bergregal)에 기반하고 있기 때문이었다.

광산왕유제란 전근대 광산 소유의 한 형태이다. 근대 이전에 서양에서 광물은 토지의 일부(*pars fundi*)이거나 왕유(regale)였으며, 후자의 경우에는 토지 소유와 무관하게 정치적 지배자인 왕이나 영역제후(royal vassal)와 같은 왕유권자(Regelherr)만이 지하광물에 대한 처분권을 가졌다. 즉, 광산은 왕유권자가 가진 고권(高權, Hoheitsrecht)의 하나였으며,[26] 따라서 왕유권자의 허가 없이는 광물 채굴이 금지되었다. 동양의 국가에서도 광물 소유권이 지배자인 왕에게 있었다는 점에서 광산왕유제라고 할 수 있다. 물론 동양의 광산왕유제는 왕토사상에 입각해 있다는 점에서 토지와 별개의 권리로 성립하고 있는 서양의 광산왕유제와는 다소 차이가 있다.[27]

서양에서 광산은 원래 황제의 고권이었으나 점차 영주의 고권으로 변하였다. 영주는 광산을 경영할 기술을 갖고 있지 않았기 때문에 경쟁적으로 숙련광부를 불러모아 광산을 개발하도록 하였다. 숙련광부는 광부를 모으고 광물 탐색과 채굴을 위해 자금을 투자하였으며 왕유권자에게 생산의 10분의 1을 바쳤다. '광산의 자유'가 허용되고 심부 채굴에 자본이 필요해지면서 상인들이 광산에 투자하였다. 그러나 아직 광물 채굴은 왕유권자의 직접적이고 전면적인 규제 내지 간섭을 받았으며 광부의 권리는 제한된 범위에서밖에 용인되지 않았다. 일본도 이와 유사하였다. 광산은 모두 영주의 소유였으며 지키야마(直山)와 우케야마(請山)가 있었지만 근세 말기에 오면 후자가 일반적인 형태가 되었다. 그것은 야마시(山師), 즉 숙련광부가 일정 기간 광산 경영을 청부받아 약정한 몫을 상납하는 광산이며, 전적으로 자신의 재산과 책임으로 가행하는 것이 일반적이지만 영주

26 화폐주조권, 관세징수권, 호송권, 수렵권, 채염권, 시장개설권 등과 같이 왕유권자에게 수익을 가져다주는 일체의 고권을 왕유권이라 지칭한다.

27 大抵金銀者 土地所産 其利宜歸國用 不當歸之於私家(『비변사등록』, 숙종 28.6.26). 유럽에서는 광물 소유를 둘러싼 왕과 토지 소유자 간의 투쟁에서 대륙은 전자, 영국은 후자의 소유로 귀결되면서 후일에 영국과 대륙의 근대광업법도 달라졌다.

와 야마시 사이에 청부인이 있는 경우도 있었다(Weber 1950; Nef 1952; 石村善助 1960).

동양의 왕조국가에서는 광산은 왕의 독점적 지배하에 있었으며 왕이 임명한 관리가 광물의 생산, 운반, 판매를 감독하였다. 광산개발은 결세의 감소 및 백성의 유랑민화라는 부정적 효과를 발생시키기 때문에 군사적·재정적 필요에 따라 간헐적으로 이루어졌다. 중국 윈난성의 동광산은 정부의 감독하에 상인이 채굴하는 관독상판(官督商辦)이었다. 정부는 광산을 관리하는 자를 파견하고 그 아래 서리와 병사를 두어 세금을 징수하였다. 정부는 20%의 현물세를 징수하였으며, 정부의 수매에 응하도록 강제함으로써 대부자금[工本]을 상환받았다. 공본은 정부의 출자금 같은 것이지만 손익과 무관하게 상환되어야 하였으므로 사실상 수탈적인 고리대였다. 광산노동자는 식량을 선대해 준 업주와 남은 생산물을 분배하였다(中國近代國民經濟史研究會編譯 1971).

「사금개채조례」에 의하면, 농상공부 광산국장과 기사가 광산 소재지를 답사한 후 광산의 개채 여부를 결정하며 농상공부가 파견한 영파원이 개채 사무를 담당하였다. 생산 주체인 덕대나 광부들은 영파원으로부터 받은 광표를 휴대해야 채굴에 종사할 수 있었으며, 그렇지 않은 경우에는 잠채라 하여 엄금되었다. 조례는 광산왕유제 원칙에 입각해 있으며[28] 따라서 광업의 자유는 허용되지 않았으며 어떤 사적인 권리가 존재한다 하더라도 그것은 지극히 불완전한 것일 수밖에 없었다. 광부들이 인두

28 조선광업회 임시광업조사위원회 보고서는 왕유제를 專有主義로 표현하였으며, 「사금개채조례」, 일본의 「鑛山心得」, 「日本坑法」이 거기에 속한다고 하였다(『일본광업회지』 437호, 1921).

세적인 광세를 왕유권자에게 내며 이러한 잉여 수취는 전근대 국가의 민에 대한 지배 방식이었다. 왕이 임명한 관리가 광산의 개채와 관리를 담당하고 광부로부터 광세를 징수하는 이러한 관리 방식은 17세기 중엽에 설점수세가 실시된 이래 거의 달라지지 않고 지속되었으며, 따라서 조례는 새로운 제도가 아니라 이전부터 있었던 광산 관리 방식을 법률적으로 확인한 것에 불과하였다.

조례에 따라 농상공부는 1896년 4월에 이용익을 서북제부(諸府)금광사무감리로 임명하고 7월에 최명상(崔明常) 등 9명을 서북금광영파위원으로 파견한 것을 시작으로 각지의 광산에 위원을 파견하였다. 1897년 4월에 이용익을 해임한 후 6월에 동북, 평남해서, 평북, 관북 감리와 지역별로 수 명씩의 금광위원을 임명함으로써 '감리－위원' 체제를 갖추고, 12월에 이용익을 중앙의 각도각군금은동철매탄(煤炭)각광사무감독으로 임명하였다. 그러나 이 같은 농상공부의 징세기구는 광산이 궁내부로 이속되면서 유명무실하게 되었다.

조례는 농상공부에 의한 광산 지배를 전제로 하고 있지만 각광사무감독인 이용익은 1898년 6월에 우량 광산지인 43개 군을 궁내부로 이속하였으며, 내장원은 함경, 평안, 전라경상, 강원도에 금은동철매탄감리사무를 임명하고 7월에 이용익을 각도각군금은동철매탄각광사무감독에 임명하였다. 이속은 명분상으로 외국의 광산이권 요구에 불응하기 위한 것이었지만 실제로는 이용익이 추진한 왕실 재산의 확대에 목적이 있었다. 그런데 독립협회가 왕실의 이권 독점을 반대하자, 광산 이속을 주도한 이용익이 파직되었으며 11월에 광산을 농상공부로 환속하는 조치가 내려졌다. 그러나 그 직후에 독립협회가 해산되고 이용익이 익년 2월에 삼정(蔘

政)각광감독사무로 복귀하여 황해, 평안, 함경 전 지역을 내장원으로 이속하였다.[29] 광산 이속은 '국권=왕권'으로부터 양자가 분리되는 과정에서 나타난 왕실 재정 강화의 일환일 뿐 광업의 본질을 변화시키는 것은 전혀 아니었다.

내장원은 광산 이속에 이어 황해, 평안, 함경, 전라·경상도에 각광감리사무(이하 감리로 약칭)를 새로 임명하고 각 지역에 위원을 임명함으로써 내장원하에 전국적인 '감리-위원'의 관리기구를 수립하였다. [표 2-3]은 내장원하의 감리와 위원의 명단이다. 함경도는 1900년에 1년 정도 남북을 분리하였던 것으로 보이며, 평안도는 1906년에 평남감리가 임명되면서 평남북감리의 관할에서 평남이 제외되었으며, 충청도 내 여타 광산을 관리하던 직산감리는 1905년에 충남북감리로 직명이 변경되었다.

표를 보면 감리나 위원 중에는 조정윤(내장원경 이용익의 처남), 조관윤, 조몽윤, 조태윤, 조함윤이나 장봉익, 장봉주, 장기흡(장봉익의 당숙), 박래훈, 박래상 등과 같이 친척관계로 여겨지는 자들이 포함되어 있음을 확인할 수 있다. 조씨 일가는 평안도 감리나 위원이고 장씨 일가는 황해도 감리나 위원들이었다. 조씨 일가에서 알 수 있듯이 징세인들 대부분은 권력층과 상호 사적인 관계로 맺어진 집단들이었던 것으로 생각된다. 또한 감리나 파원으로 임명된 자들 중에는 품계를 받은 자와 지방 수령이 다수 포함되어 있으며 경주군수 겸 경북감리 김윤란은 대상인이었다.

---

29 이후 1901년 6월에 5개 군, 1904년 9월에 3개 군이 추가로 이속되어 내장원 광산은 총 51개 군에 걸쳐 있었다. 광산 이속으로 내장원이 관장하는 유망한 광산은 증가한 반면, 농상공부 소속 광산은 계속 감소하여 강원 지역만 남았으며 1899년 이후 농상공부 광세 수입은 일화로 환산하여 1,000-2,000엔에 불과하였다(日新國政, 「朝鮮鑛業行政近代史(二)」, 『회지』 2-6, 1919).

감리는 광업 사무를 총괄하는 자이며 내장원이 직접 임명하였다. 감리직은 상당한 이익을 챙길 수 있는 자리였기 때문에 권력층과 밀접한 관계에 있는 자가 임명되었다. 황해감리 유지혁이 세금 납부 불가능을 이유로 감리직에서 해임해 줄 것을 요망하자 내장원이 "원에 따라 각광 사무 전담을 허락한 것이니" 세금을 정한 수에 따라 준납하라고[30] 한 것으로 보아 감리는 일정한 청원 절차를 거쳐 임명되었던 것으로 보인다. 감리와 달리, 평남북 외에는 위원의 교체를 확인할 수 없는데 그렇다고 위원의 교체가 없었다고 하기 어렵다. 『관보』에서는 임명 사실을 확인할 수 없지만 다른 자료에서 파원 또는 위원으로 파송 훈령을 받거나 호칭되는 자들을 많이 발견할 수 있기 때문이다(양상현 1998).

파원·위원은 내장원이 직접 임명하는 경우도 있었지만 많은 경우에 감리가 사사로이 임명하였다. 가령 표에서 평북광무위원 조관윤과 김성즙이 조화벽과 김희원, 그리고 다시 조몽윤으로 바뀌고 평남광무위원 이동규가 서광우로 바뀌는 것은 모두 평남북감리 조정윤이 결정한 일이었다. 파원·위원으로 임명된 자들은 감리와 밀접한 관계에 있거나 감리의 차인이었을 가능성이 크며 세감 중에서 발탁되기도 하였다. 그렇기 때문에 경리원은 감리에게 광산을 위임하고 단지 세금만 받을 뿐으로 광산이 누구에게 인허되었는지를 실제로 알지 못하였다(박기주 1996). 파원·위원 밑에는 감리나 파원에 의해 선발되어 광산에 주재하는 말단 징세인인 별장·세감이 있었다. 이들 별장·세감은 덕대 중에서 차출되기도 하였는데 그만큼 광산의 현장과 밀접한 자들이었다. 『한국광업조사보고』는 별장을 "1구역

30 규19157, 「보고서」(해서각광감리→내장원경), 1905.1.13.

표 2-3	내장원 소속 광산의 감리 및 위원
평남북각광감리	李鍾斗(1898.6.24)→趙鼎允(1899.5.22)
평남각광감리	趙東元***(1906.7.31)
평남광무위원	趙兌允*(1899.3.25)·李東奎(1900.1.6)→徐光祐(1902.2.2)
평북광무위원	趙觀允·金聖楫(1900.1.6)→趙和璧*·金禧元(1900.12.25)→趙蒙允(1902.2.2)
평남북각광위원	池基榮(1899.3.25)·金鳳壎(1900.1.6)→林炳周·韓秉禧(1904.8.20)→ 車性駿·李斗三·趙咸允(1906.5.16)
황해각광감리	朴來勳(1899.3.25)→張基恰(1901.4.8)→趙觀允(1903.9.25)→劉智赫(1904.9.10) →李涉(1905.5.16)→박래훈(1905.7.17)
송화금광위원	吳相鎬(1899.8.28)
해주금광위원	張奉瑞(1899.8.28)
장연금광위원	張鳳翼(1899.8.28)
수안금광위원	李元敎(1899.8.28)→(?)→金聖吉(1905.2.21)
황해각광위원	張鳳周(1901.4.8)
황해금광위원	李潤鎭(1905.5.16)
함남북각광감리	李斗初(1898.6.24)→李允在(1899.2.27)→廉弘鎭(1904.8.7)→李柱建(1905.10.17) →염홍진(1905.10.16)→이주건(1905.12.19)
함남광무감리	李允在(?)→鄭範鎭(1900.6.9)→이윤재(1900.7.12)
함북광무감리	鄭範鎭(1900.7.12-1901.4.12)
함남광무위원	金鶴遊·林楨舜·吳南九(1899.3.25)
직산금광감리	劉秉應(1901.3.24)→李涉(1904.7.22)→朴準禹**(1905.3.20)
직산광무위원	金河瑛(1899.3.25)
청주금광위원	金永祚(1905.3.20)
음성금광위원	李容進(1905.3.20)
전라경상각광감리	韓尙和(1898.6.24)→全威燮(1899.3.25)→康瑢九**(1899.12.29)
경북각광감리	金允蘭(1901.8.2)
전라금광위원	金斗弘·元龍淑(1899.9.4)
경상금광위원	徐丙鼎·李熙在(1899.9.4)

표 2-3 계속

경북금광위원	鄭宅昇(1901.11.8)
합천금광위원	金敎冕(1904.8.26)
의성금광위원	金炳斗(1904.9.10)
강원감리	金容秀(1898.7.10-1899.3.25)

주: 1) ( )는 임명일이며 전임자는 후임자와 동일한 날에 면직.
2) * 면직일을 알 수 없음.
** 직명이 각각 충남북감리, 전라경상삼정독쇄관.
*** 규19143, 「훈령」(내장원경→평남북감리), 1906.7.31.
자료: 『관보』.

에 대해 납세 후 채굴권을 얻은 자로서 … 관리임과 동시에 청부인"이며, "자기 구역 내에서 채금부를 사역하고 또 채금부 및 기타 종사자로부터 징세"하는 자로 설명하였다.[31] 그런데 별장·세감을 포함하여 감리에 의해 임명된 파원·위원은 사실상 감리의 사용인에 불과한 자들이었기 때문에,[32] 이하에서는 주로 내장원이 임명한 감리와 파원에 국한하여 설명한다.

31 「개설편」: 18; 「전라경상편」: 99.
32 "감리 또는 파원은 광민에게 가행장의 풍잔에 따른 가행료를 받고 채굴을 허가하는 행정기관이면서 또 위원, 별장, 세감이라는 사용인을 지휘한다"(山口精 1910: 916).

3. 징세인의 역할과 성격

1) 징세인의 역할

(1) 광세 징수

조례의 각 조항은 개채 과정에 관한 몇 개의 조항을 제외하면 광세의 징수 과정, 수세와 관련한 광부 관리, 광세 납부와 미납자에 관한 처리 등으로 되어 있다. 이 같은 일을 담당하기 위해 파견된 영파원은 현지에 상주하면서 광산개채 사무를 전담하고 지방관과 교섭하며 광부를 관리하고 수세 위계의 최상단에서 광부로부터 거둔 광세를 상납하였다. 앞에서 설명한 것처럼 영파원은 감리나 위원을 말하며 위원은 일반적으로 파원으로 불리기도 하였다. 영파원에 의한 광산 관리는 결국 광세 징수를 위한 것이기 때문에 영파원의 성격을 가장 간단하게 표현한다면 징세인이라고 할 수 있을 것이다. 『한국광업조사보고』는 황해, 평안, 함경도에 각 1명, 강원·전라·경상도를 합하여 1명의 감리가 있어 소관 광산을 감독한다고 하였다. 최대의 사금광인 순안광에서는 '덕대→별장·세감→파원·위원→감리'라는 위계를 거쳐 광세가 징수되고 그것을 감리가 내장원(후에는 경리원)에 상납하였다.[33] 단, 모든 광산에서 이런 위계가 존재하였던 것은 아니며 또 감리를 제외한 자들 사이의 구분이 반드시 명확하였던 것은 아니었다.[34]

---

33 규19143, 「훈령 2호」(내장원경→평남관찰사·순안군수 韓亨魯·순안금광검사관 박래훈), 1905.7.18. 당시 순안광의 위원·파원은 2명이고 세감이 20명이었다(규19159, 「청원서」(임병주 등), 1905.8).

34 별장·세감은 파원이 임명하지만 그 역할이 파원과 동일하여 파원을 별장이라 부르기도 하였으며, 또한 덕대 출신이거나 덕대를 겸하기도 하여 후술하는 순안광 사건에 나오는

중앙에서 감리나 파원을 임명하여 파견하더라도 개채가 순조롭지는 않았는데, 그것은 광산개채가 많은 폐단을 야기한다는 이유로 지방관들이 개채를 방해하는 경우가 많았기 때문이다. 가령 황해도 백천군수는 "감리직은 개광에 있으나 군수의 책임은 바로 보민하는 것"이라면서 백천광을 봉폐해 줄 것을 요청하였다.[35] 특히 농업지대인 삼남지방에서는 지방관이 개광을 방해하는 사례가 많았다. 그런데 지방관이 징세인의 개채를 방해한 것은 단순히 광폐 때문만이 아니라 잠채를 허락하여 이익을 보려고 한 때문이기도 하였다.[36] 지방관의 방해 또는 금지 행위는 오래전부터 있었던 문제였기 때문에, 통리아문은 1885년에 광무를 전관할 자를 각지로 파견하면서 관찰사에게 관문을 내려 지방 수령이 일체의 개광 사무에 대해 파원의 지시를 착실히 거행하도록 하였다.[37] 「사금개채조례」도 파원의 광산 개채를 지방관이 방해하지 못하도록 규정하였으며, 내장원은 파원을 파송할 때 반드시 지방관에게 개채 업무를 도울 것을 훈령하였다.

감리와 파원은 광산의 개채와 관리를 담당하였지만 그들에게 부여된 가장 중요한 임무는 인두세적인 광세를 징수하는 것이었다. 그들은 내장원으로부터 임명을 받을 때 일정한 광세의 납부를 약속하고 세액만큼 광부들에게 분급할 광표를 받게 된다. 세액은 실제의 작업인원 수에 따라 정

덕대 한문호는 춘천 금광 세감과 순안 적암리 금광 별장을 지낸 자였다.

35 규19157, 「보고」(金河璿→내장원경), 1900.12.14.

36 청주광이 한 예이다. 청주군수는 내장원이 임명한 파원의 개채를 방해하고 무명잡세의 폐지라는 명분과 채굴로 야기될 물가 상승과 농토 부족을 이유로 내장원에 훈령을 취소해 줄 것을 요청하였다. 이에 대해 감리는 파원의 개채가 지연되고 있는 반면 잠채가 官許되고 있다고 보고하였다(규19149, 「보고」(청주군수→내장원경), 1902.3.14; 「보고 제3호」(직산금광감리→내장원경), 1904.9.6).

37 『통서일기』 1, 고종 22.1.15; 고종 22.1.25; 고종 22.1.30.

해진 것이 아니라, 감리나 파원으로의 임명을 원하는 자가 청원 조건으로 내장원에 약정한 것이거나 광산 규모에 따라 관례적으로 정해졌으며, 감리는 그렇게 작정된 세액을 자신이 소관하는 각 광산에 할당하였다. 가령 1899년 5월에 평남북감리로 임명된 조정윤은 1년 광세를 2,000냥쭝으로 작정하고 그에 해당하는 광표를 내장원으로부터 받았는데, 그중에서 은산광에 월 56냥쭝을 배정하였다. 황해감리와 위원인 장기흡과 장봉주는 1901년 2월에 500냥쭝을 작정하였으며, 함남북감리 염홍진은 함남에 대해 500냥쭝의 광세를 작정하였다.[38] 작정액은 각 지역 혹은 광산의 원총 또는 원정(原定)에 해당하지만 고정된 것은 아니었다. 가령 수안광에 대해 장봉익과 박승준(朴承浚)이 1902년에 200냥쭝을 작정하고 허가받았지만 이전에 박의진(朴義鎭)은 300냥쭝을 작정하였다가 50냥쭝을 감면받기도 하였다.[39]

내장원은 징세인에게 수세를 위임한 입장이므로 작정액이 수세 실적을 판단하는 기준이었으며, 따라서 작정액을 둘러싸고 내장원과 징세인 간에 끊임없는 갈등이 존재할 수밖에 없었다. 작정액 자체가 실제의 광부 수를 기준으로 한 것이 아니기 때문에 징세인이 작정액의 감면을 요구하거나 작정액보다 적은 세액을 상납하면, 내장원은 늘 부족액을 채우라든가 정해진 수에 따라 준납할 것을 지시하였다. 또 내장원은 징세인이 징수한 세액에 허위가 없는지를 감독하기 위해 보름 단위[每望]로 광부 수를 기록한「세금도록」혹은「상납성책」(上納成冊)을 세금 상납시에 함께 제출하도록 하였다. 물론 이 장부 자체가 징세인에 의해 허위로 작성될 가능성이

38 규19160,「보고」(조정윤→내장원경), 1905.9.18; 규26388,「標」(장기흡·장봉주), 1901.2.18; 규21027,「보고서 제1호」(염홍진), 1905.4.28.
39 규26387,「청원서」(박의진), 1899.10.

켰기 때문에, 내장원은 광산 경기가 좋다는 소문이 있음에도 불구하고 상납이 부진하면 원총을 늘리도록 요구하고, 광부 수가 감소하여 광세가 감소하였을 경우에는 세율을 높여 채울 것을 지시하였다.[40]

장부상의 광부 수에 해당하는 광세는 징세인이 채워넣어야 할 몫이었다. 징세인은 일정액의 광세 상납을 약정하고 임명된 자들이기 때문에, 작정액을 채우지 못하거나 수세 실적이 부진하면 그것을 이유로 해임되는 경우도 적지 않았다.[41] 또한 작정액을 채우지 못하거나 미봉금이 있을 경우에는 자신이 대납해야 하는데 대납한 광세를 광부로부터 환수하지 못하면 파산에 직면할 수밖에 없었다. 예컨대, 감리 조정윤은 "매년 장부를 마감하고 각광 세금을 상납하게 되는데 비록 미봉이 있더라도 … 미수하였다고 삭제할 수 없기 때문에 괘군성책의 세액에 따라 미봉한 것을 감리가 대납하여 준봉충수(推捧充數)하는데 매년 미봉의 누적이 적지 않다"고 호소하였다. 또한 그는 은산광이 영국인에게 특허되어 자신이 관할할 수 없게 되자 광부로부터 광표를 회수하여 내장원에 반납하면서 광부로부터 걷지 못한 작정액, 즉 미봉금을 대납했다고 하였다.[42]

1904년에 금광세 수입은 내장원 총수입에서 20.8%를 차지하였으며 동년 잡세 수입의 2/3였다(김재호 1992). [표 2-4]와 [표 2-5]는 광세 징수

40 예컨대, 순안광에 대해 내장원은 "세금의 흥왕이 오로지 괘군에 있으니 백이면 백, 천이면 천으로 세어 장부를 수정"하라거나 "괘군은 본래 정식이 없으니 금 산출의 다과에 따르라"는 명령을 하였다(규19160, 「보고서」(조정윤), 1904.10.6; 규19143, 「훈령」(내장원경→평남북각광감리), 1900.9.26; 「훈령 제1호」(내장원경→순안금광위원), 1903.7.10; 「훈령」(내장원경→평남북각광감리), 1904.9.23).

41 규19143, 「훈령 4호」(내장원경→전북관찰사), 1902.6.24; 「훈령 3호」(내장원경→직산금광감리), 1903.2.10; 규19161, 「보고서」(함남장진군수), 1904.10.4.

42 규21027, 「보고서」(조정윤), 1904.7.30; 규19160, 「보고」(조정윤), 1905.9.18.

표 2-4 평남북감리의 광세 상납 실적 (단위: 냥쭝)

연도	원세금 (A)			감리칭여 (B)			미봉 (C)			실상납 (A+B−C)
	평남	(순안광)	평북	평남	(순안광)	평북	평남	(순안광)	평북	
1903	602.1975	518.2875	555.145	128.6	115.175	41.4425	23.639	23.639	0	1,303.746
1904	69.4325	58.9275	69.955	13.095	13.095	0	288.573*	288.573	8	2,310.2345
	1,963.095	1,958.58	55.99	435.24	435.24	0				
1905	1,793.945	1,778.85	112.38	250.525	250.525	0	769.936	767.066	19.32	1,367.594

주: 1) 1904년의 원세금과 감리칭여의 상하 구분은 상반기와 하반기.
2) * 자료에는 1904년 1월-1905년 3월까지의 순안광 미봉액이 381.25냥쭝으로만 되어 있기 때문에 1904년 미봉액을 세액에 비례하여 추정하였음.
자료: 박기주(1996: 20).

표 2-5 황해 감리의 광세 상납 실적 (단위: 냥쭝)

연도	원세금 (A)	(수안광)	수침세 (B)	미봉 (C)	실상납 (A+B−C)
1903	413.47	61.60	68.1	111.905	369.665
1904	68.95	26.54	40.055	8.915	100.090
1905	33.53	19.92	32.885	2.140	64.275

주: 1903년은 2-12월, 1904년 미봉은 1-8월, 1905년 수세는 1-8월, 1905년 미봉은 전년 9월-1905년 8월.
자료: 박기주(1996: 20).

실적이 비교적 자세히 남아 있는 연도의 「세금도록」과 「상납성책」으로부터 작성한 것인데, 미봉이 상당액인 해도 있었다. 평남에는 순안광 외에 성천, 자산광이 있었으며 평북에는 영변, 희천, 삭주, 선천, 구성, 창성광이 있었다. 광세는 광부 1인당 매망에 4-4.5푼쭝이고 석금광에서는 매망 1전쭝이었으며 그로부터 계산된 것이 원세금이다. 1903년에 평남과 평북의 세액 규모는 비슷하였으나 1904년 후반기부터 순안광이 성업을 이루면서 광부가 거기로 모여들어 평북 및 황해의 광산 규모는 축소되었다. 또한 원세금과는 별도로 감리칭여(秤餘)라는 것이 있었는데, 칭여는 저울질에서 남긴 것이라는 의미로서 광부 1인당 1푼쭝이며 원세금의 2할 정도였다. 감리가 준납해야 할 책임이 있는 미봉액은 1904·1905년 합계 1,000냥쭝이 넘었으며 거의 전부 순안광에서 발생하였다.

황해도의 광세는 광군 1명당 매망 4푼쭝이었다. 1903년도 황해도 세입의 대부분은 사금광인 송화광과 백천광에서 징수된 것이지만 「상납성책」에 의하면 이들 광산은 곧 조잔해지는 반면 수안광에서는 계속 수세가 이루어졌다. 광산 대부분이 사금광이었지만 수안에는 석금광도 있었다. 수안은 최대의 석금광이었으며 수차로 도광하여 수은아말감법 제련을 하는 등, 당시 일반적으로 마석기로 분쇄하여 금을 채취하던 것에 비하면 선진적이었다. 후술하듯이 수안광에 일본인이 수차도광기[水砧]를 도입한 이래 조선인 중에도 재래식 수차를 설치하여 제련하는 자가 생겨났다. 즉, 수안광에는 일본인에게 보상하고 내장원(감리)의 소유가 된 관침과 민간이 보유한 사침이 있었으며, 사침은 관침에 비해 완전하지 못하여 10일 중 3-4일은 작업이 정지되었다.[43] 내장원은 사침에 의한 제련이 마석기를 이용한 방식에 비해 배의 이익이 있으니 세금이 없을 수 없다면서 수침세를 부과하였다. 이에 대해 수침주들이 세금의 과중함을 호소하였지만 내장원은 금 생산량에 따라 수차 1좌당 매망 1-3냥씩을 배정하고 차등 봉세할 것을 명령하였으며,[44] 실제로 징수된 수침세는 1좌당 매망 3-5전쭝이었다.

---

43 당시 수안광에 관침과 사침이 각각 17좌씩 있었지만 관침 10좌는 물 부족으로 정지 상태였으며 사침은 2좌가 가동 불가이고 15좌도 가끔 파손되어 작업이 중단되었다(규21936, 「(광무 8년 4-8월) 掛軍捧稅上納成册 遂安石土鑛」).

(2) 징세인의 광산 투자

당시의 낙후한 기술 수준에서도 수세 가능한 광산이 되기 위해서는 일정한 개발비가 들어가야 하였다. 특히 석금광인 경우는 사금광과 달리 개발비가 많이 들어가며, 작업을 중지한 광산의 경우에는 물이 차거나 토사가 쌓여 있기 때문에 채굴을 위해서는 먼저 배수와 갱도 개착을 하지 않으면 안되었다. 작정액을 상납해야 할 일차적인 임무를 갖고 있는 감리와 파원에게 가장 중요한 일은 가능한 한 많은 광부들을 끌어모아 작업하게 함으로써 수세 대상을 확보하는 것이었다. 그런 점에서 볼 때 광산개발에 가장 적극적인 투자자는 이들 징세인들이었다고 할 수 있다. 이하에서는 그들이 실제로 어느 정도의 자금을 어떤 명목으로 광산에 투입하였으며, 그 자금을 어떻게 조달하였는지를 해서감리 박래훈과 장기흡, 평남북감리 조정윤을 통해 살펴보자.

황해도 내에서 가장 중요한 광산은 수안광이었다. 박래훈은 광산이 내장원으로 이속된 후 황해감리로 임명되었으나 자본과 기술이 없어 일본인(鮎貝房之進, 山口太兵衛)과 공동으로 수안광을 채굴하기로 하였다. 그러나 일본인들은 수차도광기를 설치한 후 광산을 장악할 목적으로 총칼로 주민과 광부들을 위협하였으며 그 때문에 수안광은 폐광할 지경에 이르렀다. 박래훈에 이어 황해감리가 된 송화군수 장기흡은 내장원에 일본인의 축출을 요청하였지만 하야시(林權助) 공사는 일본인의 행위가 전 감리와의 계약에 의한 것이라면서 거부하였다. 내장원은 수세 실적이 부진한 장기흡

44 규19157, 「보고」(수안금광별장→내장원경), 1903.6.11; 규19143, 「훈령 1호」(내장원경→송화군수), 1903.7.14.

대신 조관윤을 수안광 파원으로 임명하였다가 다시 조관윤을 황해감리로 임명하면서 박래훈의 차인인 한형로를 수안광 파원으로 임명하여 수안광을 전관하도록 하였다. 이후 수안광 파원은 박래훈으로 바뀌고 박래훈이 황해감리로 재임명되면서 수안광은 다시 감리 관할에 속하게 되었다.[45] 수안광이 1905년 11월에 영·미·일 3국 자본에게 특허되자 광산을 관할하던 감리는 자신의 투자금에 대한 보상을 청원하였으며, 이에 외부대신이 관련 당사국에 다음과 같은 내용의 서신을 발송하였다.

> 수안광 파원 박래훈으로부터 1899년 이래 수안 홀동광에 많은 비용을 들였다고 하는 청원을 받았다. 개광이 되자 일본인이 와서 그의 광처 옆에 광산을 열고 여러 대의 수침을 설치하였지만 금할 수 없어 채굴에 방해를 받았으며, 그래서 그는 일본인에게 수침가로 일화 3.3만 엔을 지불하였다. 그는 산을 개착하고 갱도를 만들었으며 지금까지도 작업중이다. 그동안 그가 들인 비용은 한화 39,459원이다. … 그가 작업에 들인 막대한 비용을 어떻게 청산할 수 있겠는가? 그는 황해봉세관이었기 때문에 황해도 조세 중 일화로 7,120엔 이상을 광산비용으로 나용하였다. 공·사채를 변제해야 할 그의 처지가 매우 난감하다. 또 전 군수 장기흡으로부터도 청원이 있었다. 그의 청원에 따르면, 자신이 송화군수일 때 황해각광감리를 겸하였는데 수안 홀동광에 한 광처를 정하였다. 금은 매우 풍부하였지만 물이 차 있어 퍼내지 않으면 안되었기 때문에 내장원에 보고하여 작업허가를 받았다. 그 후 약 4년간의 작업으로 배수로를 트고 금광맥을 얻었다. 들어간 비용은 287,600원이며 그중 일부는 공전이고 일부는 차관이다. … 이 광산이 외국인에게 양여되면 그는 부채를 어떻게 변제할 수 있을까? 그는 자신이 입은 손해와 자본을 보상해 줄 것을 간청하였다.[46]

---

45 즉, 수안광 관할은 감리 박래훈→감리 장기흡→파원 조관윤→파원 한형로→파원 박래훈→감리 박래훈으로 계승.

46 규23398, Empire de Corée Ministère des Affaires Etrangères 서신.

박래훈은 수안광에 누계로 한전 약 52.7만 냥(일화 5.27만 엔)을 투자하였다([표 2-6]). 그중 가장 큰 투자는 일본인에게 지불한 수침가 33만 냥이었다. 수침가를 제외한 나머지 19.7만 냥의 지출은 별장과 덕대에게 지급한 광부 인건비[役價·役費] 12.1만여 냥, 제련에 필요한 수은과 철물 구입비 약 5만 냥, 내왕·운반비 1.6만여 냥 등이었다. 역비 12.1만 냥에는 무미가 2만 냥, 무금전 7천 냥이 포함되어 있었는데, 이는 감리가 광부의 식료를 조달하고 무금을 하였음을 말해 준다. 또한 역비에는 채굴을 위해 산을 뚫어 갱도를 만드는 시역비 1만 냥도 포함되어 있고 감리 자신이 군수로 있는 장연군 결전 2만 냥도 포함되었다. 그런데 수안광에 대한 투자는 박래훈에 그친 것이 아니었다. 앞의 인용문에 의하면 장기흡도 감리 재임중에 약 29만 원(일화 19.5만 엔)을 투입하였다. 상세한 내역을 알 수는 없지만 앞의 인용문이 말하고 있듯이 그 대부분이 배수와 갱도 개착을 위한 역비로 지출되었던 것 같다.

다음으로 평남북감리 조정윤의 투자에 대해 살펴보자. 그가 평남북감리로 임명될 당시에 작정액의 규모로 보아 평북 은산광은 상당히 유망한 광산이었다고 할 수 있다.[47] 다른 석금광과 마찬가지로 은산 석금광도 강수기인 6-7월에는 갱내에 물이 차 폐광하였다가 8월 한 달 동안 배수작업을 한 뒤 나머지 9개월 동안 작업하였다. 조정윤은 감리가 당연히 배수비[水役費]를 선대하고 작업이 시작되는 9월 이후에 채굴한 금으로 걷는 관례에 따라 수역비 3만여 냥을 담당하였다. 그런 중에 은산광이 영국인에

47 평남북 1년 광세가 총 2천 냥쭝인데 그중 은산광 광세가 월 56냥쭝으로 1년에 670여 냥쭝이었다.

표 2-6 황해감리 박래훈의 수안 홀동석금광 투자 (단위: 냥)

내역	금액	일자	내역	금액	일자
始役次 이성천 給	10,000	1900.5.16	김홍국 내왕비	200	1900.5.23
곡산무금전 최병헌	7,000	1900.9.5	최순조 持去	400	1900.9.15
役價 이응필 持去	8,000	1901.2.10	내왕가마 雇價	500	1900.10.12
역가 김치도 지거	8,000	1902.4.5	박완준 내왕비	270	1900.12.6
역가 이상협 지거	4,000	1903.4.17	최순조 내왕비	360	1902.8.14
장연結錢 役費 送	20,000	1903.9.17	말 7필 고가	1,050	1903.7.28
역비 무미가 급	20,000	1903.10.15	가마 고가 노자	500	1903.7.28
역가 조병률 급	500	1903.11.11	말 4필 고가	400	1903.9.17
역가 오태운 領去	15,300	1903.12.2	領去人 노자	150	1903.9.17
역가 栗味 이군삼	10,095	1904.3.16	말 4필 고가	400	1903.10.15
역가 곡산 천용보	14,000	1904.5.12	領去校卒 노자	300	1903.10.15
역가 이태경 급	4,560	1905.2.11	말 3필 고가	300	1903.11.11
(인건비 소계)	121,455		駄去	9,000	1904.7.25
鐵物 최병헌 급	6,000	1900.10.19	말 8필價	1,600	1904.7.25
수은 1통價	1,300	1903.7.28	下去가마 고가 노자	500	1904.7.25
鐵物 및 水藥價	13,000	1903.7.28	上來가마 고가 노자	300	1904.9.21
水藥 조병황 급	15,000	1903.11.11	(내왕·운반비 소계)	16,230	
水藥 7천封 및 三物價	12,000	1904.7.25	親持去	10,000	1903.7.28
수은 2통價	2,300	1904.7.25	일본인 기계가	330,000	1903.7.22
(재료비 소계)	49,600		(합계)	527,285	

자료: 규18001, 「청원서」(박래훈→참정대신) 첨부문서 「수안군홀동석광役費錢送記」, 1906.7.

게 특허되자 그는 광부들에게 분급한 광표를 회수하여 내장원에 반납하면서 작정액을 필납하였다. 그 후 그는 당시 대납한 미봉 230여 냥쭝을 덕대들에게 독납하였으나 덕대들은 영국인이 정부에 낸 광지단가(礦地段價) 30만 원에 자신들이 내야 할 세금 및 역비도 포함되었다고 하며 거납하였다. 230여 냥쭁은 대부분 감리가 대납한 세금 및 무금 명목으로 지출한 역비였고 그 외에 원혈세(元穴稅), 배수비[水蕩金] 등을 포함한 것이었다. 평남 순안사금광에서도 감리 조정윤은 추후에 광부로부터 회수하기로 하고 세금 대납은 물론이고 1904년 가을-1905년 봄에 전토가로 48,600냥을 지출하였다. 또한 그는 순안광 광부들에게 매년 역비를 지급하였는데, 순안광의 유력한 덕대는 "감리로부터 연례 예수(豫受)가 항상 있는 바"라고 하였으며 조정윤 스스로도 연례적으로 자신이 선납한 세금과 덕대들에게 준 권채본전(勸採本錢)과 무금전 중에 회수하지 못한 것이 총 100냥쭁이라고 진술하였다. 그리고 1906년부터 평북만을 관리하게 된 그는 "각처의 금맥이 있는 곳에는 광산 이력자를 파송하고 역비로 수만 냥을 들여 신혈을 권채하였다."[48]

이들 외에도 황해감리 조관윤은 백천광에 2만 냥을 보내고 추가로 1.4만 냥을 지출하였다. 평남위원 조태윤은 자산 자모산석광에 18만여 냥을 투자하였으며, 이 중 약 15만 냥을 임명된 첫 해에 투자하였다. 또한 선천광 파원 장승기는 1905년 10월에 선천광을 허가받아 큰 돈을 들여 개채사무를 하였는데 개광 이후 들어간 돈이 수만금이나 된다고 하였으며, 평남감리 조동원은 순안광 허가를 청원하면서 스스로 출자하여 개광할 것이라고 하였으며, 자성광 파원 김창구도 스스로 자본을 마련하여 금을 채취

---

48 규19160, 「청취서」(조정윤), 1905.9.18; 규19143, 「훈령」(내장원경→평남관찰사), 1906.6.21; 규21935, 「청취서」(韓文鎬), 1907.5.1; 규19160, 「보고서 제63호」(조정윤), 1906.9.4; 규19160, 「보고서 제46호 부본」(조정윤), 1906.7.16.

하겠으니 인허해 줄 것을 청원하였다. 황해, 평안도뿐 아니라 청주광 파원 임한오와 공주광 파원 김수한도 자본을 마련하여 개채하는 일에 투입하였다.[49]

이상에서 살펴본 것처럼 징세인은 세금의 대납은 물론 배수비나 전토가 등 개광비, 그리고 광부들의 역비를 지출하였다. 그리고 조정윤의 예에서 알 수 있듯이 징세인의 투자는 어디까지나 관례적인 것이었다. 또한 징세인은 자신이 직접 또는 광산 업무에 밝은 차인을 통하여 투자하였으며 차인을 파원이나 세감으로 임명하기도 하였다. 광산에는 징세인 외에 광민의 자금도 투입되었지만 징세인의 투자에 훨씬 미치지 못하였다.[50] 물론 투자금의 대부분은 광부들의 생활비였지만 어쨌든 징세인의 투자가 없으면 광산개발은 처음부터 불가능한 것이었다.

그러면 징세인은 투자금을 어떻게 마련하였는가? 중요한 재원의 하나는 공전(公錢)이었다. 앞에서 인용한 서신에 의하면, 박래훈과 장기흡의 투자금에는 공전과 사전이 섞여 있었다. 장기흡은 수안광에 대한 투자금을 탁지부 공전과 일본인으로부터의 차관, 그리고 기타 사채로 마련한 것이라고 하였는데, 탁지부 공전에는 자신이 송화군수로 재임하면서 나용한

49 규21936, 「보고 제1호」(조관윤), 1904.3.17; 「보고서 제3호」(임한오), 1906.음2.25; 「보고 제9호」(김수한), 1906.4.23; 규19159, 「청원서」(조태윤), 1905.5.29; 「지령」(金昶九), 1905.12.29; 「청원서」(조동원), 1906.2; 「청원서」(張承基), 1907.3; 규19160, 「보고 제2호」(장승기), 1906.6.

50 광산이 외국인에게 특허되자 광민들은 자신의 투자액에 대한 보상을 요구하였는데, 광민들이 주장하는 투자액 규모는 운산광에서 8.8만 냥이고 은산광에서 5.2만여 냥이며 수안광에서 14.8만 냥이었다. 이는 지금까지 살펴본 감리의 투자액보다 훨씬 적고 1인당 투자액으로는 더욱 그러하다(규18001, 「訴狀」(玄俊赫 등), 1897.12; 「訴狀」(鄭吉彦 등), 1900.6; 규17848-6, 「청원서」(吳兌憲 · 金履度→총리대신), 1907.2.3).

송화군의 공전 15만 냥 등이 포함된 것으로 생각된다.[51] 박래훈의 수안광 투자금에는 자변한 물력도 많지만 내장원 공전 중에서 획용(劃用)받은 것이 거액이라 하였다.[52] 앞의 인용문에 의하면 그는 황해도 봉세금 7만여 냥을 나용하였는데 그 속에는 자신이 군수로 있던 장연군 결전 2만 냥이 포함되어 있었다. 또한 외부대신이 은산광 보상 청원과 관련하여 조정윤의 투자금을 '궁내부의 채광비'[53]라고 한 것은 감리의 투자금 중에 내장원 공전이 포함되어 있음을 의미한다.

이러한 공전의 사용은 이미 전부터 있어 온 관행이었다. 공전은 징세인의 중요한 투자재원의 하나였는데, 이는 모든 광산이 국가의 소유라는 원칙과 관련 있다. 공전에는 내장원뿐 아니라 탁지부의 공전도 포함되어 있었다.[54] 앞에서 언급한 대로 이용익은 단천·영흥광을 개채하면서 1885년에 함북 감영으로부터 1.4만 냥을, 1887년에는 원산항감리서로부터 세은 8,000여 원을 획급받았다. 징세인이 지방 수령이나 봉세관을 겸임하면 보다 쉽게 공전을 사용할 수 있었다. 평남북감리 조정윤은 감리로서 태천군수를 겸임하였으며 평남북 각군 해세, 안주의 역둔도조, 영유·평양·숙천의 출포곡에 대한 강세(江稅)의 봉세 업무를 관장하였다. 해서감리 박래훈은 황해도 봉세관이자 장연군수였으며 장기흡은 송화군수였고 그의 뒤를 이어 감리가 된 조관윤도 송화군수이면서 황해도의 봉세 사무를 맡았는데, 장연과 송화는 황해도 내에서도 서해에 연하여 있는 곡창지

---

51 규19158, 「청원서」(장기흡→내장원경), 1904.9; 규18001, 「청원서」(장기흡), 1906.3.
52 규19143, 「조회」(경리원경→외부대신), 1905.11.2.
53 『영안』 2, 「殷礦件妥協案提起事」(외부대신→英辦事公使), 1900.3.13.
54 수안광에 탁지부 공전 3,700냥이 획급되었다(규19157, 「보고」(해주군수→내장원경), 1904.10.15).

였다.[55]

또 하나의 중요한 재원은 무금전(貿金錢)이었다. 당시 조세 상납을 위해 무금하는 일은 지방 관아에서 광범하게 이루어지고 있었다. 그것은 동전을 수송하기보다 금을 서울에 갖고 와서 다시 동전으로 교환하여 상납하는 것이 편리하였기 때문이었다.[56] 조세 상납을 위한 지방 관아의 무금전이 감리의 손을 통해 광부들에게 지급되기도 하였다. 감리 박래훈의 투자내역 중에 광부에게 역비로 지출된 12.1만 냥에 곡산 무금전 7,000냥이 포함되어 있는 것이 그 예라고 할 수 있다. 감리가 중요한 재원으로 이용할 수 있었던 것은 내장원의 무금전이었다. 내장원의 무금은 지방 관아의 무금과는 성격이 다른 일종의 강제 매입이었다. 내장원은 각 도 감리 및 위원에게 무금 일정량을 수취하여 신속히 상납할 것을 명령하였다.[57] 내장원은 무금을 위해 공전을 사용하도록 하였으며 필요한 경우 직접 무금전을 획급하였다. 박래훈이 무금을 위해 안악군 결호전 7.5만 냥을 추래(推來)한 것과 내장원이 1904년 8월에 순안광에 200냥쭝의 별무가(別貿價)로 8.3만 냥을 지출한 것[58]이 각각의 예라고 할 수 있다.

---

55 규19143, 「훈령 7호」(내장원경→평북관찰사), 1903.4.21; 「훈령 3호」(내장원경→평남관찰사), 1903.4.21; 「훈령 3호」(내장원경→평남북감리), 1903.4.21; 「훈령 1호」(내장원경→영유군수·평양부윤·숙천군수), 1903.4.29; 「훈령 14호」(내장원경→황해관찰사·송화군수), 1903.9.28.

56 가령 황해 백천군수는 상납전을 환금하여 서울에서 작전상납하는 관례에 따라 상납전 700냥을 환금하기 위해 상인의 손을 통해 덕대에게 출급하였다(규19157, 「보고」(兪起濬), 1903.7.25).

57 규19143, 「훈령 1호」(내장원경서리→함북각광감리·경북각광감리·장진군수·직산금광감리·평남북각광감리·황해각광감리·금구금광위원·안성군수), 1904.2.26.

58 규19143, 「훈령 22호」(내장원경→황해관찰사), 1900.10.8; 규19309, 「光武八年八月上下」.

2) 징세인의 성격과 수입

(1) 권리의 성격

이처럼 징세인은 단순히 징세인에 불과하였던 것이 아니라 적극적으로 광산개발에 필요한 자금을 투자하였다. 공전과 관의 무금전이 사용되었다는 것은 그들이 공적인 성격을 갖고 있음을 말해 주지만, 그 결과는 전적으로 징세인 개인의 몫이었다. 장기흡은 송화군수 재임시 나용한 공전을 마감하지 못한 일로 구감되었으며, 수안광이 외국인에게 양여될 것을 안 박래훈은 공전이나 다름없는 자신의 투자금을 회수하지 못하면 자신이 어떤 지경에 빠질지 모르니 보상받을 수 있도록 외부대신에게 조회해 줄 것을 내장원에 요청하였으며, 감리직 해임을 요청하는 해서감리 유지혁에게 내장원은 "임의로 세금을 나용하였으니 정해진 바에 따라 세금을 준납하라"고 명하였다.[59] 징세인의 광산 투자에는 공전뿐 아니라 사적으로 마련한 자금도 포함되어 있었다. 장기흡은 자신의 투자금 중에 일본인으로부터 빌린 외채와 사채도 있다고 하고, 박래훈도 자변한 물력이 적지 않다고 하였다. 말하자면, 광산에 대한 소유권은 왕에게 있었지만 광산은 어디까지는 징세인의 사적 경영에 맡겨져 있었다. 이러한 이유로 그들은 광산에 대한 자신의 권리를 주장하였다.

징세인이 주장하는 권리의 성격에 대해 살펴보자. 다음에 인용한 일본 영사관 보고와 『한국광업조사보고』는 별장이라고 표현하였지만 사실

---

59 규19158, 「청원서」(장봉익→내장원경), 1904.5; 규19157, 「보고」(박래훈→경리원경), 1905.10.29; 규19143, 「조회」(경리원경→외부대신), 1905.11.2; 규19157, 「보고서」(유지혁), 1905.1.13; 「지령」, 1905.2.10.

징세인의 권리에 대한 설명으로 이해하는 것이 타당하다. 보고자는 징세인의 권리를 일정 구역에 대한 채굴허가권 또는 채굴권으로 인식하였다. 징세인들은 경성, 즉 내장원에 상납금을 내거나 내기로 약정하고 권리를 획득하며, 그것은 광부들에게 채굴을 허가할 뿐 아니라 광부가 납부할 세액의 크기를 결정할 수 있는 권리였다. 또한 그것은 징세인이 왕유권자로부터 부여받은 일정 구역에 대한 채굴권이며 징세인은 그런 의미에서 광주로 인식되었다.

> 별장이라는 사금 채굴 허가권을 가진 관리가 있어 광부를 감독하고 채굴량에 따라 매입하며 … 채광자는 별장의 허가를 받지 않으면 사업에 착수할 수 없다. 별장은 경성에 상납금을 내고 채굴권을 취득하며 갱부는 채굴의 3분(分)을 광주인 별장에게 납부하고 나머지를 시장에 낸다. 광주는 당초 납입금 외에 매년 얼마간의 세를 상납할 것을 약속한다.
> 감독 사무든 징세든 모두 관리의 의사에 따라 좌우되며 … 각 광산지에 감리가 파견한 별장이 주재하고 … 별장 아래 세감이 주로 징세 사무를 담당 … 이들 관리는 무릇 반관반민적 성격을 띠며 감리 이하 세감에 이르기까지 각자 맡은 구역에 대해 내장원에 매년 얼마의 세금을 납부하기로 약정하며 … 광세를 징수하여 내장원에 납부할 금액을 제한 잔액을 각자의 소득으로 한다.[60]

징세인이 가진 권리를 좀 더 구체적으로 설명해 주는 것은 광산 관리 원칙을 명시한 장정이다. 내장원은 심기택 등의 청원을 받아 그들을 수안광 파원으로 임명하면서 수안광이 감리의 작정액에 포함되어 있었기 때문에 상납 규정과 수세 절차를 감리와 협의해서 정할 것을 훈령하였다.[61] 다

60 『통상휘찬』 17호, 원산, 1895.4.9; 『통상휘찬』 66호, 원산, 1897.4.21; 「함남북편」: 26.
61 규19143, 『훈령 1호』(내장원경→沈祺澤 등), 1903.9.7.

음은 심기택 등의 수안광채굴청원서에 첨부된 수안금광장정이다.

제1조 … 일본인 기계 수입비를 … 징급퇴송(徵給退送)하고 30년간 투자완업(抗業)하되 위원을 파송하여 개광 사무를 전관할 것.
제2조 세금은 수십 개에서 광형의 성쇠에 따라 500개 한도로 하고 매년 3, 9월 춘추 분납할 것.
제3조 개광시 인민의 가사와 전답을 범한 경우에는 해당 대가를 위원이 징급하고 … 분묘는 범하지 말 것.
제4조 위원을 부득이 개차할 때는 사무 사승인(嗣承人)이 가감인(可堪人)을 감리에게 천거, 본원에 알려 임명받도록 할 것.
제5조 … 만약 세금을 건납(愆納)하거나 장정을 위반하는 폐단이 있으면 위원을 즉각 퇴송 … 할 것.
제6조 역부의 … 제반 폐단을 위원이 특별히 조칙(操飭) … 할 것.
제7조 외국인에게 광지를 매도하지 못하며 채굴권은 합자인만 서업(誓業)할 것.
제8조 장정 … 1매는 본원에 두고 1매는 합자인이 가지고 1매는 광소에 두고 빙신(憑信)으로 삼을 것.
제9조 위 조항을 부득이 개정할 경우는 감리와 위원이 협의 후 본원에 보고하여 타판(妥辦)할 것.[62]

장정은 광산마다 있지 않고 감리소에 있는 장정에 준하도록 하는 경우도 있었다. 장정이 청원서에 첨부되어 있다는 사실과 장정 개정시 감리와 협의한 후 내장원의 인가를 받도록 한 마지막 조항 등은 장정이 내장원의 인가를 받은 것임을 시사한다. 따라서 장정은 청원인, 감리, 내장원이 징세인의 권리를 어떻게 인식하고 있었는가를 보여 준다고 할 수 있다. 전답

62 규18971, 「황해도수안군금광장정」, 1903.8.

과 가사, 분묘를 훼손하지 않도록 한 것과 징세인이 광부를 관리할 권한을 갖는다고 한 것은 장정이 「사금개채조례」에서 크게 벗어나지 않음을 말해준다. 그런데 주목할 만한 것은 허가기간을 30년으로 하고 징세인의 권리를 채굴권으로 표현하고 있는 점이다. 특히 광지를 외국인에게 매도하지 못하도록 한 것은 달리 해석하면 채굴권이 일종의 권리로 성립하고 있음을 의미한다. 그렇기 때문에 장정은 전답을 비롯한 가옥에 대한 보상 책임이 징세인에게 있음을 명시하였다.[63] 물론 이 채굴권은 광산왕유제하에서 일종의 차구권(借區權)과 같은 것이었다. 그러한 권리 위에서 징세인은 광산에 투자하였으며 투자에 대한 일정한 대가를 수취하였음이 직산광 파원이었던 이두초의 다음과 같은 말에서 잘 드러난다.

> 1900년 이래 물이 차서 폐기된 석혈 수십 처에 출력시재(出力施財)로 5-6개월 작업하여 철수(撤水)하매 각 혈주가 채금하고 있지만 혈주들이 재본근고(財本勤苦)의 은덕을 생각치 않고 (본인이) 파원에서 경질되자 날로 먹을 꾀를 내니 … 본래 광규는 시재철수(施財撤水)가 4분철(分鐵)인 것은 전래의 예.[64]

파원의 투자에 대한 대가가 생산의 1/4이며 그것이 과거부터 내려온 광규라고 하였다. 후일 식민지기에 덕대가 광주에게 내는 차구료를 지칭하는 분철이라는 용어가 사용되고 있음은 징세인이 사실상 후일의 광업권자에 비견할 만한 존재였음을 의미한다. 그리고 후일 통감부의 요청으

63 조례는 가사의 이주나 분묘의 이장에 대한 대가를 덕대가 지불해야 한다고 규정하였지만 전답에 관해서는 아무런 언급을 하지 않았다. 징세인이 전토가를 지불하였음은 앞의 조정윤의 예도 있지만 충남북감리가 공주광 파원에게 전토가를 지급한 후에 시역하라 한 것에서도 확인할 수 있다(규19149, 「보고 제1호」(충남북감리→경리원경), 1905.6.5).

64 규19149, 「보고」(李斗初→내장원경), 1901.4.2.

로 경리원이 광업허가자 명단을 제출할 때 감리와 파원의 명단을 제출하였으며,[65] 후술하는 「한국광업법」 제28조에 전 권리자에게 우선권을 부여한 바에 따라 징세인 중 다수가 광업권자로 등장하고 있다는 점도 징세인이 사실상 어떤 존재였던가를 잘 보여 주는 것이다. 수안광을 외국인에게 특허하는 과정에서 장기흡과 박래훈은 보상을 청원하면서 수안광을 자신의 광산이라 하였으며, 보상조사위원 윤기익은 장기흡을 'a big mine owner and director'로 호칭하였다.[66] 또한 조정윤은 은산광이 영국에게 양여된 후에 보상이 여의치 않자 은산광을 자신의 소유라고 주장하면서 광부를 모아 사금을 채취하였다.[67]

그러나 이러한 징세인의 권리는 두 가지 점에서 사실상 매우 불완전하였다. 첫째는 권리의 불명확성이다. 징세인의 권리를 일종의 차구권으로 볼 수 있을지라도 그것은 징세와 상납이라는 공적 임무를 전제로 해서 성립되는 권리였다. 즉, 징세인은 완전한 사인이 아니며 왕유권자로부터 수세의 임무를 부여받은 공적 존재였던 것이다. 그 때문에 징세인의 광산 투자가 공전에 크게 의존할 수 있었던 것이지만 또 그만큼 그들의 권리는 공사 간에 불명확할 수밖에 없었다. 이 점은 외국인에게 해당 광산이 특허된 후 징세인들이 요청한 보상 청원과 관련하여 정부가 보인 모순된 태도에서 잘 드러나고 있었다. 수안광과 관련하여 외부대신은 영국 공사에게 조선인이 광산개발에 들인 비용을 보상해 줄 것을 요청하면서 장기흡과 박래훈의 석광 확장비를 포함시켰으며, 박래훈도 광산을 외국인에게 인허한

65 규22053, 「經理院礦産認可一覽表」.
66 규17821, 「보고」(尹基益→참정대신), 1907.3.7.
67 『영안』 2, 「殷礦紛擾問題妥辦官員의特派要請事」(英辦事公使→외부대신), 1900.4.7.

다면 자신이 들인 비용을 징출해 줄 것을 경리원경에게 요청하였다. 반면 수안광 보상조사원에게 내린 정부의 지침은 징세인의 투자가 보상 대상이 아니며 광산이 양수인에게 이양되면서 파원에 불과한 그들의 공식적 역할이 중지되었다는 것이었다. 마찬가지로 앞서 언급하였듯이 은산광에 대한 조정윤의 보상청원과 관련해서 외부대신은 감리 조정윤의 지출을 궁내부의 채광비라 하면서 따로 보상할 필요가 없다고 하였다.[68]

둘째는 권리의 불안정성이다. 징세인은 반관반민적 존재이며 그들의 권리도 그러하였다. 그럼에도 불구하고 그들이 징세인으로서의 직위를 유지할 수만 있다면 사적 성격의 권리도 위협받지 않을 수 있었다. 그러나 그들은 광세 징수를 위해 임명된 자들이었기 때문에 광세 징수 부진에 따라 해임될 수도 있었고 따라서 직위의 영속성은 보장되지 않았다. 자연히 재임 중에 많은 투자를 한 징세인은 해임된 후에도 계속 광산에 대한 권리를 주장하는 일이 발생하였다. 장기흡의 진술에 의하면, 그가 거액의 자금을 투자하여 겨우 금맥을 찾은 것은 1904년 봄이었는데 그때는 이미 감리직에서 해임된 후였고 박래훈의 차인인 한형로가 수안광 파원으로 있었다. 그러나 장기흡은 광산에 대한 소유권을 주장하면서 자신의 차인을 보내 광산을 관리하려 하였으며, 차인들 간에 채굴 광석의 탈취와 광혈 점거, 그리고 그에 맞선 고소와 체포 등의 분쟁이 일어났다. 그러나 장기흡의 권리 주장에 대한 내장원의 답변은 "재차 번거롭게 하면 엄징하겠다"는

68 『영안』 2, 「수안금광 英日美합자회사 개광청원의 준허 및 조건제시」(외부대신→英辦理公使), 1905.3.28; 「수안금광 한인개발비 賠補額의 합동조사요청사」(외부대신→英辦理公使), 1905.10.28; 규23398, Empire de Corée Ministère des Affaires Etrangères 서한; 규19157, 「보고」(박래훈→경리원경), 1905.5.11; 규23394, 「Instructions to Messers Griffths and Yun」.

것이었다.[69] 즉, 모든 광산이 왕유인 한 징세인에 불과한 그의 권리는 전혀 보호될 수 없었던 것이다. 앞서 언급한 직산광 파원 이두초의 예는 광부와의 관계에서도 해임된 징세인의 권리가 보장될 수 없었음을 보여 준다.

(2) 징세인의 수입

권리 자체가 이처럼 불안정하고 불명확한 상황에서 적지 않은 자금을 투입한 징세인은 자신의 투자에 대한 대가를 다양한 방식으로 수취하였다. 「사금개채조례」는 수세액의 1/30과 1/20을 각각 영파원 및 세감의 소득으로 할 것을 규정하였지만, 규정이 그대로 지켜진 것으로는 보이지 않으며 오히려 감리 조정윤은 감리직이 "본래 월급[月銀之捧給]이 없다"[70]고 하였다. 이는 곧 법적으로 규정된 수입이 아닌 다른 수입이 있었음을 암시하는데, 그것은 결국 왕유권자로부터 부여된 공적 기능, 즉 수세 과정에서의 불법적이거나 부정적인 방법을 통해 이루어지고 있었다.

첫째는 세액의 조작과 가군(加軍)이었다. 광세는 감리에 의해 임의로 결정되었기 때문에 일정하지 않아 생산이 많을 때는 월 8푼쭝 이상이었고, 만일 광부가 광세 부담을 이기지 못하여 퇴산하면 다시 경감되는 것이 보통이었다.[71] 순안광 덕대 김호인 등은 감리 조정윤이 괘군(掛軍)을 허위로 하고 상납금을 횡령하였을 뿐 아니라 가군늑징하고 무금시에 공정한

---

69 규19157, 「보고」(수안금광파원 한형로→내장원경), 1904.5; 규19157, 「보고」(박래훈), 1904.8.25; 규19158, 「청원서」(장기흡→내장원경), 1904.9; 「청원서」(전 파원 한형로→내장원경), 1904.8; 규19143, 「훈령 1호」(내장원경임시서리→수안군수), 1904.5.19; 규19158, 「청원서」(장기흡→내장원경) 및 「지령」, 1904.9.

70 규19160, 「보고서 제63호」(조정윤), 1906.9.4.

71 「개설편」, 18; 「전라경상편」, 99. 광세는 광부가 겨우 퇴산하지 않을 정도의 수준에서 결정되었다.

저울을 사용하지 않고 토가혈세 등 잡세를 징수하였다는 소장을 제출하였으며,[72] 이에 내장원은 박래훈에게 조사를 명하였다. [표 2-7]은 박래훈이 조정윤의 징수 내역을 조사한 결과와 고소인의 주장을 정리한 것이다. 박래훈은 조정윤과 밀접한 관계에 있던 자였으므로 조사 결과가 실제 징수액을 과소평가하였을 것으로 생각되지만, 어쨌든 조사에 의하면 조정윤은 매망에 6푼쭝의 세금을 징수하였다. 그러나 조정윤이 내장원에 보고한 「세금도록」에는 감리칭여를 합하여 매망 5.5푼쭝을 징수한 것으로 되어 있었다. 그뿐만 아니라 그는 「세금도록」에 기록한 수보다 훨씬 많은 광부로부터 징세하였다. 「세금도록」에 광부 수는 7월 후망에 1,645명, 12월 선망에 1,853명이었지만,[73] 조사에서는 각각 2,267.5명과 2,046.5명이었다. 장부보다 광부 수를 늘려잡는 것을 가군이라 하는데 조정윤은 권력을 이용하여 강제로 가군늑봉하였던 것이다.[74] 즉, 감리가 내장원에 보고한 장부의 세율 및 광부 수는 실제와 큰 차이가 있었던 것이다. 감리가 거둔 6개월 간의 광세액이 1.2만 냥쭝이라는 고소인의 주장이 맞다면 세율 조작과 가군에 의한 감리의 모리 행위는 더욱 엄청나다.[75]

---

72 규19159, 「訴狀」(金鎬仁 등), 1905.7; 규21027, 「順安郡石巖礦査報案」, 1905.8.4.

73 규21936, 「甲辰年十二朔各鑛稅金都錄」.

74 김호인 등의 고소가 있었을 때 감리를 옹호하였던 덕대 韓文鎬 등이 후에 진술한 바에 의하면, 조정윤은 1903, 1904년에 채금이 많자 수년 전의 미납세금을 필납케 하였을 뿐 아니라 또 강제로 2,000여 명을 가군하고 영변관찰사서리의 직위를 이용하여 그들을 체포하여 금 617.9냥쭝과 전 4.5만여 냥을 늑봉하였다(규21935, 「보고서 제1호」(警務事→궁내부대신), 1907.5.1).

75 『한국광업조사보고』도 다음과 같이 서술하였다. "위원이 부정불의하거나 과다한 세금을 부과하고 양목을 속여 세금을 탈취하는 등은 이루 말할 수 없다. 세금은 광부 1명에 대해 월 7푼쭝이지만 … 같은 구역 내에서도 차이가 있고 또 곳에 따라 세금 외에 위원 파출 경비로 다소의 세가 부가되며 그것을 정하는 권한은 위원에게 있다. 세금이 매우 가혹한데다 위원이 부정불의하여 광산의 발전을 저해함이 심하며 징세 방법과 감독도 마

표 2-7 평남북감리의 순안광 광세 및 가렴 수취(1904년 6월-1905년 3월) (단위: 냥쭝, 냥)

감리 모리 행위 고소사건 조사자의 보고			고소인의 주장
광세총액	금 3,490.74	6월後-3월先 58,179명×6푼쭝	6월後-2월後에 1.2만여 냥쭝 징수
상납액	3,060.047	미봉과 위원 應料를 제외한 것	3,157.8냥쭝 상납
泰川册室 지필가	금 12.0	9월先 덕대 614명×2푼쭝	8월先 점군 8,000명×5리쭝
官房수리비	3.78	6월後 덕대 63명×6푼쭝	7월先 덕대 500명×6푼쭝
賊警事收斂*	7.3	12월先 광군 2,046.5명×5리쭝	12월先 원군 3,000명×5리쭝
本郡地稅斂捧*	10.5	7월後 광군 2,267.5명×5리쭝	
토가혈세	135.39	8월先-12월後 1,826혈×1전쭝	7월先-12월後 12망×800혈×14푼쭝
혈세칭여	11	칭여 22냥쭝 중 감리상납분	
소계**	44.58		
광비	錢 3,440	덕대 172명×20냥	덕대 600명×20냥
막세	14,819	1904년 8월-1905년 5월	
雜技收贖***	1,480.4		
酒贖***	8,850.6	1904년 6월後-1905년 6월	
순안 철로역비	3,312	8월後 184혈×18냥	
숙천 철로역비	13,020	9월先 덕대 217명×60냥	
혈세	57,691	토가혈세 135.39냥쭝 대전가	
혈세	7,850	2월後-5월後 475혈×50냥	
포사세	9,773	6-11월	
소계	62,545		

주: 1) 先은 선망(매월 13일까지), 後는 후망(매월 26일까지)을 말함.
2) 일부 항목의 징수액은 미봉을 뺀 실수입.
3) * 각각 일본군과 군수의 왕래를 무마하기 위한 비용.
4) ** 화폐로 환산한 토가혈세를 제외한 소계.
5) *** 각각 노름과 음주에 대한 벌금.

자료: 규21027, 「順安郡石岩鑛査報案」, 1905.8.4.

표 2-8 평남북감리의 무금(1903년조) (단위: 냥쭝, 냥)

	금액	비고
排金 (a)	57,700	225냥쭝의 무금을 위해 평남북 12개 광산에 살포한 본전
미봉 (b)	12,075	미수 금량 47냥쭝에 해당하는 본전
實捧 (c=a-b)	45,625	실봉 금량 178냥쭝에 해당하는 본전
實利 (d)	26,700	실봉 금량×금 1냥쭝당 150냥(시세와 무금단가의 차이)
도난 (e)	2,400	수송시 도적에 의해 탈취된 본전
실이익 (f=d-b-e)	12,225	

자료: 규21936, 「癸卯年平安南北道各礦貿金都錄」.

둘째는 감가무금(減價貿金)을 통한 수입이다. 무금은 내장원의 명령에 의한 것이기도 하였지만 징세인이 이익을 추구하는 방식의 하나이기도 하였다. 1904년 8월에 내장원에서 순안광의 별무가 8.3만 냥을 지출한 것은 앞에서 언급하였지만, [표 2-8]에서처럼 감리 조정윤은 이미 1903년도에 평남북 각군에 약 5.8만 냥의 무금전을 살포하여 금 178냥쭝을 회수하고 47냥쭝을 미수한 상태였다. 따라서 그는 내장원의 별무가 8.3만 냥에 대해 178냥쭝에 해당하는 4.6만 냥을 무금본전으로 사용하고 잔액이 3.7만 냥인 것으로 장부에 기록하였다.[76] 이처럼 감리가 이미 1903년에 평남북 각광으로부터 무금을 하여 1904년에 내려진 순안광에 대한 내장원의 무금 명령에 응하고 있다는 것은 상당한 무금 행위가 자율적으로 이루어지고 있었음을 의미한다.

땅치 않아 탈세가 많고 순안광은 1/3이 탈세되었던 것으로 보인다"(「황해편」: 14-15).

76 규21936, 「平安南北道各礦貿金都錄 癸卯十二月」.

무금에 있어 중요한 것은 무금단가이다. 내장원의 별무가는 토금 100냥쭝이 4.3만 냥이고 편금(片金) 100냥쭝이 4만 냥이었으며, 이는 당시의 시세를 어느 정도 반영한 것이라고 할 수 있다. 그러나 감리는 1903년에 1냥쭝당 200-300냥의 단가로 57,700냥을 살포하였으며, 시세와 무금단가의 차이로 1냥쭝당 150냥의 이익이 있어 무금 실리(實利)는 26,700냥이었다. 따라서 미봉과 도난을 감안해도 실이익이 12,225냥으로, 본전에 대한 수익률은 21%였다. 1904년에도 감리는 1냥쭝당 300냥으로 770냥쭝을 무금하였다.[77] 당시 시세를 알 수는 없지만, 조사보고서에 금 1냥쭝을 전 450냥으로 계산한 예가 있고 조사자가 토가혈세를 전으로 환산할 때 1냥쭝을 426냥으로 계산하였다([표 2-7]). 이를 시세로 본다면 감리의 무금단가와 시세 간에는 150냥 정도의 차이가 있었다. 고소인들의 주장과 달리, 조사자는 감리가 임의로 감가무금한 것이 아니라 광민들 간의 시세로 무금한 것이라고 하였지만, 그렇다면 덕대가 감리의 무금단가를 문제삼을 이유가 없기 때문에 그 말을 믿기 어렵다. 다만 무금전이 광부에게 역비로 선대되었기 때문에 선대이자가 감리의 무금단가와 시세의 차이에 포함되었을 수 있지만, 어쨌든 감가무금으로 징세인은 상당한 이익을 누렸음이 분명하다.

셋째는 칭여라는 것이었다. 평남북감리의 「세금도록」 및 「세금성책」에는 광세 외에 감리칭여라는 것이 포함되어 있으며 칭여의 대부분은 순안

77 규21027, 「順安郡石巖礦査報案」, 1905.8.4. 조정윤은 1901년에 240냥의 단가로 무금전을 분급하고 선봉한 50냥쭝을 상납한 적이 있고 1902년에도 무금 20냥쭝을 봉상하면서 가액이 5,600냥이라고 하였는데 이 역시 매우 헐한 단가였다(규19160, 「보고」(조정윤→내장원경임시서리), 1901.10.27; 규19143, 「훈령 1호」(내장원경→영유군수), 1902.3.21).

광에서 생긴 것이었다. 순안광의 칭여는 광부마다 매망 1푼쭝을 징수하여 광세의 증징과 다름없었다. 감리 조정윤은 칭여를 광세와 함께 내장원에 상납하면서 감리직이 '본래 봉급이 없으며 의지하고 있는 칭리도 병납'(本無月銀之捧給 并納所賴之秤利)한다고 하였다. 즉, 칭여는 봉급이 없는 징세인의 중요한 수입이었다.[78] 그런데 원래 칭여는 부정한 저울을 사용하거나 저울질을 교묘하게 해서 남기는 것을 의미한다. 「사금개채조례」는 저울 사용에 있어 부정을 막기 위해 징세인으로 하여금 농상공부가 정한 저울을 사용하도록 규정하였지만, 징세인이 사용하는 저울은 민간저울보다 무거워 전자로 7푼쭝은 후자로 1전쭝에 해당하였다.[79] 조정윤은 순안광에서 1904년에 770냥쭝을 무금하면서 200냥쭝을 민간저울[私秤]로 달고 570냥쭝을 감리저울[官秤]로 달았는데 후자의 1냥쭝은 전자의 1냥쭝을 넘었다.

넷째, [표 2-7]에서 볼 수 있듯이 감리는 각종 명목의 잡세를 징수하였다. 이 중 일부는 갖가지 명목으로 지출되었지만 특히 잡세 항목 중 가장 큰 혈세나 막세는 감리의 수중으로 들어갔다. 감리가 순안광의 전토가를 지불하였음은 앞에서 언급한 바이지만 감리는 전토가를 혈세라는 명목으로 징수하였던 것이다. 감리가 지출한 전토가는 48,600냥이었으므로, 감리가 거두어들인 혈세는 조사자의 보고를 신뢰하더라도 그보다 17,000여 냥이 많았다. 만일 고소인의 주장대로라면, 토가혈세는 무려 1,344냥쭝(시세로 전 57만여 냥)이며, 이 중 135냥쭝만 감리가 선출급한 전토가로 지불되고 나머지는 모두 감리의 수중에 들어갔다. 물론 혈세를 거둘 때에도

---

78 규19160, 「보고서 제63호」(조정윤), 1906.9.4. 감리뿐 아니라 세감도 "본래 월급이 없으며 생기는 것은 칭리뿐"이라고 하였다(규19159, 「청원서」(임병주 등), 1905.8).

79 「함남북편」: 34.

혈세칭여를 취하여 그중 반을 세감의 몫으로 하고 나머지 반(11냥쭝)을 감리가 차지하였다.

> 산액이 풍부한 가행지일 때는 감리, 파원은 아래의 덕대에 대해 별납세 또는 감가무금을 명령하며 혹은 부정한 저울을 사용하여 정액 외의 사금을 납부하도록 하였다. 별납세란 정해진 세금 외에 부과되는 무명의 잡징금이고, 감가무금이란 보통 시가의 2/3나 반액 정도로 사금을 매상하는 것이다. 만약 이 명령을 따르지 않으면 채굴을 금하고 심하게는 잡아 감금하며 세징이라 하여 그 가족이나 친족으로부터 징수하였다. 무금은 단지 덕대에게만 명령되는 것이 아니라 때로는 연상(鉛商)에게도 명령되어 부정한 이익을 탐하였다(山口精 1910: 916).

순안광의 사례와 위의 인용문이 지적하는 바처럼 징세인의 착취 행위는 세액의 조작, 가군늑징에 의한 세금 포탈뿐 아니라 감가무금, 저울 조작, 잡세 징수 등을 통해 이루어지고 있었으며 그러한 착취는 강제가 수반된 것이었다. 그리고 징세인의 모리 행위는 광부뿐 아니라 상인에게도 미쳤다. 백천군수 유기준은 "파원이 연상이 갖고 온 돈을 집탈사취하고 하속을 지휘하여 건몰탈거한 뒤 별장, 반수 등과 분용하며 상인이 거래하는 쌀을 외상으로 차지하고 임의수거하여 덕대로 나누어 먹게 하는 등 작폐가 심하니 파원을 바꿔 줄 것"을 요청하였다.[80] 이처럼 징세인은 부정한 방법으로 고율의 세금을 부과하거나 양목을 속이고 중간에서 세금을 탈취하였기 때문에 광부는 모두 궁핍할 수밖에 없었으며 채굴에서 생긴 이익의 대부분이 징세인의 수중에 들어갔다.[81] 그런데 이러한 부정한 방법에 의한

---

80 규19157, 「보고」(유기준), 1903.7.20.
81 「황해편」: 14; 「평남북편」: 47.

모리 행위는 감리, 파원에 그치지 않고 수세·상납 과정의 모든 단계에서 존재하였다. 즉, 별장, 세감과 덕대나 광부들 간에도 건몰연체(乾沒延滯), 작간소융(作奸銷融), 잠채누세(潛採漏稅)가 횡행하였다.[82]

4. 덕대제에 의한 생산

1) 작업 방식과 작업 규모

(1) 작업 방식

조선인이 생산하는 금의 대부분은 사금이었다. 그러나 사금 채굴의 이익이 박하여 농민은 흉년이 아니면 금을 채굴하지 않았기 때문에 풍흉에 따라 금 수출량이 변하였다. 특히 농업지대인 남부에서 더욱 그러하였으며, 농번기가 되면 광부 부족으로 인해 채금량이 감소하였다. 광부 중에는 광업을 전업으로 하는 자도 있고 반농반광인 자도 있었으며, 남부에서는 각각 반반일 정도로 후자의 비율이 높았다. 그러나 북부에서는 광부의 대부분은 "광산지를 돌아다니며 덕대를 내세워 그를 따라 가행하든가, 아니면 걸군(乞軍)이 되어 광산지에 대해 전해 듣고 바로 이주하여 단독 또는 조합을 만들어 가행하였으며, 농업과 더불어 채광에 종사하는 자가 있어도 비교적 소수였다."[83] 전업적 광부로서 덕대하에서 채금에 종사하는 자를

82 규19143, 「훈령 4호」(내장원경→자성군수), 1900.11.4; 「훈령 1호」(내장원경→금구세관), 1902.6.24.
83 「전라경상편」: 101; 「황해편」: 15.

원군(元軍), 홀로 광미에서 수금하여 호구하는 자를 걸군이라 하였다. 1904년 6월－1905년 3월에 순안광의 원군과 걸군의 비율은 7:3 정도였으며([표 2-9]), 금 생산은 대개 덕대제라는 노동조직을 통해 이루어지고 있었다.

사금의 대부분은 하상(河床) 또는 하안(河岸)에서 산출되었다. 특히 조선인의 "사금 도태 기술은 교묘하지만 채굴 방법 및 도구가 아주 간단해서 하상의 사금을 채굴하는 경우는 적고 대개는 하안의 밭이나 연안 모래 퇴적지의 물이 적게 나는 곳을 채굴"하였다.[84] 사금 채굴법은 사금광의 위치와 지반조건의 차이에 따라 조금씩 달랐으며, 강굴(岡掘), 횡굴(橫掘), 유굴(流掘)이 있었다.[85] 이 중 가장 일반적인 방식은 강굴(일명 환굴 또는 노천굴)이었으며 횡굴(정호굴 또는 표굴)과 유굴은 드물게 행해졌지만, 이들 방식 간에는 채굴법에서 약간의 차이가 있을 뿐 채굴된 함금토사[甘土]로부터 수금하는 작업은 동일하였다. 작업 방식을 간단히 정리하면 다음과 같다.

> [굴토·채굴] 강굴은 지표의 토사 또는 함금이 없는 자갈을 파내고 함금층에 도달한 후 채굴하는 것으로, 둘레 5-20간의 땅을 수십 명이 1조가 되어 굴하하며 지반이 견고하여 붕괴의 염려가 적으면 2-3간의 땅을 수 명이 작업한다. 횡굴은 3-4척×2-3척의 입구를 굴하하여 함금층에 도달한 후 4-5척×5-6척의 횡갱으로 굴진하면서 채굴하는 것으로, 배수·통기·지주 기술이 유치하고 드는 비용도 적지 않아 갱도 연장이 10척을 넘지 못하므로 채굴면적이 넓지 않다. 유굴은 하천과 평행하게 도랑을

84 「함남북편」: 35.

85 유굴은 협곡에 위치한 谷脈[곡떼기]의 얕은 층인 경우, 강굴은 계곡이 넓고 하천과 떨어져 있으며 사금층이 표토가 덮여 있어 8-20척 아래 있거나 洞脈[골떼기]인 경우, 횡굴은 표토가 두껍거나 상부가 단단한 점토층이어서 붕괴 염려가 없고 논밭가옥이 있는 경우에 이용하는 방법이었다.

파서 물을 끌어들이고, 주변의 함금 모래에서 금을 채취하는 방법이다.

[도태] 감토는 물이 있는 곳(淘汰場)에서 직경 3척 깊이 8촌 내외의 함지를 사용하여 도태하고, 사금 함유량이 적은 감토는 폭 2-3척의 도랑에 흘려 모래를 제거하고(粗淘汰) 침적된 사리(砂利)만을 모아 도태한다(精淘汰). 도태장의 물은 채굴지에서 나오는 물을 모아 사용하거나 부근의 흐르는 물을 나무 홈통이나 도랑으로 끌어들여 사용하며, 흐르는 물을 끌어올 수 없는 경우는 감토를 하안에 운반, 퇴적하여 두고 하천을 이용한다. 광미는 걸군이 2-3차 도태수금한다.[86]

작업에 사용되는 채굴도구는 호미·벽채·가레, 배수도구는 바가지·용두레이고, 운반도구는 삼태기·어렝이·소쿠리·질통·지게, 도태도구는 함지[淘汰盤]였으며, 횡굴의 경우에는 이에 추가하여 굴진도구로 못정·타래정, 망치가 있었는데, 모두 극히 유치하고 거의 농기구를 응용한 것에 불과하였다. 또한 사금 채굴은 하수기나 결빙기가 되면 작업이 중단될 수밖에 없는 계절적 제약을 갖고 있었다. 한편, 사금뿐 아니라 석금도 채굴되고 있었지만, 당시 석금광에서의 작업은 극히 유치하여 사금 생산 기술을 응용한 것에 불과하였다. 석금 채굴법은 횡굴식 사금 채굴법과 동일하며, 지주를 하지 않고 또 인력에 의해 배수, 운반하는 관계로 파내려가는 갱의 깊이가 20-30척에 불과하였다. 단단한 광석을 불로 달구어 약하게 한 후 채굴하며 채굴한 광석을 석괴 사이에 넣어 분쇄한 후 사금광에서처럼 함지로 수금하였다. 따라서 석금 채굴 및 수금에 이용되는 도구도 못정·타래정, 망치, 함지 등으로 사금 채굴도구와 동일하였으며, 다만 마쇄도구

86 「개설편」: 17-18; 「전라경상편」: 105-106; 「평남북편」: 70-71; 「함남북편」: 35-37; 「황해편」: 16.

로 굴돌[轉石] 및 갈돌[磨石]이 추가될 뿐이었다.[87]

사금광에서의 작업은 표토를 걷어 내는 굴토, 함금층 채굴, 채굴한 감토의 도태작업 순으로 진행되었다. 기존 연구는 이를 분업에 기초한 협업이었다고 하지만 그렇게 보기는 힘들다. 함금층 상부의 토사를 제거하는 굴토가 끝난 후에야 함금층을 채굴할 수 있음은 물론이지만, 도태작업도 한 작업장의 감토를 모두 모은 후에 비로소 진행될 수 있었다.[88] 감토에 함금량이 적어 조(粗)도태와 정(精)도태를 하는 경우에도 조도태를 마친 후 침전된 사리(砂利)를 정도태하였다. 굴토 및 배수작업은 미숙련 일급[本番] 노동자나 청부노동자가 맡기도 하였지만, 채굴과 도태 작업이 분업화되었는지는 불확실하다. 황해 송화 사금광에는 토공부와 세척부가 있었으며, 굴토작업은 청부노동자인 토공부가 하고 감토의 채굴 및 도태 작업은 모두 세척부가 하였다.[89] 즉, 채굴과 도태는 금립을 식별하는 능력에 크게 의존하며 따라서 동일인에 의해 작업이 수행되었을 가능성이 크다. 요컨대, 사금광의 작업공정은 몇 가지로 구분될 수 있을지라도 분업적 협업이 아닌 단순협업이었으며, 다만 굴토, 배수, 운반 작업은 미숙련 노동자나 덕대 소속 광부가 아닌 청부노동자가 담당하기도 하였다.

그러나 기존 연구는 사금 채굴이 분업적 협업이었다고 주장하였다. 그것은 분업적 협업이 덕대제를 매뉴팩처 경영에 가깝다고 보는 중요한 지표이며 덕대가 생산을 조직하는 기업가적 역할을 하고 있다고 생각하였기

87 「개설편」: 16-17; 「황해편」: 16; 「평남북편」: 29, 72; 「전라경상편」: 103-104, 109.
88 「황해편」: 16. 채굴 후에 도태하는 것은 작업 도중에 물주로부터 자금 융통을 거절당하지 않기 위해서이기도 하였다(「함남북편」: 37).
89 「황해편」: 89.

때문이다(유승주 1993; 임병훈 1981). 그러나 광부들은 사금 채굴에 가장 중요한 생산도구인 함지를 각자 휴대하였으며,[90] 생산 방법과 도구가 지극히 간단한 대신 광부 개인의 숙련 여부가 생산에 결정적으로 중요하였기 때문에, 덕대가 생산을 조직하는 역할은 크지 않았을 것이다.

(2) 작업 규모

당시 최대의 사금광이었던 평남 순안 석암광을 예로 하여, 기존의 연구에서 분업적 협업이라고 한 덕대제의 작업 규모를 살펴보자.[91] 감리의 세금 횡령과 남징에 대한 조사보고서에 의하면, "괘군 규칙은 원래 계수하여 수봉하는 것이지만 감리 분부에 따라 8월 선망부터 매혈 10명으로 항상 일정하게 괘군하니 10명 미만의 덕대가 과다한 세금을 원망하므로 실상을 구별하여 계수괘군하였다." 감리가 한 작업장[穴]당 10명씩으로 괘군하도록 한 것은 곧 덕대 1조[派]의 인원이 평균 10명 정도였음을 시사한다. 또한 보고서는 "장부에 의거하여 매망 매파에 1혈씩으로 봉세하더라도 7월 후망부터 12월 후망까지 덕대가 합계 2,788파"라고 하였다. 여기서 7월 후망은 8월 선망의 착오이며, 8월 선망부터 12월 후망 사이에 원군(元軍) 누계 인원은 32,644명이므로([표 2-9]) 덕대 1조는 평균 11.7명이었다. 석암광에서 덕대 1조의 평균 인원은 10명 정도였지만 월별로 큰 차이가 있어,[92] 세

---

90 사금 채굴자는 부랑의 무리로 하나의 도태기를 차고 사금지를 배회하면서 이가 있으면 모이고 없으면 떠나며 덕대를 따라 업에 종사하였다(『전라경상편』: 99-100).

91 규21027, 「順安郡石巖礦査報案」, 1905.8.4. 당시 순안 석암광은 평안도에서 산출된 금의 9할을 차지한다고 할 정도였고 채굴지 면적은 14만 평이었다(『황해편』: 75-76).

92 [표 2-7]에 의하면 6월 후망과 9월 선망에 덕대가 63명과 614명이었으므로 덕대 1파가 9월 선망에는 평균 10.2명이지만 6월 후망에는 평균 2.8명에 불과하였다.

표 2-9 순안광의 광부 수

		원군	걸군	계
1904년	6월 후망	176.5	46.5	223
	7월 선망	369.5	99	468.5
	7월 후망	1,417.5	227.5	1,645
	8월 선망	2,267.5	491.5	2,759
	8월 후망	3,833.5	707.5	4,541
	9월 선망	6,292	1,024	7,316
	9월 후망	5,959	1,068	7,027
	10월 선망	5,041	1,014.5	6,055.5
	10월 후망	2,269	1,098.5	3,367.5
	11월 선망	2,011	806.5	2,817.5
	11월 후망	1,049	1,006	2,055
	12월 선망	1,146	707	1,853
	12월 후망	2,776	876.5	3,652.5
1905년	1월 선망	615	619	1,234
	1월 후망	834.5	1,130	1,964.5
	2월 선망	1,363.5	1,847.5	3,211
	2월 후망	1,974	1,944.5	3,918.5
	3월 선망	2,365.5	1,705	4,070.5

주: 원군은 덕대 소속 광부, 걸군은 광미에서 유리(遺利)를 얻는 자.
자료: 규21027, 「順安郡石巖礦査報案」, 1905.8.4.

감이 항상 10명으로 괘균하자 10명 미만인 덕대들이 반발하였던 것이다.

한편, 혈당 인원과 덕대 1조의 인원 간에 차이가 있었다. [표 2-7]의 토가혈세를 보면, 8월 선망-12월 후망에 광혈이 1,826곳이어서 한 작업장의 평균 인원은 17.9명으로, 앞서 계산한 덕대 1파 평균 인원의 1.5배가

된다. 즉, 1개 혈에 덕대 1조가 작업하는 것이 보통이지만 여러 파가 작업하는 혈도 있었던 것이다. 또한 [표 2-7]에서 9월 선망에 태천책실 지필가를 부담한 덕대는 614명이지만 철로역비를 부담한 덕대는 217명이었다. 9월 선망의 원군이 6,292명이므로 덕대가 614명이라면 덕대 1조의 평균 인원은 10.2명이지만 덕대가 217명이라면 30명이 된다. 그런데 8월 후망을 보면 철로역비는 혈에 대해 부과된 것이므로, 217명의 덕대가 혈세를 내는 자라고 할 수 있다. 혈세는 감리가 선지출한 전토가를 덕대로부터 거두는 것이기 때문에, 혈세를 낸 덕대는 일정한 채굴지를 확보한 자들이라고 할 수 있다. 1898년 순안군 사금 채굴 전답의 두락 수를 기록한 자료에 의하면,[93] 덕대 1인의 채굴지가 여러 곳에 분산되어 있거나 채굴지가 논 5두락 혹은 밭 5일경 이상인 경우가 적지 않았다. 이처럼 넓은 작업장의 경우에는 도태장으로 사용되는 도랑을 중앙에 두고 몇 개의 소작업장으로 분할하여 작업하는 것이 일반적이었다. 따라서 614명 중 217명을 뺀 나머지 덕대는 넓은 채굴지나 여러 채굴지를 가진 덕대로부터 채굴지 일부를 하청받아 채굴하는 자였을 가능성이 크다.

『한국광업조사보고』는 “순안광의 가행장마다 덕대라는 갱부장이 있어 자본가로부터 약간의 자금을 얻어 가행상 일체의 사무를 하고 덕대하에 또 수판(水板)덕대라는 자가 있어 가행상의 감독을 한다. 현재 덕대는 100여 명으로 그중 유력한 자가 5명”이라고 하였다.[94] 박찬일(1982)은 유력 덕

93 규16451, 「光武二年五月平安南道順安郡各面礦處田畓破陣鹿數斗落結卜及家主大中小戶田畓主與各槵大姓名列錄成册」.

94 「황해편」: 73. 다른 사료에는 내장원이 순안광 미납에 대해 해당 덕대와 수덕대를 엄징할 것을 훈령하는 예가 있는데, 이 수덕대가 유력 덕대일 것이다(규19143, 「훈령」(내장원경→순안군수), 1906.5.15).

대가 매뉴팩처 경영자이고 수판덕대는 고용된 자이거나 생산 과정의 감독관으로 해석하였지만, 양자는 하청관계에 있는 것으로 보아야 할 것이다. 즉, 병합 당시 순안광에는 "덕대식으로 청부한 자가 4명이며 이들 청부자는 다시 수십 명의 덕대에게 하청하고 채금부는 후자와 각종 계약을 맺고 사금 채굴에 종사"하고 있었다(淺野虎三郎 1913: 159). [부표 1]은 감리가 순안광의 광세 미봉액과 미납 덕대명을 기록한 장부에서 일부를 발췌한 것인데, 미납 내역에 기재된 자가 바로 그러한 하청덕대였다고 할 수 있다. 하청덕대라 하더라도 감리로부터 광표를 지급받아야만 채굴에 종사할 수 있었던 것은 물론이다. 감리가 일일이 하청덕대명을 기록하고 있을 뿐 아니라 미납덕대와 하청덕대에 모두 이름을 올린 자(이명순, 전중렬, 임경호, 강봉도)가 다수이고 하청덕대도 잡세 부과 대상이었다는 것은 하청덕대도 작업 및 회계상 독립적인 존재였음을 말해 준다.

앞에서 순안광 덕대 1조의 평균 인원이 10명 정도라고 한 것은 이들 하청덕대를 모두 포함해서이다. 그런데 기존의 연구는 10명 정도의 인원이 사금광에서의 분업적 협업을 위해 필요한 인원 배치의 결과라고 하였다(박찬일 1982; 임병훈 1983). 그러나 사금광의 작업은 단순협업이었을 뿐 아니라 설령 분업적 협업이었다고 하더라도 우리가 짐작할 수 있는 것은 각 작업 간 인원 배분 비율이지 작업인원 규모는 아니기 때문에 작업인원이 평균 10여 명이어야 할 이유는 없는 것이다. 작업인원은 횡굴이나 유굴에서는 보통 수 명에 불과하며 강굴의 경우에도 면적의 광협과 연관되어 있었다. 앞서 언급한 바의 순안광사건 조사보고서는 덕대 1조가 좁은 면적의 1개 혈을 보름 간 채굴하는 것으로 가정하였는데, 이는 당시의 일반적인 상황을 반영하고 있다고 할 수 있다. [표 2-10]은 황해도 여러 사금광에서

표 2-10 황해도 사금광의 채굴면적, 작업인원, 작업일수 및 생산량

광산 소재	면적(평)	인원(명)	작업일수	생산량(전쭝)	비고
성천군 내동	15-16	6-10	30	2	수지가 맞지 않다
수안군 우강 하류		8	30	10	
수안군 우강 상류		4	30	2.5	
수안군 송현리		17-18	15	120-130	3년 전의 실적
해주군 청산리		6	20	3-4	
백천군 신재관A	20	12	15	6	
백천군 신재관B		5	20	3.2-3.3	
백천군 금야	8	7	15	0.7	
백천군 율포	30	8	15	20	탐광할 만함

자료: 「황해도편」: 79-98.

10명 안팎의 인원이 15일 내지 한 달 동안 15-30평의 채굴지에서 작업하는 것이 일반적이었음을 보여 준다.

이처럼 덕대가 좁은 채굴지에서 단기간에 작업을 마치는 방식을 취할 수밖에 없었던 이유는 자본과 기술적 한계 때문만은 아니었다. "광산행정 및 경찰이 없고 일정한 세율도 없으며 각자가 원하는 곳에서 채굴에 종사하므로 일정한 규율 없이 남굴이 되며 따라서 채굴지가 협소한 것은 결코 이상하지 않"았다.[95] 징세인이 덕대에게 채굴을 허가할 때 광부 수에 따라 광세만 징수할 뿐 광구를 구획해 주는 것이 아니었으므로 채굴지 경계나 채굴 기한 등이 불분명하였다.[96] 채굴지가 정해져 있지 않았기 때문에

95 「전라경상편」: 99.

유망하다는 곳으로 광부들이 운집하며, 따라서 채굴면적은 좁아질 수밖에 없었다. 덕대 1조의 인원은 이러한 좁은 면적을 단기간에 채굴하고 다시 다른 채굴지로 쉽게 이동하기에 통제 용이한 정도의 규모였던 것이다. 순안광의 광부 수에 변동이 매우 심하였던 것도 이러한 추측을 뒷받침한다. 즉, 작업인원은 분업적 협업과 관련이 있었던 것이 아니라 자본 및 기술의 한계와 제도에 따른 채굴면적 및 기간과 밀접한 관련이 있었다. 그리고 그것은 대체로 10명 혹은 급수부를 포함해서 4명 내지 십수 명이었던 것이다.[97]

2) 청부제로서의 덕대제

(1) 광세 부담

이하에서는 덕대의 역할과 광부와의 관계를 중심으로 덕대의 성격을 살펴보기로 한다. 다음의 인용은 덕대를 징세인으로부터 허가를 받아 광부를 인솔하여 채굴에 종사하는 자로 설명하고 있다. 즉, 덕대는 채굴을 허가받는 대신 광세를 납부해야 하는 의무 외에는 징세인으로부터 어떤 작업상의 간섭도 받지 않는 청부인[受負人]이었다. 덕대가 채굴을 허가받아 광부를 모집하여 채굴에 종사할지라도 수세 대상은 광부 개인이므로 형식상 덕대는 광세의 대리수납자였다. 그러므로 「사금개채조례」는 영파원과 세감이 수세 업무의 대가로 수세액의 1/30과 1/20을 갖도록 한 것처

96 「함남북편」: 26; 「평남북편」: 27. 혈세를 낸 덕대는 일정한 채굴지를 확보하고 있었다고 할 수 있으나 대부분의 덕대는 채굴지가 정해져 있지 않았다.

97 「황해편」: 15; 「함남북편」: 37.

럼, 덕대도 광세징수 체계의 최말단에서 광세를 대리납부하면서 광부 10명분의 세액 중 1명분을 취하도록 규정하였다. 그러나 덕대는 징세인과 달리 어디까지나 광부의 우두머리인 광부두, 통령, 인부두, 두령, 조두였다.

(1885년) [영흥광] 광부를 소할하는 광부두로서, 관할 관리에게 허가를 받은 후 광부를 모집하여 일에 종사. (또한 광부로 일하고자 하는 자도 덕대에게 의뢰하여야 취업할 수 있기 때문에) 광부는 덕대의 손을 거쳐 납세하는 것이 관습.

(1903년) [황해] 덕대는 갱부를 인솔하는 통령(統領), 10명 내지 50·60명을 거느리고 영파원, 세감의 허가를 받아 채굴에 종사. 갱부 10명이 납부하는 세액 중 1명분을 수득.

(1905년) [전라] 덕대는 별장에게 납세하고 구역 일부의 채굴권을 얻어 채금부를 사역하고 또 채금부로부터 징세. 그러나 별장과 달리 관리가 아니고 인부두 혹은 수부인에 상당; [황해] 채광부는 덕대((일본의 두령)를 내세워 그를 따라 가행하든가 아니면 걸군이 되며, 덕대는 광부의 지휘감독자; [함경] 채굴부의 조두(組頭).[98]

광세는 덕대가 광산 소유자인 왕유권자에게 상납해야 하는 채굴허가의 대가였다. 따라서 덕대에게 중요한 문제는 생산량에 대비한 광세 부담의 크기였을 것이다. 덕대 1조의 채굴면적이 좁고, 작업기간이 매우 짧았을 뿐 아니라 1인당 생산량도 형편없었다. 광산에 따라 생산량의 편차는 매우 심하고 광부의 1일 생산량이 1푼쭝을 넘는 경우는 흔하지 않았다.[99]

---

98 伊藤彌次郎(1885: 832); 『통상휘찬』 개제10호, 인천, 1903.5.17; 「전라경상편」: 99; 「황해편」: 15; 「함남북편」: 37.

99 광부 1명의 1일 생산이 전북 금구광은 1리쭝에 불과하였고 강원 당현 사금광은 1푼쭝 정도였으며, 또한 평남 숙천 동산리광은 3-4리쭝이었다. 직산광과 순안광에서 생산액과 광부 수로부터 계산한 광부의 1일 생산은 일화 15-30전인데 금 1전쭝을 약 4엔으로 보면 금 3.8-7.5리쭝이다(「전라경상편」: 46, 98; 「황해편」: 78; 「개설편」: 18).

황해도에서 수안 송현리광에서만 예외적으로 1인 1일 생산량이 4푼쭝을 넘는 정도였다([표 2-10]).

대체로 광부의 1일 생산량이 3-7리쭝(월 9-21푼쭝)이었다고 한다면, 각종 명목의 잡세는 차치하고 광세만을 보더라고 부담이 매우 컸다. 조례에 규정된 광부 1인당 월 7푼쭝의 광세는 당시의 생산성 수준에서 미납이 속출할 정도로 과중하였기 때문에 수시 증감이 가능하도록 조례가 개정되었다. 광세는 감리가 산금량에 따라 임의로 정하였기 때문에 일정하지 않아, 가령 송화광에서는 1조(통상 5명)에 대해 매망 4.5푼쭝(월 9푼쭝)을 징수하였는데 산금이 많으면 10명을 5조로, 적을 때는 10명을 1조로 간주하였다.[100] 광부 1인당 광세는 광산에 따라 달랐지만 대략 월 3푼-1전쭝이었으며[101] 대략 생산의 반에 가까운 정도였다. 영흥광의 광부 1명은 1899년경에 1일 사금 5리쭝, 즉 월 15푼쭝을 생산하고 세금으로 월 10푼쭝을 내야 하였으며, 1900년에는 1일 1.5푼쭝을 생산하고 세금으로 월 10푼쭝을 상납하였으니(임병훈 1983) 광세가 생산의 2/3 내지 1/4을 차지하였던 셈이다. 물론 조례의 규정보다 낮은 세금이 부과되는 경우도 있었지만 그것은 광산이 조잔하여 생산량 자체가 형편없기 때문이었다. 요약하자면 다음의 인용처럼 세금은 금광업의 발달을 저해할 정도로 과중하였다.

> 금광이 풍부하다는 설이 있음에도 불구하고 아직 산액이 많지 않은 것은, 정부가 채굴을 혐오하여 백방으로 채금업의 발달과 성공을 방해하는 데 있다 해도 첫째는 차구면허상납금이 다른 것에 비해 매우 과중하여 업자가 부담을 견뎌 낼

---

100 「황해편」: 87. 징세인이 광세를 자의적으로 정한 것은 「사금개채조례」 전에도 일반적 관행이었다(『통상휘찬』 22호, 원산, 1895.6.11).

101 「개설편」: 18.

수 없기 때문이라고 한다.[102]

(2) 덕대와 광부의 관계

앞에서 말했듯이, 광부들은 생산도구를 휴대하고 있었고 개인의 숙련에 크게 의존하는 작업의 특성상 독립성을 갖고 있었지만 작업이 완료되기 전에는 수입이 없었기 때문에, 덕대는 광부들에게 생필품을 제공하고 또한 채굴지를 매입하거나 사용료를 지불하였다.[103] 덕대는 그에 필요한 자금을 물주로부터 제공받고 후에 채굴한 금으로 변제하였으며, 강원 당현광에서는 물주를 자본주 또는 재주(財主), 덕대를 집무사업주라고 하였다. 당현광에서는 여러 명의 물주가 한 사람의 유력한 덕대에게 선대하기도 하고 한 명의 물주가 여러 덕대와 금전적 관련을 맺기도 하였으며, 물주는 주로 경성에 거주하는 연상들이었다.[104] 다음의 인용은 덕대가 광부에게 지급하는 비용의 내용과 정도를 말해 준다.

> [평안] 임금은 보통 식료와 신발대를 지급하는 것으로 1일 한화 약 35전 내외.
> [황해] 덕대는 채광사업이 없어도 늘 광부의 생활을 구조하기 때문에 실제 조업에 당해서는 광부에게 임금을 지불하지 않고 단지 식사와 신발, 연초 등을 지급하고, 함금층의 일부나 광미를 주는 것이 일반적인 관습. 임금을 지불하고 광부를 고용하는 경우도 없지 않으며, 비용은 전자의 경우 광부 1명당 한화 35-50전(일화 17.5-25전), 후자의 경우 50-80전.
> [함경] 채금부는 덕대로부터 식주(食住), 연초, 신발을 지급받고 피복비나 수당으로 따로 금전을 받지 않아도 사금 채굴지의 유리(遺利)를 소득으로 하

102 『통상휘찬』 8호 부록, 인천, 1894.5.17.
103 「평남북편」: 27.
104 규18001, 「訴狀」(당현광 덕대 · 상인), 1898.7-1898.9.

는 것이 관습. 채금부 1명에 드는 비용은 일화 15-20전.

[전라] 채금부는 덕대로부터 의식(衣食)을 지급받고 채취한 사금 중 세금 외 나머지를 덕대에게 수납.[105]

덕대가 광부에게 의식주와 술, 연초, 짚신 등 생필품을 제공하는 것이 일반적이었으며 임금을 주는 경우도 없지 않았다. 전자의 경우에 광부 1명당 드는 비용은 한화로 35-50전이지만, 후자의 경우에 임금은 50-80전이었다. 그렇다고 덕대에게 있어 전자의 방식이 반드시 유리한 것이었다고 하기 힘들다. 왜냐하면 전자의 경우에 덕대는 휴업 중에도 광부가 기근에 빠지지 않도록 생활을 보살펴 주어야 하기 때문이다.[106] 이러한 관행은 역시 덕대와 광부의 관계가 일종의 가부장적, 혹은 온정적 관계였음을 의미한다. 함경도에서 광부 1명당 비용인 일화 15-20전은 거의 대부분 식료품비이므로 최저생활비라고 할 수 있다. 앞에서 언급한 직산, 순안광에서 광부 1명의 1일 생산이 15-30전이므로, 생필품 제공의 대가로 광세를 제외한 전 생산물을 취한다 해도 덕대에게 남는 이익은 거의 없다.

덕대는 자신이 지출한 비용에 대한 대가를 대개 다음과 같은 두 가지 방식으로 수취하였다. 첫째, 위의 인용문에 설명되어 있는 대로, 덕대는 광부에게 의식주 등의 생필품을 제공하고 임금을 주지 않는 대신 채굴한 금이나 함금층의 일부 혹은 광미를 분여하고 나머지를 자신의 소유로 하였다. 덕대가 리스크를 감당하는 방식이지만, 다음의 인용이 설명하고 있

105 「평남북편」: 110; 「황해편」: 15; 「함남북편」: 34; 「전라경상편」: 100.

106 당현광 덕대 김행순은 "금광 업무는 다른 것과 달라서 역군배의 散合이 쉽지 않아 하루에 드는 비용이 수십금"이라 하고, 또 박춘보가 "수백 명 역군을 해산키 어려워 매일 먹이는 식비와 잡비가 적지 않 … 지만 이 비용을 역군으로부터 환추할 수도 없다"고 하였다(규18001, 「訴狀」(金行順), 1898.8; 「訴狀」(朴春輔), 1898.8.22).

는 것처럼, 덕대는 광부에게 생필품 외에 추가적인 화폐 지급을 하지 않는 대신 감토를 분할해 줌으로써 리스크의 일부를 분산시키고 있었으며, 덕대가 리스크의 대부분을 감당하지만 광부는 덕대와 주종관계에 있는 자가 아니라 공동채굴자로 인식되고 있었다.

> (1905년) [순안광] 역부의 1일 임금은 한화 48전으로, 이는 단지 식료 및 짚신 값으로 지불되는 것이며, 따로 채굴 후 약간의 검토가 주어져 이익을 얻도록 되어 있지만 만약 감토에 다량의 함금이 없는 경우에는 역부에게 거의 소득이 없게 된다.
>
> (1905년) [송화광] 세척부는 덕대와의 주종관계하에서 일정한 임금을 받고 작업하는 자가 아니라 단지 3식과 연초, 신발을 지급받는 데 지나지 않고 덕대는 그들에게 감토 일부를 주거나 광미의 재도태를 허락하며 그래서 세척부 1명에 드는 비용은 한화 40전 내외.[107]

둘째, 보다 덜 일반적이었던 것으로 생각되지만, 다음 인용문의 영흥광이나 백천광(②)에서처럼 덕대는 광부와 공동사업으로 하되 광부에게 생활비를 선대하고 생산물의 일정 비율을 분배하는 방식으로 자신의 선대금에 대한 원리금을 취득하였다. 덕대가 채금의 1/4을 소득으로 한다거나 수안광의 덕대가 채굴 광석의 1/4을 자신의 소유로 한다는 것이 그러한 예이다.[108] 광부는 덕대가 리스크의 대부분을 감당하는 경우에 비해 덕대와의 관계에서 덜 종속적이며 자신이 채굴한 금에서 덕대의 선대 행위에 대한 대가를 지불하고 나머지를 임의로 처분할 수 있었다. 그러나 영흥광의

---

107 「황해편」: 73, 89.
108 『통상휘찬』 174호, 경성, 1900.7.16; 「황해편」: 46.

예가 설명하고 있는 것처럼, 일반적으로 광세와 덕대에게 지불할 것을 빼면 광부에게 거의 아무것도 남지 않았다.

(1885년) [영흥광] 광부는 정부에 월 6푼을 내고 덕대에게 따로 3푼을 내며 나머지를 자신의 소유로 한다. 또 의식(衣食) 등을 모두 덕대로부터 대여받고 사금으로 변상하면 광부에게 남는 것이 없다.

(1905년) [백천광] ① 대개 덕대는 광부에게 식료, 신발 외에 따로 임금을 지불하지 않고 채취장의 일부를 그들에게 주어 거기서 얻어진 금을 광부의 소득으로 하거나 ② 덕대와 광부의 공동사업으로 하여 덕대는 가옥과 식료를 주선하고 수득금을 한가지로 분배하거나 또는 광부가 대개 가난하여 신용이 없어 돈을 빌려 물품을 구입할 수밖에 없기 때문에 덕대가 자금을 대여하고 세금을 뺀 나머지의 2할을 수취.[109]

요컨대, 덕대는 광부의 우두머리로서 광부를 인솔하여 징세인으로부터 허가를 받아 채굴에 종사하는 자였다. 덕대가 채굴을 허가받을 때 소속 광부 수에 따라 광세만 정해질 뿐 채굴 구역이나 채굴 기한이 정해져 있지 않았으며, 광세는 생산력 수준에 비해 상당히 과중하였다. 덕대는 징세인이나 물주로부터 자금을 제공받아 부하 광부에게 채굴기간 중에 필요한 생필품을 제공하는 역할을 하였다. 덕대와 광부 간의 관계는 단순히 고용관계가 아니라 동업자적 관계 혹은 생산물의 일부를 분여하는 관계였으며, 이는 덕대제 경영의 취약성에 따른 경영의 위험을 분산하는 한 방편이었다고 할 수 있다.

---

109 伊藤彌次郎(1885: 832); 「황해편」: 98.

5. 소결

제2장에서는 개항기에 금광업의 실태를 제도적 측면에서 구명하고자 하였다. 개항 이후 무역의 확대와 일본의 금본위제 성립에 의해 조선의 금 수출이 증가하였다. 금 수출은 무역상권을 둘러싼 청상과 일상 간의 경쟁 관계와 무역 패턴에 따라 기복을 보였다. 1890년대 전반기에는 대일 무역에서 미곡 수출이 중요하게 되면서 대일 금 수출이 감소하였으며, 일상과의 경쟁적 관계를 확보한 청상이 금 수출에서도 경쟁적 지위를 확보하였다. 그러나 양국 상인의 무역상권 경쟁이 1890년대 후반기에 일상의 우위로 굳어지면서 대일 금 수출이 점차 증가하였으며, 일본의 금본위제 성립이 대일 금 수출 증가에 큰 영향을 미쳤다. 조선산 금 수집을 위해 일본은행은 제일은행 조선지점에 무이자산금구입자금을 대부하고 제일은행은 금을 감정하기 위한 분석소를 설치하였으며, 이로써 제일은행을 통한 금 매입이 대일 금 수출의 7-8할을 차지하기에 이르렀다. 금 가격은 개항 전반기에 비해 후반기에 크게 상승하였지만 수출미가에 대한 금의 상대가격은 오히려 하락하는 경향을 보이고 있어, 가격조건과 금 수출 간의 관계가 명확하지 않고 가격 변화가 금 수출에 미친 효과도 일관적이지 않았다. 금 수출 추이는 수요 요인 및 가격조건만으로 완전히 설명될 수 없으며 정부 정책과 제도적 조건에 의해 영향을 받고 있었다.

개항 전반기에 원산항을 금 수출 중심항으로 만든 영흥 사금광 개발이나 1880년대 말에 금 수출의 감소를 가져온 금지 조치, 그리고 조세 상납과 관련하여 개항 후기에 서울이 제1의 금집산지가 된 점 등은 정부가 금 생산 및 유통에서 중심적 역할을 하고 있음을 보여 준다. 정부는 재정적 필요에서 관 주도로 광산을 개발하였으며 이는 전 시대와 다르지 않았다. 1880년대 후반부터 각지에 광무감리를 파견하는 등 광산개발에 적극적인 모습을 보였지만, 모든 광산은 왕실 혹은 정부의 소유에 속하였기 때문에 여전히 사인의 자유로운 채굴이 허용되지 않았다. 이러한 성격의 광업 제도를 광산왕유제라 할 수 있으며, 「사금개채조례」는 그런 제도하에서의 광산개발 과정을 법제화한 것이다. 조례에 의하면 왕유권자인 정부는 사인에게 채굴 권리를 부여하는 것이 아니라 관리를 임명하여 광산개발과 관리를 담당하도록 하였으며, 이러한 광산 관리 방식은 조선 후기 설점수세가 실시된 이래 지속되어 온 것이었다. 생산 주체인 광부들은 관리로부터 허가를 받아야 채굴에 종사할 수 있었으며 그렇지 않은 경우는 잠채라 하여 엄금되었다.

「사금개채조례」에서 영파원으로 표현되고 있는 감리나 파원이 바로 광산 관리를 위해 파견된 관리이며, 그들은 광산개채, 지방관과의 교섭, 광부 관리를 하고 광세를 징수하는 징세인이었다. 징세인들은 왕유권자에게 일정한 광세 상납을 약정하고 일정한 지역의 광산을 지배할 수 있는 특권을 부여받은 자들이었다. 그들이 왕유권자로부터 부여받은 가장 최종적인 임무는 인두세적인 광세를 징수하는 것이지만, 광세 징수를 위해 수세 대상인 광부들에게 작업조건을 마련하고 작업비를 제공하는 것도 그들의 중요한 역할이었다. 이를 위해 그들은 공전을 나용하기도 하고 또 무금전을 획급받기도 하였지만 투입한 공전에 대한 책임은 징세인 자신에게 있었으며 공전뿐 아니라 사전도 투입하였다. 그들이 왕유권자로부터 부여받은 권리는 일종의 차구권이라고도 할 수 있는 것이지만, 그 권리는 매우 불명확하고 불안정한 것이었다. 즉, 그들의 권리는 사적 성격과 함께 광세 징수를 위해 임명된 자라는 공적 성격을 갖고 있다는 점에서 성격이 불명확하며, 동시에 광세 징수의 부진에 따라 왕유권자에 의해 언제든지 면직될 수도 있다는 점에서 불안정하였다. 이처럼 불명확하고 불안정한 권리에 기초하고 있기 때문에 직에서 쉽게 면직되거나 혹은 광부들의 거납으로 인해 자신의 투자를 환수하지 못하는 경우도 있었다. 그러나 징세인들은 왕유권자로부터 부여받은 공적 권력에 기초하여 가군늑징, 감가무금, 세액 조작, 저울 조작, 잡세 징수 등의 부정한 방법으로 자신의 투자에 대한 대가를 수취하였다.

징세인들은 광산에 자본을 투입하였다고 해서 생산을 직접 지휘·감독한 것은 아니었다. 생산을 담당하는 광부들은 대개 소위 덕대제라는 노동집단을 형성하고 있었으며, 광부의 우두머리인 덕대는 징세인으로부터 채굴 허가를 받아 부하 광부를 거느리고 채금에 종사하였다. 개항기에 조선인이 생산한 금의 대부분은 사금이었으며, 사금은 물론 석금도 농기구와 다름없는 도구를 사용하여 지극히 단순한 방식으로 채굴되었으며 사금 채굴은 단순협업에 지나지 않았다. 덕대제에 의한 채굴면적은 협소하고 작업인원도 10명 안팎인 소규모였으며 작업기간도 1달 내지 보름에 불과하였다. 채굴 구역이 일정하게 정해져 있는 것이 아니었기 때문에 금이 풍부한 지역으로 광부들이 운집하게 되므로 덕대제의 작업 규모는 이처럼 좁은 면적을 단기간에 채굴하고 다시 다른 채굴지로 쉽게 이동함에 있어 통제 용이한 정도였던 것이다. 징세인으로부터 채굴을 허가받은 자라는 점에서 덕대는 일종의 청부자이면서 동시에 광세 대리납부자로서 수세 위계의 최말단에 위치한 자이기도 하였다. 덕대와 광부는 고용주와 피고용인의 관계가 아니라 가부장적인 혹은 온정적인 관계에 있었으며, 덕대는 광부에게 생필품을 제공하고 생산물의 분배를 통해 그 대가를 수취하였다. 덕대가 광부에게 생산물의 일부를 분여한다는 것은, 덕대와 광부가 비록 동등한 관계는 아니지만 과중한 광세와 고리대의 부담을 견뎌 내는 동업자적 관계에 있었음을 의미한다.

제3장

일본의 광업 지배조건의 형성

일본은 러일전쟁 후 통감부를 설치하고 조선을 사실상 지배하게 되면서 조선의 금광업을 장악하기 위한 제도적·기술적 조건을 마련하였다. 제2장에서 설명하였듯이 개항기에도 정부 또는 왕이 광산을 전유하면서 민간의 자유로운 개발을 허용하지 않았다는 점에서 제도는 변하지 않았다. 그러나 통감부 통치하에 조속하게 「한국광업법」이 제정됨으로써 구래의 광업 제도는 폐지되었다. 기존 연구는 일본의 조선 광업 지배라는 시각에서 동법을 평가하였으나 광업 제도 측면에서 본다면, 광업법의 제정은 이전의 광산왕유제와는 다른 새로운 제도를 이식한 것으로 평가할 수 있다. 한편, 외국인 특허 광산을 별도로 한다면, 개항기의 금광업은 사금 채굴이 중심이었으나 1910·1920년대를 통해 석금 채굴이 일반화되었으며 그것이 1930년대에 금광업이 성장하는 하나의 기반이 되었다. 지표의 함금 퇴적층에서 금을 채취하는 사금 채굴과 지하의 단단한 암석에 둘러쌓인 광석을 채굴하여 제련하는 석금 채굴은 기술적으로 성격이 전혀 다르다. 석금광업 기술은 이미 외국인 특허 광산에서 사용되고 있었지만, 1910년대에 일본인 광산을 중심으로 확산되었으며 그에 따라 석금광업이 일반화되었다. 석금광업 기술과 밀접한 관계를 갖고 있는 총독부의 시책은 광상조사와 연료선광연구소 설립이었다. 이에 제1절에서는 「한국광업법」 제정의 배경과 과정 및 결과를 분석함으로써 광업법의 성격과 의의를 구명하고, 제2절에서는 광업개발의 인프라인 조선광상조사의 실시와 연료선광연구소의 설립 및 그것의 역할에 관해 살펴보고, 제3절에서는 당시 석금광업 기술의 실상과 그것이 덕대제와 어떻게 결합되어 있는가를 살펴보기로 한다.

1. 「한국광업법」 제정

1) 제정 배경

(1) 일본의 조선 광업 지배 방침

개항 이후 영국, 미국 등의 구미 열강은 조선의 광산 이권을 두고 쟁탈하였으며, 특히 운산과 은산금광에 이해관계가 집중되었다. 일본도 광산 채굴계약안을 작성하고 임시대리공사에게 조선 정부와 교섭할 것을 훈령하였으며, 특히 청일전쟁 이후 중요한 현안이었던 철도부설권 문제가 해결된 1899년 말부터 광산 이권 쟁탈에 적극적으로 나섰다. 동년 11월에 아오키(青木周藏) 외무대신은 주한일본공사 하야시(林權助)에게 영국이 조선과 체결한 것과 같은 광약(鑛約)을 체결할 것을 훈령하였으며, 마침내 1900년 8월에 직산광약을 체결하였다. 당시 일본의 입장은 조선에서 광산 이권을 일국이 독점하는 것에 대해 조선 정부에 항의하고 다른 열강과 마찬가지로 무력으로 광산 이권을 확보하는 것이었다.

열강과 광산 이권 쟁탈을 벌이던 일본의 태도는 한일의정서 체결 이후에 조선의 광산 이권을 열강으로부터 사수하는 것으로 변하였다. 1904년에 하야시는 위문특파대신으로 내한한 이토(伊藤博文)에게 건의한 「대한사견개요」(對韓私見概要)에서 "광업권에 관해서는 현재 미국, 독일, 벨기에, 이탈리아의 대표가 각각 1개소를 청구하고 있으므로 시기를 보아 관계 각국의 희망을 만족시키는 동시에 유망한 광산은 일본인에게 또는 한·일 합자로 채굴하도록" 해야 한다고 하고, 자국 외무대신에게 왕실광산 외에는 생각만큼 유리하지 않으므로 벨기에, 이탈리아에 대해 타국에 준해 1개소의 광산을 허락함으로써 그들의 동정을 얻는 것이 다른 중요한 이권을 획득함에 유리하다고 보고하였다. 또한 러일전쟁 발발 후 일본의 조선 지배 방침을 말해 주는 「대한시설강령」(對韓施設綱領)은 조선의 광산에 대해 "속히 조사에 착수하여 유망한 것은 우리가 갖고 나머지 몇몇은 외국인이 이익을 누리게 하는 것이 농단의 비난을 피하고 좋은 감정을 유지함에 유리할 것"이라 하였다.[1] 광산 이권이 없는 국가에 1개소씩을 허가하기로 한 것은, 광산이 철도, 항만, 우편 사무처럼 조선 지배에 있어 절체절명의 문제가 아니었기 때문이기도 하지만, 조선 지배에 대한 국제적 비난을 피하기 위한 것이었다. 그러나 기본적으로 일본은 조선의 유망한 광산을 독점하고자 하였으며 그것을 위해 새로운 제도가 필요하였다.

(2) 영국 · 벨기에 · 이탈리아의 광산규칙안

일본이 「한국광업법」 제정을 서두르게 한 계기는 영국·벨기에·이탈리아가 조선의 광산을 쉽게 획득하기 위해 광산규칙안을 작성하여 1904년 9월에 하야시 공사에게 조회하였다는 사실이다. 3국이 일본공사에게 조회한 이유는, 제1차 한일협약인 외국인고문용빙에 관한 협정(1904년 8월)에 의해 조선이 외국인에게 특권 양여와 계약 등을 할 때 일본과 협의하도록 되어 있었기 때문이다. 공사가 외무대신에게 보고한 서신에 첨부한 3국안의 중요한 조항은 다음과 같다.

제1조 시굴권자는 조선 전 국토의 어느 곳에든지 탐광, 시추, 개착하는 권리

1 『집성』 5, #181, 小村외무대신→林공사, 1904.4.1; 『집성』 5, #111, 小村외무대신→林공사, 1904.2.27; 日本外務省編(1965: 228).

를 가짐.

제2조　시굴권자의 자격에 내·외국인의 차이 없음(수수료 100원).

제7조　시굴권자는 차구우선권을 가짐.

제10조　차구기간은 30년이며 이 기간 중 구역 내 모든 광물에 대한 독점권을 가지며 기간 만료시 농상공부가 매입하든가 혹은 차구기간을 연장.

제11조1　차구권자는 일정한 비율의 부록 B에서 정한 로열티를 지불.

제11조2　차구권자는 특허구역 내의 작업상 필요한 토지를 임차할 권리를 가짐.

제12조　차구권자가 필요한 도로건설용 토지를 수용할 시, 토지 소유자는 거부 불가.

제13조　모든 시설물의 세금 면제, 모든 광업물자 수입세 및 광산물 수출세 면제.

부록　A, B 금·은·동 광구의 한도는 사방 30리로 하며 로열티는 총이익의 5%로 함.[2]

이 안은 서양에서 이미 폐지된 광산왕유제를[3] 전제로, 차구권자가 로열티를 지불하고 일정 기간 채굴권을 갖는다고 규정하였다. 차구기간을 기존의 특허광약과 마찬가지로 광산 수명에 해당할 정도로 긴 30년으로 하였기 때문에 차구권은 사실상 소유권이나 다름없었다. 이 안은 시굴을 전국에 허용하여 외국인에게 광산을 완전 개방하도록 한 점에서 외교적 압력을 통해 광산을 취득하던 기존의 특허 방식과 차이가 있으나 그 외에는

2 『문서』 37-1, #623, 林공사→小村외무대신, 1904.9.6. 이 안은 영국이 청국에 제시하기 위해 작성한 광산규칙안을 약간 수정한 것이었다.

3 영국은 1689년, 프랑스는 1791년, 독일은 1865년에 왕유제가 폐지되고 근대 광업법이 제정되었다.

특허광약과 크게 다르지 않았다.[4] 이처럼 서구 열강이 조선의 광산을 완전 개방할 것을 요구하고 광산 허가를 조선 정부에 신청해 놓은 상태였기 때문에,[5] 조선에 대한 완전한 지배권을 확보하려는 일본은 위기감을 느끼지 않을 수 없었다. 이 안이 제출되었을 때 일본 공사는 각국에 대한 '기회균등주의'가 일본의 이익이 되지 않으며 일본이 정밀한 조사에 착수하여 유망한 광산을 손에 넣기 전에 영국 등의 안에 의해 유망한 광산이 선점당해서는 안된다는 의견을 외무대신에게 표명하였다.[6]

일본 정부로 보내진 이 안을 검토한 일본 농상무차관은 시굴권 제도가 조선의 제도·문물 상황에 비추어 보아 불필요하다고 전제한 위에, 특히 시굴권 설정 지역 및 면적에 아무런 제한을 두지 않은 점, 시굴권자에게 차구우선권을 부여하고 있는 점, 시굴 기한을 너무 길게 한 점 등을 문제점으로 지적하였다.[7] 조선에 대한 실질적 지배를 확보하고 식민지 경영의 과실을 노리고 있던 일본은 특혜적 권리 규정으로만 되어 있는 이 안에 의해 열강에게 광산 이권이 남설되는 것을 허용할 수 없었다.

(3) 새로운 광업법의 필요성

한편, 러일전쟁기에 일본은 일본은행 정화준비에서 금을 인출하였기 때문에 정화준비의 충실을 위한 금 수집이 절실하였다. 이에 일본은행은

4 특허광약은 대체로 만기를 1925년, 납세를 이익금의 1/4, 광구를 동서 60리, 남북 40리로 규정하였다.

5 영국이 수안금광을 교섭 중이었고 독일이 당현금광 대신으로 선천금광을 요구하였으며 이탈리아와 벨기에도 광산을 요구하고 있었다.

6 『문서』 37-1, #617, 萩原임시대리공사→외무대신, 1904.7.4; #623, 林공사→외무대신, 1904.9.6.

7 『문서』 37-1, #625, 和田농상무차관→외무차관, 1904.9.29.

일본 내 금·은 광산에 대한 융자를 시작하였으며 일본 흥업은행도 500만 엔을 한도로 광산에 대한 융자를 개시하였다(村上勝彦 1975; 通商産業省 1966). 물론 일본인 자본이 조선의 금광업에 진출하는 것도 절실하게 요구되었지만, 당시 조선의 광업 제도하에서 외국인의 광산 취득은 쉽지 않았다. 조선 정부는 어느 일국에게 광산을 허가하면 결국 모든 광산이 외국인의 손에 들어갈 것임을 우려하였으며,[8] 따라서 일부 특허 광산을 제외하면 광산을 외국인에게 개방하지 않았다. 이권 경쟁을 통한 광산 획득이 쉽지 않다는 것을 일찍이 간파한 일본 정부는 사적인 계약을 통해 광산을 획득하는 방법을 강구하도록 공사에게 지시하였다. 가령 일본인이 덕대나 덕대와 관련 있는 조선인과 약정을 맺은 후 관으로부터 공인받도록 하였다.[9] 그러나 덕대의 채굴허가권 자체가 매우 불완전할 뿐 아니라 지방민과 감리의 반발이 있어 온전한 경영을 하기도 어려웠다(박만규 1984).

이와 관련하여 주목되는 것은 일본 농상무차관이 영국 등의 광산규칙안에 광업권의 성격, 매매·양도·저당의 가능 여부, 경쟁 출원자의 처리, 공익상의 사업 금지 혹은 정지, 토지수용 등에 관한 규정이 너무 광범위하고 애매하다는 문제가 있음을 지적한 점이다.[10] 이러한 지적은 근대 광업법인 일본의 「광업조례」(1890년)를 성안한 와다(和田維四郎)가 광산왕유제에 입각한 「일본갱법」(1873년)의 결함으로 지적한 내용과 유사하다. 당시 와다는 「일본갱법」에는 출원에 대한 허가 기준이 정해져 있지 않고, 정부가 광물 전유권을 가지고 차구를 허가할 뿐이어서 장기적 계획에 의한 광산 경

8 『문서』 20, #86, 高平임시대리공사→외무대신, 1887.5.10.
9 『문서』 20, #90, 井上외무대신→임시대리공사, 1887.5.23.
10 『문서』 37-1, #625, 和田농상무차관→외무차관, 1904.9.29.

영이 불가능하며, 토지 소유자와의 권리의무관계가 불명확하며, 광업경찰 규정이 결여되어 있다는 점 등을 지적하였다. 그는 그런 결함이 바로 광업인의 권리가 공고하지 않은 데 기인하며 그 때문에 목전의 이익을 다투어 남굴하는 폐가 발생한다고 하였다(石村善助 1960). 광산규칙안의 차구권이나 특허광약이나 조선인의 채굴권은 모두 왕유권자에 의한 차구 허가에 불과하며 따라서 안정적인 권리는 아니었다. 일본은 이미 대만에서 자국의 「광업조례」를 거의 그대로 응용한 「대만광업규칙」(1896년)을 시행하였기에 조선에 어떤 새로운 광업법 도입을 생각하였는지는 자명하다.

왕유권자가 전권을 행사하는 상황에서는 제3국인의 광산 취득을 막을 수 없을 뿐 아니라 일본인의 자유로운 광업 진출도 불가능하였다. 일본인의 광업 진출을 보장하기 위해서는 새로운 법이 필요하였다. 그 법은 매매, 양도, 저당 등이 가능한 영구적이고 안정적인 권리를 규정하고 또한 권리허가 기준, 권리에 대한 공익적 통제, 토지재산권과의 관계 등에 관한 규정도 포함하는 것이어야 하였다. 물론 새로 작성될 법은 일본의 통치하에 있는 것이고, 따라서 기존에 제3국인에게 부여된 특권적 성격의 광산이권은 더 이상 허용될 수 없었다. 이에 당시 현안이던 수안광 특허에 대해, 하야시 공사는 "현재 제국정부가 조선 정부의 행정을 관할하는 이상 종래의 방침을 일변하여, 피특허자의 권리를 제한하고 조선 정부의 감독권을 확립하는 규정을 설정"[11]해야 한다고 본국에 보고하였다.

---

11 『문서』 38-1, #635, 林공사→외무대신, 1905.4.10.

2) 제정 과정

(1) 한국광업법초안과 요건각서

1904년 10월 고무라(小村壽太郎) 외무대신은 농상무성이 작성한 한국광업법초안(이하 초안)을 하야시 공사에게 보냈다. 후에 「한국광업법」의 모태가 된 이 초안은 일본의 「광업조례」를 모법으로 하여 작성되었으며, 그 내용을 조항별로 요약 정리하면 다음과 같다.

제1-2조 광업은 광물의 채굴 및 부속사업이며 모든 미채굴 광물은 국유.
제3조 광업 청원에는 내·외국인에 차별이 없으며 신청시 광종을 명기하고 광구도를 첨부.
제4조 광구면적은 5천-60만 평.
제5-8조 특정 지역은 광구 설정을 제한하며, 공익에 유해하면 청원을 불허.
제9조 동일지 출원자가 2인 이상이면 정부가 적당하다고 인정한 자에게 허가.
제10조 광업권은 정부 허가 없이 매매, 양여, 저당이 불가능.
제11조 광구 분할, 합병, 정정에는 정부 허가가 필요.
제12조 보고서 계출. 제13-14조 정지·취소. 제15-18조 광업용 토지 측량·조사·대여의 강요, 매수 가능. 제19조 갱내보안, 제20-24조 수수료·광업세·벌금.[12]

초안은 출원을 통해 광업권을 취득하며 허가를 받아 권리를 매매, 양도, 저당할 수 있다고 하였다(이를 광업권 제도라 함). 미채굴 광물을 국유로 하는 규정은 토지소유권과 광업권을 별개의 권리로 하여 국가가 광업권을 부여하는 권한을 가진다는 의미일 뿐, 왕유권자의 전유주의와는 다르다.

---

12 『문서』 37-1, #626, 小村외무대신→林공사, 1904.10.25.

일본은 대만 점령 직후에 광업개발을 제한하는 「사금채취규칙」을 제정·시행하다가 일본인의 이주가 많아지자 「대만광업규칙」을 제정하였던 것처럼, 식민지화 과정에 있는 조선에도 일본인의 이주가 많아질 것을 예상하고 일본인이 조선의 광업에 자유롭게 진출할 수 있도록 하기 위해 자국의 「광업조례」와 동일한 원칙에 기초한 법이 적당하다고 생각하였다.

그러나 초안은 「광업조례」를 모법으로 한 것이지만 양자 사이에는 큰 차이가 있었다. 「광업조례」가 자국민주의임에 반해 초안은 내·외국인 평등주의인 점과 노무 관련 조항이 없다는 점 등인데 이는 초안이 가진 식민지성을 말해 준다. 또한 「광업조례」가 선원주의(先願主義) 방식인 반면 초안은 임의허가주의였는데, 이는 조선에 대한 사실상의 지배권을 확보한 일본이 자의적 처분권을 갖고자 한 것으로 해석된다. 그리고 초안에서는 시굴권을 인정하지 않았는데, 이는 시굴과 채굴의 구분이 애매하여 시굴권을 인정하면 조선인과 제3국인이 시굴의 명분으로 선점할 것을 우려한 때문이었다.[13]

1905년 1월에 하야시 공사는 조선 정부가 이를 공포하도록 할 것을 본국에 요청하였으나, 일본 외무대신은 법규가 아직 확정되지 않았고 여전히 조사할 점이 있으며 광무고문의 의견도 들어야 하므로 그런 후에 공포하는 것이 좋겠다는 이유로 연기하였다. 조사할 점이 있었던 것은 무엇보다 왕실광산에 대한 처리방침이 결정되지 않았기 때문이었다. 미채굴 광물을 국유로 한다고 하였지만 광산에는 국유뿐 아니라 왕실 소유가 있고

13 이는 후술하는 광업규칙안에서 시굴권을 인정하지 않는 이유를 묻는 하야시 공사의 질문에 대한 桂太郎 외무대신의 대답이다(『문서』 38-1, #659, 외무대신→林공사, 1905.7.11).

양자 간에 구분이 분명하지 않았기 때문에 이에 대한 정리 없이는 법의 적용이 애매해질 수밖에 없었다. 외국인고문용빙에 관한 협정에 따라 1904년 10월에 재정고문으로 부임한 메가타(目賀田種太郎)는 재정 정리에 착수하였으며 왕실재정에서 큰 비중을 차지하고 있던 광산 정리에도 적극 개입하였다. 그러나 왕실광산을 일거에 국유로 하는 것은 쉬운 일이 아니었다. 1905년 3월에 일본 외무대신은 메가타에게 보낸 한국 재정 정리에 관한 '요건각서'에 왕실광산을 포함한 광산 정리 방침을 다음과 같이 제시하였다.

- 한국 황실 소속 광산을 정리하여 황실 소속과 정부 소속을 구분할 것. 단 황실 소속 광산 수를 제한하고 일반 개방분을 많도록 하기 위해 황실 소속 광산을 대략 20개소로 할 것.
- 황실 소속 광산은 황실에서 가급적 일본인과 공동으로 경영하도록 할 것.
- 정부 소속 광산은 정부가 광업조례를 만들어 … 내·외국인에게 개방하도록 할 것.
- 개전(開戰) 전부터 현안이 된 것을 제외하고 광산에 관한 요구는 모두 광업조례가 공포될 때까지 처분하지 말 것.
- 광산 사무의 정리를 위해 광산기사 1명, 조수 약간 명을 초빙하고 동 기사로 내장원 소관 광산에 관한 사무도 담당하도록 할 것.
- 황실의 광산과 기타 사업의 경영 … 은 모두 재정고문의 승인을 받도록 할 것.[14]

주지하듯이 재정 정리 사업에서 첫 번째 중요한 사업은 국유와 왕실 소유를 명확히 구분하는 것이었다. 따라서 요건각서는 왕실광산과 정부광

14 財政經濟學會(1939: 44).

산을 구분하고 정부광산만 내·외국인에게 개방하도록 하였다. 그런데 이를 두고 요건각서의 의의가 개방과 개방 불가 광산을 구분하고 후자를 독점하려 한 것에 있다고 이해(小林賢治 1987)하는 것은 일면적이다.[15] 그보다 중요한 점은 재정 정리를 위해 왕실광산과 정부광산을 구분하면서 일반 개방분을 많게 하기 위해 전국 51개 군에 걸쳐 있는 왕실광산을 20개소 정도로 축소하려 한 것이며, 이는 곧 왕실광산 폐지 원칙을 의미하는 것이었다. 초안이 광업권을 인정함으로써 광산왕유제를 이념적으로 부정한 것이었다면, 왕실이 가장 유망한 광산의 대부분을 차지하고 있다는 점에서 왕실광산 폐지는 광산왕유제의 실질적 폐지를 의미한다.

요건각서에 나타난 또 하나의 원칙은 외국인 배제 원칙이었다. 정부 소속으로 되지 않고 그대로 왕실광산으로 남은 광산에 대해서는 왕실의 처분권이 행사될 수밖에 없기 때문에 그것에 대한 지배권을 설정해 놓지 않으면 왕실의 특허에 의해 광산이 다른 열강의 수중에 들어갈 수 있었다. 따라서 요건각서는 왕실이 광산을 일본인과 공동 경영하고 경영에 관해 재정고문의 승인을 받도록 하였다. 5월에 하야시 공사는 외무대신에게 보낸 전보에서, 유망한 광산을 왕실광산으로 보류하여 조선과 일본의 공동사업으로 하고 일본인이 신청한 광산을 왕실에 통첩하여 후일 선취권을 주장할 근거를 마련하자고 하였다.[16] 제3국인에게 왕실광산이 허가되는 것을 막겠다는 의도는 각국의 청원에 대해 개전 전부터 현안이 된 것 외에는 법

---

15 한일의정서 제6조에 의거하여 1904년 5월에 주한일본공사가 자국 외무대신에게 보고한 조관 제11관은 "한국 내의 각종 광산의 채굴은 종전에 각 체맹국 신민에게 특허한 것 외에 왕실 소관의 광산이라 할지라도 일정한 규칙을 정하여 내·외국인에 채굴권을 특허"(국사편찬위원회 1972: 62)한다고 하여, 국유와 왕실 소유를 다르게 인식하지 않았다.

16 『문서』 38-1, #627, 林공사→외무대신, 1905.3.11.

이 공포될 때까지 처리하지 않기로 한 것에서도 보인다.

(2) 한국광업규칙안과 칙령안

요건각서에 의해 왕실광산에 대한 정리 방침이 정해지고 농상무성 지질조사소장 고치베(巨智部忠承)가 광무고문으로 내정된 후인 1905년 5월에 외무대신은 하야시 공사에게 총 30개 조(부칙 포함)로 된 한국광업규칙안(이하 규칙안)을 기밀로 보냈다. 초안을 일부 수정한 이 규칙안은 이미 메가타 재정고문과도 협의된 것이므로 별 문제가 없다면 적당한 시기에 공포하기로 되어 있었다. 외무대신은 하야시 공사에게 시행세칙을 마련하도록 지시하였지만 하야시는 조선의 행정에 대한 일본의 감시에 불리하므로 시행세칙이 필요하지 않다고 보고하였다.

규칙안은 초안과 거의 동일하지만 광종(사금을 포함하여 총 15종)을 명시하고 선원주의를 채택하고 허가면적 상한을 확대한 점에서 차이가 있었다. 광종을 명시한 것은 규칙안이 초안보다 법안으로서 더 구체화된 것임을 의미하며, 허가면적 상한을 확대한 것은 당시 새로 제정된 일본「광업법」(1905년)에서 면적 상한이 100만 평으로 확대된 것과 관련 있었다. 무엇보다도 허가 방식에 있어 선원주의를 채택한 것은 초안의 임의허가주의와 대비되는 점으로서, 조선에 대한 지배가 확고해졌다는 인식에서 나온 것이었다.[17] 또한 초안에는 없던 다음의 조항이 부칙으로 추가되었다.

---

17 이러한 인식은 中村제철소 대리인 木村健夫가 은율철광 채굴권을 가진 조선인과 위탁계약을 맺어 권리를 확보하려 하자 외무차관이 "한국의 형세가 이미 일변한 금일에 변칙의 수단을 쓸 필요가 없"다면서 반대한 데서도 잘 나타난다(『문서』 38-1, #646, 珍田외무차관→제철소장관, 1905.5.13).

제27조 이 규칙의 시행 전에 제출한 출원에 대해서도 이를 적용.
제28조 궁내부 소속 광산에 대해서는 이 규칙을 적용하지 않음.

제27조는 규칙안이 허가 방식을 선원주의로 한 것과 관계가 있다. 규칙안을 송부하면서 외무대신은 하야시 공사에게 공사관에 제출된 일본인의 광업 출원 중 아직 조선 정부에 제출되지 않은 것이 있으면 규칙 공포 전에 제출하여 선원권을 확보하라고 지시하였다. 제28조는 왕실광산을 일반광산과는 명백히 다른 것으로 인식하고 있음을 보여 준다. 왕실광산과 관련하여 하기와라(萩原守一) 임시공사는 규칙안 시행에 앞서 메가타 재정고문과 함께 칙령안으로 다음과 같은 '황실유광산건'(皇室有鑛山件)을 작성하여 외무대신에게 조회하고 속히 훈시해 줄 것을 요청하였다.

제1조 함남북, 평북(운산 제외)에서 현재 채굴 중이거나 장차 발견되는 모든 광산을 황실 소유로 함.
제2조 황실 소유 광산은 따로 규정하고 세전요법(世傳料法)이 정한 바에 따라 법정 수속에 의한 등록을 하며 매매, 이전을 금함.
제3조 황실 소유 광산의 채굴에 관해서는 별도로 규정함.
제4조 3도의 광산일지라도 조사 결과에 따라 황실 소유로 하기 곤란할 때는 국유로 이전함.
제5조 종래 유보된 황실 소유 광산은 제1조 외에는 모두 해제.[18]

이 칙령안의 저변에는 요건각서와 마찬가지로 왕실광산 폐지 원칙이 깔려 있었다. 즉, 아직 광업조사가 끝나지 않은 함남북과 평북을 제외한

18 『문서』 38-1, #676, 萩原임시대리공사→임시외무대신, 1905.10.16.

지역에 있는 왕실광산은 폐지하며 3개 도의 광산이라도 조사 결과에 따라 일부를 국유로 이전하기로 하였다. 기존의 왕실광산 중 3개 도에 소재한 것은 14개 광산에 불과할 뿐 아니라 당시 왕실의 광세 수입 대부분을 차지하고 있던 황해 및 평남을 제외한 것은 왕실광산의 축소, 즉 왕실광산 폐지 원칙을 보여 주는 것이다.

외국인 배제 원칙은 칙령안에도 관철되고 있었다. 왕실광산의 매매, 이전을 금한 것은 제3국인이 왕실광산의 채굴 허가를 받은 자로부터 취득한 권리를 주장할 수 없도록 한 것이었다. 또한 임시공사의 설명에 따르면, 왕실광산의 개발을 보류하여 둔 것(제3조)은 제3국인에게 허가되지 않하도록 하고 장차 일본인이 합자나 협동사업 등의 적당한 명분하에 경영을 할 수 있도록 하기 위해서였다. 그래서 마련된 별도 규정이 「제실광산규정」(帝室鑛山規程)이었다.[19] 규정의 목적은 조선인이 특허증을 외국인에게 방매하는 것을 막기 위해 칙령으로 발급한 특허증을 회수하고 궁내부 스스로 소관 광산을 경영하도록 한다는 것이었으며, 규정에 따라 가토(加藤增雄)[20] 고문이 왕실광산을 전관하게 되었다.

하야시 공사는 규칙안 및 칙령안을 1905년 11월 15일자로 공포하기로 하고 자국 외무대신에게 조회한 결과 이의가 없다는 회신을 받았다. 그러나 그는 법 시행에 유감이 없도록 하기 위해 농상공부에 일본인 사무관을 배치하는 것이 필요하다고 인식하고 규칙안 공포를 통감 부임 후로 연기

---

19 규정은 가토 고문이 궁내부 대신에게 보낸 서신(규20054, 1906.7.12)에 첨부되었다.

20 주한일본공사였던 가토는 1902년에 농상공부 고문으로 임명된 후 1904년 9월부터 궁내부 고문을 겸임하였으며, 1907년 7월 제3차 한일협약 후에 고문제가 차관제로 바뀌면서 면직되었다.

할 것을 요청하였다.[21] 그래서 1906년 1월에 작성된 「제실광산규정」만 시행되다가 1906년 6월에 「한국광업법」, 7월에 「사광채취법」이 공포되었으며[22] 「한국광업법」은 1907년 8월, 1908년 3월, 7월에 개정이 있었다. 1906년 8월에 광업법 관련 업무의 처리를 위해 농상공부 광산사무국이 설치되었으며, 농상공부 대신이 총재를 겸임하였지만 일본인 사무관이 배치되어 사실상 사무를 관리하였다.

3) 내용과 효과

(1) 「한국광업법」의 내용

「한국광업법」은 앞의 규칙안을 골자로 하였지만 허가기관, 동일(同日) 출원의 처리, 출원 광물의 존재 입증, 통감의 승인, 왕실광산의 처리, 소원(訴願) 불가 등에 관한 조항을 포함하였다. 이런 조항들에 근거하여 볼 때 「한국광업법」의 주요 내용을 왕실광산의 폐지, 외국인의 광산 취득 제한, 근대법적 성격과 한계로 정리할 수 있다.

먼저, 왕실광산의 처리 규정을 보자. 요건각서나 칙령안은 왕실광산의 폐지가 아니라 축소한다고 하였는데 그것은 아직 독립국의 지위를 유지하고 있는 조선왕실의 재산권을 인정하지 않을 수 없었기 때문이다. 그러나 제2차 한일협약을 통해 주권을 사실상 지배하고 보호정치를 시작한

21 『문서』 38-1, #676, 萩原임시대리공사→임시외무대신, 1905.10.16; #684, 小村외무대신→임시대리공사, 1905.10.30; #695, 林공사→임시외무대신, 1905.12.26.

22 통감부의 木內 농상공총장, 광무고문 巨智部 박사, 광무실무자 黑岩 기사가 「한국광업법」을 심의·결정하였다(淺野虎三郎 1913).

이상 일본은 왕실의 자주성이 행사되는 일체의 권리를 용납할 수 없었다. 그래서 일본은 왕실광산을 일반광산과 구분해서 취급하던 지금까지의 방침과는 달리 광업법 제25조에 왕실광산에 대해 다음과 같이 규정하였다.

- 궁내부 소속 광산은 칙령으로 고시함.
- 궁내부가 소속 광산의 채굴을 자행하는 경우에는 제12조, 제18-20조의 규정을 적용하지 아니함.
- 궁내부 소속 광산을 채굴하고자 하는 자에 대해서는 다음 규정 외에는 본법 규정을 적용함. ① 제8조의 경우에는 농상공부 대신이 적당하다고 인정하는 자에게 허가함. ② 광업권자는 제19조에 준하는 상납금을 농상공부 대신을 거쳐 궁내부에 봉납함.

1906년 4월에 광업법 원안을 조선 정부에 송부한 직후 제4회 '한국시정개선을 위한 협의회'(이하 협의회)에서 이토 통감은 광업법 제25조와 관련하여 "한 나라에 두 개의 정부가 있을 수 없기 때문에 왕실이 소유하는 광산일지라도 이 법률의 지배를 받아야 한다. … 법률의 범위 밖에서 황실이 자유로이 계약을 하는 것은 허락할 수 없는 바"라고 하여 '법일원화' 원칙을 표방하였으며[23] 제5회 협의회에서 그것을 재차 강조하였다. 법일원화 원칙이 필요하였던 것은 왕실광산을 통제 가능한 영역에 두기 위해서였다. 조선인은 광산을 외국인에게 매각, 양여할 수 없음이 허가증에 명문화되어 있음에도 습관처럼 이전하였으며, 궁내부 대신과 경리원경이 모르는 채굴 허가가 남발되었고 허가받았다는 광산도 허가 여부가 불명확하였다.[24]

23 『집성』 6上, #79, 「韓國施政改善ニ關スル協議會第4回」, 1906.4.13.
24 『집성』 6上, #94, 「韓國施政改善ニ關スル協議會第11回」, 1906.9.1.

그러나 이제 왕실광산에 대한 허가권을 농상공부 대신에게 두어 왕실이 임의로 광산 이권을 처분하지 못하도록 하였다. 왕실광산이 여타 광산과 다른 점이 있다면 선원주의에 따르지 않는다는 것과 광세를 궁내부에 납부한다는 것에 불과하였다.

왕실광산의 처분을 광업법에 포함시켰기 때문에 「제실광산규정」은 광업법이 시행되는 9월에 폐지되고, 상기 제25조 1항에 근거하여 26개 군의 광산이 왕실광산으로 지정되었다. 통감부는 왕실광산 전부를 국유로 하고자 하였지만, 그것에 대해 궁내부는 보호국협약 체결 당시 이토가 왕실재산에 대해 간섭하지 않기로 한 약속을 내세워 반대하였기 때문에 왕실광산 중 일부가 왕실 소속으로 인정되었다(青柳南冥 編 1918). 왕실광산은 왕실에 처분권이 없다는 점에서 왕유제적 성격은 유명무실해졌지만 왕실에 소유권이 있다는 점에서 왕실광산에 설정되는 권리는 성격이 애매모호할 수밖에 없었다. 따라서 전국의 유망한 광산 대부분을 망라하고 있는 왕실광산으로 인해 광업법은 불완전할 수밖에 없었다. 이후 일본은 헤이그사건을 빌미로 왕실의 물적 기반을 제거하는 조치로 1907년 8월에 왕실광산을 폐지하였으며 이로써 왕실광산에 설정되었던 권리의 애매모호함은 완전히 사라지게 되었다.

다음은 외국인의 광산 취득 제한이다. 일본은 요건각서나 칙령안(및 「제실광산규정」)에서 왕실광산을 법외에 보류해 두고 그것을 독점하려고 하였으나 제3국의 반발을 야기하였을 뿐 아니라[25] 법외에 보류한 광산이 왕

25 예컨대, 미국인 콜브란은 일본인이 관심을 갖고 있던 갑산광산을 왕실의 특허를 받아 선정하였으나 통감부가 그것을 허가하지 않자 이의를 제기하였다. 또한 영국인이 왕실로부터 명태동광산을 허가받은 李重寧의 권리를 매수하였으나 「제실광산규정」에 따

실의 처분에 의해 제3국인의 손에 들어가는 것을 막을 수 없었다. 따라서 법일원화 원칙은 왕실광산의 폐지뿐 아니라 왕실이 제3국에게 광산 이권을 허가하는 것을 막고자 하는 의도를 내포하고 있었다. 그런데 열강들이 전례에 따라 특허를 요청하는 것은 법일원화 원칙으로 막을 수 있게 되었지만, 이제 광업권 취득에 내·외국인 간의 차별이 없어졌으므로 어떤 형태로든 제3국인의 광업권 취득을 제한할 필요가 있었다. 이에 제4회 협의회에서 이토는 "일본이 한국 외교의 책임을 가지고 있기 때문에 일본인과 외국인에 대해 조선 정부가 직접 광산 채굴을 허가하는 것을 불허(하고) … 금후는 일본인이든 외국인이든 광산 채굴원을 우선 통감부에 제출하도록 하고 그것을 심사하여 허가할 것으로 인정되면 조선 정부에 이첩하여 조정에서 허가하도록"[26] 하겠다고 하였다.

이런 의도에서 제27조는 광업법에 의한 처분은 통감의 동의를 거쳐야 하며 궁내부 소속의 광산에 관해서도 역시 동일다고 규정하였다. 이 조항에 대해, 제6회 협의회에서 이토는 "한국인이 광산에 관한 권리를 일본인에게 양도한 후 다시 다른 외국인에게 전매하곤 하여 복잡한 문제를 야기함이 적지 않으므로 사업가에게 권리를 주기 전에 통감부에서 알 필요가 있고 … 미리 통감의 승인을 거치면 농상공부 대신은 그 처분을 매우 쉽게 할 수 있기" 때문이라고 하였다. 그러나 농상공부 대신에게 처분을 맡겨 둔다면 제3국인의 광산 취득을 통제할 수 없다는 것이 통감의 승인을 거

라 궁내부 고문 가토에 의해 이중녕의 허가가 취소되고 일본인에게 허가되자 영국영사관이 항의하였다(『문서』 38-1, #683, 萩原임시공사→小村외무대신, 1905.10.30; 39-2, #956, 加藤외무대신→林공사, 1906.1.12; 39-2, #964, 珍田외무차관→통감부총무대신, 1906.3.6).

26 『집성』 6上, #79, 「韓國施政改善二關スル協議會第4回」, 1906.4.13.

치도록 한 진정한 의도였다. 조선 정부는 외국인의 경우에만 통감의 승인 요건을 두는 수정안을 제시하였지만, 통감은 "내·외국인을 구별하면 도저히 치외법권을 철폐할 수 없다"며 수정안을 거부하였다.[27] 왜냐하면 외국인은 일본인과 제3국인이므로 제3국인이 치외법권을 주장하면서 통감의 승인을 문제삼을 것이기 때문이었다. 수정안을 거부하면서 조선 정부의 체면을 고려하여 승인을 동의로 변경하였지만 승인과 동의 간에 차이는 없었다. 또한 광업 서류를 조선인은 농상공부 광산사무국에 제출하고 외국인은 통감부에 제출하도록 한 것이나 규칙안보다 선원주의가 후퇴하여 광업 허가에 정부의 권한이 미치도록 한 것도 외국인의 광산 취득에 대한 통제와 관련 있다고 할 수 있다.

마지막으로 근대법적 성격과 한계이다. 「한국광업법」은 「사금개채조례」와는 대비되는 최초의 근대적 광업법이었다. 「사금개채조례」에 의하면 모든 광산은 정부의 소유이며 따라서 광부는 정부로부터 파견된 징세인에게 허가를 받아야 비로소 채굴에 종사할 수 있었으며, 어떤 사적 권리도 인정될 수 없었다. 그러나 「한국광업법」은 광업의 자유를 허용하고 채굴권을 사적 재산권으로 인정하고 있으며, 그 점에서 광물 자원의 지속적이고 합리적인 개발을 가능하게 하는 첫 단계였다. 石村善助(1960)는 근대 광업법인 일본의 「광업조례」가 이전의 「일본갱법」과 다른 점으로, 선원주의의 채택, 토지재산권과의 관계 설정 및 광업권자 보호, 광업권자와 광산노동자 간의 관계 규정이라는 세 가지 점을 지적하였다.[28] 즉, 근대 광업법의

27 『집성』 6上, #79, 「韓國施政改善二關スル協議會第6回」, 1906.6.25.

28 石村善助(1960)는 「광업조례」의 모법이자 근대 광업법의 전형인 1865년 프로이센 「보통광업법」의 내용을 선원주의로 표현되는 광업자유제의 채택, 광산왕유제의 폐지, 국가의 권

중요한 내용은, 첫째 사적 재산권인 광업권의 설정 과정, 둘째 토지재산권과의 관계, 셋째 공권적 통제에 관한 규정이다. 그러면 「한국광업법」에서 그것이 어떻게 규정되었는가를 모법인 일본의 「광업조례」와 대비해 보자.

첫째, 「한국광업법」에서 설정한 광업권은 상속뿐 아니라 매매, 양도에 의한 이전은 물론 권리를 담보로 한 금융도 가능하다는 점에서 발달한 사적 재산권의 성격을 갖고 있었다. 그러나 아직 양도 및 저당에 관한 법령이 구비되어 있지 않아 권리에 다소 제한적인 면이 있었고 공동광업권자들 간의 관계와 권리 및 의무에 관한 규정이 분명하지 않았다. 「광업조례」는 출원 일시의 선후에 따라 허가하고 일시가 동일한 경우에는 출원자 간에 협의하도록 하였지만 「한국광업법」은 동일 출원에 대해서 농상공부 대신이 임의처분하도록 규정하였으며(제한적 선원주의), 「광업조례」는 공익에 유해하다고 인정되는 경우에 허가하지 않는다고 하였지만 「한국광업법」은 공익상 기타 사유로 필요한 경우에 허가하지 않는다고 규정하였다. 이처럼 관청 재량주의를 폭넓게 인정하면서도 「광업조례」와 달리 「한국광업법」에는 행정소원에 관한 규정이 없었다. 또한 「광업조례」의 자국민주의에 비추어 볼 때 「한국광업법」은 외국인에게도 광업권 취득 기회를 동등하게 부여하는 식민지성을 갖고 있었다.

둘째, 광업권은 토지재산권과 마찰을 일으키게 되므로 토지의 사용·수용에 관한 적절한 규정이 필요하다. 「광업조례」에 11개 조로 되어 있는 토지 사용에 관한 규정이 「한국광업법」에는 4개 조로 축약되어 있으나 주요 내용은 대동소이하였다. 「한국광업법」 제15조는 광업권자가 농상공부

한 최소화와 사기업의 자유 보장으로 요약하였다.

대신의 허가를 받아 토지 소유자로부터 토지 대여를 강요할 수 있으며, 토지 차지료나 토지 매입가 또는 손해 배상액 등에 대한 협의가 불가능하면 농상공부 대신이 판정한다고 규정하였다. 이는 경작 토지를 침범하지 못하게 한 「사금개채조례」와는 달리 광업권자의 권리를 보호하고 토지 소유자의 권리를 상대적으로 약화시킴으로써 광업을 장려하는 의미를 가지고 있다.

셋째, 광업권은 애초에 국가의 허가 행위로부터 설정되는 것이므로 공권적 통제를 수반한다. 특히 광업은 광산재해, 광해 등 사적 문제를 넘어서는 사회적 문제를 야기하므로 광업권 행사에는 일정한 규제가 필요하다. 일반적으로 광업법이 포함하는 공권적 통제로는 광업권자의 보고 의무, 광업경찰, 광산노동자의 보호·구휼, 광해에 관한 규정을 들 수 있다. 「광업조례」에는 광업경찰에 대해 6개 조, 광산노동자의 고용·구휼에 관한 9개 조의 규정이 있지만 「한국광업법」에는 그에 관한 아무런 규정이 없으며, 다만 허가 취소나 폐업시 안전상 필요한 갱내 구조물을 제거할 수 없도록 한 규정이 있을 뿐이었다. 또한 「한국광업법」에서 광업권자는 생산량·생산액, 작업일수, 작업연인원, 갱내실측도를 보고할 의무가 있지만 「광업조례」에 비해 의무사항이 간소하였다.

「한국광업법」은 1915년에 「조선광업령」으로 개정되었다. 「조선광업령」은 광업권을 물권으로 규정하고 광업권 관련 행위에 대해 부동산에 관한 법률을 준용한다고 규정하였다. 「조선광업등록규칙」(1916년)으로 부동산 등기와 마찬가지로 광업권 등기 제도가 마련되어 광업권은 완전한 사적 재산권의 모습을 갖게 되었으며, 「조선재단저당령」(1919년)으로 저당권 설정에 의한 금융도 가능하게 되었다. 또한 「조선광업령」은 공동광업권자를 조합 계약을 맺은 자로 보고 공동광업권자의 지분 처분 가능성을 넓게 인정하였다. 한편, 「조선광업령」은 토지 수용에 관한 규정을 강화하여 4개 조항에 불과하던 토지 수용 관련 조항을 9개 조항으로 늘렸고 특히 「토지수용령」(1911년)을 준용함으로써 토지 소유자에게 토지 매각을 강요할 수 있도록 하였다.[29] 그러나 토지 수용 규정은 강화된 반면 광부부조와 광업경찰에 관한 규정은 모두 3개 조에 불과하고 구체적인 시행세칙과 제도가 없었다(長沢一恵 2016). 또한 「조선광업령」은 동일 출원에 대해서 구법과 마찬가지로 관청 재량의 범위를 그대로 인정하고 광업 처분에 대한 이의신청을 규정해 놓지 않았다. 「조선광업령」은 광업권을 완전한 사적 재산권으로 규정한 점에서 광업권의 진보를 보여 주는 것임은 분명하지만, 다른 한편에서는 「토지수용령」의 발동에 의한 토지 소유자의 권익 침해, 광업경찰·광부부조 규정의 결여에 의한 노동 착취, 관청재량주의 혹은 관 우위의 일방적 지시행정을 그대로 유지하였다.

(2) 「한국광업법」의 효과

「한국광업법」은 비록 식민지적 성격을 갖고 있었지만 광업개발을 촉진하여 제정 이후 광구 출원 및 허가가 급증하였다([표 3-1]). 광업법은 1906년 9월부터 시행되었지만 그해의 출원은 무려 259광구에 달하였다. 1908

29 일본에서는 토지 수용을 인정하지 않고 당사자 간의 자유계약에 맡겼으며 관동주에서는 砂鑛에 대해 토지 소유자의 승낙을 받도록 하고 토지 소유자 스스로 출원을 하지 않는 경우에만 강제 수용하였다(鑛山懇話會 1932). 특히 사광은 토지 황폐화나 하천 범람, 광폐 등의 문제로 인해 광업권과 토지소유권 간에 분쟁이 발생할 가능성이 크다. 따라서 일본에서는 따로 사광법을 제정하여 토지 소유자에게 채굴권을 우선적으로 부여하였으나 조선에서는 사금을 광업령에 포함시켰기 때문에 토지소유권에 대한 침해가 클 수밖에 없었다(石川, 「朝鮮の鑛業法令に見られる法定鑛物の考察(二)」, 『월보』 75호, 1944).

표 3-1 민족별 출원 · 허가 · 소유 · 폐업 광구 수(1906-1915년)

연도	출원				허가				소유				폐업
	조	일	외	계	조	일	외	계	조	일	외	계	
1906	32	212	15	259	4	26	0	30	4	26	0	30	–
1907	63	244	12	319	28	135	19	182	27	168	16	211	1
1908	45	185	4	234	20	145	1	166	47	285	29	361	16
1909	215	263	14	492	109	184	13	306	145	399	31	575	92
1910	560	436	35	1,031	161	124	9	294	249	449	46	744	125
1911	291	378	23	692	207	190	5	402	324	433	44	801	345
1912	207	397	29	633	121	196	9	326	343	528	48	919	208
1913	215	385	10	610	135	207	10	352	369	663	53	1,085	186
1914	179	358	5	542	93	214	1	308	348	730	45	1,123	270
1915	403	381	30	814	157	205	18	380	403	803	50	1,256	247

주: 1) 조선인·일본인 공동은 일본인, 외국인·조선인 또는 외국인·일본인 공동은 외국인에 포함.
2) 관영 평양광업소는 제외.
3) 폐업은 전년도 소유+본년도 허가−본년도 소유.
자료: 『추세』(1912); 友邦協會編(1974: 353); 『시정연보』(1911).

년에 출원광구가 크게 감소한 것은 조선의 정세가 불안하였기 때문이었지만 1909년부터 다시 출원이 급증하여 1910년에는 1,000여 광구에 달하였다. 민족별로는 1906년 3개월 동안 일본인의 출원이 무려 212광구나 되었던 반면 조선인은 32광구, 외국인은 15광구에 불과하였다. 일본인의 출원이 그처럼 많았던 것은 일본인들이 광업법 시행을 얼마나 열망하였는가를 입증한다(山口精 1910). 허가광구 수도 점차 증가하였으며, 민족별로 보면 1909년 말 현재 총소유광구 중 69%가 일본인 소유이고 25%가 조선인 소유이며 나머지가 외국인 소유였다.

표 3-2 광종별 출원 · 허가 · 가행 · 휴업 광구 수(1908-1915년)

연도	금·은광				사금광				소계	기타				합계		
	출	허	가	휴	출	허	가	휴	가+휴	출	허	가	휴	출	허	가+휴
1908	36	21	9	67	58	34	26	80	182(50.4)	140	111	25	154	234	166	361
1909	206	114	27	135	100	64	51	85	298(51.8)	186	128	56	221	492	306	575
1910	489	123	42	200	274	71	79	98	419(56.3)	268	100	77	248	1,031	294	744
1911	358	85	74	153	166	232	56	223	506(63.2)	168	85	82	213	692	402	801
1912	325	149	84	236	134	92	45	227	592(64.4)	174	85	65	262	633	326	919
1913	354	189	130	305	71	68	75	199	709(65.3)	185	95	79	297	610	352	1,085
1914	287	155	177	319	72	59	42	201	739(65.8)	183	94	83	302	542	308	1,123
1915	447	210	189	414	198	72	45	200	848(67.5)	169	98	75	333	814	380	1,256

주: 1) 원자료에서는 제외한 특허 광산(일체광물) 5광구를 기타 광에 포함.
2) 출, 허, 가, 휴는 각각 출원, 허가, 가행, 휴업.
자료: 『통계연보』(1915).

허가광구 중에는 금 및 사금광의 비율이 7-8할로 압도적이었다([표 3-2]). 1909년 말 현재 총광구(가행+휴업) 중 금·은 및 사금광이 51.8%였으며 금·은광과 사금광이 각각 반씩일 정도로 사금광이 큰 비율을 차지하였다. 그러나 광업법 시행 이후 광구는 빠른 속도로 증가하였지만 대부분이 채굴을 하지 않는 휴업 상태였다. 1909년에 가행률(가행광구/총광구)은 금·은광이 17%에 불과한 반면, 사금광은 상대적으로 높은 38%였다. 사금 채굴은 이미 과거부터 계속되어 온 것이고 자본도 크게 필요하지 않고 작업도 비교적 용이하였던 반면, 당시에는 아직 석금을 채굴·제련할 수 있는 기술이 보급되지 않았기 때문이라고 할 수 있다.

광업법 실시 이후에 광산액도 증가하였으며, 금, 철, 석탄, 흑연이 조선을 대표하는 4대 광물로 등장하였다. [표 3-3]에 의하면, 1908-1910년

표 3-3 광종별 생산액(1907-1915년) (단위: 천 원)

연도	금·은	사금	금·은광	소계	철광	석탄	흑연	기타	합계
1907		85		2,593	7	13	16	4	2,633
1908	2,499	244	75	2,818	375	213	153	10	3,569
1909	3,114	527	209	3,850	328	226	182	3	4,588
1910	3,752	822	510	5,084	421	389	153	21	6,068
1911	4,441	592	280	5,313	163	539	169	1	6,186
1912	4,660	671	483	5,814	202	558	235	7	6,815
1913	5,721	970	442	7,133	234	570	253	7	8,198
1914	6,077	575	612	7,264	293	811	152	2	8,522
1915	6,790	699	1,162	8,651	357	998	215	294	10,516

주: 1) 1910년 이전은 채굴 광물에 대한 추정 가격.
2) 1910년까지 철광석은 판매지 가격으로 추정.
자료: 『통계연보』(1915), 1907년은 『시정연보』(1911).

에 철, 석탄, 흑연의 생산액 증가는 별로 크지 않았던 것으로 보인다. 철과 석탄 생산의 대부분을 차지한 재령, 은율 철광산과 평양탄전은 일본이 군사적 목적을 위해 일찍부터 개발하였다. 흑연은 일본인 민간에 의해 주로 채굴되었지만 이 시기에 특별한 수요가 있었던 것은 아니었기 때문에 생산의 증가가 거의 없었다. 금광산액은 광업법 실시 이후 매년 증가하여 3년 만에 2배로 증가하였지만, 그것의 대부분은 외국인 특허 광산이 생산한 금·은 및 금광석이었다. 사금은 금광산액에서 차지하는 비중이 크지는 않지만「한국광업법」이후 생산이 급증하여, 1908년부터 만 2년 사이에 24.4만 원에서 82.2만 원으로 증가하였다. 당시 광업권자가 광업명세표를 작성할 때 덕대로부터 징수한 것을 산출액으로 계출하였기 때문에 실제의 사금 생산액은 표에 제시한 것보다 컸을 것으로 생각된다.

2. 조선광상조사와 연료선광연구소

1) 조선광상조사의 실시

(1) 조선 광산에 대한 일본 내 인식

「한국광업법」이 제정되어 많은 일본인들이 조선의 광업에 진출하였지만 그들 중 극소수를 제외하면 건실한 광업가가 아니라 오히려 광업 발전을 저해하는 소위 허업가들일 뿐이었다(宮崎雪堂 1917). 일본인 대자본가의 진출이 부진하였던 것은 조선의 정세가 아직 불안정하였다는 점뿐만 아니라 광상의 상태가 불명확하다는 점 때문이었다. 일본 광업계는 조선 광업에 관한 정보를 전혀 가지고 있지 않았던 것은 아니지만 그 유망성을 확인할 수 있을 정도로 충분한 정보를 갖고 있지 못하였다.

개항 전부터 독일인 오페르트(E. Oppert)에 의해 조선에는 동양의 어떤 나라보다 광물자원이 풍부하다는 설이 유포된 이후 조선의 광산에 관해 매우 상반된 견해가 존재하였다.[30] 일본도 조선의 광물에 대해 많은 관심을 갖고 있었으며 부산세관 설치 문제를 해결하기 위해 방한한 하나부사(花房義質) 대리공사는 조선 정부에 대해 본초, 광산, 지질 등을 연구하기 위한 일본인의 국내 순행을 허가해 줄 것을 요구하였다. 이후 일본은 군인, 공사관·영사관 관리, 개항장의 민간인 등의 보고와 정보에 기초하여

30 Campbell, Gowland와 1895년에 북부의 광물을 조사한 Lubentsov 등은 조선의 광물자원 부존 상황을 높이 평가하였지만, 1884년에 아마도 최초의 전국적인 실지 조사를 한 것으로 생각되는 Gottsche는 광물자원이 풍부하지 않아 자급자족을 하기에도 부족한 상태라고 하였으며 Bicher도 조선에 광물이 풍부하다는 설은 과대평가된 것이라고 하였다(農商務省譯 1905).

광산의 실태를 파악하였다. 이를 바탕으로 이토(伊藤彌次郎)는 1885년에 『일본광업회지』에 개황을 최초로 소개하면서 광산지 160개소를 들어 광업이 유망함을 주장하였다. 그러나 1893년에 일본의 유력한 광업가인 후루카와(古河市兵衛)가 경남 창원광산을 시굴한 지 반년도 되지 않아 타산이 맞지 않다는 이유로 철수하였으며 그것은 조선 광산에 대한 인식에 부정적인 영향을 미쳤다.[31]

일본인으로는 농상공부 광무보좌관으로 초빙된 니시와다(西和田久學)가 1895년부터 1897년까지 함경, 평안, 황해, 강원도의 광산을 최초로 실지조사하였다. 그는 금광산지 103개소를 포함하여 은·연, 동, 아연, 철, 수은, 망간, 석탄 산지로 총 192개소를 소개하였다(Nishiwata 1897). 이후 이용익이 광산 이권을 담보로 40만 원의 차관을 요청하자 가토(加滕增雄) 공사는 이를 광산 이권 획득의 기회로 생각하고 일본 재벌에게 조선 광산의 개발을 타진하였다. 이에 조선의 각종 이권에 특별한 관심을 가지고 있던 시부사와(澁澤榮一)는 이시이(石井八萬次郎)와 사이토(齊藤精一)를 조선에 파견하였다. 두 사람은 1899년 7월부터 3달 동안 광산지 30개소를 순회하였으며, 은율과 직산이 유망하다는 이시이의 보고에 따라 시부사와는 직산광산의 특허를 신청하였다(廣瀨貞三 1985). 그러나 순회 기록을 『일본광업회지』에 6회(177-182호)에 걸쳐 기고한 사이토는 이시이와는 달리 조선의 광산에 대해 매우 부정적인 견해를 보였다. 그는 이후에 대만총독부에 초빙되었으며 『일본광업회지』에 많은 글을 기고하여 이미 광업계에 널리 알려진 인물이

31 穗積寅九郎, 「朝鮮昌原金坑ノ調査ヲ要スル事ニ付鑛業會諸君ノ高議ヲ請フ」, 『일본광업회지』 108호, 1884.

었다. 따라서 조선의 광산에 대한 소개서가 거의 없던 당시에 상세한 내용을 담고 있는 그의 글은 상당한 영향을 미쳤을 것이다.

이후 1900-1902년에 고토(小藤文次郎), 1903-1904년에 히사가츠(矢部長克)의 조사가 있었으나(立岩巖 1937) 전국에 걸친 실지 조사는 1904년 12월-1906년 1월에 농상무성 기사 이노우에(井上禧之助) 등 10명에 의한 조사였다. 앞서 언급한「대한시설강령」에도 광산조사의 필요성이 적시되었지만 조사의 직접적인 배경은 영국 등 3국이 1904년 9월에 광산 개방을 담은 광산규칙안을 제출한 데 있었다. 앞 절에서 언급한 대로 외무대신에게 보낸 서신에서 하야시 공사는 아직 광산조사를 하지 못한 상황이므로 동 규칙안을 거부해야 한다고 하였다. 그래서 시작된 조사의 목적은 사업을 하기에 족한 광산(특히 금·은 광산)을 발견하며 가행 중인 광산의 개황을 조사하여 유망한 광산을 확보하는 것이었다. 조사 결과,『한국광업조사보고』와 40만분의 1 지질도가 출판되었으며, 조사책임자 이노우에는 그것을 종합하여「한국의 지질 및 광산」이라는 제목으로『지질요보』(地質要報)에 게재하였다.

이 조사를 통해 처음으로 전 조선의 지질이 개측되고 광상 상태가 대략 명료해졌다. 그러나 조사가 서둘러 계획되고 실행되었기 때문에 조사방법과 항목 등이 통일되어 있지 않고 보고서 내용도 기행문적인 성격이 짙었다. 게다가 조선의 광산에 대한 전면적인 최초의 조사였음에도 불구하고 광산개발에 부정적인 결론을 내리고 있었다.「개설편」은 석금광에 대해 "한둘을 제외하고는 광맥의 폭이 협소하든가 또는 광상의 폭이 크더라도 함금량이 적거나 구역이 협소하여 도저히 대규모의 광업을 할 수 없다"고 쓰고 있는데, 이러한 평가는 거의 모든 조사자의 공통된 견해였다.[32] 이노우에는 『일본광업회지』에 기고한 글에서, 평양탄전은 조금만 채굴하면 바로 수준면 이하로 되거나 교통이 불편하며, 재령철산은 크게 사업할 곳이 못되고 은율철산은 광상 상태가 명확하지 않으며, 갑산동광은 광상이 불규칙하고 선천금광은 하부로 갈수록 맥폭이 좁아지며, 창성금광은 맥폭이 4-5촌에 불과하고 전반적으로 석영맥이 1척에 달하는 것은 드물고 1척 이상은 운산금광뿐이며, 은산, 수안금광도 구역이 협소하여 대규모 광업은 불가하다고 평가하였다.[33]

(2) 광상조사와 지질조사소 설치

사이토의 보고와 『한국광업조사보고』가 조사 범위 및 방식에서 적지 않은 문제점을 갖고 있음에도 불구하고 조선의 광산에 대한 일본 광업계의 평가에 상당한 영향을 주었다.[34] 이처럼 기존의 조사가 광업 장려를 위한 지침이 되지 못하였기 때문에, 총독부 농상공국은 허가 및 출원광구와 전래하는 광산지를 모두 수집·편찬한 『조선광산지』(朝鮮鑛産地)(1911년)를 발간하면서 "조선은 여러 광물이 풍부하여 장래가 크게 촉망되지만 아직 널리 그것을 조사하여 광물 부존 상태를 천명하는 지경에 이르지 않아 유감"이라고 하면서 전국에 걸친 광상조사에 착수하였다.

이 조사에 앞서 통감부에 의한 조선탄전조사가 있었다. 1905년에 일본 해군성은 외무성에 보낸 기밀문서에서 해군함정용 연탄 원료를 확보하기

32 「개설편」: 14; 「전라경상편」: 109; 「황해편」: 125-126; 「함남북편」: 80.
33 井上禧之助, 「朝鮮ノ鑛業」, 『일본광업회지』 253호, 1906.
34 일본 광업계의 여론을 형성하는 『일본광업회지』에 사이토와 이노우에의 글 외에는 조선의 광업을 포괄적으로 소개한 글이 없었기 때문에 조선의 광산에 대한 일본의 여론은 부정적이었다고 생각된다.

위해 평양탄전을 수용할 것을 희망하였다.[35] 일본은 당시 프랑스 용동(龍東)상회가 조선 정부와 계약한 위탁경영권을 해제하는 한편, 고치베가 광무고문으로 부임하자마자 평양탄전의 매장량을 조사하여 상당히 유망하다는 결론을 얻고 이를 해군성 예비탄광으로 확보하고자 하였다.[36] 왕실은 궁내부 소속 풍부(豊阜)회사를 설립하여 무연탄을 채굴하였지만 왕실광산의 국유화로 평양탄전이 농상공부 소관이 되고 평양광업부관제가 발표되었다. 총재에 농상공부 대신 송병준(宋秉畯)이 취임하고, 감독에는 고치베가 임명되어 1909년까지 평양탄전을 비롯한 함남탄전, 경북탄전 및 흑연광상에 대한 조사가 진행되었다. 고치베의 조수인 다무라(田村英太郎)가 광상기감(技監)보좌관으로 고용되어 평양탄전 탄량을 조사하였으며 그 후에 가와사키(川崎繁太郎)를 비롯한 수 명의 기사가 고용되었다.

1911년 8월부터 시작된 총독부의 광상조사는 탄전조사에 참여하였던 가와사키와 다무라 등이 중심이 되어 이루어졌다. 가와사키는 조사에 착수하기 전에『일본광업회지』에 기고한 글에서 조선 광산에 대한 부정적인 견해는 조선인의 가행 상태로부터 추측한 착오라고 하면서 일본 광업가들의 용기 있는 진출을 권하였다. 광상조사의 목적은 당연히 조사 결과를 출판하여 기업가에게 탐광 및 광업개발의 지침을 제공하는 것이었다. 조사는 1911년부터 6년간 실시될 예정이었지만 1년을 연장하여 1917년에 개요조사를 완료하였다. 조사 순서는 광물부존도를 고려하여 북부로부터 시

35 『문서』 38-1, #643, 해군차관→외무차관, 1905.5.5; #645, 小村외무대신→대리공사, 1905.5.10.

36 이배용(1984: 28);『문서』 38-1, #685, 林공사→임시외무대신, 1905.11.6; #690, 해군대신→임시외무대신, 1905.12.16.

작되었으며 조사가 완결되지 않은 상태에서 가와사키는 서둘러 『조선총독부월보』에 9회(1913.12-1914.9)에 걸쳐 '조선의 광물'이라는 제하에 평안, 황해, 함경의 금·은광에 대한 조사 결과를 소개하였다. 광상조사가 광업개발에 매우 중요하다고 인식한 총독부는 "광상조사의 진행에 따라 아직 개발이 착수되지 않은 광상의 부존 상황이 일반에게 주지되기에 이르러 그 전도가 매우 촉망된다"[37]고 기대하였다.

광상조사의 결과는 『조선광상조사보고』 및 『조선광상조사요보』로 수시 간행되었다. 이 『조선광상조사보고』와 1905년의 『한국광업조사보고』는 형식에서 거의 비슷하였지만, 후자는 기행문적인 요소가 강하고 보고서 서술에 있어 조사자 간에 차이가 있었던 반면, 전자는 형식과 내용이 거의 통일되어 있었다. 또한 양자 간에 조사의 상세함에서도 차이가 적지 않았다. 『한국광업조사보고』는 광석의 성분을 선별적으로 기록하고 또한 각종의 도판도 필요한 경우에 스케치한 정도에 그치고 있는데 비해, 『조선광상조사보고』는 광산과 광맥마다 광석 성분을 분석한 결과를 기록하였을 뿐 아니라 실측으로 제작된 상세한 지질도, 광맥 분포도, 광상 분포도, 광맥 종단면도를 첨부하였다. 따라서 이를 참고하면 광상의 개략적인 상태를 알 수 있어 기업가의 탐광조사에 편의를 제공할 수 있게 되었다.

1911년에 시작된 광상조사는 임시광업조사에 지나지 않았기 때문에 1917년에 광상조사가 일단락되자 지질 및 광상에 대한 더욱 정밀한 조사를 위해 총독부는 1918년에 지질조사소를 설립하고 지질조사에 착수하였다. 지질조사소의 사업 목적은 단순히 광물자원의 발견에만 있는 것이 아

37 『시정연보』(1912: 334-335).

니라 지질구조, 광물, 토석의 분포 부존 상태를 조사하여 광공업 및 기타 농림, 토목, 수리 등 각종 사업에 확고한 기초적 자료를 제공한다는 것이었다. 조사소는 광상조사의 실무 책임자였던 가와사키 소장과 기사 4명, 촉탁 1명, 기수 4명, 기타 약간 명의 고원으로 구성되었으며, 1개 조사반(기사 1명, 기수 1명)이 임시토지조사국에서 발행한 5만분의 1 지형도의 지역을 1년간 조사하기로 하였다. 총 728매의 지형도 중 170매에 대해 1개 반이 연간 최대 2매를 조사하며 3개 반에 의한 조사기간을 약 30년으로 하였다. 이후 1920년에 인력을 추가하여 5개 반으로 편성하고 사업기간도 15년으로 단축하였다.

광상조사로부터 지질조사소의 설치로 이어진 일련의 조사로 밝혀진 부존 광물의 수는 크게 증가하였다. 가와사키에 의하면 고문서에 나타난 조선의 광물은 22종에 불과하였으나, 조사 결과 1923년의 『조선광물지』에는 115종, 1941년의 『조선광물지』에는 280여 종이 포함되었고 유용 광물만 140종이어서 조선을 광물표본실이라 할 정도였다(朝鮮總督府地質調査所 1941; 近藤忠三 1943). 또한 지질조사소의 사업 결과, 『조선광상조사보고』, 『조선광상조사요보』, 『조선지질조사요보』, 『지질조사소잡보』, 조선총도, 조선지질광상분포도, 조선지질총도, 조선지질도가 간행되었다. 1910년대의 광상조사와 그 연장인 지질조사소 사업은 광산개발의 기초자료를 제공하였으며, 특히 5만분의 1 조선지질도가 간행됨으로써 실지 측량이 불필요하게 되어 광구 출원과 허가에서 편의성이 획기적으로 향상되었다.

2) 연료선광연구소 설립

(1) 1910년대 총독부의 자본 유치

일본 제국주의가 조선을 병합한 후 조선 정세에 대한 불안이 해소된 데다가 총독부의 자본 유치 방침에 힘입어 일본의 유력한 개인 및 회사가 서로 다투어 기사를 보내 조선의 광상을 탐험하는 일이 많아졌다. 그 결과 아소(麻生音波), 미쓰비시(三菱)합자, 미쓰이(三井)광산, 메이지(明治)광업 등이 철, 석탄, 흑연 광구를 집중 소유하게 되었으며, 금광업에 있어서는 후루카와(古河)합명과 메이지광업이 특별히 많은 광구를 허가받았다.

총독부는 후루카와합명과 메이지광업이 금광업에 진출하는 것을 장려하기 위해 광업 허가의 선원주의에서 제외시켜 둔 왕실광산을 허가하였다. 후루카와합명은 1912년 4월에 왕실 소유이고 이미 10여 명이 경합 중이던 구성군의 15광구를 허가받고 익년에 추가로 14광구를 허가받았는데, 29광구의 총면적은 2,450만 평이었다. 메이지광업의 야스가와(安川敬一郎)도 1912년 4월에 왕실 소유인 창성군의 13광구를 아홉 번째 출원자였음에도 허가받고 익년에 15광구를 허가받아 28광구의 총면적은 1,685.8만 평이었다. 총독부가 일본인 자본의 진출을 적극 유도하였음을 보여 주는 증거는 왕실광산의 허가 외에도 있었다. 병합 전에 이미 139.8만 평의 순안 사금광을 허가받은 아사노(淺野總一郎)는 1911년 6월에 다시 248.4만 평을 허가받았는데, 1광구 허가면적이 법에서 정한 한도를 훨씬 넘었다. 또한 당시 중요한 사회 문제로 비화된 삭주광산 사건은 총독부가 조선인의 권리를 취소하고 일본인 유력자에게 허가하여 일어난 일이었다.[38]

그러나 일본 자본 유치에 의한 광산개발은 성공적이지 못하였다. 후루카와합명은 단기간에 그렇게 많은 광구를 허가받았지만 그 때문에 오히려 1914년 12월에는 광구를 정리·축소해야 하였다(大橋清三郎外 1915). 야스가와의 경우는 그보다 더 심하여 1912·1913년에 허가받은 광구 중 1916년 1월 현재 단 하나도 보유하고 있지 않았다.[39] 야스가와의 창성광산은 1915년 12월에 허가받은 2광구에서 1917년에 4만 원을 생산한 적이 있을 뿐이었으며 후루카와의 구성광산은 1916-1920년에 매년 11-30만 원의 생산 실적을 보였으나 그것의 대부분은 연광이었다. 후루카와합명이 허가받은 광구는 모두 금·은 광구였으나 그중 한 광구만 금·은·동·연으로 채굴 광종을 변경한 점으로 보아 허가받은 많은 광구 중에 채굴을 한 광구는 1-2 광구에 지나지 않았던 것으로 보인다.

일본인 자본을 유치하고자 한 총독부의 정책이 성공하지 못한 것은 금광업의 채산성이 악화되었기 때문이었다. 제1차 세계대전의 발발로 인해 일반 광물의 가격은 상승하였으나 일본「화폐법」에 규정된 금 가격은 거의 변동이 없었던 반면, 물가의 등귀로 생산비는 급증하였다. 이로 인한 금광업의 채산성 악화는 전후 불황과 겹치면서 일본인 자본이 속속 철수하는 결과로 이어졌다.[40] 그런데 일본인 자본의 철수는 경제적 이유만이 아니라 조선의 광상에 대한 이해 부족으로 광상의 상태 및 성질에 적합한 채굴 및 제련법을 갖고 있지 못했다는 기술적 이유 때문이기도 하였다. 이는 구성광산의 기사 이이시마(飯島純介)가 조선의 금광업에 대해 내린 다음과 같은 평가에서 잘 나타난다.

---

38 『每日新報』, 1913.2.18; 淺野虎三郎(1913: 109).
39 『조선광구일람』(1915).
40 『每日新報』, 1920.9.7; 1920.10.1.

조선의 금광맥은 대개 유화광물을 많이 포함하고 있기 때문에, 지표 부근에서는 제2차 부화(富化)작용으로 금이 풍부한 경우가 많음은 명백한 사실이지만, 지표 아래 30-40척에 도달하면 점차 변화되지 않은 유화광물량이 증가하며 그 아래로 가면 다량의 유화광물과 자연금이 있더라도 함금 품위는 지표 부근에 비하면 빈약 … 일본의 광산은 대개 지형이 험준하여 통압 또는 수입(竪入)이 좋은 경우가 많으나 조선에서는 반대인 경우가 많다고 생각한다. 우리들은 일본에서 조업하던 습관이 남아 있어 이 불리한 방법으로 조업하지 않는가 생각한다. … 조선에서 많이 행해지는 제련법은 처음에 도광혼홍(搗鑛混汞)을 하고 광미를 바로 간단한 청화법(靑化法)으로 처리하는 것이지만, 이것은 전에도 말하였듯이 노두 부근의 광석에는 적당한 경우가 많으나 하저의 유화광물을 포함하는 광석에는 적당하지 않는 것이 많고 결국 수금률을 낮추는 결과가 된다(飯島純介 1916: 36-37, 45, 49).

요컨대, 일본인 자본이 조선의 금광업에서 철수하게 된 기술적 이유는 다음과 같다. 첫째, 조선의 금광상에 대해 일본인들의 상당한 기술자조차 지표 부근은 함량이 풍부하지만 지하로 내려가면 유화광물이 많아지고 함금 품위도 빈약하여 채산이 맞지 않다고 인식하였다. 둘째, 유화광물을 함유하는 광석을 효과적으로 처리할 방법을 갖고 있지 못하였다. 사실 지하로 내려갈수록 함금 품위가 떨어진다고 생각한 것은 유화광물에 적절한 제련법이 부재하였기 때문이었다고 할 수 있다. 셋째, 조선은 지형상 일본과 다르지만 일본인 광업가들은 일본에서 해오던 채굴법을 택하였기 때문에 들인 노력과 비용에 비해 풍부한 광량을 얻지 못한 결과를 낳았다.

(2) 연료선광연구소의 설립 의의

전후 불황과 일본인 자본의 철수로 인해 침체에 빠진 광업의 부흥을 위해 조선광업회 임시광업조사위원총회가 1921년 1월에 개최되었다. 조선광업회는 진흥책을 강구하기 위해 광물별로 조사위원회를 구성하여 채굴, 운반, 선광, 제련, 매광, 금융, 판로 등에 관해 조사하였다. 조사 결과를 토대로 하여 개최된 5월의 임시조사위원회는 광업 부진의 원인 중 하나로 자본과 기술의 결여를 지적하고, 그 대책으로 광업 지도 기관의 설치와 기술관 파견 제도의 설치를 결의하였다. 그런데 이는 이미 총독부가 구상 중인 안이었다. 앞서 위원총회에서 구로키(黑木吉郷) 광무과장은 광업지도조사기관이 없음을 통절히 느끼고 있으며 각 광산을 지도·감독하고 기술자가 없는 광산에 대해 기술지도를 할 것을 연구 중이라고 하였다.

1921년 9월에 개최된 산업조사위원회는 총독부가 산업에 관한 근본 방책으로 작성한 '조선 산업에 관한 계획요항'을 심의하였다. 계획요항 중에서 광업에 관한 사항은 4개였으며 그중에 두 번째가 '광리의 보전, 조업의 진보를 도모하기 위해 선광제련의 보급·개선에 노력하는 것'이었다. 이 사항은 기술의 응용·보급과 광석처리시설의 보급·개선이라는 두 개의 항으로 구분하여 심의되었다. 기술의 응용·보급 방안을 묻는 질문에 대해 당국은 기술관 파견 제도를 만들고 기술관 양성을 통해 기술을 보급하겠다고 답하였다. 광석처리시설의 보급·개선에 관해서는 다음과 같은 두 가지 질문과 그에 대한 답변이 있었다(朝鮮總督府 1921).

(질의) 광물시험소에 대한 구체적 고안이 있는가?

(답변) 시험을 대규모로 할 생각이며 … 금, 흑연의 선광제련에 있어 조선의 광산에 적당한 방법을 발견하느냐 못하느냐가 거의 이들 광업의 발달 여하를 가르는 것이라서 철저하게 할 생각.

(질의) 금광의 제련보급은 산지의 습식제련이 아니라 광석의 종류에 비추어 중앙 건식제련소를 설치하는 것이 필요하지 않은가?

(답변) 중앙 건식제련소는 … 연료인 코크스 및 용매인 동광을 조선 외에서 수

이입하지 않으면 안되며 운임의 관계상 고품위 광석이 아니면 안되므로 자연히 광석 수집량이 적기 때문에 성립하기 매우 곤란하여, 당국으로서는 먼저 광석의 품위를 높여 매각하는 방법을 강구 ….

조선의 금광산은 지하로 내려가면 유화광물의 양이 많아지고 함금 품위도 빈약해진다는 것은 조선으로부터 철수한 많은 일본인 자본가들이 공유하고 있던 생각이었다. 결국 조선 금광업에 대한 일본인의 투자를 기대할 수 없고[41] 따라서 기술은 유치한 수준에 머물러 있을 수밖에 없는 상황이었다. 그러나 유화광물이 많고 함금 품위가 빈약하더라도 광석의 성질에 적합한 선광제련법을 통해 수금률을 높인다면 충분히 발전할 수 있기 때문에, 총독부는 선광제련 기술의 보급·개선이 금광업의 부진을 극복할 수 있는 가장 중요한 방법이라고 생각하였다.

총독부의 계획요항은 원안 그대로 의결되었으며, 그에 의거한 총독부의 1922년도 신규 사업은 ① 기술관을 증치하여 광업 기술을 응용·보급하고 기술관 파견 제도를 설치하여 민간을 조사·지도하며, ② 조선의 광산에 적합한 선광제련법을 연구하고 시설을 보급하기 위해 선광제련시험소를 설치하며, ③ 조선 내 주요 탄전의 지표조사 및 시추에 의해 부존 상황 및 탄량을 확정하는 것이었다.[42] 이에 총독부는 1923년에 「광업지질기술관파견규칙」을 제정하는 한편, 선광제련 기술의 연구·보급과 석탄의 조사·시험을 위해 1922년 10월에 연료선광연구소를 식산국의 부속기관으로 설립

41 "(조선의 광산은) 대체로 광량이 풍부해도 함금 품위가 낮기 때문에 내지의 대광업가처럼 가령 광량이 적어도 고품위광을 귀하게 여기는 자에게는 그다지 환영받지 못하는 것은 당연한지도 알 수 없다. … 따라서 내지의 광업가는 대개 조선의 금광이 기대할 만하다고 생각하지 않는다"(津田鍛雄, 「鑛業漫言」, 『회지』 3-9, 1920: 662).

42 『시정연보』(1921: 244).

하였다. 연구소의 위치는 1920년에 폐쇄된 일본금속(주)의 노량진선광장이었으며,[43] 식산국장이 연구소장을 겸임하고 광산과장이 사무를 통괄하였다. 연구소의 업무는 탄전조사, 석탄이용 방법의 조사연구, 선광제련시험이었으며, 석탄조사계, 석탄시험계, 선광제련시험계에 기사 8명, 촉탁 1명, 기수 10명이 배속되었다. 탄전조사는 바로 개시하였지만 석탄시험 및 선광제련시험은 시설이 완비된 1924년 5월부터 시작되었다.[44]

선광제련시험은 금·은광 및 기타 광물의 경제적 처리 및 이용을 시험하고 각 광산에 가장 유리한 실제적 처리법을 선정하고 기술진보를 촉진하기 위한 것이었다. 조선의 금광석에는 유화광물을 함유한 것이 많기 때문에 선광제련법의 연구는 금광업의 발전을 위해 가장 시급히 이루어져야 할 일이었다. 선광제련시험은 처음에는 연구소와 광무과 직원이 채집한 광물을 위주로 하였지만 광산의 의뢰 건수가 증가함에 따라 1927년에 「광물선광제련의탁시험규칙」이 제정되었다. 이제 광업가는 정해진 수수료를 내고 연료선광연구소에 광물 분석과 선광제련시험을 의뢰할 수 있었다. 이를 통해 광업가들은 광물의 성질에 적합한 선광제련법을 찾는 비용을 크게 절감할 수 있었다.

43 일본금속은 1917년에 노량진에 아연광을 처리하는 조선 최초의 기계선광장을 건설하였으나 아연 가격 폭락으로 1920년에 폐쇄하였다.

44 1921년 산업조사위원회 답신은 연료공급의 안정과 가격의 저렴화를 위한 탄전조사 및 석탄시험을 총독부의 새로운 시책의 하나로 강조하였다. 석탄시험은 갈탄 저온건류, 탄질 개량 및 미분탄 연소 등의 시험과 가정연료로서의 이용법 개발 등을 통해 조선 무연탄과 유연탄의 소비를 확대하는 데 크게 기여하였으며 1929년에 업무가 종료되었다. 탄전조사는 탄층 부존 상태, 탄질, 매장량 및 운반 상황을 조사하여 연료자원을 개발하기 위한 것으로서, 조사를 통해 석탄매장 추정량이 8,000만 톤에서 17.6억 톤으로 증가하였고 종래 분탄으로 생각되어 온 무연탄에 다량의 1차 괴탄이 존재함을 확인하였으며 1936년에 업무가 종료되었다.

연료선광연구소는 부유선광법(浮游選鑛法)의 보급에 결정적인 역할을 하였다. 당시 금광석의 일반적인 제련법인 혼홍법이나 혼홍청화법은 유화광물을 많이 포함한 광석의 제련법으로는 적합하지 않으며, 매광을 하더라도 수선광으로는 폐석을 분리하는 데 한계가 있었다. 기존의 방법으로는 광리의 손실이 클 수밖에 없으므로 새로운 방법이 필요하였다. 연료선광연구소는 부유선광법의 실지 응용을 위해 여러 번의 시험을 하였으며, 그것에 의해 원광 품위와 유화광물 함유량에 따라 광석을 어느 정도의 크기로 분쇄하는 것이 정광량을 최소화하여 품위를 높이는 동시에 폐석의 품위를 최소화할 수 있는지에 관한 일종의 가이드라인을 얻을 수 있었다.

연료선광연구소의 시험 결과를 기초로 하여 1926년에 일동광산에서 최초로 1일 20톤 처리의 부유선광장이 건설되었다. 일동광산 부유선광장의 실적에 자극받아 광양광산과 홀동광산에서도 1928년과 1930년에 부유선광장이 건설되었다. 1928년까지만 해도 홀동광산은 수차도광기에 의해 품위 30g/t의 금광석으로부터 겨우 60%의 수금률을 보이고 있었으며, 광양광산은 수선광하여 상광(上鑛)만 제련소에 매광하고 10g/t인 광석을 폐석으로 퇴적해 두고 있었다. 그런데 부유선광법을 실행한 결과 매우 양호한 성과를 달성하였다([표 3-4]). 일동광산에서는 부유선광을 거친 정광의 중량이 원광의 9%에 불과함에도 금의 유실이 거의 없어 91.1%의 수금률을 보였다. 자가제련이 불가능한 유화광을 건식제련소에 매광할 때 운반비를 줄이기 위해 중량을 최소화하면서도 금의 손실을 최소화하는 것이 중요한데, 그 점에서 부유선광법은 매우 우수하였다. 광양광산과 홀동광산은 수선광이나 혼홍법을 거친 폐석을 원광으로 하여 높은 수금률을 보였다. 부유선광법을 다른 선광제련법과 조합함으로써 수금률을 90% 정도로

표 3-4 부유선광법의 실시 결과

		일동광산 1928.10	광양광산 1929.12-1930.5	홀동광산 1930.6-7
원광	중량 비율	100.0	100.0	100.0
	품위(g/t)	40.9	17.2	10.3
정광	중량 비율	9.0	21.3	5.1
	품위(g/t)	486.2	79.3	155.4
폐석	중량 비율	91.0	78.7	94.9
	품위(g/t)	0.4	0.4	2.5
정광의 수금률(%)		91.1	98.1	67.0

주: 홀동광산은 부유선광법과 태반선광법을 합한 결과임.
자료: 石川留吉, 「朝鮮産金鑛の浮選法に就て」, 『일본광업회지』 562호, 1932: 169-171.

높일 수 있음이 입증되자 광양광산과 홀동광산에 이어 길상광산과 성흥광산, 신흥광산 등에서도 1930년대 초에 부유선광장이 건설되었다.

연료선광연구소의 설립 초기부터 일본 광업계는 연구소를 설립한 총독부의 탁견에 경탄하면서 일본 내에 그러한 연구소가 설립되어 있지 않은 것이 유감스럽다고 하였으며, 1936년 산업경제조사회에서도 동경제대 가츠라(桂弁三) 교수는 금광업의 발전이 전적으로 연료선광연구소의 지도 덕분이며 연구소에서 정해 준 계통도 덕분에 광상이 된 것이 매우 많다고 하였다(朝鮮總督府 1936). 즉, 1920년대의 조사·연구 결과가 1930년대에 열매를 맺게 되었던 것이다. 연료선광연구소는 선광제련 기술의 진보뿐 아니라 제4장에서 후술하듯이 1933년에 제정된 「광업기술실습생규정」에 따라 광업 기술자 양성기관의 역할도 담당하였다. 광업기술실습생 제도는 동 연구소의 시설을 실습도구로 이용할 수 있다는 점에서 초급 기술자를 양성하는데 매우 효과적이었다.

3. 기술 도입의 지체와 덕대제 광산 경영

1) 금광상과 채굴·제련법의 개요

병합 전에 특히 광산의 생산을 제외한 금의 대부분은 사금이었다. 전국에 금광맥이 널리 분포되어 있음에도 불구하고 사금 생산이 주류를 이룬 것은 사금광이 많고 채굴도 간단하였기 때문이지만 석금 채굴·제련 기술이 아직 저급한 수준이었기 때문이었다. 17세기 초에 화약이 이용되고 18세기 말에 운반용의 소형 유형거(游衡車)가 사용되고 19세기 중엽에 갑산동점에서는 원시적 형태의 수갱 및 수평갱과 간단한 권양기가 사용되었다고 하지만(유승주 1993; 홍희유 1979), 더 이상의 기술적 발전은 없었다. 『한국광업조사보고』에 소개된 조선인의 석금 채굴법은 사금광의 횡굴과 동일하였으며, 제련법은 대석 위에 광석을 두고 전석을 굴려 분쇄하고 다시 그보다 작은 마석으로 잘게 분쇄한 후 사금광과 마찬가지로 함지박을 사용하여 세척·도태하는 정도였다.

조선의 금광상은 충전광상(充填鑛床), 접촉교대광상(接觸交代鑛床), 사금광상[沖積鑛床]으로 구분되며 주로 충전광상과 사금광상이었다. 충전광상, 즉 함금석영맥은 분출 용암이 암석의 틈을 메우면서 형성된 단단한 광맥이다. 따라서 채굴에는 사금광상과 달리 상당한 기술의 발전이 있어야 하며, 맥석 중의 금이 자연 형태로도 존재하지만 보통은 유화광물에 쌓여 있기 때문에 제련에도 상당한 기술이 필요하다. 함금석영맥은 일본에서는 보통 신생대 제3기 이후의 암석에 들어 있지만 조선에서는 중생대나 그 이전에 형성된 암석에 들어 있어 비교적 심부에 있는 것이 많다. 그런데 한반도의 지층은 비교적 안정된 상태로 오랜 풍식작용을 받았기 때문에 단단한 석영광맥이 지표에 노출되어 있기도 하다. 이렇게 지표에 노출된 광맥[露頭]은 유화광물이 산화·용해되어 함금이 풍부하며 이를 부화작용이라 한다. 부화작용이 미친 곳까지를 산화대라 하며 강우량이 많은 고지대에서는 산화대가 깊은 곳까지 미친다. 유화광물을 수반하는 심부유화대와 달리, 노두산화대는 풍식작용으로 모암이 연약해져 있기 때문에 채굴이 용이하며 유화광물이 없어 간단한 기술과 적은 자본으로도 쉽게 채금할 수 있는 반면 충분한 광량을 확보하기가 어렵다.

광산개발은 먼저 광상의 위치, 상태, 부존량과 품위를 확인하는 탐광작업을 한 후에 갱도를 만드는 갱도굴진[開坑]작업으로 이어진다. 갱도에는 수직 굴진하는 수갱(竪坑)과 아래로 비스듬하게 굴진하는 사갱(斜坑)과 수평갱이 있으며, 수평갱에는 광맥과 나란한 연층갱도, 광맥을 향해 굴진하는 크로스갱도, 주운반갱도인 통동(通洞)이 있다. 채광작업 방식으로 조선의 금광상과 같이 맥폭이 좁은 경우에는 계단굴(階段掘)이 가장 효과적이다. 계단굴은 10-30m 간격의 상하 연층갱도 사이를 계단식으로 채굴하는 것으로 상향과 하향 계단굴이 있으며, 광석 운반과 발파 효력과 지주(支柱) 비용 등에서 경제적인 상향계단굴이 일반적이다. 광석을 채굴하기 위해 이처럼 탐광, 갱도굴진, 채광작업이 필요하지만, 노두산화대를 채굴하는 소규모 광산은 갱도를 굴착하지 않거나 간단한 갱도굴(坑道掘)을 하는데, 갱도굴에서는 채광을 위해 만든 갱도가 운반갱도이고 채광과 함께 탐광도 동시에 진행되므로 탐광과 갱도굴진과 채광 간에 구분이 없다.

채굴 광석은 선광 과정을 거치게 되는데, 선광법에는 수선광과 기계선광이 있다. 수선광은 육안으로 하는 선광법이며 고품위 광석을 가려내거나 제련의 효율을 높이기 위해 행한다. 대체로 노두산화대는 유화광물이 많지 않은 관계로 수선광을 하더라도 혼홍법이나 청화법으로 간단히 금을 수집할 수 있지만, 심부유화대는 기계선광을 거쳐야 한다. 기계선광법에는 비중선광법(일명 도태반선광법)과 부유선광법이 있으며, 전자는 도광기나 마광기로 분쇄된 광미를 경사가 있는 도태반 위에 놓고 진동을 가하여 비중의 차이를 이용해서 선광하는 방법이며, 후자는 분쇄된 광물로부터 특별한 광물만을 수면에 뜨게 하여 분리하는 선진적인 선광법이며, 앞 절에서도 언급하였듯이 유화광물의 선광법으로 극히 유효한 방법이었다.

제련법에는 혼홍법 및 청화법과 같은 습식제련과 용광로를 이용하는 건식제련이 있다. 후자는 수금률이 우수하나 용매로 동광석이 필요하고 제련시설에 많은 비용이 들기 때문에, 광산의 부속시설이 아니라 독립제련소에서 이루어진다. 혼홍법은 도광기로 분쇄한 광석 중의 금립을 수은아말감 형태로 채집한 후 수은을 증발시켜 금을 회수하는 방법이며, 도광기의 크기는 공이[杵] 중량으로 구분하며 1대에 보통 10개의 공이가 달려 있고 몸체가 목제인 것과 철제인 것이 있다. 청화법은 청화액(청화카리 혹은 청화소다액)을 담은 청화조(槽)에 분쇄한 광석(일반적으로 혼홍법 후의 광미)을 넣어 금을 용해한 후 다시 아연판으로 침전시켜 회수하는 방법이다. 이상의 제련법은 광석의 성질에 따라 선택이 달라진다. 노두산화대의 광석은 혼홍법이나 혼홍청화법으로 간단히 수금할 수 있지만, 유화광물을 수반하는 광석은 혼홍법으로 제련하는 것이 거의 불가능하며 청화법으로 수금할 수 있는 경우도 있지만 대개 건식제련을 하며 제련 전에 부유선광법과 같은 선광 과정을 거친다.

2) 1910·1920년대의 금광업 기술

(1) 갱도굴의 시작과 혼홍법의 보급

조선에 근대적 광업 기술이 처음 소개된 것은 병합 이전에 운산광산 등의 특허 광산을 통해서였다. 운산광산은 계단굴과 스퀘어세트(Square-set)법으로 채광하고 착암기와 전기권양기를 사용하고 1,050파운드(lbs) 도광기 및 도태반, 청화제련장을 설치하는 등 양식 채굴 및 제련의 효시가 되었으며, 1900년대 초에 가고시마(鹿兒島)식 수차로 혼홍제련을 하던 수안광산도 미국인이 경영하게 되면서 스퀘어세트, 쉬링키지(Shringkage)법으로 채광하고 전기권양기를 사용하였으며 최초로 부유선광장을 설치하였다(志賀融 1931). 이들 특허 광산에서 사용되고 있는 기술은 수준이나 비용 면에서 쉽게 확산될 수 있는 것은 아니었다. 그러나 병합 이후 일본인들의 금광업 진출이 활발해지면서 중소광산에 적합한 석금광업 기술이 많은 광산에 확산되었다(宮崎雪堂 1917).

총독부 광무과가 1919년에 241개 금광산에 대해 조사한 결과에 의하면([표 3-5]), 채굴 방식은 토법이 190광산, 개선된 토법이 44광산, 양식이 7광산이었다. 토법은 인접한 곳에 수많은 갱혈을 뚫어 대개 바가지로 물을 퍼내고 지게로 광석을 운반하며 굴진에는 폭약을 사용하지 않고 연약한 풍화대만을 채굴하는 방식이며, 조금 개선된 토법은 갱도를 개착하고 주로 상향계단굴에 의해 채광하고 폭약을 사용해서 공정을 높이고 배수갱도 또는 간단한 배수펌프를 설치하는 방식이며, 양식은 대규모의 영구적 계획을 세워 광리 보호에 유의하면서 현대식 채굴법에 의해 기계력을 사용하여 채굴하는 방식이었다.

표 3-5 금광업 기술 유형별 금광산 수(1919년)

	채굴 방식			제련 방식		
	양식	개선된 토법	토법	양식	개선된 토법	토법
일본인 광산	3	39	145	4	21	23
조선인 광산	0	2	45	0	0	20
외국인 광산	4	3	0	4	3	0

주: 각 방식에 대한 설명은 본문 참조.
자료: 朝鮮總督府殖産局(1922).

토법은 한일병합 전의 석금 채굴법과 동일하며, 조선인 광산뿐 아니라 일본인 광산의 압도적 다수도 이 방법에 의존하고 있다. 양식은 굴진에 착암기를 사용하고 운반용 권양기와 배수용 펌프를 설치하고 채굴하는 것을 말한다. 기존에 특허 광산에서만 해오던 이 채굴 방식을 일부 일본인 광산도 채택하고 있었다. 후루카와(古河) 계열 구성광산은 수평갱을 뚫고 상향계단굴을 하였으며 가스기관을 설치하여 갱내 배수와 운반에 이용하였으며, 구하라(久原)광업의 통영광산은 수갱을 뚫고 운반용 권양기를 설치하고 수갱으로부터 횡으로 수평갱을 뚫어 하향계단식 채굴을 하였으며, 공진회에서 금패를 수상한 수대광산도 수평갱과 사갱을 뚫고 상향계단식으로 채굴하였다.[45]

개선된 토법은 폭약 사용, 갱도 개착, 상향계단굴, 배수펌프 설치로 요약된다. 조선총독부 광무과는 1920년 11월-1921년 9월에 금광산의 설비를 조사하였는데([부표 2]), 조사 광산은 대부분 폭약을 사용하고 있어 양식

45 「朝鮮重要鑛山概況」, 『회지』 3-3, 1920.

또는 개선된 토법으로 채굴하는 광산에 해당한다고 볼 수 있다. 광산의 채굴설비를 보면 외국인 특허 광산 외에는 대부분 이렇다 할 설비가 없으며 수권양기, 수동펌프가 전부였다. 아직 채굴과 운반·배수를 인력에 의존하고 있으므로, 개선된 토법의 상향계단굴이나 갱도 개착은 지표와 가까운 지하에서 이루어지는 초보적 수준에 지나지 않는 것이었다고 할 수 있다.

1919년도 조사에서 제련 방식으로는 토법이 43광산, 개선된 토법이 24광산, 양식이 8광산이었다. 조사한 총 241광산 중 제련설비를 갖춘 광산은 75곳에 불과하므로 나머지 160여 광산은 제련설비 없이 매광만 하든가 아니면 마석을 이용한 구래의 방식에 의존하고 있었다고 할 수 있다. 토법은 수력을 이용한 목제도광기로 광석을 분쇄하여 혼홍제련하는 방식이고, 개선된 토법은 가스기관과 혼홍동판을 설치하여 처리량 및 수금률을 높이고 간단한 청화제련을 하는 방식이며, 양식은 혼홍제련, 태광(汰鑛) 채취, 청화제련을 위한 기계설비를 완비하여 제련하는 방식이었다.

수차도광기의 보급은 1916·1917년이 전성기였다.[46] 당시 보편적으로 사용된 수차도광기는 목제 수차 양쪽에 도광기를 부착한 것으로서 구식(조선식)과 신식(일본식)이 있었지만 전자가 압도적으로 많았으며, 구식이든 신식이든 동결빙기에는 작업이 불가능하여 연중 3-6개월 정도밖에 조업할 수 없어 겨울에는 생산이 감소하였다.[47] 토법은 양식보다 제련 단가는 높으면서 수금률은 오히려 낮았다.[48] 수금률이 낮은 것은 제련법 그 자체

46 尾山直治, 「朝鮮金鑛開發に對する研究」, 『일본광업회지』 528호, 1929.

47 佐藤忠義, 「朝鮮に於ける舊式金銀鑛混汞製錬機に就て」, 『회지』 1-3, 1918. 구식은 수차 양쪽에 공이가 5개씩 달린 도광기로 제작비가 약 150원이고 1일 도광량은 250관이며, 신식은 공이가 무겁고 20공이 도광기의 제작비가 약 320원이고 도광량이 컸다(1일 300-450관). 산화광의 경우에 수금률이 구식은 약 4할이고 신식은 5-7할이었다.

에도 원인이 있지만, 수차를 설치하고 도광을 해주는 수차주가 도임료와 함께 제련 후에 남는 광미를 차지하기 위해 도광량만 늘리려고 하는 것에도 그 원인이 있었다. 양식 제련을 하는 일본인 광산(낙산, 여주, 안돌, 율포)은 비교적 큰 도광기와 가스기관, 청화제련장을 갖추었지만[49] 외국인 특허 광산처럼 기계선광설비를 갖고 있지는 않았다.

개선된 토법은 수차 대신에 동력기관을 사용하여 도광량을 크게 하고 도광기에 동판을 부착하여 수금률을 높이고 광미를 청화제련하는 것을 말한다. [부표 2]를 정리한 [표 3-6]에 의하면, 도광기 유형은 목제가 25광산, 철제가 5광산이고 동력은 수력이 20광산, 가스·증기기관이 10광산이며 제련법은 혼홍법이 16광산, 혼홍청화법이 13광산이었다. 목제도광기는 수력을 동력으로 하지만 수력을 얻기 힘든 곳에서는 가스·증기기관을 사용하였다. 따라서 개선된 토법에서 도광용 동력기관의 상당수는 수차를 대체하는 정도의 소형이었다고 할 수 있다. 수차로 운전 불가능할 정도의 철제도광기 혹은 마광기를 주축으로 하는 신식 제련기가 완비된 곳은 10광산도 되지 않았다.[50] 또한 혼홍법만으로 제련하는 곳이 다수이며 청화법은 주로 혼홍법으로 처리한 후의 광미를 처리하는 데 이용되는 정도였다.

요약하자면 [표 3-5]로부터 판단하건대, 1910년대에 일본인 광산에서 일반화된 기술은 폭약을 사용한 갱도굴진과 목제도광기 또는 소형 철제도광기를 이용한 혼홍제련과 광미 처리를 위한 초보적 청화제련이었다고 할

48 수안금광은 톤당 도광비 2.8원이지만 소규모 제련장은 약 4원이고 수금률은 전자가 72%인데 비해 후자는 3-4할에 불과하였다(石垣淸, 「技術及經濟上より見たる朝鮮の金鑛業」, 『회지』 5-10, 1922).

49 「最近朝鮮鑛業概況」, 『회지』 3-11, 1920.

50 佐藤忠義, 「朝鮮に於ける舊式金銀鑛混汞製錬機に就て」, 『회지』 1-3, 1918.

표 3-6 작업 방식별 금광산 수(1921년)

광산 소유자	경영 방식				도광기		동력설비		제련 방식		
	덕대	병용	직영	청부	목제	철제	수차	기관	혼홍	청화	혼청
조선인	3	2	5	0	8	0	8	0	8	0	0
일본인	4	3	13	7	14	3	9	7	7	1	9
외국인	1	1	3	0	0	2	0	2	0	0	2
미상	4	0	1	0	3	0	3	1	1	0	2
계	12	6	22	7	25	5	20	10	16	1	13

자료: [부표 2].

수 있다. 굴돌과 갈돌을 사용하는 조선의 전통적 제련법은 광석 처리량 및 수금률이 인부의 숙련에 비례하는 물리적 기술이라면, 수은의 화학적 성질을 이용한 혼홍제련법에서는 숙련보다는 실험이나 화학적 지식이 수금률을 높이는 데 중요하며 도광기 크기와 동력기관이 광석 처리량을 결정한다. 따라서 혼홍제련을 위한 도광기의 보급은 도광량과 수금률을 향상시킨 제련 기술의 질적 변화라고 할 수 있다. 그러나 비록 굴진에 폭약 사용이 확대되면서 단단한 암반을 비교적 쉽게 굴진할 수 있게 되었지만 대부분 아직 체계적인 채굴에는 이르지 못하였으며, 또한 선광설비 없이 갱내에서 채굴부가 수선광한 후 혼홍법으로 제련하거나 청화법을 병용하였지만 여전히 수금률이 낮고 조업에 계절적 제약을 갖고 있었다.

(2) 갱도굴의 확산과 철제도광기의 보급

개선된 방식으로 조업하던 많은 광산들이 제1차 세계대전 후에 조업을 중단하고 일본인들은 조선의 금광업으로부터 철수하였다. 따라서 1920년대에 금광업은 정체 상태를 벗어나지 못하였으며 기술진보도 지지부진하였다.[51] 그럼에도 불구하고 채굴 기술에서 두 가지 변화가 있었다.

첫째, 1920년대 중엽에 중소광산에서 갱도굴이 확산되었다. 많은 중소광산은 우물식 채굴[井戶掘]을 하고 있었는데 이때 가장 문제가 되는 것은 운반과 배수였다. 수권양기로는 지하 60-70척이 한계이어서 그 이하의 광석을 채굴해야 하거나 지하용수가 많아지면 작업이 불가능하였다. 이러한 한계를 극복하기 위해서는 정호굴이 아닌 수평갱을 이용한 채굴이 필요하다. 수평갱에서는 배수 및 운반에 반드시 기계력이 필요하지는 않기 때문에, 단순한 정호굴에서 벗어나 수평갱을 뚫어 노두로부터의 절하(切下)와 연결하면 정호굴만으로 불가능한 노두 하부를 채굴할 수 있었다. 이미 1910년대에 상당수의 일본인 광산에서 있었던 갱도굴이 중소광산으로 확산된 것은 금광업이 침체에서 다소 벗어난 1920년대 중엽이었다.[52]

둘째, 광양광산과 수안광산이 심부 탐광으로 부광맥을 발견하여 1926년 생산이 전년도에 비해 수배로 증가하였다는 것이다. 이러한 성공은 종래 의문시되었던 심부 부광맥의 존재를 입증해 준 것이었으며 심부개발을 자극하는 계기가 되었다. 1920년대 말에도 대부분의 금광산은 여전히 유치한 상태를 벗어나지 못한 채 지표 부근의 채굴에만 부심하는 형편이었지만, 일부 광산은 심부개발을 위해 수갱과 수평갱을 굴착하고 계단식 채굴을 하고 운반에 권양기를 사용하고 있었다. 그러나 1920년대 말 금광산의

51 1920년대에 조선총독부는 금광업에 대해 "채굴법의 진보를 본 것은 실로 최근의 일로 조선에서의 채굴법은 아직 구래의 토법을 벗어나려는 과도기"에 있다고 기술하였다(朝鮮總督府殖産局 1922; 1929).

52 신규로 연산 1만 원 이상이 된 광산을 조사한 바에 의하면, 1920년대 중엽을 경계로 채굴이 정호굴로부터 갱도굴로 바뀌고 있었다. 『추세』(1924-1928) 참조.

표 3-7 1920년대 말 각종 설비별 설치 금광산 수

	함북	함남	평북	평남	황해	경기	충북	충남	강원	경북	경남	전북	전남	계
가행광산	6	12	26	14	12	12	12	21	17	11	15	3	2	163
배수펌프			5	3	2	1		4		2	3		1	21
운반레일		3	6	5	6	4	2	5	1	1	8		1	42
화약고	1	3	7	4	5	9	6	10	9	4	9		1	68
분석소		1	2	3	2		1	3		2	1	1	1	17
착암기			1		2								1	4
기술자	1	8	8	8	5	3	4	10	1	3	7	2	1	56

자료: 朝鮮總督府殖産局(1929: 61-62).

설비 현황을 보면([표 3-7]), 전체 163광산 중 착암기를 사용하는 광산은 4광산에 불과하였다. 이는 심부 채굴을 하고 있다고 해도 갱도 굴진을 여전히 수굴에 의존하는 초보적 단계였음을 의미한다. 반면 화약고나 운반용 레일이 상당히 보편화되어 있음을 알 수 있으며, 특히 갱내외 운반을 위해 레일을 설치한 것은 상당수의 광산이 갱도굴을 하고 있었음을 의미한다.

다음으로, 1920년대에 선광제련 기술에 어떤 변화가 있었는지를 살펴보자. 1910년대에 수차도광기에 의한 혼홍법이 일반화되었지만 조선인은 대개 불완전한 구래의 방법을 묵수하였으며, 비교적 개선된 제련설비를 갖춘 일본인 광산도 광석의 성질에 대한 이해없이 일본의 광산설비를 모방하는 데 그쳐 종종 실패를 초래하였다(朝鮮總督府殖産局 1922). 1921년의 산업조사회에서 이러한 문제를 해결하기 위해 선광제련 기술의 보급·개선과 기술관 파견 제도의 설치, 광석처리시설의 보급·개선을 의결한 이후, 제련설비상의 개선과 제련 방식의 변화가 나타나기 시작하여 가스기

관 등의 동력을 이용한 철제도광기가 설치되거나 광미 처리를 위해 간단한 청화제련설비가 보급되었다.[53]

도광기 기준으로, 토법은 80lbs 목제도광기, 개선된 제련법은 250-400lbs 철제도광기, 그리고 가장 개선된 제련법은 1,000lbs 철제도광기를 사용하는 것이었다(朝鮮總督府殖産局 1929). 목제도광기의 경우에도 수력을 얻기 힘든 곳에서는 동력기관을 사용하지만, 철제도광기는 수차로 운전이 불가능하기 때문에 반드시 동력기관을 필요로 한다. 철제도광기는 광석 처리 능력이 크고 또한 수력을 사용하는 것이 아니기 때문에 작업의 계절적 한계도 없다. 그러나 채굴에서와 마찬가지로 1920년대의 제련 기술은 아직 1910년대의 유치한 수준에서 벗어나지 못하였으며, 청화법이 보급되었지만 불완전하였고 철제도광기의 사용 또한 아직 제한적이었다. 1923-1927년에는 겨우 4-8광산에 불과하던 설비의 신·증설이 1928, 1929년에는 19, 21광산으로 증가하였으며,[54] 신·증설 설비가 주로 철제도광기와 그에 부수하는 동력기관인 것으로 보아 철제도광기 사용은 1920년대 말에야 확대되기 시작하였다고 할 수 있다.

1920년대 말의 채굴·제련 기술 수준을 종합적으로 보여 주는 것이 [표 3-8]이다. 굴하가 47광산, 갱도굴·계단굴이 26광산으로, 굴하가 압도적이지만 [표 3-5]의 1919년 조사와 비교하면 약간의 진보가 있었다고 할 수 있다. 운반에는 여전히 수권양이 압도적으로 많고 광차·전동차를 포함하는 스킵(skip)권양은 아직 소수였다. 제련설비는 철제도광기가 27광산,

53 鈴木哲郎, 「朝鮮に於ける金鑛處理に就て」, 『회지』 7-1, 1924; 『추세』(1923).
54 『추세』(각 연도).

표 3-8 작업 방식별 금광산 수(1930년)

	경영 방식				채굴 방식			운반 방식		선광 방식			도광기		동력설비		제련 방식				
	덕대	병용	직영	청부	굴하	계단	갱도	수권	스킵	수선	도태	부선	목제	철제	수차	기관	혼홍	청화	혼청	매광	임도
조	23	8	5	1	17	5	4	16	2	18	4	1	21	7	23	8	10	1	16	9	5
일	21	10	3	4	30	11	4	13	13	28	6	4	17	18	16	22	18	1	16	17	1
외	0	0	0	1	0	2	0	0	2	0	2	1	0	2	0	2	0	1	1	1	0
계	44	18	8	6	47	18	8	29	17	46	12	6	38	27	39	32	28	3	33	27	6

주: 1) 작업 방식의 다양한 용어를 다음과 같이 정리하였다. '굴하'는 노두, 절하, 굴하, 정호, 리굴(狸掘), 수굴, 발굴, 노천, '계단'은 계단, 충전, 잔주, '갱도'는 갱도, 수평, 횡갱, '수권'은 수권양, 지게, 인배(人背), '스킵'은 스킵, 전동, 광차, '목제'는 목제, 150lbs 이하, '혼홍'은 혼홍, 혼매, '임도'는 임도, 임매.
2) 조, 일, 외는 각각 조선인, 일본인, 외국인 소유 광산.
자료: [부표 3].

목제도광기가 38광산이고 동력은 수력이 39광산, 석유·가스기관 등이 32광산으로, [표 3-6]의 1921년 조사와 비교하면 역시 약간의 진보가 있었다고 할 수 있다. 제련 방식에서 혼홍법으로는 수금이 충분히 이루어지지 않으므로 청화법을 병용하는 혼홍청화법을 하는 광산이 혼홍법만 하는 광산보다 많아졌다. 요약하면 1920년대는 1910년대와 비교하여 어느 정도 기술적 진보가 있었지만, 그것은 어디까지나 1910년대에 소개된 기술이 확산되는 과정이었고 여전히 기술적으로 낙후한 상태를 벗어나지 못하였다. 이는 금광업이 아직 노두산화대의 채굴에 머물고 있었음을 함의한다.

3) 1910·1920년대의 덕대제

(1) 덕대제를 이용한 광산 경영

특허 광산에만 이용되던 근대적 광업 기술은 1910년대 일본인 자본의 진출과 함께 일부 광산에서 실시되었지만 1910년대 말부터 금광업의 침체로 더 이상 확산되지 못하다가 1920년대 중엽 이후 갱도굴과 철제도광기 사용이 확산되고 1920년대 말에는 일부 광산에서 계단굴이 시작되었다. 전반적으로 1910·1920년대에 금광업 기술은 저급한 수준에 머물렀으며 이러한 기술은 덕대제와 결합되어 있었다. 앞에서 언급한 1919년 조사에서는 토법은 낙후한 기술에 의한 조업을 의미할 뿐 아니라 덕대제를 이용한 조업 방식이고, 개선된 토법은 덕대제와 직영을 병용하는 방식이라고 설명하였다. 덕대제는 원래 사금광에서 발달한 것이지만 저급한 기술 수준의 석금광에서도 쉽게 존속할 수 있었다.

1921년 조사에서 47광산 중 덕대제가 12광산, 직영과 덕대제의 병용이 6광산으로, 전체의 4할이고 청부로 표시된 것을 포함하면 5할을 약간 넘으며, 1930년 조사에서 경영 방식이 확인 가능한 76광산 중 덕대제가 44광산, 병용이 18광산으로 8할을 넘었다([표 3-6], [표 3-8]). 조사 대상에 차이가 있다고 생각되지만, 적어도 1920년대에 금광업 경영에서 덕대제는 여전히 매우 중요한 위치를 차지하였다. 덕대제는 조선인 광산뿐 아니라 일본인 광산에서도 널리 이용되었다. 일본인은 조선인이 노두만 채굴하고 방기한 광산에 간단한 설비를 갖추어 채굴을 재개하는 정도였으며 상당한 규모의 설비가 필요한 심부개발까지 나아가지 못하였다. 즉, 일본인 광산은 겨우 배수갱도를 뚫고 수권양기, 수동펌프 등의 시설을 하였을 뿐, 채굴을 덕대에게 맡기는 것이 보통이었다(志賀融 1931). 특히 금광업이 불황에 빠지면서 덕대제 이용이 확대되었다. 가령 1914년부터 다니구치(谷口與四郎)가 직영하던 신부면광산은 1918년 이후 동척에 양도되는 1928년까지 덕대에게 채굴을 허용하였으며, 1917년부터 후지타구미(藤田組)가 직영하던 한동리광산은 불황으로 조업을 중지하였다가 1922년부터 덕대제에 맡겨졌으며, 구하라(久原)광업의 성흥광산도 1920년부터 덕대에게 맡겨 노두를 채굴하였다(朝鮮總督府殖産局 1929; 德野眞士 1930).

1910·1920년대에는 덕대제를 이용한 경영으로도 상당한 생산을 내는 광산이 적지 않았다. 가령 강원 수출광산은 1922-1924년의 생산액이 19만여 원이고 천포광산은 1923년도 생산액이 약 6만 원이었으며, 이는 당시 외국인 특허 광산을 포함해도 10위권 안에 드는 수준이었다. 교동, 입석, 외천광산 등도 1929년에 10만 원 이상 또는 5만 원 이상을 생산하였으며 최창학(崔昌學)의 삼성광산은 운산금광의 생산액을 능가하기도 하였다. 조업 방식을 보면, 수출광산은 노두에서 100척에 불과한 깊이로 굴하하여 광석을 수권양 또는 등짐으로 반출하며 목제 수차도광기에 의해 혼홍제련하고 광미를 청화제련하였다. 천포광산도 노두에서 굴하 또는 수평갱에 의해 채굴하고 광석을 등짐으로 반출하고 수차도광기로 혼홍제련하며 광미는 청화제련업자에게 매각하였다(朝鮮總督府殖産局 1925).

근대적 방식이 보급되고 있음에도 여전히 덕대제가 이용되었던 것은 당시의 기술이 유치하기 때문만이 아니라 종래의 덕대제에 편리한 점이 있었기 때문이다. 첫째, 덕대제는 자본을 투자하지 않고서도 이익을 얻고 투자 위험을 피할 수 있는 좋은 방법이었다. 광업권자는 덕대가 채굴·제련한 금에서 일부[分鑛]를 받으면 되므로 감독 이외의 어떤 비용도 필요하지 않았다. 둘째, 노무 관리나 생산 능률에서 유리한 점이 있었다. 덕대와 광부는 우두머리와 부하의 관계여서 관습을 존중하고 분쟁을 야기하지 않으며 생산 능률도 덕대 및 광부의 이해와 직접 관계되므로 나쁘지 않았다. 총독부 관리도 덕대제가 조선인의 민도에 지극히 적당하며 따라서 조선에서 금광개발을 위한 방편으로 덕대제를 개량지도하는 것이 득책이라고 하였다.[55] 셋째, 덕대는 광상 상태에 익숙하고 특별한 채굴법을 갖고 있으므로 세맥의 채굴에는 직영과 덕대제를 병용하는 것이 좋고 적어도 지표 탐광을 위한 방법으로 상당히 유리하였다.[56]

금광업에서 널리 이용된 덕대제와 관련하여, 총독부는 1922년에 광산 노동자 상황을 조사한 보고서에서 덕대를 "광주와 계약하여 일정 장소의 광물 채굴 권리를 얻으며 경제상으로나 작업상 광주로부터 간섭을 받지 않고 일종의 기업을 하는 자"로 설명하였으며, 1931년에 노동자 상황을 조사한 보고서에서는 덕대를 "광주로부터 일정 지역의 채굴 권리를 획득하고 채굴 및 제련상의 제한은 받아도 경제상으로는 독립하여 광주와 하등의 관계없이 가행하는 자"로 설명하였다(朝鮮總督府內務局社會課 1923: 55; 朝鮮總督府學務局社會課 1933: 75-76). 덕대제를 상세히 연구한 총독부 광무과 기사 미사와(三澤正美)는 덕대를 다음과 같이 설명하였다.

---

55 鈴木哲郎(1927). 가령 덕대제로 경영되던 삼성광산은 미쓰이(三井)의 소유가 되면서 광부의 이동률이 높고 출근율이 불량하였는데, 그것은 광부가 직할 제도에서의 정규취업에 익숙하지 않아서였다(德野眞士 1930).

56 尾山直治, 「再び鑛業の振興策に就て」, 『회지』 5-1, 1922; 横堀治三郎, 「朝鮮の金鑛業に就きての所感」, 『회지』 14-4, 1931; 金聖浩(1936: 166). 구성광산은 광맥을 발견하기 위해 무료로 입산을 권유하고 의주광산도 광맥을 발견한 덕대에게 무료로 그것의 채굴을 허가하였다(德野眞士 1930).

덕대는 광업권자와 어떤 계약하에 광업의 일부를 위탁받아 스스로 광부를 인솔하여 자유로이 영업하는 자 … 덕대는 광업권자의 인가하에 소구역의 채굴권을 얻은 새로운 권리자이고 허가구역 내에서 채광, 제련, 경리 등 광무 전반을 처리한다. … 덕대는 스스로 사업자금을 조달하고 광부를 고용하며 자비로 수차를 건설하여 채굴 광석을 도광제련하거나 임의로 매광한다. … 덕대가 작업을 개시할 때는 자금관계상 보통 자금주를 끼며 … 일명 연상이라고 하는 지금상이 자금주인 경우가 많다. 덕대가 직접 실무를 하므로 손익을 감수하며 광주는 단지 감독에 그치고 손실을 입는 것이 적은 대신 늘 일정한 수입에 만족해야 한다.[57]

즉, 덕대는 광업권자와 계약을 맺은 하청업자이며 광업권자의 간섭을 받지 않고 독립적인 경영을 하는 존재였다. 덕대계약은 「조선광업령」에서의 광구세, 광산세, 광구에 해당하는 착수금, 분철, 구역과 계약기간을 명시하였다. 덕대계약이 광업권자 자영주의에 위배되어 법적 효력에 분쟁의 소지가 있었지만, 덕대가 광업권자와의 계약에 의해 일정 구역을 하청한다는 것은 이전과 다소 다른 점이었다. 즉, 1905년 『한국광업조사보고』는 가행구역이 일정하지 않고 작업 인원에 따라 납세액이 정해지는 덕대제를 일본 가고시마(鹿兒島)의 자가법(自稼法)과 다르다고 하였으나,[58] 총독부의 조사보고서는 덕대제를 자가법과 유사하다고 하였다.

덕대와 부하 광부의 관계에 대해, 총독부의 1922년 보고서는 덕대제를 일종의 이윤분배 임금 제도로서 일본에서의 "토공(土工)의 두목·부하[親分乾兒]와 같은 관계이며 … 덕대는 소속 광부의 주거, 식료 및 일용품

57 三澤正美(1933), 「朝鮮に於ける徳大式稼行法」, 『회지』 16-1, 1933: 22-23.
58 「황해편」: 45. 자가법은 막번시대부터 존재한 것으로, 자가인은 광주로부터 허가받은 구역을 채굴하고 자신의 수차로 도광제련하였다(三澤正美, 「朝鮮に於ける徳大式稼行法」, 『회지』 16-1, 1933).

을 지급하고 광산물 중 광주 지급분을 제한 것의 일정 비율을 취하고 나머지를 광부에게 분배하는 것이 통례"라고 하였으며, 1931년 보고서는 "일종의 이윤분배제이며 … 덕대는 광부에게 임금을 지급하지 않고 주거, 의복, 일용품을 지급하며 분철을 제외한 나머지를 분배하는데, 보통 덕대 4, 광부 1로 하고 이를 무회계(無會計)라 하며 … 덕대와 광부의 관계는 내지 토공의 두목·부하와 유사할지라도 역시 자본가와 노동자의 관계에 지나지 않는다"고 하였다(朝鮮總督府內務局社會課 1923: 55; 朝鮮總督府學務局社會課 1933: 76). 이처럼 덕대는 광부에게 생활비를 선지급하지만 양자의 관계는 이윤분배의 동업자 관계이면서 불완전한 고용관계이기도 하였다.[59] 광부는 덕대와 대등하지 않지만 덕대에 대한 복종 의무가 임노동자보다는 훨씬 약하였다.

식민지기의 덕대제는 앞 장에서 설명한 전통시대와 달리, 계약에 의해 일정 구역을 채굴하는 하청업자의 성격을 좀 더 뚜렷하게 갖고 있었다. 다만 후술하는 바처럼 기술의 변화에 따라 덕대제도 변할 수밖에 없는데, 그것은 1931년 보고서가 1922년 보고서와 조금 다르게 설명하는 데서도 일부 확인할 수 있다. 하나는 덕대가 광업권자로부터 채굴 및 제련상의 제약을 받는다고 한 점이며, 다른 하나는 덕대와 광부의 관계를 본질적으로 자본가와 노동자의 관계로 보는 점이다.[60] 즉, 1931년 보고서는 광업권자와

---

59 덕대와 광부 간의 분배 방식은 주로 무회계와 모잡배(募雜輩)였다. 무회계는 덕대가 광부의 생활비와 작업용품비 등 일체의 경비를 부담하고 생산물에서 분철을 제외한 나머지를 보통 덕대 4, 광부 1로 분배하는 것이다. 모잡배는 덕대가 생활과 작업에 필요한 자금을 제공하고 작업을 감독하며 생산물에서 분철 및 덕대의 자금을 제한 잔액을 덕대(광부 1.5명분)와 광부가 평등히 분배하는 것이었다(三澤正美, 「朝鮮に於ける德大式稼行法」, 『회지』 16-1, 1933).

60 가령 삼성광산의 덕대는 소속 광부를 일급 70전으로 사역하였다. 덕대가 이를 현금으로

의 관계에서 덕대의 독립성이 점차 상실되는 한편, 덕대와 광부 간에 차츰 고용관계가 심화되고 있는 것으로 설명하고 있다. 그러나 이 양 측면이 동시에 나타나는 것은 아니며, 광업권자가 광산에 대한 투자를 늘리고 근대적 조업을 해 나가는 경우에는 전자의 경향이 강하고 광업권자가 직접 광산을 경영하지 않고 덕대에게 맡길 경우에는 덕대가 생산에 필요한 비용을 감당하면서 후자의 경향이 강하게 나타날 것으로 생각된다.[61]

(2) 석금광 기술과 덕대제

석금광의 채굴과 제련작업은 사금광보다 더욱 분명한 분업 체계하에 수행되고 따라서 채굴과 제련작업이 서로 다른 사람들에 의해 분리, 수행될 가능성이 크다. 그러나 수차도광기에 의한 제련작업은 일반적으로 덕대의 작업에서 분리되어 있지 않았다. 수차도광기는 광업권자가 설치한 것도 있고 덕대나 독립 수차주가 설치한 것도 있었다. 신부면광산에는 덕대 소유의 수차가 8대였고 덕대는 제련부와 수은을 부담하는 대신 광석 20관당 40전을 징수하고 광미를 차지하였다. 일봉광산에는 직영 수차 3대와 덕대 수차 5대가 있었으며, 송화광산에는 독립 수차주의 수차가 6대 있었는데 덕대는 수차주로부터 자금을 대여받는 대신 도광을 약속하였다.[62] 덕대나 독립 수차주가 도광기를 소유한다는 것은 제련작업도 광업권자로

지급하지 않기 때문에 광부는 염가로 식량이나 피복을 구입할 수 없어 막대한 손해를 보았다(『동아일보』, 1926.9.26).

61 이는 영국에서 탄광의 하청제가 중부 흑향과 동북지방에서 상이하였다는 점과 유사하다(Taylor 1959).

62 三澤正美, 「朝鮮に於ける德大式稼行法」, 『회지』 16-1, 1933; 志賀融(1931); 鈴木哲郎(1927).

표 3-9 습식제련소 설비비 및 제련경비

	수차도광기		철제도광기	
	목제	철제	10톤 처리설비	100톤 처리설비
공이 중량, 개수	70lbs, 10본	150lbs, 10본		
1일 도광량	0.5-0.7톤	1.5톤	10톤	100톤
설비비	평균 300원	300원	15,750원	약 10만 원
톤당 제련경비	2.50-5.00원	1.25-2.50원	2.95원	1.10원

주: 철제공이 수차도광기의 설비비에는 수로 공사비가 포함되어 있지 않다.
자료: 『회지』 19-11, 1936: 27.

부터 독립적이었음을 의미한다. 덕대가 수차도광기를 사용하는 것은 혼홍법으로만 제련할 경우에 수차도광기가 철제도광기보다 수금률에서 유리하였기 때문이다. 그뿐만 아니라 철제 수차도광기는 1일 10톤 처리 철제도광기(대체로 500lbs 도광기)보다 설비비와 제련경비상 유리하였다([표 3-9]).

그러나 제련 경비를 덕대에게 전가할 수 있다는 점에서 광업권자는 도광량이 크고 계절적 제한이 없는 철제도광기를 설치할 유인을 갖고 있었다. 이에 광업권자는 철제도광기를 설치하고 덕대의 수차도광기를 폐지하였으며, 제련을 덕대의 작업에서 완전히 분리하고 덕대제를 주로 채굴에만 이용하였다. 이로써 덕대는 광업권자에게 도임료를 지불해야 하고 광미도 광업권자에게 넘겨주게 되었다. 1920년대 중엽에 조선 최대의 광산이었던 최창학의 삼성광산이 구체적 사례이다. 1926년 봄에 100마력 가스기관과 철제도광기를 설치한 최창학은 덕대 및 독립 수차주의 수차도광기 27대 중 2-3대를 제외하고는 사용을 금지하였다. 그는 광산의 출광량이 워낙 많아서 자신의 철제도광기만으로 제련이 불가능함에도 불구하고 도

임과 광미를 노려 덕대가 타처에서 제련하는 것을 금지하였으며 이후 도임료를 크게 인상하였다.[63]

철제도광기를 설치한 광업권자는 여전히 채굴을 덕대에게 맡겼지만, 제련설비 가동에 충분한 광량을 확보하기 위해 채굴작업에 대해 일정한 조건을 부여하였다. 1930년대 초의 일반적인 덕대계약에 의하면, 철제도광기는 일정량 이상의 광석을 주입하지 않을 경우 동력 손실을 피할 수 없기 때문에 일정량 이상이 아니면 제련하지 않았다. 따라서 덕대는 정해진 도광량을 얻기 위해 저품위 광석도 채굴해야 하였으며 자연히 제련비용도 높아질 수밖에 없었다. 또한 덕대는 광석이 아닌 금으로 분철을 납부하는 경우에 분철의 도임료까지 부담하였다(朝鮮總督府學務局社會課 1933).

굴하식 채굴을 하는 광산은 대부분 덕대제에 의존하였으며, 1920년대 중엽에 갱도굴이 확산되는 중에도 연산 1만 원 이상 광산의 다수가 갱도굴을 덕대에 맡겼다. 덕대는 자금이 빈약하고 차구면적도 작아 굴하식으로 노두산화대의 일부를 채굴하고 2-3년 만에 그치는 경우가 많았다. 좀 더 지속적인 작업을 위해서는 노두 하부를 채굴하는 갱도굴을 하는데, 갱도굴은 노두 하부의 산화대를 채굴하는 것일 뿐 심부개발이 아니므로 수굴작업으로도 채굴이 충분히 가능하였다. 따라서 광업권자는 노두 하부에 연층(沿層)갱도를 굴착하고 덕대에게 갱도 내의 일정한 구역을 하청주어 채굴하도록 하였다. 그러나 부광대를 채굴하다가 빈광을 만나면 작업을 중단하는 덕대제로는 계단굴과 같은 체계적인 채굴이 불가능하여 광량 확보와 단가 절약을 달성할 수 없었다. 덕대제와 양립 가능한 갱도굴과 달

---

63 『동아일보』, 1926.9.24.

리, 계단굴은 반드시 직영제하에서 가능하며, 따라서 덕대제와 직영을 병용하는 광산에서도 계단굴은 직영으로 하였다. 가령 미쓰비시(三菱)의 청암광산은 덕대식 채굴로 난굴이 되어 갱내 작업이 어려움에 봉착하자 덕대제를 해산하고 직영으로 계단굴을 실시하였다.[64]

1920년대는 본격적인 심부개발을 위한 계단굴의 시대는 아니었고, 심부개발을 위해서는 자본의 투자가 무엇보다도 필요한데 그것은 1930년대에 실현되었다. 1920년대 중엽 이후 비철금속의 시세가 다소 호조를 보이면서 진남포제련소가 동·연광 제련을 재개하였으며, 미쓰비시광업이 김제사금광을 개발하고 미쓰비시상사 경성출장소에 직원을 파견하는 등 조선 진출의 태세를 갖추었으며, 미쓰이광산(주)도 1928·1929년에 은적광산, 성천광산을 인수하고 삼성광산을 매수하였으나, 아직 일본인 자본의 진출이 본격화되지는 않았다. 이에 총독부 기사 스즈키(鈴木哲郎)는 총독부가 지질조사소, 연료선광연구소를 설치하고 기술관 파견 제도를 만들어 노력하고 있으나 자본과 기술의 부족으로 금광업이 부진하다면서 일본인 자본의 진출을 호소하는 글을『일본광업회지』에 기고하기도 하였다.[65]

4. 소결

제3장에서는 금광업이 근대적 산업으로 발전하기 위한 조건이 마련되

64 尾山直治,「靑岩金山の復活と現況」,『회지』14-1, 1931.
65 鈴木哲郎,「朝鮮の金銀鑛業に就て」,『일본광업회지』521호, 1928.

는 과정을 검토하였다. 일본은 러일전쟁으로 인해 금에 대한 수요가 더욱 커지고 조선에 대한 실질적 지배권을 행사하게 되면서 광산 이권을 둘러싸고 경쟁관계에 있던 제3국을 배제하고 조선의 광산을 독점하고자 하였다. 그래서 제정된 것이 통감부 시기 최초의 산업법인 「한국광업법」이었다. 동법은 물론 일본인의 자유로운 광업 진출을 보장하기 위한 것이었지만, 일본의 「광업조례」를 모법으로 하여 광산왕유제를 폐지하고 근대적 광업권 제도를 확립하였다. 이는 법 제정 과정에서 가장 중요한 문제로 부각된 왕실광산의 폐지를 통해 완전히 달성될 수 있었다. 과거에는 왕유권자로부터 광산 관리의 특권을 부여받은 징세인의 허가없이는 광물 채굴이 불가능하였지만, 새로운 제도하에서는 누구라도 선원주의에 입각하여 자유롭게 광업권을 획득할 수 있게 되었다. 광업권은 매매, 양도에 의한 이전은 물론 권리를 담보로 한 금융도 가능한 사적 재산권이었다. 「한국광업법」은 노동자 보호규정의 결여, 내·외국인 평등주의, 관청 재량권 인정 등에서 식민지적 성격을 갖고 있지만, 광업의 자유를 허용하고 광물채굴권을 사적 재산권으로 인정하였다는 점에서 광물자원의 지속적이고 합리적인 개발을 가능하게 하는 첫 단계였다.

광업법 제정으로 본격적인 자본의 진출이 바로 이어졌던 것은 아니었다. 광업권 취득의 제도적 장치가 마련되었음에도 불구하고 일본인 자본의 광업 진출이 활발하지 않았던 것은, 아직 정치적 불안이 컸을 뿐만 아니라 일본 광업계에 조선 광업의 유망성에 대한 부정적인 인식이 있었기 때문이었다. 이에 총독부는 병합 직후 1911년부터 장기간의 대대적인 광상조사를 실시하여 조선 광업의 유망성을 알리고 광업을 개발하기 위한 자료를 확보하였으며, 조사는 1918년에 지질조사소의 설립으로 이어졌다.

광상조사를 통해 얻은 자료는 광업권 취득 및 광업개발을 촉진하는 동시에 당국이 광업권 관련 업무를 신속히 처리할 수 있게 하였다. 또한 광상조사와 아울러 총독부는 유보해 둔 유망한 왕실광산의 허가를 통해 일본인 자본의 유치에 노력하였다. 그러나 조선의 금광업에 진출한 자본은 전시 인플레이션과 전후 불황으로 인해 조선에서 철수하였다. 자본이 철수하게 된 데는 조선의 금광석에 관한 이해가 부족하여 효과적인 제련 방식을 갖지 못하였다는 기술적 이유도 있었다. 총독부는 이런 기술적 문제를 해결하기 위해 1922년에 연료선광연구소를 설립하였다. 동 연구소는 연료 및 선광제련 기술 문제를 해결하기 위한 조선만의 특별한 기관이었으며, 개별 광산에 대한 선광제련법의 지도, 특히 부유선광법의 조선 내 보급에 결정적으로 중요한 역할을 하였다. 1910·1920년대의 광상조사와 지질조사소 및 연료선광연구소의 사업은 1930년대에 금광업의 성장을 가능하게 하는 토대가 되었다.

한편, 일본인의 광업 진출에 의해 새로운 기술이 보급되었다. 한일병합 전의 조선에서는 기술적 한계로 인해 특허 광산을 제외하고는 석금광산이 개발되지 못하였으나 1910년대에 일본인 광산 중심으로 폭약을 사용하는 갱도굴과 혼홍제련법이 도입되었으며 그중에는 근대적 방식을 채택한 광산도 있었다. 그러나 도입된 갱도굴과 혼홍제련은 지표 부근을 채굴·제련하기 위한 기술에 불과하였으며, 근대적인 기술이라고 하기 어려운 수준이었다. 1920년대에도 기술 수준은 1910년대와 큰 차이가 없었으며 이미 알려진 기술이 확산되는 정도에 그쳤다. 이처럼 기술 수준이 정체를 보인 것은, 조선의 금광업이 유망하지 않다고 판단한 대자본의 진출이 거의 두절되었기 때문이며, 이는 곧 조선의 금광업이 아직 노두산화대 채굴에 그치고 있었음을 의미한다. 그리고 저급한 기술은 전통적 노동조직인 덕대제와도 결합되어 있었다. 특히 금광업이 침체에 빠지자 광업권자가 광산을 직접 경영하지 않고 덕대의 채굴에 맡겼기 때문에 덕대제는 상당히 일반화되어 있었다.

덕대는 광업권자로부터 일정한 작은 면적을 허가받아 작업에 종사하는 하청업자이며 부하 광부와는 동업자 관계이면서 불완전한 고용관계였다. 사금광과 달리 석금광에서는 채굴과 제련이 작업상 명백히 분리되며, 특히 철제도광기가 보급되면서 제련작업은 광업권자의 관할하에 들어가고 덕대제는 주로 채굴작업에 이용되었다. 덕대제는 자본의 통제가 필요한 심부 채굴에는 적합하지 않지만, 1910·1920년대에 보급된 갱도굴은 지표 산화대의 하부를 채굴하는 정도였기 때문에 덕대제에 맡겨도 충분히 작업이 가능한 것이었다. 아직 1920년대는 심부개발의 시대가 아니었으며 심부개발은 대자본이 진출하는 1930년대에 실현되었다.

제4장

근대 금광업의 전개

제3장에서는 광업개발을 위한 제도가 정비되고 총독부가 광상조사의 실시 및 연료선광연구소의 설립을 통해 광업개발을 조장하였지만, 금광업은 아직 유치한 수준의 기술로 지표 부근의 산화대를 채굴·제련하는 정도에 그쳤으며 덕대제도 그대로 존속하고 있었음을 설명하였다. 그러한 상태의 금광업이 근대적 산업으로 발전하는 것은 1930년대였다. 그것은 충분한 광량을 확보할 수 있는 심부를 개발하기 위해 채굴 및 제련에 기계를 사용하며 그에 맞추어 고용관계도 근대적인 형태로 바뀌는 것을 의미한다. 심부개발에는 많은 자본이 필요하지만 1920년대에는 일본인 자본의 진출이 거의 없었다. 그러나 1930년대에 상황이 일변하여 일본인 대자본의 유입이 증가하면서 금광산은 대자본으로 집중되었을 뿐 아니라 심부개발을 위한 채굴 및 제련설비의 대규모화가 진행되고 근대적 기술 체계를 갖춘 광산이 증가하였다. 동시에 그에 적합한 형태로 노동력 편성의 변화가 나타나고 기술자 및 숙련광부에 대한 수요도 증가하였다. 또한 자본의 직접적인 지휘·통제를 받는 광산노동자가 증가하는 대신 덕대제와 같은 하청제는 그 존립 기반을 점차 상실하였다. 제1절에서는 자본의 진출을 가능하게 하였던 배경 및 정책을 설명하고, 제2절에서는 대자본에 의한 생산의 집중과 그 메커니즘으로 작용한 건식제련소 간의 매광 경쟁에 관해 설명한다. 제3절에서는 심부개발에 따른 기계화의 진행과 그 결과 나타나게 되는 노동력 편성의 변화를 분석하고, 제4절에서는 광산의 근대화에 대응한 총독부의 기술인력 양성정책과 기업의 노무 관리 및 덕대제의 변화에 관해 설명한다.

1. 자본 유입과 산금5개년계획

1) 자본 유입의 배경

(1) 일본 정부의 금 시가매입

1920년대까지 거의 정체하는 모습을 보인 금광업이 1930년대에 급속히 발전하게 되는 것은 일본인 대자본의 진출을 통해서였다. 조선의 금광업에 대한 투자에 회의적이었던 일본인 자본의 진출 배경은 무엇보다도 1930년대에 일본 정부가 법정 가격보다 비싼 가격으로 금을 매입하는 정책을 실시하면서 금광업의 수익성이 매우 좋아졌다는 데 있다.

일본은 제1차 세계대전 중에 다른 열강들과 마찬가지로 금 수출을 금지함으로써 금본위제를 이탈하였으며, 전시에 막대한 정화를 확보할 수 있었으나 전후에 무역수지가 적자로 돌아서면서 외환 보유고가 급격히 감소하였다. 환율 안정에 기여한 외환이 거의 고갈되는 상황에 직면하면서 1920년대 중엽부터 환율 안정을 위한 금본위제로의 복귀, 즉 금 수출 금지 해제[金解禁]가 현실적 문제로 대두하였다. 환율 불안정으로 경영이 불안해진 수출입 관련업자들의 불만을 해소해야 했을 뿐 아니라 금본위제를 이탈하였던 국가들이 금본위제로 복귀하고 1928년 6월에 프랑스도 복귀를 단행하자 세계 금융질서 속에서 국제적 고립감을 느낀 일본 정부는 마침내 1930년 1월에 그동안 국내 경제의 악화와 재계에 미칠 효과에 대한 우려로 말미암아 연기해 오던 금해금을 단행하였다.

일본은 엔화 가치가 하락한 상태임에도 불구하고 기존의 평가(parity)로 복귀함으로써 엔화를 과대평가하였다. 따라서 재정긴축이 불가피하게 동반되면서 경기불황이 있었으며 때마침 시작된 세계대공황의 파도가 불황을 더욱 심화시켰다. 수출이 감소하고 물가는 폭락하였으며 경기불황을 피하여 급격한 자본 유출이 발생하였다. 1931년 9월에 영국이 공황 탈출책의 일환으로 금본위제를 이탈하자 일본은 금해금 이후 급격한 자본 유출로 인해 이미 정화준비가 크게 감소하여 더 이상의 자본 유출을 방임할 수 없었기 때문에 마침내 1931년 12월에 금 수출을 재금지하였다.

금 수출을 재금지하였지만 여전히 문제가 남아 있었다. 그것은 금해금 기간 동안에 환율 방어를 위해 방매한 달러[換統制賣] 중 해외로부터 차입한 것을 상환하기 위해 현송할 금을 확보하는 문제였다. 그러나 금 수출 재금지 이후 환율 절하로 인해 엔화로 환산한 국제 금 가격이 급상승하였기 때문에 금이 밀수출되고 있는 상황이었다. 따라서 밀수출을 방지하고 현송할 금을 매집하는 조치가 필요하였다. 이에 일본 정부는 「금지금 매입 및 수출수속」을 발표하였으며(1932년 4월) 그것을 조선에도 적용하였다. 수속에 따른 금지금 매입 요항에 의하면, 정부는 금을 시가로 매입하고 그것을 해외로 현송하여 조달한 달러를 해외 차입 상환에 사용하였다. 정부의 매입 가격은 금의 국제 가격을 반영하기 위해 달러환율 기준으로 결정되면서 「화폐법」에 규정된 3.75g당 5엔(법정 가격)보다 일거에 5할이나 인상되었으며, 이후 환율이 절하하면 매입 가격도 인상되었다([표 4-1]). 금 가격지수가 다른 물가지수보다 빠르게 상승하여([표 4-2]) 금광업의 수익성이 매우 높아졌으며, 이로써 1920년대에는 투자 가치가 회의적이었던 조선의 금광산은 1930년대에 매우 유리한 투자처가 되었다.

표 4-1 정부 금 매입 가격 및 국제 금 가격 (단위: 엔/3.75g)

연월	화폐법 기준	정부 매입 가격	금괴 국제 가격	(엔화 환산)
1933년 9월	5	8.88	6·10·8	13.27
1933년 11월	5	9.938	6·6·1	13.07
1934년 4월	5	11.06	6·14·7	13.03
1935년 1월	5	11.58	7·1·9	14.65
1936년 5월	5	13.125	7·0·8	14.54
1937년 5월	5	14.137	7·0·6	14.52
1938년 5월	12.93*	14.4375	6·19·6	14.42

주: 1) * 「화폐법」이 아니라 「금준비평가법」에 의해 1엔당 0.75g에서 0.29g으로 사실상 평가절하한 결과임.
2) 금괴 국제 가격의 단위는 파운드·실링·펜스.
자료: 『시대』 3-3, 1939: 29.

표 4-2 금 가격지수와 물가지수의 비교

연도	금 가격	금 가격지수	서울 소비자물가지수	수이출물가지수
1932	7.78	100.0	100.0	100.0
1933	9.58	123.1	99.4	108.9
1934	11.63	149.5	103.5	117.0
1935	11.59	149.0	116.6	138.6
1936	12.75	163.9	125.2	141.5
1937	13.88	178.4	129.8	153.3
1938	14.35	184.5	145.4	162.2

주: 금 가격은 각 연도 금 생산액을 생산량으로 나눈 실효단가.
자료: 『추세』(각 연도); 김낙년·박기주·박이택·차명수 편(2018).

금 현송을 위한 일본 정부의 금 매입은 이후 덤핑 수출에 의해 무역수지가 개선되면서 그 필요성이 줄어들었으며, 또한 정부가 계속 시가로 금을 매입하여 보유하는 것은 재정상 곤란하였다. 그런데 이런 국내의 상황보다도 더 중요하였던 것은 국제통화 체제의 변화였다(伊東正直 1980). 미국은 금태환 정지(1933년 4월)와 금준비법 제정(1934년 1월)을 통해 달러 가치를 절하시키는 동시에 금 보유 정책을 전개하였으며, 다른 주요국들도 미국과 마찬가지로 금 보유고를 늘리고 있었다. 이러한 국제통화 질서의 변화 속에서 일본에서도 금의 국내 보유를 도모해야 함이 강조되었다. 그러나 정부의 매입은 금 현송을 전제로 한 것이어서 국내 보유가 불가능하였으므로, 1934년 4월에 금의 국내 보유를 목적으로 일본은행이 금을 매입하는 「일본은행금매입법」이 발표되었다. 동법에 의해 매입한 금은 일본은행의 정화준비에 포함되고 매입 가격과 법정 가격 간의 차이는 정부채무 형태로 일본은행의 보증발행준비에 계상되었다. 또한 달러 가치 하락으로 달러환율 기준의 금 매입 가격이 국제 가격과 괴리가 있어 1933년 11월 말부터 파운드환율 기준으로 변경한[1] 점도 법에 포함되었다.

「화폐법」은 금 1돈당 5엔으로 규정하고 있지만, 이상과 같이 금을 시가로 매입하는 정책을 실시한 결과 1937년 5월까지 금 매입 가격은 급속히 인상되었다. 그리하여 1937년에 일본은행의 매입 가격은 국제 가격에 거의 근접하는 수준이 되었으며 「화폐법」에서 규정한 법정 가격의 3배 가까이 인상되었다. 이러한 비정상적인 이중 가격은 1937년 8월의 「금준비평가법」에 이르기까지 지속되었다.

---

1 東洋經濟新報社(1950: 89). 영국이 태환 정지에도 불구하고 금의 유출입을 허용하였기 때문에 파운드화는 액면에 상응하는 금량을 유지하고 있었다.

(2) 조선총독부의 자본 유치

조선 금광업으로 자본의 진출이 활발하였던 것은 시가매입정책에 의해 금광업의 수익성이 매우 좋아졌다는 점과 아울러 총독부가 금광개발을 위해 자본을 적극 유치하였다는 데도 기인한다. 총독부가 금광개발을 적극적으로 추진하게 된 것은 무엇보다도 일본의 조선산 금에 대한 요구 때문이며, 동시에 조선 내부적으로는 금광업이 토목사업과 함께 궁민구제의 대책이기도 하였기 때문이었다.

1930년대 초 금에 대한 수요가 커지고 조선의 금광업이 다시 주목받게 된 상황에서 조선총독부는 자본 유치에 적극적으로 나섰다. 1930년대에 금광개발과 자본 유치에 열을 올린 사람은 식산은행(殖産銀行, 이하 식은) 은행장[頭取] 아루가(有賀光豊)와 총독 우가키(宇垣一成)였다. 특히 아루가의 산금 열의는 대단하여 총독의 열의도 그로부터 발원한 것이라고 추측될 정도의 인물이었다. 그는 1932년 6월 말 일본 척무대신의 관저에서 대규모 자본 투자에 의한 산금정책을 설파하고 그 후에 자본 유치를 위해 수시로 일본을 방문하였다. 그는 조선에서의 금광개발을 조선은 물론 일본 경제의 불황을 타개할 유일무이한 방도로 인식하고 자본 유치에 주력하였으며, 특히 대자본가의 적극적인 진출을 열망하였다.[2] 또한 그는 건식제련소의 설치를 조선 금광업의 급선무라고 인식하고 자본 유치에 노력하였으나 성공하지 못하자 직접 식은의 자회사로 조선제련을 설립하였으며, 식은을 퇴임한 후에는 조선제련 이사[取締役]에 취임하였다.

---

2 有賀光豊, 「經濟立直と産金事業」, 『회보』 114호, 1932: 16; 同, 「朝鮮金山開發の急務」, 『회보』 141호, 1934: 2-3.

한편, 1931년 말에 부임한 우가키 총독은 북선개척, 남면북양(南棉北羊), 농가갱생과 함께 금광개발을 정책 슬로건으로 내걸었다. 우가키는 1933년 초의 한 논설에서 기술과 자본이 충실하지 않으면 금광개발을 크게 할 수 없으므로 우수한 기술자와 많은 자본을 운용할 수 있는 광업가들의 분투를 요망한다고 하였다. 또한 1934년 9월 중등학교장회의 석상에서, 일본 경제의 고민인 국제수지 불균형도 금만 많다면 아무런 문제가 아니며, 따라서 국가적 사업으로 생각하고 채산을 무시해서라도 금을 채굴하여야 함을 강조하였다.[3] 총독부는 대자본 유치를 위해 1932년 8월에 「탐광장려금교부규칙」을 공포하였다. 이는 금광석 분석 수수료 인하, 습식제련장 건설·조성, 중소광산의 현지 지도와 같은 동 시기 일본에서의 산금장려책과는 매우 다른 점이었다.

호즈미(穗積眞六郎) 식산국장은 「탐광장려금교부규칙」의 목적이 투자를 촉진하여 금 생산의 증가를 도모하기 위한 것임을 분명히 하였다. 그는 대자본이 진출을 주저하는 것이 조선 금광상의 심부에는 양맥이 없다는 오해 때문이라고 보고, 투자를 촉진하기 위해서는 탐광 장려를 통해 종래의 오해를 불식하는 것이 필요하다고 생각하였다(穗積眞六郎 1932). 탐광비는 생산비에서 큰 비중(15-20%)을 차지할 뿐 아니라 회수 가능성이 불확실한 비용이라는 점에서도 탐광장려금 교부가 자본 유치에 갖는 의미는 컸다.

장려금은 탐광비의 반액을 표준으로 하였으며, 교부 대상을 연산 1만 원 이상이고 장래 증산이 확실하며 탐광갱도 굴착에 착암기를 사용하

3 宇垣一成, 「産金增加の緊要」, 『회보』 121호, 1933: 1; 「産金問題と宇垣總督」, 『회보』 142호, 1934: 12.

는 광산과 엠파이어 드릴을 사용하고 시추 결과에 따라 바로 채굴을 개시할 수 있는 사금광산으로 제한하였다. 1932-1936년간 장려금 교부액은 109광산에 총 71.3만 원이었는데, 그중 닛산(日産), 닛치츠(日窒), 동척(東拓), 미쓰비시(三菱), 미쓰이(三井), 스미토모(住友), 쥬가이(中外), 후루카와(古河), 식은(殖銀) 소속 광산이 48광산이며 교부액은 44.1만 원이었다(박기주 1988). 금 매입 가격의 인상으로 금광업이 호황이었기 때문에 탐광장려금이 없더라도 일본인 자본의 진출은 예견된 것이었지만 총독부의 탐광장려금이 그것을 더욱 촉진하였다. 그 결과 후술하듯이 금광업은 다른 어떤 부문보다 일본인 회사 수와 불입자본금이 빠르게 증가하였다.

2) 산금5개년계획에 의한 지원

(1) 산금5개년계획의 개요

1930년대 초에는 금본위제 복귀와 재이탈의 과정에서 금의 급격한 유출이 발생하고 금 수요가 증대하였던 것이지만, 1930년대 후반에 조선산금에 대한 수요는 새로운 국면을 맞이하였다. 1936년 군부 쿠데타(2.26 사건) 이후 일본이 준전시 체제로 진입하여 군비 확충 및 생산력확충계획이 수립되고 이를 위한 자원 및 기계의 대량 수입이 불가피하였다. 그 결과 1930년대 전반기의 환율 절하 및 적극 재정으로 인한 수출 증대로 1935년에 흑자를 나타내기까지 한 무역수지는 1936년에 적자로 전환하였다. 엔화 결제권인 엔블록 무역은 흑자인 반면 정화(금과 외환)로 결제해야 하는 제3국 무역이 대규모 적자인 것이 문제였으며, 외환 부족으로 인해 결국 1937년 3월에 1933년 9월 이후 중단한 금 현송을 재개하였다. 4월에 개최된 제70회 제국의회에서 대장대신은 그동안의 금 매입정책으로 상당한 금 준비가 있어 환율 유지를 위해 다소 현송을 하더라도 별로 문제는 없을 것이라고 하였다. 그러나 예상되는 금 현송을 위해서는 금 증산이 불가피하였기 때문에 금 현송 재개와 동시에 상공성은 조선총독부와 협의하여 산금5개년계획을 수립하였다.

산금5개년계획은 1942년의 금 135톤 생산을 목표로, 일본에서 1937년 예상량 26톤을 1942년에 60톤으로 증산하며 조선에서 1937년 예상량 24톤을 1942년에 75톤으로 증산하여 7할(조선은행이 4할 이상 매입)을 일본으로 이출한다는 것이었다.[4] 1937년 당시 조선의 금광산은 약 3,000여 개였는데, 75톤 중 60톤은 연산 20만 원 이상의 A급 89광산과 연산 5만-20만 원의 B급 150광산이 생산하고 나머지 15톤은 약 500개의 중소광산이 생산하는 것으로 하였다.[5] 목표 달성을 위해 소규모 광산도 배제할 수는 없었지만 연산 5만 원 이상의 광산을 지칭하는 중요광산이 계획의 중심이었다. 조선에서의 생산 목표량 75톤은 과거의 생산 추세(연 10%의 증가)로부터 추정한 생산량과 장려시설에 의한 생산량 증가의 합이었다([표 4-3]). 생산 추세로부터 예상되는 1942년의 생산량이 35.9톤임에 비해 증산 장려를 통해 달성할 증산량이 39.7톤이어서, 계획은 막대한 설비 투자와 강력한 정책이 수반되지 않으면 달성될 수 없는 것이었다. 후술하듯이 총독부는 광산설비 및 간접시설의 확충에 많은 자금을 투입하였으며 이것이 광산의

4 산금5개년계획은 이후 1938년 3월에 생산력확충계획의 일부로 포함되었으며 생산력확충계획은 당시 조선과 일본의 생산량 23톤과 24톤을 1942년에 75톤과 56톤으로 증산한다는 것이었다(박현 2011).

5 中山, 「朝鮮産金業の再檢討」, 『월보』 7호, 1938.

표 4-3 산금5개년계획에 의한 생산 목표량 및 이출 예상량과 실적 (단위: kg)

연도	생산 목표량				생산 실적	이출 예상량			조선은행 매입 실적
	A	B	합계	C		조선은행 매입	민간 이출	합계	
1938	24,537	9,843	34,380	30,000	27,738	13,622(39.6)	8,307(24.2)	21,929	9,212
1939	26,992	17,316	44,308	36,511	29,193	18,887(42.6)	10,258(23.2)	29,145	9,783
1940	29,691	24,788	54,479	28,500	25,288	23,396(42.9)	12,821(23.5)	36,217	13,958
1941	32,660	32,261	64,921		23,284	27,832(42.9)	15,568(24.0)	43,400	11,611
1942	35,924	39,743	75,667			31,718(41.9)	19,075(25.2)	50,793	

주: 1) A는 과거 실적에서 추정한 생산량, B는 장려시설에 의한 생산량, C는 당해년의 정세 변화에 기초하여 수정한 생산 목표량.
2) 생산 실적은 금광석을 제외한 제련금 및 사금 생산량.
3) ( )는 생산 목표량 합계에 대한 비율.
4) 조선은행 매입 실적에는 고금(古金)이 포함되지 않았으며, 1941년은 11월까지의 매입분.

자료: 『제국의회설명자료』 제79회, 1941; 『금매각관계서류』; 『추세』(1941).

기계화를 촉진하였다. 그러나 첫해부터 목표량을 수정하지 않을 수 없었으며, 실적은 수정계획에도 미치지 못하였고, 조선은행 매입 실적도 계획에 훨씬 미치지 못하였다.[6]

1937년 6월 중일전쟁이 발발하자 일본 경제는 준전시 체제에서 전시 체제로 변하고 군수품 및 생산재의 수입 증대로 인해 국제수지는 더욱 악화되었다. 7월부터는 수입 제한도 실시하였지만 국제수지 적자는 결국 금 현송을 통해서 해결할 수밖에 없었다. 금 현송을 위해 산금 장려와 정부로의 금 집중이 필요하였지만 그렇다고 금 매입 가격을 인상하는 것은 불

6 조선은행 매입과 민간에 의해 일본으로 이출된 조선산 금은 생산량의 6-8할 정도였다(박기주 1988).

가능하였다. 금 매입 가격은 이미 국제 시세에 근접하였기 때문에 더 이상 인상하지 않더라도 밀수출의 염려는 크지 않았던 반면, 금 매입 가격 인상은 국내 물가 상승을 유발한다는 문제가 있었다. 따라서 일본 정부는 1937년 8월에 「일본은행금매입법」을 폐지함으로써 금 매입 가격 인상을 포기하고 금의 증산과 집중을 위해 산금 3법(「금자금특별회계법」, 「금준비평가법」, 「산금법」)을 공포하였다.

「금자금특별회계법」은 일본은행의 정화준비에서 금 현송용 금을 분리하여 별도의 회계를 설치하고 금 현송이나 또는 예산이 정한 바에 따라 금 증산과 집중을 위해 사용할 수 있도록 한 법이다. 금자금특별회계의 설치는 「금준비평가법」에 의해 가능하였다. 동법은 엔화를 사실상 평가절하하고 대만은행, 조선은행, 일본은행이 보유 중인 금을 1돈당 12.93엔으로 재평가하여 생긴 잉여를 「일본은행금매입법」에 의해 매입한 금과 함께 금자금특별회계에 편입시켰다. 「산금법」은 금 증산을 장려하고 그것을 정부로 집중시킬 것을 목적으로, 정부가 제련업자와 금광업자에게 사업계획 제출과 설비 신·증설 등을 명령하고 함금광물을 함금광물매입면허자에게 매각하도록 하는 등 사실상 금 생산과 유통을 통제하기 위한 법이었다.

조선에서는 「산금법」에 해당하는 「조선산금령」이 1937년 9월에 공포되었다. 조선산 금의 생산 및 유통에 대한 강력한 통제를 규정하고 있는 「조선산금령」은 산금5개년계획의 무리한 목표를 달성하기 위한 법적 장치였다. 「조선산금령」에 근거하여 총독은 산금업자에게 사업계획의 입안과 변경, 시설의 신설, 확장, 개량에 관한 명령을 내리며 명령에 불응하면 광업권 양도를 강제할 수 있었다.[7] 이러한 통제는 이하에서 설명하는 각종 보조금 제도와 맞물려 있었다.

(2) 보조금 제도 강화와 간접시설 확충

가. 탐광 장려 및 설비보조

산금5개년계획에 따른 급속한 생산 증대를 위해서는 무엇보다도 기계 사용의 확대가 필요하기 때문에 총독부는 그것을 위해 보조금을 증액하고 종류도 다양화하였다. 기계굴 탐광을 하는 광산에 교부하는 탐광장려금 보조 외에 「금광설비장려금교부규칙」(1937년 8월)에 따라 착암기설비 보조, 선광설비 보조, 제련설비 보조가 신설되었다. 각종 보조금의 예·결산액은 [표 4-4]와 같다. 당시 일본에서도 비슷한 내용의 정책이 실시되었는데, 공동시설과 사금채취설비 보조는 조선에만 있었으며 일본에서는 착암기설비 보조 대신 탐광용기계 대여 보조가 있었다. 조선에 할당된 증산 목표량이 일본보다 더 컸음에도 불구하고 1937-1939년의 탐광장려보조금이나 선광제련설비 보조금 예산은 일본이 조선을 훨씬 능가하였다(通商産業省 1980). 1940년에는 지원 대상과 금액을 대폭 상향시켜 보조금이 전년에 비해 크게 증가하지만 일본과 어떤 차이가 있었는지는 알 수 없다.

탐광장려금 보조는 1932년부터 실시되어 굴진 m당 교부금을 줄여오다가 산금5개년계획 수립과 함께 강화되었다. m당 교부금이 1937년에는 수평갱 15원, 수갱 30원이었으나 점차 증액되어 1940년에는 각각 25원, 75원이었다. [표 4-5]에서 알 수 있듯이 탐광굴진의 경우, 1937년과 비교하여 1940년에 지령광산 수는 거의 4배, 갱도 수는 8배 이상 증가하였으며, 1937-1940년간 탐광장려금의 갱도 연장(延長) 실적은 수평갱이

7 광업권 양도에 관한 조치는 1938년 5월에 제정된 「조선중요광물증산령」에 의해 강화되었다. 즉, 총독이 필요하다고 인정한 경우뿐 아니라 사업을 확장하려는 자의 신청이 있으면 양도를 강제할 수 있었다.

표 4-4 산금장려보조사업별 예·결산액 (단위: 천 원)

	1936		1937		1938		1939		1940	
	예산	결산	예산	결산	예산	결산	예산	결산	예산	결산
탐광장려금 보조	96	93	243	186	512	493	1,020	966	5,881	4,560
착암기설비 보조			188	163	527	514	767	781	2,045	2,038
선광제련설비 보조			74	98	350	307	613	608	8,955	8,991
공동시설 보조			46	46	49	47	51	4	60	50
매광장려 보조					320	24	160	23	160	59
사금채취설비 보조									3,225	3,223
합계	96	93	551	492	1,758	1,385	2,611	2,383	20,326	18,922

주: 탐광장려금을 제외한 설비보조금은 증산금매상할증제의 재원 마련을 위해 1940년까지만 실시되었다.
자료: 『제국의회설명자료』 제79회, 1941.

242km, 수갱이 19km였다. 1940년에 탐광굴진 지령광산이 279광산인데 중요광산이 186광산이었으므로, 중요광산은 거의 대부분 탐광장려금 수혜 광산이었다고 할 수 있다. 1930년대 전반기에는 탐광장려금을 신청한 광산이 많지 않아 대부분 지령을 받을 수 있었으나 후반기에는 신청 광산 중 6할 정도만 지령을 받을 수 있었다. 탐광장려금은 심부개발을 위한 것이었으며 착암기를 사용하는 광산에 대해서만 교부하였기 때문에 탐광굴진의 기계화를 촉진하였다고 할 수 있다. 1940년에 탐광굴진 지령광산이 급증하는 것은 다음에 살펴볼 착암기설비 보조 광산 수의 급증과 무관하지 않을 것이다.

한편, 설비보조금 제도는 착암기설비 및 선광제련설비 신·증설을 보조하는 것으로, 보조액 한도는 설비비의 5할 이내였으나 1940년 5월에 7

표 4-5 탐광장려금 교부 신청, 지령 및 실적

연도	탐광굴진(m)								시추(본)					교부액 (천 원)
	신청		지령				실적		신청		지령		실적	
	갱도 수	광산	갱도 수	광산	수평갱	수갱	수평갱	수갱	광산	시추	광산	시추	시추	
1932	173	25	71	23	8,906	890	3,287	234	3	1,832	3	940	375	63.8
1933	182	33	117	33	11,426	832	9,787	746	2	1,671	2	1,671	1,620	194.2
1934	206	48	105	48	12,631	522	11,509	460	9	3,639	6	2,244	2,015	169.6
1935	203	72	123	63	12,288	1,183	12,144	1,129	6	2,199	4	1,122	1,122	191.7
1936	176	73	71	43	7,617	755	7,476	663	5	2,082	4	1,826	1,826	93.5
1937	276	114	161	77	16,205	1,602	15,546	1,505	–	–	–	–	–	185.6
1938	456	191	290	123	29,451	2,341	28,652	2,100	–	–	–	–	–	492.8
1939	1,199	288	532	177	56,816	4,869	54,192	4,447	24	8,157	16	4,225	3,986	966.2
1940	2,761	514	1,339	279	176,998	14,060	143,440	10,581	39		34	29,972	25,001	4,560.4

주: 지령은 신청에 대해 장려금 교부가 결정된 것.
자료: 『회지』 20-10, 1937: 74-75; 『제국의회설명자료』 제79회, 1941.

할 이내로 증액되었다. 1940년에 광산당 착암기설비보조금은 1.92만 원이었으며, 1938-1940년에 착암기설비보조금에 의해 설치된 착암기가 1,154대이고 1937년 6월 말-1941년 3월 말에 금광산에서 증설된 착암기가 4,181대이어서,[8] 착암기 증설의 3할 정도가 보조금 덕분이었다고 할 수 있다. 1940년의 선광설비보조금은 광산당 평균 15.9만 원이고 제련설비보조금은 8.9만 원으로 전년보다 대폭 증가하였다. 설비보조금은 수혜광산

8 금광산의 착암기 대수는 1937년 6월 말 129광산에 1,774대, 1941년 3월 말 246광산에 5,955대였다.

표 4-6 각종 설비보조금의 교부 상황 (단위: 천 원)

	착암설비 보조			선광설비 보조			제련설비 보조		
	1938	1939	1940	1938	1939	1940	1938	1939	1940
신청 광산 수	89	132	160	33	18	58	–	57	67
지령 광산 수	69	72	106	20	7	42	–	28	26
사정액	1,028	1,564	2,912	2,023	858	13,378	–	2,169	4,642
보조금	514	781	2,038	307	257	6,688	–	351	2,303
광산당 보조금	7.5	10.8	19.2	15.3	36.8	159.2	–	12.5	88.6
착암기대수	297	313	544						

자료: 『제국의회설명자료』 제79회, 1941.

의 요건상 필연적으로 설비자금 조달 능력이 충분한 광산에 제한될 수밖에 없었다. 이러한 설비자금 및 기타 운영자금 조달에서 중요하였던 기관은 1938년에 설립된 일본산금진흥(주)이었다. 금광업에 대한 동사의 자금융자는 지속적으로 증가하여 1940년 말에 조선에서의 융자 잔고가 1억 원을 초과하였다. 자금융자에는 특별융자와 보통융자가 있었다. 전자는 탐광비의 단기 대출이고 상공성의 인가를 받아 선별적으로 이루어졌으며, 융자의 대부분을 차지한 후자는 설비증설자금 공급이 목적이어서 상당한 설비를 갖추고 다량의 광석을 채굴할 수 있는 광산이 융자 대상이었고 대출 금액에 제한이 없었다(吉田二雄·武田正憲 1941).

중일전쟁 직후에는 일본의 군수품 및 원자재 수입이 방해받지 않았으나 1939년에 들어서자 대외신용 설정이 불가능해지면서 금 수요가 최고조에 달하였다. 설비보조금을 교부하였지만 증산 목표의 달성은 기대한 것처럼 그렇게 용이하지 않았다. 보조금 예산을 증액하였지만 전시 상황이 길어지고 제2차 세계대전이 발발하면서 필요한 자재의 입수난 및 납기 지연, 노동력 공급난, 기술자 채용난, 생산비 증가, 한해(旱害)로 인한 감산, 자금 조달난, 광석 수송난 등으로 증산 결과는 비관적이었다. 금광업자는 금 매입 가격의 인상을 요구하였으나 당국은 물가 인상을 우려하여 가격 인상 대신 「증산금매상규칙」을 공포하였다(1939년 11월). 동 규칙은 물자와 노동력의 공급난을 극복하기 위해서는 현재 보유한 생산 요소를 효율적으로 사용하려는 자발적인 노력이 필요하다고 보고 그것을 유도하기 위해 증산장려금, 즉 할증금을 지급하기로 한 것이었다.[9] 그러나 증산은 고사하고 기존의 생산을 유지하는 것조차 어려울 정도였으며, 이에 지정 광산에 대해서는 증산이 없더라도 장려금을 교부하는 제2종 할증금을 신설하였다(1940년 4월). 나아가 할증금 교부 대상 확대, 수속 간소화, 교부 신속화, 교부금 증액을 도모하고(1941년 5월) 이에 필요한 재원을 마련하기 위해 설비보조금 제도를 폐지하였다. 그러나 이런 할증금 제도가 증산을 가져오지는 못하였다.

나. 간접시설: 산금송전선 가설 및 금산도로의 건설

조선에서는 비록 보조금 예산 규모가 일본에 미치지 못하였지만, 광산 개발에 있어 가장 중요한 기반시설인 송전선과 도로망의 건설이 대대적으로 진행되었다. 광산설비의 신·증설로 인해 동력 수요가 커질 것은 분명하였으며, 주요 간선도로는 어느 정도 건설되었으나 광산에 이르는 산간

9 할증금 제도는 일정량 이상을 생산, 매각하는 자에게 주는 장려금이어서 생산에 대한 직접적인 자극과 금 수집의 의도가 결합된 것이었다(박기주 1988).

도로는 여전히 부족한 형편이었다. 송전선과 도로개설은 업계가 가장 시급히 요망하는 것이었다. 이미 1936년의 산업경제조사회에서 송전선과 도로망 건설 문제가 논의되었으며, 산금5개년계획이 시작되자 조선광업회가 총독부에 요구한 것도 송전선 및 금산도로 건설이었다. 1934년 9월 현재 금속광산(대부분 금광산)의 동력 조달 방식을 보면, 조사한 58광산 중 매전(買電)은 13광산에 불과하고 대부분 내연기관에 의한 자가발전이나 기타의 방식에 의존하고 있었다.[10] 많은 광산이 의존하는 자가발전 방식은 연료비 상승, 기관 고장, 설비운전원 부족으로 인해 증산에 지장을 초래할 수밖에 없었다. 외부에서 광산에 전력을 공급한다면 문제가 해결될 수 있지만 배전업자가 오지의 금광산에 전력을 공급하기 위해 송전선을 가설하는 것은 채산상 불가능한 일이었다. 이에 총독부는 채산이 맞지 않는 지역에 국유 산금송전선을 가설하기로 하였다.

총독부는 1938년부터 3개년 사업으로 3,600만 원을 투자하여 총 7,200km의 산금송전선을 가설함으로써, 당시 3.5만kw에 지나지 않던 전력 공급을 9.5만kw로 증가시킨다는 계획을 수립하고([표 4-7]), 필요 자금을 조달하기 위해 3,600만 원의 공채를 발행하였다. 이러한 거액의 산금송전선 가설비는 산금계획 달성을 위한 예산의 가장 큰 부분을 차지하였다. 1차 연도는 공사비의 증가로 계획을 달성하지 못하였으며, 2차 연도는 원계획을 수정하여 66KV선 1,274km와 22KV선 730km를 가설하기로 하였으나 그마저 달성할 수 없었다. 예산액 자체가 물가 상승을 감안하지

10 『회보』 150호, 1935: 13. 다른 조사에서도 1934년 생산액이 10만 원 이상인 61광산 중 매전은 20광산이며 내연기관 자가발전이 29광산이고 기타·불명이 12광산이었다(茂木敏一, 「朝鮮に於ける金銀鑛業の近況」, 『회지』 19-3, 1936).

표 4-7 산금송전선 가설 계획 · 추가 · 실적 (단위: km, 천 원)

		송전선						변전소		가설비 합계
		66KV선		22KV선		소계		용량 (KVA)	가설비	
		연장	가설비	연장	가설비	연장	가설비			
계획	1차 연도(1938년)	749	4,456	851	2,741	1,600	7,196	32,141	804	8,000
	2차 연도(1939년)	1,498	8,912	1,702	5,481	3,200	14,393	64,283	1,607	16,000
	3차 연도(1940년)	1,123	6,684	1,277	4,111	2,400	10,795	58,212	1,205	12,000
	합계	3,370	20,052	3,830	12,333	7,200	32,384	154,636	3,616	36,000
추가	1940년도 추가예산	280	2,418	1,732	8,619	2,012	11,037	69,374	5,892	16,929
	1940년도 민간보조	0	0	287	1,428	287	1,428	10,958	904	2,332
	1941 · 1942년도 추가	1,863	1,655	600	245	2,463	1,900	7,650	249	2,149
	1941년도 민간보조	0	0	287	1,428	287	1,428	10,958	904	2,332
실적	1938년	746.7		287.1		1,033.8		55,500		
	1939년	1,213.3		712.6		1,925.9		83,446		
	1940년	550.0		380.0		930.0		21,850		
	합계	2,510.0		1,379.7		3,889.7		160,796		
	미완성	235.2		160.6		396.8		10,500		

주: 1940 · 1941년 민간보조액은 가설비 233.2만 원의 7할인 163.2만 원임.
자료: 『제국의회설명자료』 제79회, 1941.

않은 것이었기 때문에 당초 계획의 달성을 위해서는 추가예산이 불가피하였다. 그래서 3차 연도에는 기예산 1,200만 원에 1,700만 원을 추가하여 총 2,900만 원의 예산으로 공사를 하였지만 물동계획에 의해 예산이 삭감되고 자재 입수난과 물가 앙등으로 인해 계획과 실적 간의 괴리는 더욱 심하였다. 궁여지책으로 총독부는 국유 산금송전선에서 송전선을 연장하는 배전회사에 대해 1940 · 1941년에 각각 가설비 233.2만 원의 7할인 163.2

만 원의 보조금 예산을 책정함으로써 민간회사들의 자재와 설비를 이용하고자 하였다. 산금송전선 가설 3개년계획은 경성－대전 간 송전선 가설을 위해 1년 연장되었지만, 이후 금광업의 위축과 군수광물 증산의 필요를 반영하여 광산국유송전선건설사업으로 변경되었다.

비록 실적이 계획에는 미치지 못하였지만 산금송전선 가설로 광업에서 전력 사용이 급증하였다. 1937년 말과 1941년 말을 비교하면 광업에서 전력 수용가 수는 2.3배로 증가하고(209→486) 사용량은 3.4배로 증가하였으며(110억→370억kWh) 총전력사용량에서 광업이 차지하는 비율이 5.8%에서 10.7%로 증가하였다(朝鮮銀行調査部 1948). 총독부는 산금송전선 가설에 따른 숙련공과 하급 기술자 부족을 예상하고 전기공사양성소를 설립하였으며(1938년) 중학교 졸업자를 1년간 교육하는 고등과도 신설하고 또한 갑종 중학 수준인 조선전기공업학교를 설립하였으며(1940년), 경성제대 이공학부에 전기공학과를 설치하여 고급 기술자를 양성하는 체제도 갖추었다.

송전선 가설비와 함께 예산의 큰 부분을 차지한 것이 바로 금산도로 건설비였다. 금산도로의 건설은 산금송전선 가설과 함께 금 증산에 중추적 역할을 담당하였다. 금산도로개수사업은 1932·1933년에 궁민구제사업의 일환으로 실시되었고 1936년에는 재차 지방진흥금산도로개수공사라는 형태로 진행되었지만, 1938년부터 시작된 3개년 계획의 금산도로개수공사에 의해 본격적으로 진행되었다. 동 계획에서 1·2등 도로(국도)가 30km, 3등 도로(지방도로)가 201km, 산간도로가 823km로, 산간도로가 대부분을 차지하였다. 금산도로개수공사에 의한 도로 건설은 각 도 국고보조공사의 대부분을 차지하였으며 특히 평북, 강원, 함남에 집중되었다([표 4-8]).

표 4-8 금산도로개수공사계획의 도로 연장과 사업비 (단위: km, 만 원)

연도	연장	사업비	경기	충북	충남	전남	경북	경남	황해	평남	평북	강원	함남	함북
1938	188	125	3.0	7.2	8.0	2.0	11.0	3.5	12.0	11.3	27.0	23.0	17.0	0.0
1939	376	250	9.0	0.0	11.1	0.0	20.0	13.0	18.0	11.6	50.9	62.5	43.9	10.0
1940	490	325	12.2	0.0	0.0	0.0	36.0	19.6	13.4	12.0	66.7	88.2	58.8	18.1
합계	1,054	700	24.2	7.2	19.1	2.0	67.0	36.1	43.4	34.9	144.6	173.7	119.7	28.1

자료: 全國經濟調査機關聯合會朝鮮支部(1940); 『釜山日報』, 1938.1.23; 『월보』 9호, 1939; 『집록』 25호, 1938.

건설비의 8할을 국고에서 보조하고 2할을 수혜광산이 부담하거나 기타의 방법으로 염출하였으며 국고보조금은 금자금특별회계와 총독부 예산에서 제공되었다. 금산도로개수공사계획이 완료된 후에 새로 1940년부터 2개년간 2,300만 원으로 약 90선로 총연장 6,000km를 개설하기로 계획하였지만, 산금송전선과 마찬가지로 1941년부터 중요 광물 증산을 위한 2개년 사업으로 변경되었다.

(3) 산금정책의 종언

산금정책은 1941년 7월 영·미의 대일 자산동결과 그에 이은 태평양전쟁의 발발로 종언을 맞이하고 총독부 정책의 중점은 금 생산에서 군수광물 자급으로 전환하였다. 小林英夫(1967; 1975)는 이러한 정책 전환이 정확하게는 지하자원을 대대적으로 약탈하기 위한 1938년의 「조선중요광물증산령」과 금 외의 광물을 증산하기 위한 1940년의 「조선광업진흥주식회사령」에서 이미 나타났으며 태평양전쟁이 결정적인 전환점이었다고 하였다. 그러나 비록 금 생산은 1939년을 피크로 감퇴하였지만, 산금정책은 1941

년 말까지 결코 약화되지 않고 강화되었다.

산금정책의 중추기관인 일본산금진흥은 1941년 2월에 자회사인 조선금산개발에 대한 150만 원 증자를 결정하였으며, 1941년 상반기 『영업보고서』에 의하면 할증금을 담보로 하는 무이자 융자를 실행하였다. 식산국 산금과는 금 증산정책 수행에 만전을 기하기 위해 1941년 2월에 직원 30명을 전국 300광산에 파견하여 금광산 실태를 조사하였으며, 영·미에 의한 자산동결 후에도 미나미(南次郎) 총독은 금의 지위에 흔들림이 없음을 발표하고 식산국 산금과는 제2차 생산확충을 수립한다는 생각으로 8월에 금증산독려간담회를 개최하였다. 태평양전쟁 발발 직후에 오노(大野綠一郎) 정무총감 역시 산금정책에 변화가 없으며 증산에 박차를 가할 것임을 언명하였다.[11] 총독부가 산금정책을 포기하지 않은 이유는, 비록 자산동결과 태평양전쟁 개시에 의해 영·미에 대한 금 현송의 필요는 없어졌지만 여전히 금 결제의 필요가 적지 않았기 때문이었다(日本銀行百年史編纂委員会編 1984).

이처럼 총독부는 수차례 산금정책의 중요성을 강조하였고 태평양전쟁 발발 후에도 정책 불변의 의사를 표명하였지만, 대외결제수단으로서 금의 중요성이 급격히 약화된 반면 철광석, 석탄, 경금속, 특수광물과 같은 중요 광물의 증산에 대한 요구가 더욱 절실해짐에 따라 정책의 전환은 불가피하였다. 1942년 초를 지나면서 총독부는 산금정책을 사실상 포기하고 중요 광물 생산에 자본과 노동력을 집중 배치하기 위해 비능률적인 금광산을 정비하고 금 외의 중요 광물이 풍부한 광산에 집중할 것이라고 하였

11 『朝鮮鑛業』 8-4, 1941: 68; 8-9, 1941: 2; 8-10, 1941: 45-46; 9-2, 1942: 60.

다. 마침내 총독부는 1943년 1월에 「금산정비령」을 공포하고 4월에 규산광 성질의 금광산을 제외한 금광산의 정비 방침을 발표하였으며, 10월에 당시 금광산 총 1,200개의 9할을 휴·폐업하는 「금산정비령」을 단행함으로써 중일전쟁 이후 최대 과제였던 산금정책은 막을 내렸다.

2. 대자본의 금광업 지배

1) 광업회사에 의한 생산 집중

(1) 금광산액의 증가

조선의 광산액은 조선, 일본, 대만 3국 중 가장 빠르게 증가하였다. 광산액은 1910-1930년에 4배로 증가하였지만 1930-1940년에 10배 이상으로 증가하였으며, 이는 금광산액의 증가에 기인한 바가 컸다([표 4-9]). 조선의 금광산액은 제1차 세계대전 초까지 크게 증가하였으나 금 수요의 감소와 전시의 물가 상승에 따른 채산난으로 침체에 빠졌으며, 1931년까지 1910년대 중엽의 수준을 회복하지 못하다가 1932년부터 급증하였다. 총광산액에서 금광산액이 차지하는 비율도 겸이포제철소가 가동되는 1917년 이후 1930년대 초까지는 3할 내외로 하락하였지만,[12] 1930년대에 다시

12 광산액 통계는 독립 제철·제련소의 생산액도 포함하는데, 1930년까지는 제철·제련소의 원료광석이 중복 계산되어 광산액이 4-5% 정도 과대평가된 것으로 추정된다. 그런데 제철소 생산액은 철광산액에 포함되었지만 제련소 생산액은 포함되지 않았거나(1916-1920년) 기타 광산액에 포함되었다(1925-1930년). 따라서 제철·제련소에 매광하기 전의 기준으로는 철광산액 비율은 감소하고 금광산액의 비율은 증가하기 때문에, 1920년대에도

표 4-9	광종별 생산액									(단위: 천 원)

연도	금·은	(%)	생산지수	철	(%)	석탄	(%)	기타	(%)	합계
1910	5,083	83.8	49.1	421	6.9	389	6.4	175	2.9	6,068
1912	5,814	85.3	56.2	202	3.0	558	8.2	241	3.5	6,815
1914	7,264	85.2	70.2	293	3.4	811	9.5	154	1.8	8,522
1916	11,759	83.5	113.7	386	2.7	819	5.8	1,114	7.9	14,078
1918	8,678	28.1	83.9	16,296	52.8	1,316	4.3	4,548	14.7	30,838
1920	6,371	26.3	61.7	12,457	51.5	3,917	16.2	1,460	6.0	24,205
1922	5,348	36.9	50.9	6,208	42.8	2,531	17.5	416	2.9	14,504
1924	7,657	39.9	74.0	7,708	40.2	2,961	15.4	850	4.4	19,176
1926	9,130	37.8	79.7	8,079	33.5	4,993	20.7	1,929	8.0	24,130
1928	7,567	28.6	74.8	10,696	40.5	5,769	21.8	2,403	9.1	26,435
1930	8,381	34.0	80.7	8,731	35.4	5,328	21.6	2,214	9.0	24,654
1932	21,769	64.5	135.3	4,863	14.4	5,970	17.7	1,145	3.4	33,747
1934	42,518	61.5	176.3	12,781	18.5	9,941	14.4	3,934	5.7	69,173
1936	71,557	64.8	271.3	15,829	14.3	13,301	12.0	9,742	8.8	110,430
1938	117,177	58.0	394.7	23,345	11.6	25,468	12.6	36,023	17.8	202,013
1940	107,124	35.6	358.7	64,821	21.5	62,797	20.9	66,288	22.0	301,030

주: 1) 광종별 생산액은 제철, 제련품과 광석이 포함.
2) 생산지수는 1931년 기준.
자료: 『추세』(각 연도).

6할대로 상승하였다. 금광산액은 1930년대 말에 전시경제가 강화되면서 군수물자인 철, 석탄, 특수광물의 생산 급증으로 인해 총광산액에서 차지하는 비율이 크게 낮아지지만 여전히 제1위였으며 절대액 자체는 크게 감

금광산액의 비율이 가장 컸다고 할 수 있다.

표 4-10 금광산의 지역별 생산액 및 연인원 비율 (단위: %)

		1915	1920	1925	1930	1935	1938	1941
생산액	남부	18.5	16.4	16.4	21.8	37.0		
	북부	81.5	83.6	83.6	78.2	63.0		
연인원	남부		20.8	17.3	20.9	43.9	54.3	47.2
	북부		79.2	82.7	79.1	56.1	45.7	52.8
광구 수	남부		41.4	42.6	45.2	53.5		
	북부		58.6	57.4	54.8	46.5		

주: 1) 남부는 충청, 전라, 경상, 경기 및 강원의 절반.
2) 1920년의 연인원은 1919년도분.
자료: 『통계연보』(각 연도); 『추세』(각 연도).

소하지 않았다. 1930년대 금광산액의 증가에는 가격 상승에 의한 명목상의 효과도 포함되어 있다. 금 가격을[13] 디플레이터로 하여 생산지수를 구해 보면, 금광업 생산지수는 1930-1940년에 4.5배로 증가하였다.

지역별로 보면 1930년까지는 황해와 평북이 금광산액의 7-8할을 차지할 정도로 생산이 북부에 집중되어 있었지만, 1930년대에 금광산액이 급증하면서 남부가 차지하는 비율이 크게 증가하였으며[14] 노동자 및 광구 수에서도 남부의 비율이 커졌다([표 4-10]). 이처럼 남부의 생산 비중이 커진 것은 금광산이 전국에 산재해 있었음을 입증하는 것이기도 하지만, 남부가 북부에 비해 인구 밀집지여서 금광개발에 필요한 노동력을 비교적 쉽

13 금 가격으로는 순금량에 의한 집계가 되고 있는 1932년부터는 단가(금생산액/순금생산량)를 사용하고 순금량을 알 수 없는 1931년까지는 운산광산에서 생산된 금의 단가를 사용하였다.

14 표 작성에 사용한 금광산의 생산액은 [표 4-9]의 금·은 생산액과 약간 차이가 있다. 각주 12 참조.

표 4-11 금광산의 생산물 형태별 구성비 (단위: %, 천 원)

연도	금·은	사금	금광석	생산액 합계
1910	73.8	16.2	10.0	5,083
1915	78.5	8.1	13.4	8,652
1920	56.3	7.9	35.8	6,371
1925	78.1	5.3	16.5	7,413
1930	74.8	4.9	20.3	8,381
1935	75.0	13.1	11.9	54,519
	43.8	14.2	42.0	
1940	84.2	11.6	4.2	107,124
	41.4	13.0	45.6	

주: 1935, 1940년의 하단의 비율은 건식제련소에 매광하기 전 금광산에서의 생산물 구성비.
자료: 『통계연보』(각 연도); 『추세』(각 연도).

게 조달할 수 있었기 때문이다. 남부의 금광개발은 생산 증가보다 고용효과가 컸고 그 점에서 1930년대의 금광개발은 농촌사회에도 크게 영향을 미친 것으로 보인다. 금광산노동자 연인원의 비율을 보건대, 물자와 노동력 부족이 심해지는 1930년대 말 이후에는 남부가 생산에서 차지하는 비율이 감소한 것으로 추정된다.

한편, 1930년대에 금광산액이 급증하는 가운데 금광산의 생산물 중 광석의 비율이 크게 증가하였다. [표 4-11]에서 1935년의 금·은 및 금광석 생산액의 비율이 각각 75.0%, 11.9%인데, 이는 1930년대 초부터 건식제련소의 금·은 생산액을 포함하고 건식제련 원료광석을 제외하고 집계한 결과이다. 그러나 건식제련소의 금을 제외하고 원료광석을 포함하여 광산의 생산물 구성을 추정하면 금광석의 비중이 1935년에 42.0%이고[15] 1940

년에 45.6%이다. 광산의 산출물 중 광석의 비율이 높아진다는 것은 건식제련소의 역할이 그만큼 중요하였음을 의미한다.

(2) 일본인 회사에 의한 생산 집중

1930년대의 금광산액 증가는 대부분 일본인 회사 소속의 광산에서 달성되었다. 금광업의 수익성 호조와 총독부의 자본 유치 노력의 결과, 일본인 회사자본의 진출이 급증하였다. 회사에는 일본에 본사를 둔 지점회사와 조선에 본사를 둔 본점회사가 있으며, 당연히 전자가 후자에 비해 1사당 불입자본금이 압도적으로 컸다. 조선 내 대표적인 금광업 회사는 지점회사인 일본광업과 본점회사인 조선광업개발이며, 각각은 신흥재벌인 닛산(日産)과 닛치츠(日窒)의 계열사였다.

『통계연보』의 회사 통계에 의하면, 1930-1935년에 광업 본점회사는 18사에서 46사로 증가하였고 불입자본금 총액이 8배로 증가하였으며, 지점회사는 13사에서 26사로 증가하고 본사 불입자본금 총액이 9배로 증가하였다. 1935-1940년에도 광업 본점회사의 증가 추세는 이어졌지만 지점회사는 감소하였다. 본점회사에 국한해서 보면, 공업이 회사 수나 자본금 총액에서 가장 큰 비중을 차지하고 있었지만 영세한 회사가 대부분이었던 반면, 광업은 회사 수나 자본금이 가장 빠르게 증가하였을 뿐 아니라 1사당 자본금의 크기나 증가율이 다른 산업에 비해 훨씬 컸다.[16] 본·지점

15 1935년 금광산액 5,452만 원 중에 금·은은 4,088만 원이고 사금이 714만 원, 금광석이 650만 원이었다. 건식제련소의 생산을 제외한 금·은 생산액은 2,195만 원이며 건식제련소 원료로 제공된 정광을 더한 금광석 생산액은 2,105만 원이다. 따라서 광산에서의 금광석 생산 비율은 42.0%이다.

16 본점회사 1사당 불입자본금은 사업체 통합이 있었던 가스전기업을 제외하면 광업회사가

표 4-12 광구 소유 10대 회사 및 광구 수

1930		1932		1935		1938		1941	
히코시마제련*	70	삼성광업	99	삼성광업	127	일본광업	329	일본광업	397
조선무연탄*	49	미쓰비시제철*	49	일본광업	99	미쓰비시광업	156	조선광업개발	202
미쓰비시제철*	46	조선무연탄*	49	미쓰비시광업	94	조선광업개발	147	미쓰비시광업	165
메이지광업*	33	조선광업개발	34	조선광업개발	85	삼성광업	118	고바야시광업*	142
미쓰비시합자*	30	메이지광업*	33	조선무연탄*	66	쇼와광업	88	삼성광업	120
동양척식	29	동양척식	33	의주광산	46	쥬가이광업	76	쥬가이광업	104
동창광산	28	미쓰비시합자*	30	조선질소*	43	고바야시광업*	75	쇼와광업	104
일본제강*	28	동창광산	28	대유동광산	40	조선무연탄*	68	스미토모본사	90
조선질소*	27	조선질소*	28	나이가이광업	39	조선제련	67	조선제련	89
대유동광산	23	輪西광산*	26	동양척식	35	의주광산	64	조선무연탄*	79
소계	363	소계	399	소계	674	소계	1,188	소계	1,492

주: *는 소유광구의 대부분이 금·은 광구가 아닌 회사이며, 고바야시(小林)광업은 금·은 광구를 많이 소유하고 있지만 1936년에 백년광산을 매수한 후 텅스텐 생산이 압도적이어서 금광업회사에서 포함하지 않았음.
자료: 『추세』(각 연도).

회사를 통틀어 다른 어떤 산업보다 광업으로의 자본 진출이 가장 적극적이었다고 할 수 있다.

1930년대에 광구 소유 10대 회사 중에서 금광업회사(소유광구의 대부분이 금·은 광구인 회사)가 증가하고 광구 소유에서도 차츰 상위를 차지하였다([표 4-12]). 1930년에 광구 소유 10대 회사에는 철, 석탄 광업회사가 다수 포함되고, 금광업회사로는 특허 광산인 창성광산의 분할로 설립된 회사

1930년 42.3만 원, 1935년 128.3만 원, 1940년 191.6만 원으로 가장 빠르게 증가하였다.

(대유동광산, 동창광산, 갑암광산) 중 2사와 동척이 포함된 정도였다. 1932년에는 금광업회사인 삼성광업과 조선광업개발이 포함되었지만 여전히 철, 석탄 광업회사가 다수였으며, 10대 회사의 소유광구 수에는 큰 변화가 없었다. 삼성광업은 미쓰이가 매수한 삼성광산을 모태로 하여 설립된 회사로서, 같은 자본 계열사인 히코시마(彦島)제련 및 미쓰이광산의 광구를 이전받아 광구 소유 1위가 되었으며, 닛치츠 계열의 조선광업개발은 총독부로부터 함남 신흥군의 보류광구를 불하받아 4위로 올라섰다.

1935년에는 10대 회사 중 8사가 금광업회사이고 소유광구 수도 크게 증가하였다. 삼성광업과 의주광산은 미쓰이 계열사였다. 미쓰이는 삼성광업의 매수에 이어 총독부 보류광구를 불하받아 설립된 의주광산(대표 박영효)을 1932년 말에 인수하였다. 일본광업은 소유광구가 1932년에 16광구에 불과하였으나 유력 광산을 매수하면서 99광구로 크게 증가하였으며, 미쓰비시광업의 소유는 1932년에 24광구였으나 미쓰비시제철의 철, 석탄 광구를 양수하고 금·은 광산을 매수하여 94광구로 증가하였다. 닛치츠 계열 조선광업개발의 광구는 1932년의 34광구에서 1935년의 85광구로 증가하였다. 대유동광산은 창성광산에서 분할된 갑암광산을 재합병하여 소유광구가 증가하였다.[17]

1930년대 후반에도 10대 광업회사의 대부분이 금광업회사였으며, 이들 회사의 소유광구가 크게 증가하면서 신흥재벌 계열의 일본광업과 조선

17 동일 자본 계열사의 광산을 합병한 것도 광구 증가에 기여하였다. 삼성광산이 彦島제련의 광산을 양수하였듯이, 미쓰비시광업은 1935년에 미쓰비시제철, 1938년에 미쓰비시합자의 광산을 양수하였다. 甲岩광산을 합병한 대유동광산은 동창광산과 함께 1938년에 일본광업에 합병되었다.

광업개발의 순위가 올라가고 미쓰이와 미쓰비시 계열 회사의 순위가 약간 하락하였다. 10대 회사에 스미토모본사, 조선제련, 쇼와(昭和)광업, 쥬가이(中外)광업이 포함되었다. 1935년에 이들 회사는 스미토모본사 32광구, 조선제련 28광구, 쇼와광업 19광구로 20대 회사에 포함되어 있었으며,[18] 쥬가이광업은 나이가이(內外)광업의 광구와 교동(橋洞)광산을 인수·합병하여 10대 회사에 포함된 신생 회사였다. 1930년대 후반에 광구 소유 순위에 약간의 변화가 있지만 10대 회사에 큰 변화가 없었으며, 새로 편입된 회사들도 1930년대 중엽에 이미 상당수의 광구를 소유하고 있었다. 즉, 1930년대 중엽이면 금광업에 대한 일본인 회사의 진출이 거의 완료되었으며, 이후 이들 회사들이 소유광구를 지속적으로 증가시켰다. 건식제련소를 소유한 회사(일본광업, 조선광업개발, 조선제련)의 소유광구가 크게 증가한 점이 주목되며, 특히 일본광업은 외국인 특허 광산인 수안, 대유동, 운산광산을 차례로 합병함으로써 소유광구가 비약적으로 증가하였다.

일본인 회사는 소유광구를 증가시켰을 뿐 아니라 생산도 집중하였다. 중요 금광산을 규모와 소유자별로 분류한 [표 4-13]에 의하면, 1932년에 60광산 중 3할인 18광산에 불과하던 일본인 회사(소유자 4, 5) 광산은 이후 크게 증가하여 1941년에 174광산의 7할인 122광산에 이르렀으며, 이들 광산으로 생산이 집중되어 생산 비율은 1932년의 63.0%에서 1941년에 89.6%로 증가하였다. 그러나 1932년에 일본인 본점회사에 포함되어 있는 외국인 특허 광산의 생산(총 633.1만 원)을 제외하면 순수 일본인 회사의 생

18 광구 소유 20대 회사에는 금광업 관련 신생 회사들이 다수 포함되어 있다. 본점회사로 東宇흥업(1932년), 小林광업(1934년), 조선제련(1935년), 中川광업(1937년), 三寶광업(1938년), 지점회사로 쇼와광업(1934년) 등이 있었다(괄호는 설립연도).

표 4-13	1930년대 규모별 · 소유별 중요 금광산 수 및 생산 비율의 변화											
	1932						1941					
규모\소유자	1	2	3	4	5	계	1	2	3	4	5	계
1	13	1	8	1	1	24	8	2	9	12	13	44
2	5	1	8	2	2	18	8	3	8	11	18	48
3	0	1	3	3	3	10	4	0	7	16	15	42
4	1	0	0	3	1	5	1	1	1	7	11	21
5	1	0	0	2	0	3	0	0	0	6	13	19
계	20	3	19	11	7	60	21	6	25	52	70	174
생산 비율	18.7	3.7	14.5	50.3	12.7	100.0	3.6	1.4	5.4	21.4	68.2	100.0

주: 1) 규모 1-5는 각각 연산 5-10만 원, 10-20만 원, 20-50만 원, 50-100만 원 미만, 100만 원 이상.
2) 소유 1-5는 조선인 개인, 조선인 회사, 일본인 개인, 일본인(외국인 포함) 본점회사, 지점회사.
3) 소유자 미상의 광산은 제외.
자료: 『추세』(각 연도).

산 비율은 아직 3할이 채 되지 않았다. 1930년대 후반에 일본인 본점회사의 생산 비율이 감소하고 일본인 지점회사의 생산 비율이 크게 높아진 것은, 외국인 특허 광산이 지점회사인 일본광업의 소유가 되었을 뿐 아니라 지점회사의 소속 광산에서 생산이 크게 증가하였기 때문이다.

[표 4-14]의 조선 내 20대 금광산을 보면, 1932년에 연산액이 100만 원을 넘은 광산은 3광산이며 1935년에도 6광산에 불과하였으나 1938년과 1941년에는 20대 광산 모두 100만 원 이상을 생산하였다. 1932년에는 20대 광산 중 6광산이 개인 소유이고 그중에 조선인 소유의 3광산(교동, 신연, 입성)이 포함되어 있었지만 이후 이들 개인 소유의 광산은 일본인 회사의 소유가 되거나 순위 밖으로 밀려나고 유력 회사의 광산들이 그 자리를

표 4-14 20대 금광산의 소유자 및 생산액 (단위: 천 원)

1932			1935			1938			1941		
광산	소유자	생산액	광산	소유자	생산액	광산	소유자	생산액	광산	소유자	생산액
운산	동양합동	2,964	운산	동양합동	4,305	운산	동양합동	7,691	성흥	일본광업	8,922
대유동	대유동광산	2,625	대유동	대유동광산	4,110	대유동	일본광업	6,695	운산	일본광업	7,350
교동	방응모	1,293	김제	미쓰비시광업	1,907	금정	금정광산	3,945	대유동	일본광업	7,160
광양	조선광업개발	819	성흥	일본광업	1,686	옹진	일본광업	3,909	옹진	일본광업	6,268
성흥	일본광업	818	금정	금정광산	1,544	성흥	일본광업	3,745	수안	일본광업	3,562
수안	수안광산	742	옹진	일본광업	1,340	김제	미쓰비시광업	3,200	금정	금정광산	2,660
의주	의주광산	605	수안	수안광산	943	광양	조선광업개발	2,879	김제	미쓰비시광업	2,427
新延	박용운	512	新興	조선광업개발	841	發銀	일본광업	2,287	高原	스미토모본사	2,093
삼성	삼성광업	483	慈城	조선광업개발	806	신연	삼성광업	2,085	九峰	쥬가이광업	2,017
홀동	홀동광업	444	광양	조선광업개발	795	순안	순안사금	1,927	신연	삼성광업	1,954
금정	金瓜石광산	439	신연	삼성광업	781	의주	의주광산	1,632	의주*	의주광산	1,795
김제	미쓰비시광업	438	직산	성환광업	726	樂山	일본광업	1,581	발은	일본광업	1,691
홍천	小林幹三	390	교동	교동금산	711	홀동	寶光광업	1,505	광양*	조선광업개발	1,432
有信	亥角仲藏	306	상주	나이가이광업	708	수안	일본광업	1,239	무극	조선제련	1,404
중앙	조선중앙광업	287	홀동	홀동광업	690	三光	미쓰비시광업	1,120	순안	순안사금	1,320
仁興	西山吉兵衛	287	月川	月川蘇七郎	659	자성	조선광업개발	1,114	덕음	일본광업	1,304
靑岩	미쓰비시광업	260	길상	조선광업개발	651	장진	대동광업	1,105	삼성	삼성광업	1,097
安倉里	여주광산	251	삼성	삼성광업	548	무극	조선제련	1,093	자성	조선광업개발	1,081
笠成	李友永	189	청암	미쓰비시광업	508	중앙	조선중앙	1,061	삼광	미쓰비시광업	1,071
吉祥	조선광업개발	182	홍천	고바야시광업	503	덕음	일본광업	1,046	낙산	일본광업	1,024

주: *는 각각 서고동과 중대리, 광양과 순천광산으로 분리되었으나 앞 연도와 비교를 위해 합산하였음.
자료: 『추세』(각 연도).

차지하였으며, 1935년에는 1개 광산만 개인 소유였다. 이들 대광산의 생산액은 1938년까지는 매우 급속하게 증가하였으며 그러한 가운데 순위의 변동도 심하였다. 또한 1938-1941년에 금광산액이 감소하는 중에도 20대 광산은 생산액이나 순위에서 비교적 안정된 모습을 유지하고 있었다. 특히 일본광업 소속 광산 중에서 20대 광산에 들어 있는 것은 1932년에 1개 광산뿐이었지만, 1938년에 7개 광산으로 증가하였으며, 1941년에는 상위 5개 광산이 모두 일본광업 소속 광산이었다. 특히 외국인 특허 광산으로 생산 1, 2위였던 운산, 대유동광산과 수안광산이 모두 일본광업의 소유가 되었다.

일본광업은 닛산(日産)[19]의 계열사로서, 1937년 상반기 현재 총불입자본금의 29.5%와 총배당금 수입의 41.7%를 차지할 정도로 닛산 계열의 중심회사였다. 닛산 내에서 일본광업의 비중이 이처럼 컸던 것은 역시 동사의 사업에서 금광업의 비중이 커진 결과이며, 특히 조선에서의 사업을 확대한 결과였다. 일본광업은 1940년 초 현재 불입자본의 50%를 조선에 투자한 상태였고 연간 수입의 35-36%를 조선에서 얻고 있었다(東洋經濟新報社 1943). 조선에서뿐 아니라 일본 지배권 내에서 최대 금광업회사로 성장한 일본광업이 조선의 금광업을 지배하는 토대가 된 것은 자사의 진남포제련소였다. 일본광업에 이어 1930년대에 건식제련소를 준공한 조선광업개발과 조선제련도 중요광산을 많이 소유하였으며, 이들 제련 3사는 제련소의 원료광석을 확보하기 위해 서로 경쟁하면서 사업을 확장해 나갔다.[20]

---

19 닛산은 久原광업을 중핵으로 하는 久原재벌 기업들이 鮎川義介에 의해 1928년에 재편된 신흥재벌이며, 일본광업은 광업 부문만을 떼어 설립된 회사이다(立松潔 1979).

20 "제련소가 서로 지역을 달리 한다 해도 각각 처리 광석을 매광함에 있어서 적어도 종래

2) 건식제련회사의 매광 경쟁

(1) 국립제련소 설립요구와 제련 3사의 성립

1930년대에 금 생산량 중 건식제련소에서 제련된 금의 비율이 1930년의 11.4%에서 1940년에 56.3%로 증가하였다([표 4-15]). 이러한 건식제련 비율의 증가는 금광업이 본격적으로 심부 채굴에 들어서면서 광석의 성질이 습식제련이 불가능한 유화광으로 변하므로 자가제련보다 건식제련소에 매광하는 광산이 많아졌음을 의미한다. 중요광산 중에 매광 광산의 비

표 4-15 건식제련소의 금 생산 비중 (단위: kg)

연도	금 생산량 (A)	진남포	흥남	장항	원산	합계 (B)	B/A
1928	5,060	440				440	8.7
1930	5,876	668				668	11.4
1932	8,585	2,061				2,061	24.0
1934	10,711	3,215	611			3,826	35.7
1936	14,679	5,231	1,142	461		6,834	46.6
1938	24,227	5,935	1,774	1,508	508	9,725	40.1
1940	22,060	7,850	1,842	1,704	1,014	12,410	56.3

자료: 1928-1932년은 越宮朝太郎(1934), 「日本鑛業會社所屬の主なる鑛山に就て」, 『일본광업회지』 593호, 1934; 1934년은 茂木敏一, 「朝鮮に於ける金銀鑛業の近況」, 『회지』 19-3, 1936; 1936년은 『제국의회설명자료』 제79회, 1941; 1938-1940년은 『제국의회설명자료』 제84회, 1944.

보다 경쟁적으로 되는 것은 명확하다. … 이러한 대자본의 길항은 제련사업을 중심으로 세력 범위하에 있는 중소금산을 자본적으로 합병·매수하는 기운을 조장함이 크다"(『京城日報』, 1935.1.18).

율은 1933년에 23%에 불과하였으나 1940년에 41%로 증가하였다.[21] 다만, 이처럼 매광이 확대되고 있었지만 1930년대 말에 조선인 중소광산에서는 오히려 자가제련이 증가하였다.

건식제련소는 1933년에 흥남제련소가 준공되기 전까지는 진남포제련소가 유일하였다. 1915년에 일본광업의 전신인 구하라(久原)광업은[22] 조선에서 산출되는 광석을 선점하기 위해 동사의 중추인 사가노세키(佐賀關)제련소보다 반년 앞서 진남포제련소 건설에 착공하여 5개월 만에 준공하였다. 진남포제련소는 조선의 금광업에 새로운 활로가 되었다. 주요 원료는 수안광산에서 생산된 정광이었으며 제련에 필요한 동광은 주로 일본에서 반입하였다. 제련소가 제1차 세계대전 후의 불황으로 1920년에 조업을 중단하자 매광처를 상실한 많은 광산들이 타격을 입었다. 그러다가 진남포제련소는 1925년부터 동·연 제련을 중심으로 조업을 재개하였으며, 구하라광업은 1929년에 일본광업으로 사명이 바뀌었다.

다른 광물의 가격과 달리 금광업은 금해금 이후에 수요가 증가하고 가격 또한 상승을 보여 가장 확실한 사업으로 기대되었다. 그러자 일본광업은 동 가격 하락에 따른 불황 대책으로 금광개발에 노력하여 1930년에 이미 일본 내 금 생산의 30%를 차지하였다. 이후 동사는 금 생산 부문을 확

21 1933년에 91개 중요광산 중 생산에서 광석 비중이 90% 이상은 21광산으로 23%이고 1940년에는 186개 중요광산 중 77광산으로 41%였다. 80%를 기준으로 하면 매광 광산은 25%에서 47%로 증가한다.

22 久原광업은 久原房之助가 藤田組에서 독립하여 설립한 회사로서, 日立광산을 개발하면서 급성장하여 1910년대에 일본 최대의 동 생산업자로 성장하였다. 동사는 특히 조선의 지하자원에 주목하여, 1914-1918년의 해외 자원조사 2,840건 중 조선이 2,250건이었으며 황해 남천광산 매수(1915년)를 시작으로 여러 광산을 소유하였다(武田晴人 1987; 日本鑛業株式會社 1957).

대·강화하였으며, 1936년의 생산이 1931년에 비해 2배로 증가하여 일본의 지배권역 내 금 생산의 4할을 차지하였을 뿐 아니라 동사의 매출에서도 금이 동을 능가하는 등, 금 생산업체로 변신하였다.[23] 일본광업이 유망한 금광산지인 조선에서 사업을 확장하는 데는 진남포제련소의 역할이 중요하였다.

1930년대 초에 금광개발이 활기를 띠면서 각처에서 제련소 신설 요구가 제기되었다. 부산의 유력 상공업자이자 광업가인 하자마(迫間房太郎)는 『조선공론』(朝鮮公論)에서 국영제련소 신설을 제안하였고 조선상공회의소 총회는 신의주상공회의소가 제안한 국영제련소 설치 요망을 가결하였으며, 식은(殖銀) 은행장 아루가도 국영제련소를 긴급히 신설할 것을 역설하였다.[24] 이처럼 이구동성으로 민영이 아닌 국영제련소의 필요성을 주장한 것은, 민영으로 할 경우에 광석분석 결과를 신뢰하기 어렵고 제련비가 높아지며 계약상의 수율이 실수율보다 낮고 금 가격 상승에 따른 이익의 분배가 불공평해질 것이라는 우려 때문이었다. 그러나 총독부 광무과장 고타키는 일본으로부터 자본 유입이 요망되는 상황에서 국영제련소를 설립하면 민영기업인 진남포제련소의 광석 수집이 곤란해져 사업이 압박받는 결과를 가져올 것이라는 점을 들어 국영제련소 신설에 부정적이었다(上瀧基 1933).

---

23 日本鑛業株式會社(1957: 84). 일본 최대 산동업체인 일본광업이 진취적으로 금광업에 진출하였던 것은 나름의 이유가 있었다. 산동업은 해외 시황의 끊임없는 변동으로 부침이 불가피하므로 타종 광업을 겸영함으로써 안정을 기할 필요가 있었는데 산금업이 그런 역할을 가장 효과적으로 수행할 수 있었다. 산동업이 일반 경기에 따르는 것에 반해 산금업은 역으로 진행되므로 안전판 역할을 하며 또 산금업을 통해 동 제련에 필요한 용제를 얻을 수 있었기 때문이다(東洋經濟新報社 1950: 87).

24 『회보』 101호, 1931: 14; 115호, 1932: 11; 116호, 1932: 7.

총독부 관리가 국영제련소 설립 불가방침을 선언하였지만 그렇다고 진남포제련소의 독점이 계속 유지될 수 있었던 것은 아니었다. 마침내 두 번째 제련소로 조선광업개발 흥남제련소가 1933년 4월에 준공되었다. 일본질소비료(주)를 중심으로 하는 닛치츠 재벌의 총수이자 조선광업개발의 사장인 노구치(野口遵)는 사업 초창기부터 이미 금광업과 인연을 맺었다. 그가 화학비료사업에 대한 전망을 갖게 된 계기인 전원개발은, 금광산이 많은 가고시마에서 광산에 전력을 공급하기 위해 시작한 사업이었다(大鹽武 1989). 그는 일본질소비료가 조선에 진출하기 전부터 금광업에 관심을 갖고 순천, 광양, 길상광산을 매입하여 경영하였으며 그것을 토대로 1929년에 조선광업개발을 설립하였다. 이미 1920년대 말에 상당한 규모로 성장한 광양광산은 선광 과정을 거친 광석을 전량 진남포제련소에 매광하였다. 이런 상황에서 함남 부전강에 유역변경식 댐 건설로 막대한 전력 자원을 확보한 노구치는, 자사의 광석을 제련하고 함남북과 강원도 금광을 개발할 목적으로 진남포제련소에는 없는 전해설비를 갖춘 흥남제련소를 건설하였다.

한편, 조선 내 세 번째 제련소인 장항제련소의 건설에는 식은 은행장 아루가의 광산개발 의지가 절대적으로 작용하였다. 그는 일본 경제를 근본부터 바로 세우는 첩경이 금 보유량을 증가시키는 것이며 조선의 금광업 발전을 위해서는 건식제련소 증설이 무엇보다도 급무라고 설파하였다.[25] 민간기업을 압박한다는 이유로 국영제련소 건설을 기피하던 총독부로서도 식은에 의한 제련소 건설은 바람직한 것이었다. 제련소 건설 허가에 즈

25 有賀光豊, 「朝鮮産金開發の急務」, 『일본광업회지』 593호, 1934.

음한 식산국장의 발표문은 식은의 제련소 건설이 국영제련소 신설 요망을 고려한 결과라고 하였다. 그런데 제련소를 건설하더라도 자사 광산을 갖고 있지 않다면 원료광석 확보가 어렵다. 이에 식은은 제련소 설립 계획을 발표하기 전에 자회사인 성업사(成業社)를 내세워 남부지방의 유망한 광산을 매수하고 이어서 1935년 2월에 조선제련을 설립하였다. 식은이 자본금의 대부분을 출자하였지만 일반공모를 실시하여 많은 조선인들이 주주로 참가하였으며, 사장에 전 경기지사 마츠모토(松本誠)가 임명되고 임원에 조선인으로 김연수(金季洙)와 김태원(金台原)이 포함되었다. 회사 설립 직후에 착공한 장항제련소는 1936년부터 조업에 들어갔다.

(2) 제련 3사 간 매광 경쟁

바야흐로 제련 3사의 설비 확장과 매광(買鑛) 경쟁이 시작되었다. 계열사로부터 저렴한 전력을 공급받을 수 있었던 조선광업개발 흥남제련소는 시설을 확장하고 전국으로 매광을 확대하면서 일본광업에 맞서 패권 경쟁을 하였으며, 조선제련 장항제련소도 예상 제련 능력이 월 4,000-4,500톤이지만 자사 광산에서 얻을 수 있는 것이 1,500톤이어서 나머지를 매광에 의존해야 하였다.[26] 두 제련소의 설비 확장 및 사업 개시에 대응하여 진남포제련소도 1936년 말 준공 예정으로 제련 능력을 배가하는 계획을 세웠다. 이처럼 장항제련소의 사업 개시와 진남포제련소 및 흥남제련소의 설비 확충으로 1936년 중엽에 조선 내 건식제련 능력은 종전보다 크게 증가하였으며,[27] 제련소 간에 매광 경쟁이 치열하였다. 조선제련은 대구와 장

26 『집록』 2호, 1936.

항, 조선광업개발은 흥남과 강릉, 일본광업은 마산, 대전, 강구, 남포, 원산에 매광소를 설치하였다. 그뿐만 아니라 조선 내 제련소를 갖고 있지 않지만 일찍부터 조선의 광석을 제련 원료로 하고 있던 미쓰비시와 후지타구미(藤田組)도 각각 부산과 원산에 매광소를 설치하였다. 또한 스미토모와 미쓰이도 제련소 신설을 계획하고 쇼와와 후루카와 등도 매광을 개시하였으며, 1937년에 들어서서도 각 제련소의 설비는 계속 확장되었다.[28]

[표 4-16]을 보면, 진남포제련소만 존재하였던 1915년부터 1932년까지는 제련소의 처리광석 중 사외광석이 7-8할을 차지하였으며, 특히 광석의 함금품위를 감안할 때 1931·1932년을 제외하면 거의 전적으로 사외광석에 의존하였다고 할 수 있다. 그러나 흥남제련소가 조업에 들어가고 그 후 장항제련소가 가동되면서 제련소 간의 매광 경쟁이 치열해진 1933-1938년에는 사외광석의 비율이 차츰 하락하고 또 저품위광의 매입도 불가피하여 사외광석의 품위는 하락하였다. 이 기간 중에 제련 3사는 매광과 함께 안정적인 광석 확보를 위해 우량 광산의 매입을 활발하게 전개하였으며, 그 결과 사내광석의 비율이 높아지고 동시에 사내광석의 품위도 향상되었다. 그리고 마침내 1939년 이후에는 매광 경쟁으로 인해 채산성이 떨어지는 사외광석보다 사내광석의 비율이 훨씬 높은 자사광 중심으로 전환하였다.

---

27 1일 제련 능력이 1936년 중엽에 장항제련소는 150톤이었으며, 진남포제련소와 흥남제련소는 각각 종전의 450톤과 300톤에서 600톤과 450톤으로 증가하였다.

28 1936년 말에 진남포제련소 설비는 220톤로 5좌이고 흥남제련소는 300톤로 1좌, 30톤로 1좌였으며, 장항제련소는 150톤로 1좌, 30톤로 1좌였다. 장항제련소는 1938년 10월 말까지 용광로 증설이 완료되면 1일 300톤 이상의 처리가 가능하며, 건설 중인 주우 원산제련소는 1일 100톤, 최대 800톤까지 처리할 수 있었다(『집록』 13호, 1937; 『집록』 17호, 1937).

표 4-16 진남포제련소 처리광석 구성의 변화

연도	사내광석			사외광석			합계		사외광석 비율(%)
	광량(t)	금량(kg)	품위(g/t)	광량(t)	금량(kg)	품위(g/t)	광량(t)	금량(kg)	
1915	3,055	–	–	3,702	142.1	38.4	6,757	142.1	54.8
1916	19,923	6.6	0.3	25,207	1,245.9	49.4	45,142	1,252.5	55.8
1917	19,643	110.2	5.6	35,700	1,724.3	48.3	55,343	1,834.4	64.5
1918	12,702	110	8.7	26,211	1,594.0	60.8	38,912	1,704.0	67.4
1919	11,241	51	4.5	21,897	1,204.2	55.0	33,138	1,255.2	66.1
1920	159	–	–	15,846	794.6	50.1	16,005	794.6	99.0
1925	355	0.3	0.8	181	4.8	26.6	536	5.1	33.8
1926	3,373	1.2	0.4	8,745	438.8	50.2	12,118	440	72.2
1927	2,120	2.7	1.3	9,153	478.1	52.2	11,273	480.8	81.2
1928	2,905	15.8	5.4	13,534	768.7	56.8	16,439	784.5	82.3
1929	5,293	23.8	4.5	20,713	1,047.6	50.6	26,006	1,071.4	79.6
1930	3,915	27.3	7.0	11,925	828.6	69.5	15,840	855.9	75.3
1931	3,081	171.4	55.6	18,209	1,398.9	76.8	24,290	1,570.3	75.0
1932	8,869	360.9	40.7	31,265	1,881.1	60.2	40,134	2,242.0	77.9
1933	22,720	766.7	33.7	52,324	2,240.1	42.8	75,044	3,006.8	69.7
1934	40,975	1,097.8	26.8	70,668	2,758.2	39.0	111,643	3,855.9	63.3
1935	46,977	1,336.7	28.5	128,173	4,209.9	32.8	175,150	5,546.6	73.2
1936	77,784	2,215.5	28.5	140,409	4,440.7	31.6	218,193	6,656.2	64.4
1937	105,229	2,926.8	27.8	131,133	3,729.6	28.4	236,362	6,656.4	55.5
1938	105,403	3,769.4	35.8	137,619	3,556.9	25.8	243,022	7,326.3	56.6
1939	137,898	4,671.5	33.9	123,438	2,923.2	23.7	261,336	7,594.7	47.2
1940	197,716	6,046.6	30.6	58,516	2,218.8	37.9	295,541	8,486.1	19.8
1941	158,189	5,814.5	36.8	60,048	2,042.6	34.0	240,812	7,962.9	24.9

자료: 日本鑛業株式會社(1957).

제련 3사는 출원보다 매입을 통해 광구 수를 늘려갔으며, 조선제련까지 합세하면서 매광 경쟁이 치열하였던 1937·1938년에 광구 매입이 피크에 달하였고, 특히 수성하는 입장이었던 일본광업의 광구 매입 실적은 눈부실 정도였다.[29] 1932-1941년에 일본광업의 조선 내 소유광구는 16광구에서 397광구로 급증하였고 조선광업개발과 조선제련의 소유광구도 빠르게 증가하였다. 제련 3사가 보유한 중요광산은 일본광업이 28광산, 조선광업개발이 20광산, 조선제련이 18광산인 반면, 거대 재벌 계열사인 미쓰비시광업은 11광산, 스미토모 본사와 삼성광산은 각각 5광산에 불과하였다([표 4-17]). 제련 3사의 중요광산 취득 시점은 제련소 간 매광 경쟁이 치열하였던 시기에 집중되어, 거대 재벌 계열사가 중요광산을 취득하는 시점과는 차이가 있었다. 또한 제련 3사는 제련소를 거점으로 지역을 분할하여 지배하였다. 일본광업은 소유 광산의 대부분이 황해와 평남북에 소재하고 조선광업개발은 과반이 함남과 강원, 조선제련은 압도적 다수가 충남북과 전남북에 소재하였다.

일본의 건식제련소는 소형 용광로 병렬조업에서 대형 용광로 단기(單基)조업으로 전환하였지만, 조선의 건식제련소는 여전히 병렬조업이라는 비경제적인 방식을 취하고 있었다. 이는 기본적으로 제련소가 매광을 전제로 하여 설립되었고 따라서 원료광석 확보에 불확실성이 있었기 때문이다. 안정적인 광석 확보를 위해 광산을 매입함으로써 자사광 중심으로 전환하였지만 과잉설비로 인한 치열한 매광 경쟁은 지속되었다. 이로 인해

29 『관보』(광업사항)에 기록된 바에 의하면, 1936-1939년에 3사의 매입 광구는 40, 113, 108, 47광구였으며, 그중 일본광업의 매입 광구가 28, 85, 74, 31광구였다.

표 4-17 중요 광업회사의 취득 연도별 중요 금광산 수

	1933년 이전	1934-1939년	1940년 이후	계
일본광업	6	22	0	28
조선광업개발	6	14	0	20
조선제련	–	15	3	18
삼릉광업	8	3	0	11
주우본사	0	5	0	5
삼성광업	4	1	0	5

자료: 『추세』(각 연도); 『관보』(광업사항).

인근의 제련소가 있음에도 불구하고 전국에 설치된 각사의 매광소를 통해 금광석이 원거리·교착 운송되는 경우가 적지 않았다. 예컨대, 1938년 『조선총독부철도국연보』의 착·발송 통계에 의하면 원산역에서 2만여 톤의 금·은 광석이 서해 연안의 진남포역으로 발송되었다. 평원선(평양－원산)이 개통되기 전이므로 원산을 출발한 광석은 경원선과 경의선을 거쳐 비로소 진남포에 도착할 수 있었다. 또한 원산역에 도착한 광석에는 인근 광산뿐 아니라 호남선의 논산역과 만포선의 묘향산역에서 발송된 것도 상당량 포함되어 있었다. 매광 경쟁으로 인한 이러한 원거리·교착 운송은 특히 1930년대 말의 운송 핍박을 더욱 가중시켰다.

제련 3사 간의 경쟁은 반드시 모든 매광자에게 유리하게 작용하지는 않았다. 제련소의 규정에 의하면 매광자는 한번 인도한 광석을 반환받을 수 없고 광석분석 결과에 관해서도 알 수 없었다. 제련소와의 관계에서 불리한 입장일 수밖에 없는 소량의 매광자에게는 원거리 운송에 따른 부담이나 운송난으로 광석 인도가 지연됨으로써 생기는 부담이 전가되기 마련

이었다. 1930년대 말에 조선인 중소광산을 중심으로 자가제련이 느는 것도 이런 상황과 관련 있다고 생각된다. 그러나 치열한 매광 경쟁으로 단가가 높아지고 광석 운임을 제련소가 부담하는 등의 경우도 있었다. 매광 경쟁은 제련소의 수지를 악화시킨 근본 원인이었으며, 물가와 노임 상승으로 인한 중소광산의 감산·휴업이 사정을 더욱 악화시켜 제련소는 불리함을 감수하고 원거리 매광을 더욱 강화하지 않을 수 없었다. 원료광석의 부족에 제련용제인 동광의 입수난까지 겹치자 제련소 통합에 의한 합리화가 요망되었지만 그것이 말처럼 쉽게 진행될 수 없었다. 이에 총독부는 진남포, 흥남, 장항, 원산제련소와 1941년 2월 말부터 조업에 들어간 해주제련소(미쓰비시광업) 및 7월에 조업 예정인 용암포제련소(삼성광업)를 보조하기 위해 1941년도 추가예산으로 551만 원을 책정하였다.[30]

3. 기계화와 노동력 편성의 변화

1) 심부개발을 위한 기계굴의 확산

(1) 기계굴과 부유선광법의 확산

식민지 초기에 일본인 자본이 진출하였다가 조선의 금광산이 유망하지 않다고 판단하고 철수한 후로 외국인 특허 광산과 극소수의 광산을 제

30 『월보』 35호, 1941; 『제국의회설명자료』, 「소화17년도증감내역·소화18년도사항별증감내역」(사계과).

외한 대부분의 광산은 대개 노두산화대의 채굴에 만족하고 있었다. 그러나 노두산화대는 함금품위가 높지만 광량이 충분하지 않아 그것만으로는 사업을 영속하기 어렵다. 광량의 안정적 확보를 위해서는 심부개발이 불가피하지만 심부로 갈수록 배수와 운반이 곤란해질 뿐 아니라 광석의 성질이 유화광으로 변하므로 혼홍법만으로는 제련의 완벽을 기할 수 없다. 따라서 심부개발을 위해서는 그러한 문제를 해결할 수 있는 기술과 풍부한 자본이 필요하다.

1930년대에 금광업에 유리한 환경과 관민의 자본 유치 노력으로 일본인 대자본이 진출하면서 심부개발이 본격화되었으며 총독부의 정책이 그것을 촉진하였다. 종래에 연료선광연구소를 통한 선광제련기술의 개선에 역점을 두었던 총독부는, 노두 채굴로는 금 증산에 한계가 있음을 인식하고 심부 탐광을 적극 장려하기 위해 「금탐광장려금교부규칙」을 공포하였다. 동 규칙은 앞에서 확인하였듯이 일본인 자본을 유치하기 위한 효과적인 방법이었으며 심부개발을 촉진하였다.

부광대를 따라 가면서 작업장을 쉽게 만들 수 있는 노두와는 달리 심부 채굴에서는 작업장을 확보하기 위해 초기에 많은 비용과 노력을 들여야 한다. 체계적으로 심부의 광석을 채굴하기 위해서는 보통 통동(通洞)이라고 하는 대규모 운반용 수평갱을 뚫어야 한다. 갱외와 연결되는 통동은 운반·배수에 자연낙하력을 이용하기 위해 일반적으로 저지대에 조성되며, 이 통동을 따라 들어가다 일정한 지점에서 상하로 갱내 수갱이나 사갱을 만들고 그것을 따라 일정한 간격으로 좌우에 크로스갱도, 연층갱도 또는 운반갱도를 만든다. 수평갱에 비해 작업이 복잡하여 굴진에 경비가 많이 드는 갱내 수갱은 특히 조선과 같이 오랜 풍화작용으로 완만해진 지형

표 4-18 채굴 방식별 중요 금광산 수(1932년)

	생산액 규모별			소유자별			계
	5-10만 원	10-20만 원	20만 원 이상	조선인	일본인 개인	일본인 회사	
계단굴 a	12	6	7	7	7	11	25
발굴·굴하·노두굴 b	8	4	2	7	6	1	14
a, b 병용	0	2	2	2	2	0	4
기타	3	3	6	5	7	0	12

자료: 『추세』(1932): 49-51.

의 심부개발을 위해서는 거의 필수적이었다(金聖浩 1936).

통동이나 갱내 수갱과 같은 대규모 갱도의 효율을 위해서는 광량이 충분해야 하므로 많은 광량을 확보할 수 있는 계단굴이 점차 보급되었다. 1932년도에 중요광산(연산 5만 원 이상)의 채굴 방식을 보면 이미 상당수의 광산이 계단굴을 하고 있었음을 알 수 있다([표 4-18]). 광산 규모에 따른 채굴 방식의 차이는 뚜렷하지 않지만, 소유자별로는 차이가 있어 일본인 회사 광산은 대부분 계단굴이었다. 1932년은 아직 일본인 자본 진출의 초기 단계였지만, 자본 진출이 거의 완료된 1936년경에 채굴은 대부분 상·하향 계단굴이고 소규모 광산의 일부만 여전히 발굴(拔掘), 정호굴을 하고 있을 정도로 계단굴이 확산되었다.[31] 계단굴의 경우에 많은 작업장을 확보할 수 있어[32] 광량이 증대할 뿐 아니라 일정한 폭으로 굴진하기 때문에 부

31 『추세』(1936): 43.

32 상하 갱도의 거리를 20m, 맥폭을 1m, 작업장의 높이를 2m라고 하면 계단굴의 한 작업장에는 동시에 약 20명 정도의 채굴부가 작업하며 약 10-15명 정도의 운반부, 잡부, 手子와 그 외 약간 명의 공작부, 기계부가 필요하여 전체 약 30-40명이 된다.

광대만을 불규칙하게 채굴하는 발굴과는 달리 광량도 예측할 수 있어 계획적인 작업이 가능하다. 그러나 작업을 진행하다 보면 채광장이 계단 형태를 유지하지 못하고 불규칙하게 되는 경우가 많기 때문에 계단굴이 진가를 발휘하기 위해서는 기술자에 의한 지도·감독이 필요하며, 또한 대개 채광은 성과급이므로 노동자의 근무 태만에 대한 감독이 특별히 필요하지는 않지만 일정한 광량을 확보하기 위해서는 회사가 노동자를 직접 통제하는 것이 필요해진다.[33]

심부 채굴을 위해 수갱이나 통동처럼 공정이 큰 작업의 필요성이 커지면서 착암기 사용은 거의 필수적으로 되어 1930년대에 착암기 대수가 급증하였다. 착암기는 주로 채광에 사용되는 소형이 많았는데, 갱도 굴진에 중형 착암기(drifter)보다 소형 착암기(S-49 plugger)가 많이 사용된 것은, 중형이 소형에 비해 작업속도가 빠르지만 숙련된 착암부를 구하기 어렵고 동력비가 비싼 조선에서는 비교적 취급이 간단하고 동력 소비가 적은 소형이 유리하였기 때문이었다.

착암기 사용은 갱도 굴진 및 채광 속도를 향상시킬 뿐 아니라 반출량을 증가시키기 때문에 광석의 원할한 운반을 위해 운반계통을 조정하고 권양 능력을 증대시켜야 한다. 재래의 권양 방식은 등짐이나 수권양기를 이용하는 방식이었지만 수권양기로는 반출 능력에 한계가 있기 때문에 기계 권양기가 설치되었다. 조선의 광산에서는 광차 그대로 반출하는 케이

33 일본 동광업이 1890-1900년에 발굴에서 계단굴로 이행하면서 기술자가 생산을 감독하고 광부 해고, 작업장 배분, 임금 결정 등의 실권을 장악하였으며 청부업자인 飯場頭의 역할은 광부 모집, 숙소 운영, 출근 독려에 한정되었다(武田晴人 1987).

지(cage) 권양기보다 스킵(skip) 권양기가 널리 사용되었는데,[34] 그것은 갱내 외 운반이 광차보다 등짐에 많이 의존하고 있었기 때문이었다. 그러나 스킵 권양기의 경우에는 적재·하적 인부가 따로 필요한 점에서 인력 소모가 크다는 단점이 있었으며, 이는 후술하듯이 1930년대 말에 운반 노동자가 급증하는 것과 관련 있다고 생각된다.

한편, 심부 채굴은 선광제련 기술에도 영향을 미쳤다. 심부의 광석은 미립의 금이 유화광물로 둘러쌓여 있어 혼홍법으로 자가제련하는 것이 불가능하다.[35] 심부 채굴이 확대되면서 유화광이 많아짐에 따라 건식제련이 확대되었다. 1932-1935년에 일본에서는 건식제련 비율이 77.5%에서 55.0%로 감소하였지만 조선에서는 25.2%에서 40.0%로 증가하여 점차 건식제련 중심으로 이행하고 있었다.[36] 건식제련을 하면 수금률을 90% 이상으로 높일 수 있지만 제련비용 절감을 위해서는 광석을 일정 품위 이상으로 선광해야 한다. 1920년대 후반까지만 해도 기계선광법을 사용하는 광산은 외국인 광산을 비롯한 극소수에 불과하였지만, 1930년대에 기계선광법의 하나인 부유선광법을 이용하는 광산이 빠르게 증가하였다. 특히 부유선광을 하면 건식제련에서의 문제점인 슬래그(철과 규산의 화합물)를 간단히 제거할 수 있기 때문에 부유선광법의 보급과 건식제련의 확대는 밀접한 관련이 있었다. 그 결과 청화법이 일반적인 일본과는 달리 조선에

34 『추세』(1941)에 의하면, 1941년에 금속광산 갱내 운반시설 총 921대 중 스킵 권양기가 716대이고 케이지 권양기는 23대에 불과하였다.

35 연료선광연구소가 조사한 바에 의하면, 1930년대 중엽에 혼홍법만으로 제련하는 광산은 없었다(齊藤平吉, 「本邦に於ける金銀濕式製錬の現況」, 『회지』 21-7, 1938).

36 中島彦太郎, 「鮮內乾式製錬所の現況について」, 『회지』 21-3, 1938. 이는 원료광석, 제련 목적(일본은 동·연, 조선은 금), 부유선광법 보급, 정책(일본은 습식제련 지원, 조선은 매광장려금)의 차이에 기인한다.

표 4-19 1930년대 금속광산 설비 현황

연도	채굴설비		갱내 운반설비		배수설비	부유선광설비	제련설비(1일 처리량)	
	컴프레서	착암기	수갱	사갱			20톤 미만	20톤 이상
1932	37	131	15	30	113	4	356	20
	20	22	7	11	21	4	–	–
1934	111	355	33	60	185	14	487	22
	49	40	21	38		14	487	22
1936	246	1,304	38	195	370	63	662	40
	109	121	22	101		61	662	40
1938	548	3,354	414		602	84	695	46
	175	203	139		125	84	733	
1941	853	6,851	921		2,100	124	807	86
	295	333	257		323	101	877	

주: 1) 각 연도의 아래는 설비 보유광산 수.
2) 선광 및 제련설비는 금·은 광산.
자료: 『추세』(각 연도).

서는 부유선광법이 일반화되어 가는 현상을 보였으며, 총독부도 1937년 8월에 「금광업설비장려금규칙」을 발표하고 선광설비비의 5할 이내를 보조하는 제도를 신설함으로써 선광설비의 보급을 정책적으로 지원하였다.

1930년대에 금속광산(대부분 금광산)의 설비 현황을 보면([표 4-19]), 금광산에서 기계의 사용이 빠르게 증가하고 있었음을 알 수 있다. 광산 기계화의 출발점이라고도 할 수 있는 착암기 대수는 1932년 대비 1941년에 50배나 증가하였고 설치한 광산 수도 15배로 증가하였으며, 광산당 평균 대수도 5.6대에서 20.6대로 증가하였다.[37] 착암기는 공기착암기가 대부분이었기 때문에 컴프레서(공기압축기)를 설치하는 광산도 증가하였다. 총독부의 탐광장려금 교부가 착암기 사용을 장려한 결과, 1935년 말 현재 착암기 보유 현황을 조사한 바에 의하면, 총 74광산 중 20대 이상이 12광산, 10대 이상이 17광산이었으며 이들 대부분은 일본인 대자본의 광산들이었다. 반면 당시 조선 최대의 광산인 운산광산의 착암기는 겨우 9대였고 수안광산은 4대에 불과하였다.[38] 즉, 조선의 금광업이 수굴에서 기계굴로 발전한 것은 일본인 자본의 진출에 의해 가능하였다. 물론 그렇다 하더라도 착암기 보급률은 일본에 비해 아직 형편없이 낮은 수준이었다.

한편, 채굴설비 광산과 갱내 운반을 위한 권양설비 광산이 수적으로 비슷하다는 것은 운반의 기계화가 채굴의 기계화와 동시에 진행되었음을 보여 준다. 마찬가지로 심부개발이 진행되면 자연배수가 불가능하므로 동력기관이 필요한 배수설비를 갖춘 광산도 비슷하게 증가하였다. 채굴의 기계화로 채굴량이 증가하면서 선광제련설비도 급증하였다. 특히 부유선광설비를 가진 광산이 증가하였으며 심부 채굴을 하는 광산의 반 정도가 부유선광법을 사용하고 있었던 것으로 생각된다. 도광기의 크기도 중대형화되어, 연산 50만 원 이상의 광산은 대체로 1일 20톤 이상의 처리시설을 갖추었으며, 소형 도광기의 신·증설이 감소하고 공이 중량 250lbs 이상의 철제도광기가 증가하여 대부분의 중소광산에서도 널리 사용되었다. 1930년에 광산의 최저 채산품위(採算品位)는 광석 톤당 20g 이상이었으나 1930년대 중엽에 평균 채산품위가 11-15g이고 최저 채산품위는 5-10g 정도였

37 이 중 금광산은 1936년에 114광산에 1,220대, 1938년에 172광산에 2,813대, 1941년 3월 현재 246광산에 5,955였다(『시대』 6집, 1937: 79; 『추세』(1938); 『제국의회설명자료』 제79회, 1941).

38 茂木敏一, 「朝鮮に於ける金銀鑛業の近況」, 『회지』 19-3, 1936: 174-175.

다.[39] 이처럼 저품위광으로 채굴이 확대된 것은 금 매입 가격 인상에 따른 결과이지만 채굴 및 제련 기술 변화 덕분이기도 하였다.

광산의 기계화는 전기업과 기계공업에 직접적인 파급효과를 미쳤다. 탐·채광에 착암기 사용이 확대되고 선광제련설비도 대형화되면서 금광업의 생산비에서 용품 및 동력비가 차지하는 비율이 커졌다. 기계설비를 갖춘 금광산에서 탐·채광비의 2-3할, 선광제련비의 4-5할을 동력비가 차지하기 때문에 금광업 조성을 위해서는 무엇보다도 동력을 저렴하고 원활하게 공급하는 것이 필요하였다.[40] 조선은 풍부한 수력자원을 갖고 있음에도 동력비가 비싸고 공급이 원활하지 않다는 것이 금광업 최대의 문제였으며, 이 때문에 총독부는 막대한 자금을 들여 산금송전선을 가설하였다. 또한 광산 기계화의 진행은 조선에서 기계공업이 발전하게 되는 계기가 되었다. 1936년 조선산업경제조사회에서 광산기계의 조달을 위한 기계공업 육성이 논의되었으며 총독부도 자본 유치에 힘써 1930년대 후반에 다수의 기계공장이 설립되고 착암기를 생산하기에 이르렀다.

(2) 일본광업 성흥광산의 사례

1930년대에 많은 광산이 직영제하에서 수평갱과 사갱 또는 수갱을 뚫고 계단식으로 채굴하였으며, 이러한 변화는 물론 일본인 회사 소유의 대광산을 중심으로 해서 진행되었다. 대광산에서는 갱도작업과 채광작업의

39 德野眞士(1931). 연료선광연구소가 조사한 광산의 다수는 광석품위가 톤당 11-15g이었으며, 1일 처리량 50톤 이상의 대광산의 최저 채산품위는 톤당 5g, 10톤 이하의 소광산은 10g이었다(金聖浩 1936).

40 加賀谷金之助, 「朝鮮に於ける金增産助成策に就て」, 『회지』 15-4, 1932.

분리 및 갱도작업의 기계화가 실현되었으며, 일부에서 1930년대 후반에 채광작업의 기계화도 진행되었다.[41] 일본광업 성흥광산을 통해 기계화의 실태와 성과를 살펴보기로 하자.

성흥광산은 평남 성천군에 소재하는 광산으로, 1917년에 일본광업의 전신인 구하라광업의 소유가 되어 직영을 하다가 1919년에 작업을 중지하고 덕대제에 맡겨져 있었다. 그러다가 1931년에 다시 직영으로 전환하여 착암기를 설치하고 동년 9월부터 조업하였으며, 1932-1934년에 1.8만여 원이라는 상당액의 탐광장려금을 보조받았다.[42] 동 광산의 갱도작업에서 기계굴과 수굴을 비교하면([표 4-20]), 기계굴은 착암기 1대(2공)당 64-67cm이고 수굴은 1공당 10.3-10.8cm이어서 전자가 후자보다 1공당 굴진에 있어 3배의 능률을 보이고 있음을 알 수 있다. m당 굴진비용에서도 기계굴이 수굴보다 유리한 것으로 보이지만, 기계굴의 경우에는 화약대 및 임금 외에 동력비와 상각비가 포함되어야 하기 때문에 표에 제시된 것만으로는 정확한 비교가 불가능하다. 동 광산에 대한 다른 보고서는 여전히 수굴이 비용상 유리하기 때문에 장래에도 연질암석에는 수굴을 이용할 것으로 보인다고 하였다(보고서A, 1934).

그런데 비용상으로는 기계굴이 유리하지 않다 하더라도 기계굴이 수굴보다 일정한 정도의 작업 능률만 확보할 수 있다면 갱도작업의 기계화는 진행될 수 있다. 갱도작업의 목적은 기본적으로 많은 채광장 확보와 운반 개선에 의해 채광 능률을 높이고 광량을 증가시킴으로써 비용을 절약

---

41 多田吉郷, 「朝鮮の鑛山に於ける鑿岩機の使用狀況に就て」, 『회지』 20-5, 1937.

42 『회지』 20-10, 1937: 74-75. 같은 기간의 기계굴진 3.3km 중에 장려금에 의한 굴진이 1.2km였다.

표 4-20 성흥광산 갱도작업에서 기계굴과 수굴의 비교(1934년 7월 중) (단위: m, 원)

		공(대)수	굴진 연장	단가	공임	화약대	잔금	지불금	1공(대)당 굴진	m당 굴진비용		
										임금	화약	합계
		A	B	C	D=B×C	E	F=D−E	G	B/A	G/B	E/B	(E+G)/B
수굴	상순	349공	37.79	13.10	495.02	211.50	283.52	289.13	0.108	7.65	5.59	13.25
	하순	375공	38.79	13.17	510.92	232.32	278.60	298.66	0.103	7.70	5.99	13.69
기계굴	4기	40대	26.75	8.09	216.60	187.41	29.14	57.37	0.67	2.14	7.01	9.15
	5기	54대	34.55	9.48	327.88	273.87	53.96	103.38	0.64	2.99	7.93	10.92

주: 4기는 7월 11-15일, 5기는 16-20일.
자료: 보고서B, 1934: 33-34.

하는 데 있다. 갱도작업의 기계화는 많은 채광장을 신속하게 확보할 수 있도록 하며 대규모 갱도를 만들어 광석의 반출속도를 향상시킨다. 갱도작업의 기계화가 진행될 수 있는 것은 그러한 이익이 충분히 비용 증가를 보상할 수 있기 때문이다. 일본의 동광업에서도 1900년대에 기계굴은 수굴에 비해 굴진비용이 훨씬 크고 굴진속도가 2배 정도에 지나지 않았음에도 불구하고 갱도작업의 기계화가 진행되었다(武田晴人 1987). 따라서 기계굴이 수굴에 비해 비용상 다소 불리하지만 3배 정도의 굴진 능률을 보이고 있던 성흥광산에서도 갱도작업의 기계화가 진행되었다. 갱도작업의 기계화는 갱도 굴진과 채광을 작업상 분리시킬 뿐 아니라, 운반노동을 채광장에서 주요 갱도까지 운반을 담당하는 수자(手子)와 주요 갱도에서 운반을 담당하는 차부(車夫)로 분리시켰다.

1930년대 전반에는 수굴에 의한 갱도 굴진도 매년 약간씩 증가하고 있었지만, 1934년 이후에는 기계굴에 의한 갱도 굴진이 매우 빠른 속도로 진행되었다([표 4-21]). 작업 방식도 개선되어, 원래 1일 3교대 작업으로 1

표 4-21 성흥광산의 갱도 굴진 및 시추 (단위: m)

	갱도 굴진			시추	합계
	수굴	기계굴	소계		
1932	990	519	1,509	387	1,896
1933	602	1,053	2,655	412	3,067
1934	1,419	1,710	3,129	673	3,802
1935	1,755	5,393	7,148	462	7,610
1936	1,923	9,541	11,464	1,478	12,942
계	7,689	18,216	25,905	3,571	29,476

자료: 佐藤周三,「成興鑛山の現況」,『회지』 20-6, 1937: 4.

조가 발파작업을 하고 2, 3조가 운반작업을 하던 것에서 1934년 8월 말부터 1일 2회 발파하도록 함으로써 굴진속도가 높아졌다. 특히 갱도작업의 기계화는 성흥광산의 특징인 금강시추작업과 조화를 이루어 매우 효과적으로 진행되었다. 먼저 금강시추에 의해 부존 상태를 확정한 후 기계굴로 수갱을 개착하고 일정한 위치마다 연층갱도와 크로스갱도를 만드는 방식으로 체계적인 심부개발이 이루어졌다. 갱도작업의 기계화로 수굴은 거의 사라져서 1937년에 월평균 시추 300m, 수굴 150m, 기계굴 1,000m로서, 갱도 굴진의 1할 정도만 수굴에 의존하였다.[43]

이처럼 성흥광산의 갱도작업은 거의 기계굴로 일원화되었으며, 그것에 이어 종래 전적으로 수굴에만 의존해 온 채광작업에도 기계굴이 사용되었다. 1937년 10월 말에 착암기 대수는 총 145대이고 그중 90대를 사용

43 보고서D, 1939; 佐藤周三,「成興鑛山の現況」,『회지』 20-6, 1937.

중이었는데, 용도별로 수평갱 굴진에 48대, 수갱 굴진에 23대, 그리고 채광에 19대였다. 착암기 대수는 1938년 7월 말 현재 184대로 증가하였고 사용 대수도 153대로 증가하였기 때문에 더 많은 착암기가 채광작업에 투입되었을 것으로 보인다. 그 결과 1938년의 월평균 채광량 총 6,200톤 중 수굴에 의한 것이 2,900톤이고 기계굴에 의한 것이 1,400톤이며 갱도작업에서 얻어진 것이 1,900톤이어서, 사실상 기계굴에 의해 얻은 채광량이 수굴에 의해 얻은 것보다 더 많았다(보고서C, 1939; 보고서D, 1939).

그러나 채광의 기계화가 상대적으로 지체될 수밖에 없었던 것은 갱도작업의 기계화와 달리 강한 제약이 존재하기 때문이었다. 우선 채광은 좁은 공간에서 진행되기 때문에 기계굴이 수굴보다 능률의 우위를 확보하기 위해서는 착암부가 상당히 숙련되어야 한다. 또한 갱도작업의 기계화는 채광장 확보와 운반계통 합리화라는 이익을 수반하기 때문에 굴진 능률의 우위만으로도 달성될 수 있지만, 채광의 기계화는 단순히 능률상의 우위가 있다는 사실만으로는 달성되기 힘들며 비용상의 우위가 확보되지 않으면 안된다. 그런데 기계굴은 수굴과 비교할 때 채광작업의 특징에서 오는 비용상의 중요한 문제가 있다. 즉, 착암기 작동이 가능할 정도로 채광장이 넓어야 하기 때문에 광맥을 둘러싼 모암을 대량으로 채굴하게 되며, 따라서 폐석이 증가하고 폐석이 광석에 혼입되어 채굴 광석의 품위 저하를 초래하므로 그만큼 채굴비가 커진다.

성흥광산의 채광작업에 있어 수굴과 기계굴을 비교해 보면([표 4-22]), 기계굴은 1공당 굴진 연장(E)이 수굴의 2.4배이고 채광장의 크기(A)가 수굴의 2배 이상이어서 채굴량(A×E)에서 수굴보다 5.5배의 능률을 보이고 있었다. 그런데 정작 중요한 맥폭에서는 기계굴(43cm)이 수굴(33cm)의 1.3배

표 4-22 성흥광산의 채광작업 비교(1938년 7월 중, 북갱)

	채광장	채광장 크기(m) A	맥폭 (cm) B	채굴량 (m^3) C	광량 (m^3) D	D/C	1공당 굴진(cm) E	1공당 채굴량(m^3) A×E	1공당 광량(m^3) B×E
수굴	38	4.0×1.1	33	1,325.6	733.2	0.55	7.2(100)	0.301(100)	0.024(100)
기계굴	10	8.0×1.3	43	541.3	203.9	0.36	17.0(239)	1.657(550)	0.073(304)

주: 채굴량은 원자료 대로이며, 광량은 광맥의 높이를 수굴과 기계굴 공히 1m로 하여 계산.
자료: 보고서D, 1939: 82-86.

에 불과하기 때문에 채굴량이 아니라 광량(B×E)으로 본다면 기계굴은 수굴보다 3배의 실적을 달성하고 있을 뿐이었다. 기계굴이 능률 면에서 월등하였던 것은 분명하지만 화약, 드릴, 동력 등 재료비가 많이 들기 때문에 $1m^3$을 채굴하는 데 드는 비용(공임과 재료비)은 수굴과 비슷하였다. 기계굴은 원활한 작업을 위해 수굴보다 작업장이 커야 하며 광석품위의 저하를 초래하는 폐석이 많아지는 것을 막기 위해 맥폭이 커야 하지만 일반적으로 맥폭이 채광장의 크기에 비례하지는 않는다. 중요한 것은 광량이므로 광량을 기준으로 한다면 성흥광산의 기계굴은 수굴에 비해 아직 비용상의 우위를 확보하지 못하였다. 그럼에도 불구하고 북갱의 채광장 10개 소에서 채광의 기계화가 진행되고 있었던 것은 금 증산이라는 국가 정책에 의해 규정된 바가 컸던 것으로 생각된다.[44] 금 증산이라는 지상명령 아래 총력생산을 위해서는 채산상의 과대부담을 피할 수 없었던 것이다.

착암기 사용은 갱도 굴진 및 채굴속도를 향상시킴으로써 광석 반출량

44 "기계굴은 진행속도가 빨라 광산계획 및 경영상 편익이 많고, 특히 현재의 산금 75톤 목표에는 각 광산이 기계력을 총동원하여야 하고 당 광산에서도 전력을 기울이고 있어 이후 더욱 장려될 것"(보고서L, 1940).

을 증가시키기 때문에 채굴 광석의 원할한 운반을 위한 운반계통의 조정이 필요해진다. 운반에서 특히 문제는 수갱(혹은 사갱) 운반인데, 기존의 권양 방식인 등짐이나 수권양기로는 반출 능력에 한계가 있기 때문에 기계권양기가 설치되었다. 성흥광산은 1934년 당시만 하더라도 수갱 운반을 인력에 의존하였지만, 갱도작업과 일부의 채광작업에서 기계화가 진행되면서 동력을 이용하는 스킵 권양기를 설치하였다. 그러나 수평갱도 운반은 인력으로 미는 1톤 목제광차를 이용하고 있었다. 이처럼 수평갱도 운반의 기계화가 부진하였던 것은, 수갱 운반의 기계화는 물리적으로 불가피한 일이었지만 저렴한 임금의 노동자를 확보할 수 있는 한 수평갱도 운반의 기계화는 그렇게 절박한 문제가 아니었기 때문이라고 할 수 있다.

성흥광산은 채굴 광석을 선광처리만 하고 진남포제련소에서 제련하였기 때문에 갱도 굴진의 기계화 및 일부 채굴의 기계화와 함께 선광설비도 계속 확장하였다. 1931년에 직영으로 전환하면서 설치한 기계선광장은 월 1,000톤 처리의 시설이었으며, 이 시설은 1934년에 월 1,500톤 처리시설로 확장되었다. 이후 갱도 굴진의 기계화에 의해 채광장이 증가하고 그로 인해 광량이 급증함에 따라 선광시설도 계속 증설되어 1937년에는 처리 능력이 월 6,000톤으로 증가하였으며, 1938년에는 월 1만 톤으로 크게 증가하였다.[45]

---

45 佐藤周三, 「成興鑛山の現況」, 『회지』 20-6, 1937: 689; 보고서C, 1939: 91.

2) 노동력 편성의 변화

심부개발과 그에 필요한 탐·채광의 기계화는 노동력 편성에 변화를 가져왔다([표 4-23]). 성흥광산에서 갱도작업의 기계화에 따라 1934년에 12명에 불과하던 착암부는 1940년 말에 158명으로 증가하였으며, 단야부(鍛冶夫)나 공작부도 증가하였고 동 광산의 특징이라 할 수 있는 시추작업

표 4-23 성흥광산 노동력 편성의 변화

		1934년	1940년 12월		
			조선인	일본인	계
직원	사무자	9	0	19	19
	기술자	0	5	24	29
갱내	광부두	5	6	19	25
	착암부	12	158	0	158
	갱부	114	201	0	201
	지주부	6	47	11	58
	단야부	0	66	2	68
	잡부	195	1,576	2	1,578
갱외	광부두	11	27	42	69
	선광부	32	156	8	164
	공작부	37	271	14	285
	시추부	4	52	3	55
	잡부	99	271	23	294
	소계	525	2,931	124	3,055

주: 1940년에는 이외에 중국인(잡부) 141명이 있음.
자료: 보고서B, 1934; 朝鮮總督府鑛務課(1941).

을 하는 시추부도 상대적으로 많이 증가하였다. 노동력 편성에서 무엇보다 주목되는 변화는 착암부·갱부의 비율이 1934년에 24.0%였지만 1940년에는 11.8%로 줄어든 반면, 대개 운반부라고 할 수 있는 갱내 잡부가 많이 증가하여 전체 노동자의 5할을 넘어섰다는 점이다. 이는 갱도작업의 기계화로 1938년 8월 현재 갱도 총연장이 이미 32km에 달하고 수갱의 깊이가 북갱만 하더라도 지하 200여 m에 이를 정도로 갱내 운반거리가 길어졌을 뿐 아니라 지하 채광장이 많아지고 채광의 기계화가 일부 진행되면서 운반량이 크게 증가하였기 때문이다. 특히 기계굴의 경우에 폐석이 많이 포함되기 때문에 수굴에 비해 운반에 상대적으로 더 많은 노동력이 필요하였다. 실습보고서도 작업상 가장 중요한 문제는 운반 능력이며, 따라서 동 광산의 역점사업이 운반설비 확충이라고 하였다.

성흥광산은 이미 1934년에 생산액이 80여만 원인 대광산이고 1930년대 말에 조선 최대의 광산으로 성장하지만 그렇다고 해서 동 광산의 기계화가 특별한 것은 아니었다. 다른 광산에서도 정도의 차이는 있지만 비슷한 과정이 진행되었으며, 노동력 편성에도 성흥광산과 마찬가지의 변화가 있었다. 몇 광산의 예를 더 보기로 하자. 발은(發銀)광산은 1933년에 일본광업이 매입하여 덕대제를 폐지하고 직영을 하였는데, 1938년의 보고서에 의하면 굴진은 거의 기계굴로 하며 착암기 대수는 198대이고 그중 185대를 사용 중이었다. 선광설비 처리 능력도 1936년 3월의 월 5,000톤에서 1938년 8월에는 1만 톤으로 증가하였고 다시 1939년 8월에는 1.5만 톤으로 증가될 예정이었다. 성흥광산보다 기계화가 더 진행된 동 광산의 1938년 노동력 편성을 보면([표 4-24]), 총 1,418명 중에서 갱부와 기계부(착암부)를 합하여 2할이 채 되지 않는 반면 운반부인 갱내 잡부는 439명

표 4-24 발은광산 노동력 편성의 변화

	1938년				1940년 12월		
	조선인	일본인	계		조선인	일본인	계
직원(기술자)	0	18	18	직원	0	21	21
직두(職頭)	1	8	9	채광부	34	0	34
소두(小頭)	6	17	23	탐광부	23	0	23
준소두	9	15	24	지주부	42	1	43
갱부	139	0	139	선광부	188	2	190
지주부	35	3	38	공작부	141	15	156
기계부	132	8	140	운반부	447	0	447
선광부	138	1	139	운전부	38	0	38
목공·철공·전공	95	17	112	선반부	3	0	3
갱내 잡부	439	0	439	정련부	14	0	14
갱외 잡부	338	17	375	잡부	437	60	497
계	1,332	86	1,418	계	1,367	78	1,445

자료: 보고서I, 1938; 朝鮮總督府鑛務課(1941).

으로 3할을 넘었다. 그럼에도 불구하고 운반부 부족은 굴진을 쉽게 하기 위해 갱도를 크게 할 수 없는 제약 요인이었으며, 착암기에 의한 굴진작업과 운반작업 간의 균형을 유지하는 것이 굴진속도를 좌우한다고 생각될 정도였다. 1940년 말에 동 광산의 노동력 편성은 좀 더 극단적인 모습을 보여, 총 1,445명 중 탐·채광부는 겨우 57명에 불과하였지만 운반부는 447명이나 되었다.

성흥광산과 발은광산에 비하면 낙산광산과 옹진광산의 노동력 편성에서는 운반부 비율이 상대적으로 낮았다([표 4-25]). 낙산광산의 경우에는

표 4-25 낙산광산과 옹진광산의 노동력 편성

	낙산광산(1939)			옹진광산(1940)	
	인원	출근율		조선인	일본인
직원	19		사무·기술자	1	35
광부두	4	100			
갱부	50	75	갱부	228	0
착암부	19	85	착암부	520	34
수굴부	48	90	지주부	279	4
지주부	8	80	운반부	496	0
운반부	106	70	선광부	212	14
단야부	4	80	갱내 잡부	102	1
측량부	5	90	단야부	70	1
선광부(남)	20	80	조립부(組立夫)	62	3
선광부(여)	46	85	운전부	102	0
화약부	14	90	기타	61	12
잡부	85	70	갱외 잡부	396	0
소계	409		소계	2,527	34

자료: 보고서H, 1939: 5-6; 朝鮮總督府鑛務課(1941).

착암부가 19명에 불과하고 아직 갱도 굴진도 일부 수굴에 의존할 정도로 기계화의 정도가 낮아 반출량이 많지 않았기 때문이라고 할 수 있다. 반면 옹진광산에서는 갱도 굴진뿐 아니라 채광의 기계화도 상당히 진행되어 착암부가 520명에 이를 정도였음에도 운반부의 비율이 높지 않았던 것은, 수평갱도 운반에 기계화가 어느 정도 진행되고 수갱 운반도 별도의 추가 노동력이 필요하지 않는 케이지 방식이었기 때문이다.

이상의 일본광업 소속의 각 광산은 자연조건이나 기계화 정도에 따라 다소 차이는 있지만 운반부 비율이 매우 높다는 특징을 공유하고 있다. 상대적으로 운반부 비율이 낮은 낙산, 옹진광산에서도 운반부가 탐·채광부를 수적으로 훨씬 능가하였다. 이러한 노동력 편성은 1920년대 말의 대광산과 비교하면 차이가 뚜렷하였다. 당시 운산, 창성, 삼성, 광양광산은 노동자 수에서 앞의 광산들과 비슷하였지만 갱부의 비율이 높고 운반부의 비율이 낮았다(德野眞士 1930). 이는 채광의 기계화가 아직 진행되지 않아 반출량이 많지 않고 채굴과 운반 노동의 분리가 완전하지 못하여 갱부 스스로 운반을 일부 담당하고 있었기 때문이었다.

대광산을 중심으로 하여 진행된 기계화는 전체 금속광산(대부분 금광산) 노동자의 직종별 편성에 변화를 가져왔다([표 4-26]). 기계 사용의 증가에 따라 기계 운전·제작을 담당하는 기계·공작부가 증가하고 매광하는 비중이 커지면서 제련부는 감소하고 선광부가 지속적으로 증가하였다. 특히 1932년에 갱내 채광부(착암부 포함)의 1.2%인 121명에 불과하던 착암부가 갱도작업의 기계화와 함께 1941년에는 28.7%인 10,738명으로 증가하였다. 또한 앞에서 언급한 대로 갱도작업의 기계화로 일부 운반노동의 분화도 발생하여, 1930년대 말에는 채광장에서 주요 갱도까지의 운반을 담당하는 수자가 2,000-3,000여 명에 이르렀다. 채광부와 운반부의 상대적 비중에 주목하면서 노동력 편성의 변화를 1930년대 전반과 후반으로 나누어 살펴보자.

먼저, 1930년대 전반기에 갱내부 비율(E/H)이 계속 감소하였는데 이는 갱외부, 특히 갱외 채광부 비율(F/G)의 증가 때문이었다. 갱외 채광부가 크게 증가한 것은 사금광산과 중소광산의 증가에 기인한 것이었다. 사금 생산액이 금광산액에서 차지하는 비율은 1930년의 4.9%에서 1935년

표 4-26 금속광산 노동자 직종별 편성의 변화

		1929	1932	1935	1938	1941
갱내	채광부 (A)	3,724	10,438	36,321	66,196	37,393
	지주부	129	895	3,342	4,216	4,348
	운반부 (B)	1,403	3,027	8,064	8,531	12,267
	기계부	78	367	1,222	1,743	1,545
	공작부	150	229	640	480	1,387
	잡부 (C)	1,167	2,898	13,241	17,346	15,284
	수자 (D)	0	0	0	2,043	3,660
	기타	15	84	0	73	0
	소계 (E)	6,666	17,938	62,830	100,628	75,884
갱외	채광부 (F)	282	2,731	11,349	4,446	2,907
	선광부	479	1,850	6,180	7,212	9,804
	제련부	346	1,317	3,620	3,527	2,170
	운반부	382	1,178	5,914	3,435	3,966
	기계부	148	490	1,481	1,532	3,462
	공작부	129	306	1,552	2,096	2,608
	잡부	352	2,356	7,603	7,927	12,138
	기타	17	127	567	611	958
	소계 (G)	2,135	10,355	38,266	30,786	38,013
합계 (H)		8,801	28,293	101,096	131,414	113,897
갱내부 비율 (E/H)		75.7	63.4	62.1	76.6	66.6
갱내 채광부 비율 (A/E)		55.9	58.2	57.8	65.8	49.3
갱내 운반 노동자 비율 [(B+C+D)/E]		38.6	33.0	33.9	27.7	41.1
갱외 채광부 (F/G)		13.2	26.4	29.7	14.4	7.6

자료: 1929년은 『朝鮮總督府調査月報』 1-6, 1930, 그 외는 『추세』(각 연도).

의 13.1%로 높아졌다. 수굴에 의존하는 사금 생산의 급증은 갱외 채광부의 증가를 의미하는 것이었다. 또한 1930년대 전반기는 금 가격 상승에 힘입어 수많은 중소광산이 출현하였던 시기였다.[46] 대개 노두 채굴을 벗어나지 못한 소규모 광산의 증가가 바로 갱외 채광부의 증가를 가져왔다.

1930년대 후반기에 갱내부 비율은 갱내 채광부의 증감에 따라 크게 증가하다가 감소하였다. 갱내부 중 채광부 비율(A/E)이 급증한 것은 대광산을 중심으로 갱도작업의 기계화가 진행되어 채광장이 많이 확보되면서 채광 수굴부가 증가하였기 때문이라고 할 수 있다. 그러나 이후 갱내 채광부가 급감하면서 갱내부도 감소하였지만 갱내 운반계통 노동자는 오히려 증가하여 그 비율[(B+C+D)/E]이 급증하였다. 앞에서 설명한 대로 이러한 변화는 채광작업의 기계화로 갱내 운반거리가 길어지고 운반량이 증가한 반면, 운반작업의 기계화가 지체되고 인력에 의존하면서 나타난 결과였다고 할 수 있다. 한편, 갱외부는 상대적으로 일정한 수를 유지하였지만 편성에는 큰 변화가 보인다. 즉, 금 가격 인상이 중지되고 물자와 노동력 조달이 어려워지면서 중소광산이 쇠퇴하고 사금 생산에 수굴 대신 채금선(船)이 이용되면서 1930년대 후반에 갱외 채광부는 크게 감소한 반면, 기계·공작부, 갱외 운반·잡부, 선광부는 지속적으로 증가하였다.

---

46 연산 5만 원 미만인 중소광산의 생산 비중은 1932년 16.6%(1935년 불변가격으로 계산할 경우 13.3%, 이하 동일)에서 1935년 21.8%로 높아진 반면 연산 100만 원 이상인 대광산의 비중은 1932년의 31.6%(42.5%)에서 27.3%로 낮아졌다. 그러나 1930년대 후반에 생산이 대광산으로 집중되면서 1938, 1941년에 중소광산의 비중은 20.6%(22.7%), 4.8%(5.7%)로 낮아지고 대광산의 비중은 46.0%(37.8%), 56.6%(51.1%)로 높아졌다(박기주 1988).

4. 총독부의 노무정책과 기업의 노무 관리

1) 기술 및 기능 인력의 양성

1935년 불변가격으로 계산한 금광산액을 광부 연인원으로 나눈 금광산의 실질생산성은 1930년대 전반에 하락하고 1935년을 저점으로 증가하다가 1938년부터 정체하였다. 1930년대 전반기는 소규모 광산이 크게 증가한 시기이고, 따라서 대광산보다 생산성이 낮은 소규모 광산의 증가가 결국 생산성의 하락을 가져왔다고 할 수 있다. 그러나 이후 중소광산은 쇠퇴하고 대광산으로 생산이 집중되며 광산설비도 빠르게 증가하였기 때문에 1930년대 말에 생산성이 정체하는 것은 기술자 및 숙련광부의 부족이 중요한 이유 중 하나였다고 할 수 있다.

1940년에 삼성광산이 보유한 착암기는 비슷한 규모의 다른 대광산과 비교하면 상대적으로 적은 총 45대에 불과하였다. 삼성광산이 기계굴보다 수굴에 많이 의존할 수밖에 없었던 이유 중의 하나는 착암부의 숙련 부족 때문이었다(보고서L, 1940). 착암부의 숙련 부족은 성흥광산에서도 마찬가지여서, 착암부의 굴진 능률이 4년 동안 거의 향상되지 않았던 것으로 보인다. 1934년에는 2m×1.6m 갱도를 착암기 1대로 70cm 굴진하였으나 1938년에는 착암기 2대를 사용하여 3m×2m의 갱도를 80cm 굴진하였다. 착암기 1대당 굴진량은 전자가 2.24m^{3}이고 후자가 2.4m^{3}로서 4년간 7%의 능률향상이 있었다고 할 수 있지만, 갱도가 크기에서 오는 작업의 용이함과 협업에 따른 효과를 고려하면 능률이 개선되었다고 보기 어렵다. 착암부가 수적으로 부족하였을 뿐 아니라 숙련이 부족한 상태였기 때문에,

1개월에 1,056m를 굴진할 것을 예상하였지만 1938년 6월의 실적은 겨우 794m에 불과하였다(보고서D, 1939). 물론 숙련 부족은 착암부에 국한되지 않는다. 기계 굴진에 의해 많은 작업장이 확보되더라도 채광이 신속하게 이루어지지 않으면 기계 굴진의 효과는 반감되므로, 채광을 담당하는 수굴부의 숙련 역시 문제가 된다. 또한 운반거리가 길어지고 운반량도 크게 증가하기 때문에 기계 굴진이 진행됨에 따라 굴진과 운반 간의 균형을 확보할 수 있을 정도로 운반부의 능률이 향상되지 않으면 안된다.

그런데 부족하였던 것은 숙련광부만이 아니었다. 심부개발이 확대되면서 지하 부존광량을 정확히 평가하고 광물을 효과적으로 채굴하기 위한 채굴법과 종합적인 갱도 체계를 구축하고 운반과 채굴공정 간의 균형을 유지하기 위해 작업장의 크기와 수 등을 결정하고, 제련 효율의 향상을 위해 각종의 실험을 하는 일은 모두 기술자의 몫이었다. 심부개발이 확대되면서 기술자에 대한 수요가 증가하였지만 공급은 그에 훨씬 미치지 못하였다.

총독부와 조선에 진출한 일본인 자본은 기술자 및 숙련노동자를 일본인으로 충용하는 것을 당연하게 생각하고 조선인에 대한 기술교육 및 직업훈련을 등한시하였다. 광업 기술자 교육기관은 경성고공(高工) 광산과(1917년 신설)뿐이었으며 한 해의 졸업생은 평균 7명에 불과하였다. 총독부는 「광업지질기술관파견규칙」을 1933년에 「광업지질기술직원파견규칙」으로 개정하여 총독부의 기술자를 민간이 활용할 수 있도록 하고 「광업기술실습생규정」을 제정하여 연료선광연구소가 실지 훈련을 통해 기술자를 양성하도록 하였다. 그러나 연료선광연구소가 양성하는 기술자나 일본으로부터 공급되는 기술자만으로는 수요가 충족될 수 없었다. 그래서 1936년에 개최된 조선산업경제조사회에서 광업 기술자 부족과 대책이 광범위하게 논의되었지만 기술자 양성에 관한 구체적인 정책이 제시되지는 않았다. 이후 금 증산이 더욱 강력하게 요구되면서 총독부는 적극적으로 광업 기술자·기능공의 교육 및 양성에 나섰다. 1938년 9월에 개최된 시국대책조사회에서 총독부는 산금5개년계획 달성을 위한 기술자 및 숙련공 양성 계획을 다음과 같이 밝혔다.

- 기술자 양성: 광산개발의 성패는 광업 기술자에 달려 있는 바가 크지만 종래 조선에서는 양성기관이 적어 일반의 요망에 부응할 수 없어 소화13년도(1938년)에 경성고공에 광산과를 설치하고 생도의 증가를 도모하였으며 또 평양에 대동공전, 경성에 경성공립고등을 신설하여 광산과를 설치하며 … 장래 경성, 북청 및 신의주 등의 직업학교에도 광산과를 설치하여 광업 기술자 양성을 증진.
- 하급 기술자 양성: 광산에서 가장 부족한 현장계원 정도의 기술자는 특히 급속한 충족이 요구되므로 연료선광연구소에 중등학교 정도의 자를 수용, 1년간 주로 실기를 수습토록 하여 광산에 공급.
- 숙련광부 양성: 착암기 사용은 능률을 증진하므로 금 증산에 극히 효과적이지만, 운전조작을 하는 착암공이 부족하여 도저히 소기의 효과를 올릴 수 없어 총독부는 착암공양성소를 설립하여 4개월간 착암기 취급을 실습토록 하여 우수한 광부를 공급(朝鮮總督府 1938: 9-10).

먼저, 기술자 양성을 위해 총독부가 광업기술교육기관을 확충하면서 전문학교, 직업학교, 실업학교와 학생 수가 1938·1939년부터 크게 증가하였다. 조선 내 유일한 전문학교인 경성고공이 있었지만 1938년에 대동공전(大同工專)이 개교하고 경성고공 광산과를 모체로 하여 1939년에 경성광전(鑛專)이 설립되면서 광업 관련 전문학교 학생이 크게 증가하였다([표 4-27]). 1938년에 경성고공 광산과 학생은 67명에 불과하였으나 1939년에 경성광전과 대동공전 학생은 300명이었으며, 이는 1939년도 전문학교 학생 증가의 대부분을 차지하였다. 1940년에도 전문학교 학생이 266명 증가하였는데 그중 200명이 경성광전과 대동공전의 학생이었다. 원래 총독부의 광업기술교육정책은 조선인을 하급 기술자로 양성한다는 것이었지만, 대동공전으로 인해 전문학교 조선인 학생 수가 급증하였으며 1940년에는 일본인 학생 수를 능가하였다.[47] 비록 1941년 이후 금광업이 쇠퇴하면서 전문학교 조선인 학생도 감소하였지만, 1930년대 중엽 이후에 조선인 고급 기술자의 양성이 있었다면 다른 어떤 분야보다 광업 분야였다고 할 수 있다.

또한 조선인 학생이 대부분인 직업학교(을종 중학)에 1년 과정의 광산과가 설치되고 입학 정원이 크게 증가하였다.[48] 물론 1년 과정의 광산과는 사실 실업보습학교나 양성소와 차이가 없어 전문학교의 기술교육과는 큰 차이가 있었다. 실업학교(갑종 중학)로는 1942년 말 현재 7개 공립공업학교 중 5개교에 광산과가 있었으며 사립 2개교 중 하나인 조선전기공업학교에서는 전기 기술자를 양성하였다. 1930년대 말부터 공립실업학교의 학생 수가 증가하고, 특히 조선인 학생이 급증한 것으로 보아 광산과 학생이 상당히 증가하였을 것임은 분명하다. 그러나 실습자재 부족과 교원 부족으로 정상적인 교육이 불가능하여 졸업생을 배출한 학교는 많지 않았

---

47 1939년도 모집 정원은 경성광전 채광·야금·기계과 100명, 전수과(1년제) 80명이고, 대동공전 채광·야금과 80명이었다(『광조』 4-7, 1939: 25). 1939년도 경성광전의 학생은 모집 정원에 미치지 못하였으나 대동공전은 모집 정원을 훨씬 초과하였다.

48 1939년도 직업학교 광산과 모집 정원은 경성 40, 신의주 40, 북청 40명(이상 1년제), 해주 40, 삼척 40명(이상 3년제)이고 각종학교인 쇼와공과학교 광산과 정원은 100명(2년제)이었다(『광조』 4-7, 1939: 25).

표 4-27 광업 전문학교 학생 수

연도	경성고공 광산과		경성광전		대동광전		계	
	조선인	일본인	조선인	일본인	조선인	일본인	조선인	일본인
1932	4	26					4	26
1933	6	26					6	26
1934	9	24					9	24
1935	15	18					15	18
1936	21	16					21	16
1937	20	23					20	23
1938	24	43					24	43
1939			53	88	153	6	206	94
1940			147	119	226	8	373	127
1941			117	158	207	22	324	180
1942			95	174	195	35	190	209
1943			57	221	125	28	182	249

자료: 『朝鮮諸學校一覽』(각 연도), 5월 기준.

던 것으로 보인다.

다음으로, 하급 기술자 양성기관으로 연료선광연구소가 있었다. 동 연구소가 주관한 광업기술실습생 제도는 중등학교 이상 학력의 만 30세 미만자 15명 정도를 1년간 교육하거나 광산업자로부터 위탁받아 현장 기술자에게 필요한 기술을 단기 교육하는 제도였다. 증가하는 기술자 수요의 충족을 위해 광업기술실습생 제도는 1938년부터 관비실습생과 단기자비실습생 양성으로 재정비되었다. 관비실습생 제도는 30세 이하의 중등학교 졸업자 약 30명을 선발하여 1년간 교육하는 제도이며, 단기자비실습생 제도는 심상(尋常)소학교 졸업자로 광산에서 기술 업무에 종사하는 자를 월사금 10원을 받고 3개월간 교육하는 제도였다. 전자는 야금, 채광, 선광·부유선광법, 지질광상, 화학분석, 시금법(試金法), 측량·제도, 토목, 동력, 광업법규를 교육하고, 후자는 선광, 제련, 분석을 실습교육하는 제도였다. 1941년 11월까지의 실적은 관비실습생 수료자 119명, 재학자 16명, 자비실습생 수료자 404명, 재학자 13명이었다.[49] 또한 총독부가 1940년에 신설한 발파기술원양성소도 하급 기술자 양성기관이었다.

민간에서는 조선광업회 주관으로 실시된 광업기술원양성강습회와 광업기술실습생 제도가 있었다. 광업기술원양성강습회는 광업에 관한 기술과 간단한 이론을 가르쳐 기술자로 양성하기 위한 것으로서, 보통학교(또는 심상소학교)를 졸업한 1년 이상 광업 종사자를 1.5-2개월 정도의 기간에 지질광물 및 광상, 측량, 분석, 야금, 선광, 채광 일반에 관한 이론을 배우고 실습하도록 한 제도이며, 1937년까지 시행되고 연료선광연구소의 단기자비실습생 제도가 생기면서 중단되었다. 광업기술실습생 제도는 직장(職長)급의 실지 기술원을 양성하기 위한 것으로, 만 18-30세의 중학 졸업 이상자를 광산에 배속시켜 작업하게 하고 광업회에서 월 10원씩을 대여하는 제도였다.

마지막으로, 1938년 시국대책조사회에서 총독부가 제시한 숙련공 양성·훈련 시설계획은 국가나 공공단체가 속성의 양성기관을 설립하는 것이었다. 이에 조선총독부는 1938년에 착암공양성소를 설립하였다. 동 양성소의 양성 대상은 주로 조선인이었고 매기 양성 인원은 50명이며 기간

49 『회지』 21-3, 1938: 111-112; 『제국의회설명자료』 제79회, 1941.

은 4개월이었다. 제1회 모집에 250명이 응소하였으며, 당시 착암기를 설비한 광산이나 설비계획 중인 광산의 추천에 의해 50명을 선발하였는데, 그중 46명이 금광산에서 추천한 자들이었다. 대광산 중에는 직접 착암부를 양성하는 곳도 있었다. 발은광산에서는 착암공에 대한 수요가 커지자 희망자를 3개월간 견습시킨 후 독자적으로 작업하도록 하고 일본인 숙련광부가 작업을 지도하는 방식으로 조선인 착암공을 양성하였으며, 옹진광산에서는 일본인 소두(小頭)가 조선인 착암부를 지도하고 유경험자나 일어 해독자를 십장으로 삼아 통역을 담당하도록 하였다(보고서I, 1938; 보고서F, 1938).

시국대책조사회에서 제시된 또 하나의 양성·훈련 시설계획은 사업자에게 양성 경비를 보조하는 것이었다. 이는 「공장사업장기능자양성령」(1939년)에 의해 본격화되었다. 양성령 적용 대상은 22개 업체, 65개 직종이며 금속공업, 기계기구공업, 광업이 주축이었다. 양성 비율은 직공의 6%이고, 양성기간은 공업이 2년, 광업이 6개월이며 그에 대해 국고보조가 있었다. 이미 일부 대광산에서 직업훈련이 실시되고 있었지만 양성령으로 인해 사업자에 의한 직업훈련이 확대되어, 양성소 설치 광산은 1939-1941년에 3광산에서 21광산으로 증가하였다(安秉直 1993). 광산에서의 인력 양성은 주로 조선인을 대상으로 한 착암부 양성이었다.

2) 노동자 정착률 제고

(1) 광산노동자의 특징

금 증산을 가로 막고 있는 노동력 문제는 사실상 노동자의 숙련 부족이었다. 노동자의 숙련을 저해하는 원인의 하나는 고이동률과 저출근율이었다. 고이동률과 저출근율은 노동조건의 열악함에서 비롯되는 것이기도 하지만, 그것은 일반적으로 근대적 노동자의 형성 과정에서 노동자가 규율과 시간을 요구하는 근대적 생산기구 또는 조직에 쉽게 적응하지 못하여 나타나는 현상이기도 하다. 이런 점에서 1930년대에 급증한 광산노동자의 특징을 살펴볼 필요가 있다.

[표 4-28]에서 광산노동자(B)는 개별 광산이 광무과에 보고한 것을 집계한 것이며 일반적으로 사용되는 노동자 수이다. 한편, 1920년과 1938-1940년도 『통계연보』 현주호구직업별조사에 유업자가 있고 1930년과 1940년 국세조사에 산업별 본업자가 있다.[50] 호구직업별조사는 유업자를 주업자와 기타 업무자로 구분하고 국세조사는 산업별 본업자를 산업상의 지위에 따라 사업주, 가족종업자, 기타 유업자로 구분하였다. 광산노동자로 간주할 수 있는 것은 현주호구직업별조사의 광업 주업자와 국세조사의 광업 기타 유업자이다(A). 단, 1920년의 주업자와 1930년의 기타 유업자를 알 수 없어 각각 1938년 호구직업별조사의 광업 유업자 대비 주업자 비율과 1940년 국세조사의 광업 본업자 대비 기타 유업자 비율로 계산하였다. 이 표를 통해 광산노동자의 특징을 구명해 보자. 단, 동일 조사의 두 연도 간을 비교할 수는 있으나 두 조사 간의 수치를 비교할 수는 없다.[51]

50 1930년과 1940년 국세조사를 비교하면 광업 본업자는 무려 14만여 명이 증가한 반면 공업 본업자는 감소하였다. 공업 본업자의 감소는 여성 본업자의 감소 때문이며, 이에 대해 가내공업의 쇠퇴가 여성 본업자 감소의 한 원인이라는 설명과 가내공업이 쇠퇴하였다는 증거가 없고 1940년 국세조사가 여성 취업자를 과소계상하거나 취업자 개념을 좁게 잡았을 것이라는 설명이 있다(サクソンハウス 1981; 許粹烈 1992).

51 호구직업별조사는 호주의 직업을 조사한 것이므로 가족의 경우 호주와 동일하면 주업자, 다르면 기타 업무자로 파악하였기 때문에 국세조사와 근본적인 차이가 있다. 이는

표 4-28 광업 주업자 또는 기타유업자와 광산노동자의 비교

		1920	1938			1930	1940
유업자	남	12,065	93,842	본업자	남	33,421	170,150
	여	2,169	29,319		여	764	6,341
	계	14,234	123,161		계	34,185	176,491
주업자 (A)	계	**12,855**	111,226	기타 유업자 (A)	계	**33,045**	170,605
광산노동자 (B)		16,470	206,427	광산노동자 (B)		31,100	236,256
B/A		128.1	185.5	B/A		94.1	138.5

주: 굵은 숫자는 1938년의 유업자 대비 주업자 비율과 1940년 본업자 대비 기타 유업자 비율로 추정.
자료: 『통계연보』(1920; 1938); 朝鮮總督府(1930; 1940); 『추세』(각 연도).

먼저, 광산노동자는 1920-1930년에 1.5만 명 정도 증가하였지만 1930-1940년에는 31,100명에서 236,256명으로 22.5만 명이 증가하였으며 이 증가의 대부분은 농업으로부터 유입되었다고 할 수 있다. 1940년 국세조사는 산업별 본업자가 3년 전에 속한 산업을 파악하고 그것을 표로 제시하였다. 그것에 의거하면, 광업 본업자 중 3년 전에 농업 본업자가 34.3%이고 광업 본업자가 43.3%이며 무업자가 13.5%였다. 만일 3년 전의 소속 산업이 현재의 본업자가 바로 직전에 속해 있던 산업이라면, 타 산업에서 광업으로 유입된 자 중 60.5%가 농업을 본업으로 하는 자였다. 국세조사에서 광업 본업자의 대부분은 노동자이므로, 신규 광산노동자의 6할 정도가 농촌으로부터 공급되었다고 할 수 있다.

국세조사의 여성 광업 본업자에 비해 호구직업별조사의 여성 광업 유업자가 매우 많고 남성의 경우는 그 반대라는 점에서 쉽게 알 수 있다.

다음으로, 주업자 또는 기타 유업자에 대한 광산노동자의 비율(B/A)은, 비교연도인 1920년과 1930년에 비해 1938년과 1940년에 상당히 높아졌다는 공통점을 보이고 있다.[52] 광산노동자에는 가계의 주업자가 아니거나 본업이 광업이 아니면서 광산에 고용되어 있는 자가 모두 포함되어 있다. 따라서 1938년 주업자 및 1940년 기타 유업자에 대한 광산노동자 비율이 높아진 것은 결국 주업자가 아닌 자(및 세대를 이루지 못한 자)나 다른 산업(주로 농업)을 주업으로 하는 자의 광산 취업이 증가하였기 때문으로 볼 수 있다. 즉, 1930년대에 급증한 광산노동자 중에 이와 같은 단신출가나 반농반광적인 노동자가 큰 비율을 차지하였다.

이상과 같이 1930년대에 금광업의 급속한 성장 속에서 급증한 광산노동자의 상당수는 농촌으로부터 이제 막 유출된 자들이며, 그들 중에는 전업적 노동자뿐 아니라 단신출가 및 반농반광적인 노동자도 포함되어 있었다.[53] 그들의 다수는 근대적 고용관계에 익숙하지 못하고 귀농을 위해 쉽게 이동하거나[54] 매일매일의 출근을 기피하였다. 고이동률과 저출근율은 대광산이라 하여 예외는 아니었다. 성흥광산은 농번기인 5-6월과 9-10월이 되면 귀농으로 인해 노동력이 궁핍하였으며(보고서D, 1939), 낙산광산에서 노동자의 다수를 차지하는 갱부, 운반부, 잡부의 출근율은 70-75%에 불과하였다([표 4-25]). 회사가 요구하는 것은 정착성이 강한 노동자였

52 호구직업별조사와 국세조사의 성격이 다르기 때문에 비율의 절대적 수치에는 주목할 필요가 없다. 1930년의 광산노동자가 기타 유업자보다 적은 것은 광업명세표에 포함되지 않은 덕대 소속 광부가 1940년에 비해 많았기 때문으로 생각된다.

53 李相敦, 「금광업노동력구성의 특질」, 『광조』 4-12, 1939.

54 광산노동자의 이동 이유 중 귀농이 24.4%로 가장 큰 비중을 차지하였다(朝鮮總督府勞務課調查係 1942: 46).

다. 왜냐하면 광산설비의 운전에 고도의 지식이 요구되는 것은 아니지만, 이동이 심하고 출근이 일정하지 못한 노동자는 광산마다 차이가 있는 설비와 그에 맞는 작업 방식에 익숙하지 못해 고능률을 발휘할 수 없기 때문이다. 따라서 노무 관리·통제의 중요한 과제는 노동자의 정착률을 높이는 것이었다.

(2) 대광산의 노무 관리와 임금 제도

1934년에 성흥광산의 부서는 채광계, 선광계, 공작계, 서무계로 되어 있고 어느 부서에서도 노무를 담당하고 있지 않았으며, 1930년대 후반에는 노무가 서무계의 업무에 포함되어 있었던 것으로 보인다. 노무계가 중요한 부서로 자리잡지 못한 것은 노무계의 가장 중요한 업무의 하나인 노동자 모집을 연고모집에 주로 의존하고 있었던 것이 한 이유였을 것이다. 예컨대, 발은광산의 노동자 모집에는 광고모집, 연고모집, 모집인 파견에 의한 모집이 있었지만, 모집인에 의한 모집의 성적이 별로 좋지 않아 주로 연고모집에 의존하였다. 광산노동자의 모집이 연고모집에 의존할 수밖에 없었던 것은 그것이 노동자의 정착이라는 점에서 유리하였기 때문으로 보인다.

앞 절의 노동력 편성([표 4-23]부터 [표 4-25])에서 노무 관리의 최상위에 있는 자는 본사의 사령장을 받은 직원·계원들이었다. 그 자리는 대개 일본인들이 차지하고 조선인은 거의 배제되어 있었다. 직원의 지시를 받는 노동자는 직두, 소두, 준소두, 십장[什夫] 및 일반광부가 있으며, 직두 및 소두를 광부두라 하였다. 광부두는 주로 일본인이었으며 십장과 일반광부는 대개 조선인이었다. 광부두는 실제 작업에서 감독자의 지위에 있는 산업하사관이며, 이들은 회사로부터 일반광부와 구별되는 사택을 제공받고 일반광부보다 3배 이상 많은 임금을 받았으며 임금 지급일도 일반광부와 달랐다. 일본에 없는 십장은 조선인 중 경험자나 일어 해독자로서 광부두를 보조하고 통역하는 역할을 하였다. 광부두를 매개로 한 노무 관리는 일본의 함바(飯場) 제도, 도모코(友子) 제도와 유사하며, 일본광업은 그것이 노동자의 정착률을 높일 수 있는 제도라고 생각하였다.

교육과 주거시설은 노동자의 정착률을 높이기 위한 중요한 대책이었다. 교육의 목적은 근로 이데올로기를 고취함으로써 노동 습관을 교정하고 작업 규칙을 잘 따르도록 하는 데 있었다. 옹진광산에서는 광부강습회를 매월 1회 개최하여 취업수칙과 시국에 대한 결의 등을 교육하였으며 또한 광부 가족에 대한 교육으로 주부회를 매월 1회 개최하고 직원이 출석하여 처세수칙, 보안위생, 안전작업수칙을 강의하였다. 기술교육도 필요하였다. 기계화의 수준이 아직 높지는 않았지만 기계 사용이 빠르게 확대되면서 숙련된 노동자의 절대적인 부족이 광산 재해율을 높일 뿐 아니라 생산 부진을 가져왔다. 이에 옹진광산에서는 일본인 소두가 조선인 착암부를 지도하였으며, 발은광산에서는 조선인 희망자를 3개월간 견습시킨 후 독자적으로 작업하도록 하고 일본인 숙련광부가 조선인 착암부의 작업을 지도하도록 하였다.

1930년대 후반에 많은 대광산에는 광부사택과 합숙소가 건설되어 있었다. 성흥광산은 1934년에만 해도 직원과 일본인 노동자에게만 합숙소와 사택을 제공하고 조선인 노동자에게는 주거시설을 제공하지 않았다. 그러나 1938년 보고서에 의하면 일본인 사택 외에 조선인 사택 410호와 기타 12호의 사택이 있어 타지에서 온 노동자의 대부분은 사택에 거주하였다

(보고서B, 1934; 보고서C, 1939). 옹진광산에는 1938년에 조선인용으로 합숙소 1동, 사택 105호가 있었으며 익년에는 합숙소 4동, 사택 571호로 크게 증설되었다. 발은광산에는 조선인 광부사택, 일본인 광부사택, 임원사택 등 모두 138동의 사택과 2동의 광부 합숙소가 있었으며, 낙산광산에는 일반 광부사택이 총 43동 있었다. 사택·합숙소의 거주자에 대해서는 회사가 출근을 직·간접적으로 통제할 수 있으므로 이러한 시설은 확실히 출근율을 높이는 데 기여하였을 것으로 보인다.[55]

임금 제도는 노동 과정에 대한 자본의 통제력이 커지면 점차 성과급제에서 정액제로 변한다고 할 수 있지만, 광업에서는 산업의 특성상 정액제가 전면적으로 실시되기 어렵다. 대체로 단야부, 공작부, 기계부, 잡부 등은 일급[本番]이었으며, 운반부, 지주부는 광산에 따라 일급인 경우도 있고 청부(성과급)인 경우도 있었다. 문제는 노동 성과가 자연조건(암질이나 광석 품위)과 숙련에 크게 좌우되는 채광부(수굴부 및 착암부)의 임금 제도였다. 성흥광산은 채광에 촌조(寸繰)청부, 갱도 굴진에 간대(間代)청부[56] 방식을 적용하면서도 청부수득금의 상한과 하한을 두고 수득금이 그보다 많거나 적을 경우에 삭감하거나 추가하여 상하한을 유지하는 직번(直番)제를 실시하였다(보고서C, 1939). 옹진광산은 착암부의 청부수득금이 일급의 8할에 미치지 못할 경우 무결근자에게 일급의 8할을 보장해 주었다. 낙산광산도 착암부에게는 일급제와 굴진 연장을 고려한 임금을 지급하고 수굴부에게

55 예컨대, 일본으로 출가한 조선인 광부의 출근율이 일본인 광부보다 양호했던 첫 번째 이유는, 그들이 대개 독신자로 기숙사 등에 수용되어 있어 회사 노무계로부터 지도를 받기 때문이었다(鑛山懇話會 1932).

56 촌조청부는 폭약이 삽입되는 혈의 깊이에 대해 청부단가를 정하는 것이고, 간대청부는 일정 크기의 갱도 굴진 거리에 대해 청부단가를 정하는 것이다.

도 일정량의 작업을 달성한 경우에는 일급제가 결합된 촌조청부제를 적용하였다(보고서F, 1938; 보고서G, 1939; 보고서H, 1939). 발은광산은 수굴부에게는 촌조청부에 반일급을 더하여 지급하였으며, 착암부에게는 간대청부에 반일급을 더하여 지급하였다. 이처럼 각 광산에서 직번제 혹은 반일급을 청부수득금에 더하거나 무결근자에게 일급의 8할을 보장하는 임금 제도를 실시한 것은 단가 결정에 문제가 많을 수밖에 없는 청부제를 보완하는 의미를 가지면서 정착률을 높이려는 목적도 포함하고 있다고 할 수 있다. 광부의 정착률을 높이기 위해서는 수득금을 일정한 수준으로 유지시켜 주는 것이 중요하였기 때문이다.

1930년대에 대광산에서는 노동자의 정착률을 높이기 위해 상여 제도를 실시하였다. 상여와 벌칙은 자본이 노동자를 길들이기 위해 사용하는 당근과 채찍이었다. 성흥광산은 1934년에 출근을 독려하기 위한 정근수당만 있었지만 1938년에는 정근수당 외에 5년 이상자에게 근속수당, 미가가 상승할 때 미가수당, 물가 앙등으로 인한 가계비 부담을 덜어주기 위한 임시수당을 지급하였다. 낙산광산은 매년 2회에 걸쳐 1년 근속에 대해 5원을 상여하였으며, 발은광산은 작업 중 무단으로 귀가하거나 중도에 작업을 중지하는 것을 막기 위해 1일 1발파에 15전의 발파상여를 지급하였다. 효율 향상과 비용 절감을 위한 상여는 임금 제도와도 연관되어 있어 사실상 임금의 일부라고도 할 수 있다. 성흥광산은 굴진이 예정보다 10cm 증가할 때마다 10전, 화약 1본을 절약할 때마다 5전을 지급하였으며, 발은광산도 예정 이상을 굴진한 자에게 15전을 지급하고 화약을 남기는 자에게 1본에 4전을 지급하였다. 옹진광산에서는 2회 발파할 경우 30전의 장려금을 가산하고 화약을 절약하면 청부수득금에 가산하였다. 벌칙 제도에 어떤 것이 있었는지를 현재로서는 별로 알 수 없지만, 광산에서는 조별로 작업하고 입출갱 및 발파 시간을 엄격하게 지켜야 하기 때문에 결근이 잦거나 시간을 지키지 못한 경우에는 일정한 벌칙이 있었을 것으로 생각된다. 또한 굴진을 예정보다 많이 하거나 화약을 절약하였을 경우에는 상여를 받았지만 반대의 경우에는 청부수득금을 삭감하는 방식의 벌칙이 가해졌다.

(3) 총독부의 노동통제정책

1938년에 제정된 2개의 광산노동 관련 입법, 즉 「조선광업경찰규칙」과 「조선광부노무부조규칙」은 노동력 확보와 이동 방지를 위한 총독부 정책이었다. 이미 1936년의 산업경제조사회에 출석한 총독부 광산과장은 미숙련 광부가 급증하면서 광산 재해가 크게 증가하고 있기 때문에 노사협조의 분위기를 조성하고 광업경찰에 완벽을 기하기 위한 규칙을 제정할 필요가 있다고 하였다(朝鮮總督府 1936). 심부개발이 진행되고 있었지만 광부는 농촌에서 막 유출된 미숙련 상태였기 때문에 자연히 갱내 대형사고가 발생할 가능성이 높아질 수밖에 없었다. 재해가 빈번해지면서 부조·구휼 문제로 분쟁이 발생하여 노사협조를 저해할 뿐 아니라 광부의 이동률을 높여 기술 숙달을 어렵게 하고 그것이 다시 숙련광부의 부족과 재해의 원인이 되었다. 이에 총독부는 광업의 합리적 발전을 위한 방안으로 두 규칙을 제정하였다. 규칙은 증산을 위해 불가피하게 제정된 것이었으며, 가능한 한 사업자 부담이 가중되는 것을 피하고 재해보상금에서 일본의 규정과 차이를 두는 등의 식민지적 기만성을 갖고 있었다(박기주 1988).

총독부는 산금정책 수행에 큰 장애물인 광부의 이동을 법으로 제한하였다. 시국대책조사회는 노동자의 자제심 앙양과 노사 간의 타협을 통해 이동 방지에 노력할 것 등을 의결하였으며, 조선산금협의회[57]도 노동자에게 광산 사정을 철저히 주지시키고 근로보국정신을 함양하고 가족동반 광부를 고용할 것 등을 의결하였다. 총독부는 강제적 노무 관리의 첫 단계인 「국민직업능력신고령」(1939년 5월)에 따라 노동력 자원을 파악하고 「종업자고입(雇入)제한령」(1939년 7월)으로 시국중요산업에 3개월 이상 종사한 기술자 및 노동자의 이동을 제한하였다. 그러나 통제 대상인 3개월이 되기 전에 이동하려는 자가 급증하고 또 퇴직 후 6개월 동안의 취업 제한을 감수하고서도 이동하려는 경향이 있자 「종업자이동방지령」을 공포하였다(1940년 11월). 이동방지령은 제한 대상을 모든 직공과 광부로 확대하고 제한 대상을 근무기간 1개월 이상 종사자로 하였으며 퇴직 후 취업제한 기간을 1년으로 연장하였다. 나아가 총독부는 「노무조정령」(1941년 7월)으로 이직에 대해 관의 허가를 받도록 함으로써 노동이동을 강하게 통제하였다. 또한 「임금통제령」(1939년 7월) 역시 임금 차이로 인한 이동을 방지한다는 의미에서 이동 방지의 간접적 수단이었다.

이동 방지와 출근율 향상을 위한 기업과 총독부의 노력과 통제의 결과라고만 할 수는 없겠지만, 광산노동자의 전반적인 근속연수는 상당히 높아졌다. 금속광산 노동자 중 근무연수 2년 이상자가 1936년에는 18.9%에 불과하였지만 1942년에는 37.2%로 증가하였다(姬野實 1936; 朝鮮總督府 1942).

---

57 산금5개년계획을 강력하게 추진하기 위해 1939년 5월에 구성된 관민 합동의 정책심의기구로서, 총독부 관리와 민간 유력 광업가 및 기타 총 60명의 위원으로 구성되었다. 1939년 5월에 이어 9월에 제2차 총회를 개최하였으며 채택된 사항은 총독부의 정책에 반영되었다(예컨대, 조선금산개발주식회사 설립).

3) 덕대제에 대한 통제 강화

덕대제로는 근대적 방식의 조업이 불가능하며 회사의 일관적 지휘계통이 확보되지 않기 때문에, 자본 투자가 증가하고 생산 규모가 확대됨에 따라 덕대제는 점차 사라질 운명이었다. 대광산일수록 더욱 그러하지만 그렇다고 1930년대에 덕대제가 사라진 것은 아니었다. 1933-1938년에 신중요광산(대체로 연산 5-10만 원 광산) 중에서 덕대제 이용이 34광산, 병용이 37광산, 직영이 51광산으로, 26%의 광산이 아직 덕대제에만 의존하였다. 그보다 규모가 큰 연산 10만 원 이상에서도 1934년도의 조사에 의하면 61광산 중 덕대제 이용이 8광산, 병용이 21광산이고 직영이 32광산으로,[58] 병용하는 경우까지 포함하면 상당수의 광산이 덕대제를 이용하고 있었다. 대광산에서도 덕대제는 완전히 사라지지 않았다. 미쓰이 계열 의주광산은 1932년에 직영 광부 68명에 덕대 소속 광부가 약 200명이었으며, 조선광업개발 길상광산은 1933년에 2갱만 직영이고 나머지를 덕대에 맡겼다. 일본광업 낙산광산은 1939년에 직영 광부 327명 외에 약 100여 명의 덕대소속 광부가 있었으며, 미쓰이 계열 삼성광산 본갱에는 1940년에 제련장과 공작소의 인원을 제외한 234명의 광부 중 덕대 소속 광부가 약 120명이었다(보고서M, 1932; 보고서J, 1933; 보고서H, 1939; 보고서L, 1940). 미쓰비시광업 해주광산은 1934년에 직영 광부 199명에 덕대 소속 광부가 약 300명이었고, 일본광업 옹진광산의 월 채광량은 직영에 의한 것이 300톤인데 덕대제에 의한 것이 1,200톤이었다.[59]

---

58 茂木敏一, 「朝鮮に於ける金銀鑛業の近況」, 『회지』 19-3, 1936, 부표.

자성광산에서는 보통 노두 또는 갱내 잔주(殘柱) 정리에 덕대제를 이용하였으며 설비를 갖추고 본격적인 채굴에 들어가기 전에 덕대의 채굴을 허용하기도 하였다. 낙산광산에서는 광맥 발견을 위해 덕대의 채굴을 허용하였으며 의주광산에서도 점차 직영으로 전환하면서도 채산상 불리한 곳을 덕대에게 개방하였다. 미쓰비시의 청암광산은 주요 갱에서 덕대제를 폐지하고 직영으로 전환하면서도 폐광된 곳을 개발하기 위해 덕대 및 청부제를 장려하였다.[60] 다른 광산에서도 대개 비슷한 이유로 덕대제를 이용하고 있었을 것으로 생각된다. 즉, 덕대제는 지표 탐광이나 한계지 채굴에 유효한 방식으로 남아 있었으며 일부 광산에서는 갱내 정리작업이나 본격적인 채굴 전에 이용되고 있었다. 그러나 덕대의 작업은 이전처럼 독립적이지 못하였으며 자본의 완전한 통제하에 있었다. 덕대에 대한 통제가 어떠하였는지를 다음과 같은 1930년대 중엽의 일반적인 덕대규정을 통해 확인해 보자.

제1조 갱내의 폭, 고 및 갱목 등의 설비는 견고히 하고 지휘에 따를 것.
제2조 갱내 일체 설비는 허가를 받아 견고히 시설하고 양 끝의 1.5척은 채굴하지 말 것.
제3조 배수 및 통풍 공사는 지표, 갱내 관계없이 자기부담으로 시설하고 지도에 따를 것.
제5조 당 사무소가 임의로 갱도를 사용해도 이의를 제기하지 말 것.
제7조 분철은 화금(火金)으로 당소 제련공장에서 하며, 광석 20관당 산출 화금 1돈쭝 이하는 1/8, 2돈쭝 이하는 1/6, 3돈쭝 이하는 1/5, 5돈쭝 이하는

59 伊藤喬介, 「三菱鑛業所屬の主なる鑛山の現況に就て」, 『일본광업회지』 593호, 1934; 越宮朝太郎, 「日本鑛業會社所屬の主なる鑛山の現況に就て」, 『일본광업회지』 593호, 1934.
60 보고서K, 1940; 보고서H, 1939; 보고서N, 1936; 尾山直治, 「靑岩金山の復活と現況」, 『회지』 14-1, 1931.

1/4, 1냥쭝 이하는 1/3, 1냥쭝 이상은 1/2.

제12조 다음의 경우는 채굴 허가를 취소

(1) 광부계를 내지 않거나 광부 불감독으로 폐해가 발생한 경우

(3) 선광 불충분

(4) 갱도설비 불완전으로 통행 및 운반상 불편이 있든가 작업상 위험 있을 때[61]

이 덕대규정을 보면, 갱내의 크기 및 설비 등에 대해 회사의 지휘에 따를 것을 요구하며(제1조) 갱도설비가 불완전하면 허가를 취소한다(제12조)고 하였는데, 채굴상의 이러한 통제는 이전의 덕대계약에서는 볼 수 없는 조항이었다. 이런 조항이 필요하였던 것은, 갱내 채굴을 덕대의 임의에 맡겨두면 불규칙하게 채굴하여 장차 직영으로 전환하였을 때 덕대의 채굴 흔적이 작업에 지장을 초래할 수도 있었기 때문이다. 금으로 분철을 납부(제7조)하는 것은 앞 장에서 언급한 대로 덕대가 광업권자에게 낼 분철의 도임료까지 부담한다는 것이며, 분철률이 광석품위에 따라 다르고 고품위 광일수록 높은 것은 덕대가 더욱 종속적인 상태에 있음을 의미한다. 또한 선광이 불충분할 경우에 허가를 취소한다는 조항은 제련설비의 효율을 극대화하기 위한 것으로 보인다.

자성광산은 1933년 9월, 길상광산은 1932년 12월, 의주광산은 1932년 말과 1933년 10월에 각각 덕대규정을 개정하였다. 자성광산은 1928년에 동척이 매수한 광산이고 길상광산은 1922년부터 닛치츠의 노구치 개인 소유였으나 두 광산 모두 1930년 이후에야 본격적인 개발에 들어갔다. 의주

61 『회보』 148호, 1935.

광산은 총독부 보류광구였으나 1929년에 허가되어 1930년에 직영 제련장을 설치하였을 뿐, 탐·채광을 덕대제에 맡기고 아직 심부 채굴에 이르지 못하였다가, 1932년에 미쓰이에 매각된 후에야 본격적인 심부 채굴이 시작되었다. 따라서 이들 광산의 덕대규정이 1932·1933년에 개정되는 것은 1930년대에 심부개발이 진행되는 것과 무관하지 않다.

대자본이 소유한 이들 광산의 덕대규정(보고서K, 1940; 보고서J, 1933; 보고서H, 1939; 보고서M, 1932; 보고서N, 1936)에 의하면, 덕대는 갱내 작업의 일부를 담당하되 회사의 강력한 통제하에 있었다. 덕대의 갱내 작업은 독립적이었던 것이 아니라 사무소의 지시에 따라 이루어졌다. 덕대는 임의로 채굴장소를 변경하거나 작업을 중단하는 것이 금지되었으며, 한 장소에서 채굴할 수 있는 양도 제한되었다. 회사가 정한 일정한 품위의 광석을 정해진 양 이상 채굴해야 하며 채굴 성적이 불량하면 계약이 취소되었다. 덕대는 채굴 광석을 임의로 처분할 수 없었으며 정해진 곳으로 송광하든가 반드시 회사의 제련장을 이용해야 하는데 이때 제련시설의 효율을 위해 일정량의 광석을 미리 일정한 크기로 분쇄할 것이 요구되었다. 회사는 덕대에게 작업에 필요한 물품을 공급하고 시설 이용을 허가하고 필요한 경우 작업비의 일부를 보조하였지만 이 때문에 덕대가 작업상의 독립성을 갖는 것은 더욱 어려울 수밖에 없었다.

1932년의 의주광산 덕대규정은 미쓰이가 광산을 매수한 직후에 개정된 것이었다. 당시에는 채굴의 대부분을 덕대제에 의존하였기 때문에 덕대가 생산의 93.2%를 차지하였고 덕대의 채굴 광석이 직영보다 고품위광석이었으며, 채굴뿐 아니라 주운반갱도의 굴진도 덕대제에 의존하고 있었다. 회사는 철저한 광량 계산에 따른 분철 납부를 요구하였으며, 장차 직영으로 전환하였을 때 지장이 없도록 하기 위해 작업 상황 보고, 직영과 동일한 채굴 방식(계단굴)의 채택, 회사가 지시하는 채광장 형태의 준수를 요구하였다. 동 광산은 점차 심부로 진행함에 따라 덕대식 채굴이 곤란해지자 덕대 소유의 제련설비를 매수하고 1933년 4월에 주요 광맥을 직영으로 전환하여 채광의 기계화와 제련소의 전화(電化)에 착수하였다. 1933년 말에 재개정된 덕대규정은 이전처럼 엄격하지 않았는데, 이는 광산이 직영 체제로 전환하면서 덕대제는 직영이 불리한 곳에 허가되는 정도로 주변화되었기 때문이다. 그러나 덕대에게 채굴이 허가된 곳이라도 장차 유망하다고 판명되면 직영으로 전환할 수 있도록, 새로운 덕대규정에도 갱도 크기, 탐·채광법, 보갱(保坑) 형식, 기타의 기술에 대해 모두 광업권자의 지휘·명령에 복종해야 한다는 조항이 포함되었다.

덕대규정을 강제하기 위해 회사가 취한 방식은 덕대계약의 취소나 광석몰수 외에 보증금 적립과 덕대조합 결성이었다. 회사는 생산액의 일정 비율을 강제로 적립하도록 하여 덕대가 규정을 위반할 시에 적립금을 몰수하고 회사가 통제하는 덕대조합에 가입할 것을 강제하였다. 사실상 덕대는 하청업자라기보다 오히려 청부노동자에 가까운 존재가 되었다. 자성금광에서는 덕대를 3종류로 구분하였는데, 이 중 톤굴(屯掘)덕대는 책임품위와 책임광량을 달성하여야 하며 단가는 청부공임의 계산과 동일하여 형식적으로는 청부노동자와 차이가 없었다. 櫻井義之(1934: 20)는 "종래 청부 제도로 발달해 온 덕대제가 금일에는 일종의 임금 제도로 변화했다"고 하였는데, 이런 점에 주목해서일 것이다.

회사는 단순히 덕대의 작업에 대한 통제뿐 아니라 덕대와 소속 광부의 관계도 통제하였다. 길상광산은 1932년에 이어 1935년에 다시 덕대규정을 개정하였는데, 중요한 내용은 분철률의 인상과 덕대가 소속 광부에게 지급하는 임금에 대한 통제규정이었다. 또 1933년에 개정된 의주광산 덕대규정이 이전 규정과 다른 점의 하나는 덕대가 사역하는 광부에 관한 규정이 강화되었다는 점이다. 즉, 회사는 덕대 소속 광부에 대해 고용에서부터 매일의 작업인원, 해고, 임금의 수준 및 지불, 작업시간, 광부배치에 대해 통제하였다. 이는 덕대 소속 광부가 사실상 회사의 완전한 통제하에 있음을 보여 주는 것이라고 할 수 있다. 그러나 덕대 소속 광부에 대한 덕대의 역할이 전혀 사라진 것은 아니었다. 여전히 덕대 소속 광부에 대한 임금은 덕대를 통해 지불되고 있었고 덕대규정은 덕대 소속 광부의 행위에 대해 덕대가 책임을 지도록 규정하고 있다. 이러한 점들로 판단컨데, 대광산의 덕대에게는 자본이 요구하는 노동청부자(공급자)의 역할만 인정되고 있었다고 할 수 있다.

5. 소결

제4장에서는 1930년대 금광업이 근대 기술 체계를 갖춘 산업으로 발전하게 됨을 구명하였다. 1930년대에 금에 대한 수요 증가에 기초하여 조선의 금광업에 진출한 대자본에 의해 광산개발이 급속하게 이루어질 수 있었다. 일본인 대자본이 조선 금광업에 진출하는 것은 일본 정부의 금 시가매입정책과 총독부의 자본 유치에 따른 결과였다. 일본은 지속적인 무역수지 적자로 외환 보유고가 급격히 감소하면서 환율 안정을 위해 금해금을 단행하였으나 대량의 금 유출과 환율 유지 불능이라는 상황에 직면

하여 다시 금 수출을 금지하였다. 금해금 기간 중 환율 방어를 위해 사용한 해외 차입을 상환하는 데 필요한 금 현송을 위해, 일본 정부는 법정 가격보다 높은 가격으로 금을 매입하였다. 일반물가가 아직 공황으로부터 회복하지 못한 상태에서 금 매입 가격의 인상은 금광업자에게 매우 유리한 조건이었다. 게다가 금광개발을 통치 슬로건으로 내세운 총독부 당국은 적극적으로 자본을 유치하기 위해 노력하였으며 탐광비의 반을 보조하는 정책을 실시하였다. 한편, 1930년대 후반에 일본이 준전시 체제와 전시 체제로 접어들자 조선산 금에 대한 수요가 커질 수밖에 없었으며 그에 따라 산금5개년계획이 수립되었다. 계획 달성을 위해 생산에 대한 통제가 실시되고 탐광장려금 외에 각종 설비보조금이 신설되고 산금송전선 및 금산도로와 같은 간접시설도 확충되었다.

이상과 같은 정책적 지원 속에서 대자본은 다른 어떤 분야보다도 빠른 속도로 조선의 금광업에 진출하였으며, 1930년대 중엽에 대체로 진출이 완료되어 광구 소유 순위에서 상위를 차지하였다. 1930년대 중엽에 이미 생산액 순위의 상위에 올라 있는 거의 모든 광산이 일본인 회사자본의 소유가 되었으며, 중요 금광산 생산액 중 일본인 본·지점회사 소속 광산이 차지하는 비율이 1932년에는 3할이 채 되지 않았으나 1941년에는 9할로 증가하였다. 그중에서도 일본광업이 압도적인 우위를 확보하였으며 그 외에 1930년대를 통해 가장 두드러지게 세력을 확장한 회사는 조선광업개발과 조선제련이었다. 이들 3사의 확장은 바로 각사가 소유한 건식제련소 간의 매광 경쟁의 결과였다. 1932년까지 일본광업 진남포제련소가 조선 내에서 유일한 제련소였지만 1933년에 조선광업개발 흥남제련소, 1936년에 조선제련 장항제련소가 가동되면서 제련 3사는 원료광석 확보를 위해 치열하게 경쟁하였으며 그것은 광산 매입으로 이어졌다. 그 결과 이들 3사는 제련소 소재지를 중심으로 하여 금광업을 지역적으로 분할 지배하게 되었다. 그러나 제련 3사 간 매광 경쟁은 제련설비 과잉으로 이어졌고 광석의 원거리·교착수송으로 수송의 핍박을 가중시켰다.

1930년대는 대자본이 조선 금광업에 진출하여 생산을 집중하고 또 자본 간 경쟁을 치열하게 전개한 시기였으며, 광업 기술 측면에서는 심부개발과 광산의 기계화가 진행된 시기였다. 심부 채굴은 노두 채굴과 달리, 충분한 광량을 안정적으로 확보할 수 있지만 많은 비용이 들기 때문에 규모의 경제를 추구하지 않으면 안된다. 대규모 갱도를 굴착하고 갱도의 효율을 높이기 위해서 근대적 채광법인 계단굴로 채굴량의 증대를 도모하는 광산이 많아졌다. 또한 심부의 광석은 대부분 보통의 제련법으로 처리하기 곤란한 유화광이었기 때문에 광석품위를 높여 건식제련소에 매광하기 위한 부유선광 기술이 확산되었다. 특히 대규모 갱도 굴진을 위해 필수적인 착암기의 대수와 설치 광산이 빠른 속도로 증가하였으며 1936년부터는 광산당 설비 대수도 증가하였다. 물론 기계화의 수준은 일본이나 세계적 수준에 뒤떨어지는 것은 분명하지만, 대광산에서는 갱내 작업장의 신속한 확대를 가져오는 갱도작업의 기계화는 거의 이루어졌으며 비용상의 우위가 확보되지 않으면 안되는 채광작업의 기계화도 금 증산이라는 국책적 요구에 따라 일부 진행되었다. 이러한 기계화는 노동력 편성에도 변화를 가져왔다. 착암부가 증가하였을 뿐 아니라, 갱내 작업이 확대되면서 채굴광물 운반의 장거리화와 운반량의 증대에 따라 특히 1930년대 말에 광산노동자 중 갱내 운반부·잡부가 차지하는 비율이 증가하였다.

총독부의 노동정책은 기술 및 숙련공을 일본으로부터 제공받고 조선인을 비숙련노동자로 포섭하는 것이었으나 1930년대 후반에는 그것이 더 이상 지속될 수 없었다. 심부개발과 기계화가 진행되면서 기술자 및 숙련광부에 대한 수요가 증가하자 총독부는 기술자 양성을 추진하였다. 식민지기에 조선인 기술자의 양성이 있었다면 그것은 바로 광업 분야였으며, 1930년대 말부터 조선인 학생 수가 급증한 실업·직업학교와 연료선광연구소나 조선광업회 주관의 강습회 및 실습생 제도와 착암공 및 전기공 양성기관을 통해 조선인 하급 기술자 및 숙련공이 양성되었다. 한편, 금 증산의 장애로 작용한 노동력 부족은 노동자의 숙련 부족이라고도 할 수 있는데, 숙련 부족은 고이동률과 저출근율에서 비롯되는 것이다. 따라서 대광산에서는 광부의 정착률을 높이기 위해 사택을 급속히 확충하고 정신교육을 강화하고 임금 제도를 변경하여 일정한 수준의 임금을 보장하는 등 노무 관리를 강화하였으며, 총독부도 법령을 통해 노동자 이동을 방지하고자 하였다. 덕대제는 대광산에서도 여전히 갱내 정리나 한계지의 채굴 혹은 지표 탐광의 목적으로 이용되고 있었지만 그에 대한 통제가 강화되었으며, 대광산의 덕대는 노동청부자에 가까운 존재로 점차 해체·변질되었다. 이는 곧 자본이 근대적 생산 방식·기술에 적합한 형태로 노동을 실질적으로 포섭해 가는 과정이라고 할 수 있다.

제5장

조선인 광업가의 성장

제4장에서는 1930년대에 대자본이 진출하면서 금광업이 근대적 산업으로 발전하게 됨을 설명하였다. 물론 광업개발은 일본인 자본이 자국의 이해에 따라 주도한 것이고 생산은 대자본으로 더욱 집중되었지만, 그 과정에서 조선인들은 많은 변화를 경험하였다. 우선 통감부 시기에 의해 제정된「한국광업법」은 일본인의 자유로운 광업 진출을 보장하기 위한 것이었지만 조선인도 새로운 제도의 영향을 받게 되었다는 점을 지적할 수 있다. 과거와 달리 누구나 광업권을 획득할 수 있었기 때문에 조선인의 광업 진출은 점차 활발해졌다. 또한 1930년대에 조선인 광업가들은 대광산을 쉽게 목격할 수 있게 되면서 점차 근대적 광산 경영에 눈을 뜰 수 있었으며 기술에 대한 관심이 높아지고 또 광산 경영에 필요한 자금을 조달하는 방법도 생각하게 되었다. 따라서 이 장에서는 1930년대 조선인 광업가의 활동에 초점을 두면서, 먼저 제1절에서는 새로운 제도하에서 광업권자로 등장하는 조선인들이 어떤 자들이며 이후의 조선인 광업권자와 어떤 차이가 있는지를 분석한다. 제2절에서는 1930년대에 기업가라 할 만한 조선인 광업가들의 배경 및 진출시기와 자금·기술 수준 및 활동에 대해 설명한다. 제3절에서는 조선인 광산에서 진행되고 있는 기술 진보의 양상과 기술 부족을 해결하기 위한 조선인 광업가들의 노력에 대해 살펴본다. 제4절에서는 자본 부족의 문제를 해결하기 위한 조선인 광업가들의 회사 설립 및 조합체 결성과 광업금융의 실태를 분석하기로 한다.

1. 조선인 광업가의 출현

1) 「한국광업법」 초기의 조선인 광업가

1906년의 「한국광업법」은 조선인의 광업 진출을 촉진하고 그 결과 조선인의 광업 생산액도 증가하였다. 병합 전 민족별 광구 출원을 보면([표 5-1]), 광업법 제정 후 처음 1-2년 동안은 조선인의 광구 출원이 드물었지만 1909년 상반기부터 크게 증가하여 하반기에는 일본인을 능가하였을 정도로 조선인은 새로운 제도에 빠르게 적응해 가는 모습을 보였다. 그리고 광종별로 볼 때 조선인은 주로 사(砂)광업, 즉 사금광을 출원하였지만 차츰 석금광에 대한 출원이 크게 증가하였으며 이는 석금광에 대한 조선인

표 5-1 병합 전 민족별 광구 출원 수

	광업				사광업				합계
	조선인	일본인	외국인	소계	조선인	일본인	외국인	소계	
1906년 9-12월	15	156	15	186	17	57	0	74	260
1907년 상반기	8	87	0	95	20	44	0	64	159
1907년 하반기	17	103	0	120	22	18	0	40	160
1908년 상반기	16	70	0	86	6	29	0	35	121
1908년 하반기	21	71	2	94	8	15	0	23	117
1909년 상반기	51	101	6	158	13	19	0	32	190
1909년 하반기	108	118	14	240	45	23	0	68	308
1910년 1-4월	138	120	14	272	37	24	0	61	333

주: 일본인·조선인 및 일본인·외국인 공동은 일본인, 조선인·외국인 공동은 조선인에 포함.
자료: 山口精(1910: 920).

의 이해 폭이 넓어진 결과라고 할 수 있다. 이하에서는 새로운 광업법이 부여한 경제적 기회를 포착한 조선인들이 어떤 자들이었는지를 살펴보자.

광업법 초기의 조선인 광구 허가자, 즉 광업권자들이 어떤 자들인가를 알아보기 위해 1906년 12월 초부터 1909년 11월 초까지를 분석해 보기로 한다. 『관보』에는 매호마다 광구 허가번호, 광종, 광구 소재, 광업권자, 광업권자 주소, 허가일이 기재되어 있다. 이를 집계하면 해당 기간에 단독 혹은 대표 허가자는 354명, 허가광구는 630광구이고 그중 조선인은 97명에 153광구였다.[1] 이는 광구를 허가받은 광업권자를 망라한 것으로서 변동(이전, 소멸 내지 취소)을 고려하지 않은 것이기 때문에, 1909년 11월 현재의 광구 수와는 약간의 차이가 있다. 허가광구를 광구 소재와 광종별로 구분한 결과, 평북에 소재한 광구가 전체로는 25.6%에 불과하지만 조선인의 광구는 41.8%가 평북에 집중되어 있었으며, 일본인의 광구는 흑연광구가 특별히 많고 그외에 금·은·동·연, 철, 석탄 등 비교적 다양하였던 반면 조선인의 광구 중에는 사금 및 금·은 광구가 72%를 차지하였다.

그런데 조선인 광업권자의 주소지는 거의 대부분 경성이며 또한 광구를 공동으로 허가받은 경우가 일본인 광업권자에 비해 상대적으로 많았다([표 5-2], [표 5-3]). 일본인 광업권자의 주소는 경성이 96명으로 전체 257명의 37.4%인 반면, 조선인은 경성이 87명으로 전체 99명의 87.9%를 차지하였다. 조선인의 허가광구 153광구 중에 경성 주소자는 139광구로 90.8%를 차지하였으며, 일본인의 457광구 중에 경성 주소자는 214광

---

1 광구번호로는 사광구가 21-196호, 일반 광구가 32-490호로 총 635광구이며 이 중 광업권자 불명인 5광구를 제외하였다.

표 5-2 병합 전 광업권자 주소지별 광업권자 수(A) 및 허가광구 수(B)

	경성		부산		諸港		평북		평양		諸道		일본		합계	
	A	B	A	B	A	B	A	B	A	B	A	B	A	B	A	B
조선인	87	139	1	2	0	0	5	6	1	1	5	5	0	0	99	153
일본인	96	214	45	74	21	29	14	25	12	19	48	64	21	32	257	457
외국인	6	14	0	0	0	0	0	0	0	0	0	0	1	6	7	20

주: 1) 諸港은 인천, 진남포, 마산, 원산, 청진, 성진, 諸道는 평북을 제외한 나머지 도.
2) 광업권자 수 합계에는 주소 변경 등으로 조선인 2명과 일본인 7명이 이중계산되었음.
자료: 『관보』.

표 5-3 광구 허가형태별 광구

	단독	공동			합계
		조선인	일본인	소계	
조선인	60	83	10	93	153
일본인	254	30	173	203	457
외국인	20	0	0	0	20

자료: 『관보』.

구로 46.8%를 차지하였다. 또한 일본인은 타인과 공동으로 허가받은 것이 203광구로 전체 457광구의 44.4%였지만 조선인은 공동허가가 93광구로 전체 153광구의 60.8%에 달할 만큼 많았다. 또한 조선인은 조선인끼리, 일본인은 일본인끼리 공동으로 허가받은 경우가 거의 대부분이었다고 할 수 있으며, 특히 조선인의 공동허가에는 평북 소재의 광구가 51광구로 특히 많았다. 이러한 특징은 광업법 실시 이후 등장한 조선인 광업가의 실체와 관련 있다.

표 5-4 박봉윤의 허가광구

광구번호	광종	광구 소재	허가자	허가자 주소	허가일
256	철광	평남 중화군	박지양* 박봉윤 최운섭	경성 남부 죽동 59통 4호 황해 황주군 구림면 경성 남부 대산림동 77통 3호	1908.9.11
272	철광	황해 해주군	박봉윤* 박지양 최운섭	경성 남부 죽동 59통 4호 경성 남부 죽동 59통 4호 경성 남부 대산림동 77통 3호	1908.11.10
282	철광	황해 해주군	박지양* 최운섭 박봉윤	경성 남부 죽동 59통 4호 경성 남부 대산림동 77통 3호 경성 남부 죽동 59통 4호	1908.12.8
313	석탄	황해 황주군	박봉윤* 최운섭 김도빈 김정흡	경성 남부 대산림동 77통 3호 최운섭가 경성 남부 대산림동 77통 3호 황해 황주군 천주면 석탄리 황해 황주군 송림면 용암리	1909.3.15

주: * 대표허가자.
자료: 『관보』.

광구를 단독으로 허가받은 자를 단독허가자, 여러 명이 공동으로 허가받은 경우에 첫 번째 기명자를 대표허가자, 그 외 기명자를 공동허가자로 호칭하기로 한다. 단독 혹은 대표허가자로 여러 광구를 허가받은 경우는 유천섭(劉天涉) 8광구, 조동원(趙東元) 6광구, 정영두(鄭永斗) 5광구, 장보형(張輔衡), 김정국(金鼎國), 노병희(盧秉熙), 송병준(宋秉畯), 최순조(崔淳祚) 각 4광구였으며, 이외에 3광구를 허가받은 자가 2명, 2광구를 허가받은 자가 19명이었다. 한편, 여러 광구를 허가받은 자인데 등록한 주소가 상이한 경우가 적지 않게 확인된다. [표 5-4]에 예시한 박봉윤(朴奉允)은 4광구의 대표 또는 공동허가자인데, 주소가 황해 황주군, 경성 남부 대산림동의 최운섭(崔雲燮)가, 경성 남부 죽동으로 되어 있다. 황해 황주군이 자신의 본주소일 것으로 생각되며, 경성 남부 죽동은 공동허가자인 박지양(朴

之陽)의 주소였다. 주소를 최운섭가나 박지양가로 한 것은 박봉윤이 그들의 대리인임을 의미한다. 이에 단독, 대표, 공동허가자와 함께, 주소 말미에 ○○○가로 표시된 자들을 모두 광업관련자로 부르기로 한다(총 250명).

이들 광업관련자 중에는 전 시대의 징세인이 있었다. 제2장에서 언급하였지만 「한국광업법」 제28조는 전 시기의 광산권리자인 징세인에게 우선권을 주었기 때문에 그들 중 일부가 광구를 허가받았다. [표 5-5]는 전직 징세인이 관련되어 있는 광구를 정리한 것으로, 총 31광구 중 공동허가가 20광구이고 광업권자의 주소가 경성인 것이 27광구였다. 광구허가 시기는 거의 1909년 이전이며, 대부분 사금광이라는 특징을 갖고 있다. 이들은 대부분 경성 거주자들이었으며,[2] 강용구를 제외하면 모두 광업법 제정 당시에 징세인의 직책을 갖고 있던 자들로서, 허가받은 광구도 대부분 자신들이 관할하던 지역이었다. 이들은 직접 혹은 대리인을 내세워 광구를 허가받았으며 자신이 관할하던 광산의 덕대가 공동허가자이기도 하였다. 즉, 전 해서감리 박래훈은 별장 겸 덕대로 거느리던 최순조를 대리인으로 내세워 4광구를 허가받았으며, 전 평남감리 조동원은 조두원, 유성규를 대리인으로 허가받았을 뿐 아니라 순안광의 덕대였던 전창렬을 공동허가자로 하여 3광구(153-155호)를 허가받았다. 일부는 김호성처럼 일본인의 대리인이거나 일본인과의 공동허가자로 등장하였다. 그 밖에도 사례가 더 있겠지만, 새로운 제도하에서 전 시기 징세인의 상당수가 직접 광업권자로, 혹은 제3자를 대리인으로 내세워 광업권을 획득하였음을 알 수 있다.

광업권자의 두 번째 부류는 구한국정부의 관료 집단이다. 관료 집단의

2 곽정엽과 임한오는 대리인 자격이었기 때문에 본인의 주소가 아닐 것으로 생각된다.

표 5-5 전직 징세인의 허가광구 일람

허가자	전직	주소	광구번호	광종	광구 소재	자격	비고
강용구	영남금광위원	경성 북부	213	석탄	강원	대표	魚允直이 대리인
郭貞燁	청주광파원	경성 중부	158	사금	충북 청주	단독	李在浩의 대리인
金浩成	충주광파원	경성 남부	34 61-65, 99	사금 사금	충북 음성 충북 충주	대표 공동	望月龍太郎이 공동허가자 望月龍太郎이 대표허가자
박래훈	해서감리	경성 남부	49-52	사금	황해 송화	단독	崔淳祚가 대리인
徐相珍	합천광파원	경성 중부	60	사금	경북 합천	단독	
李聖敬	의성광파원	경남 부산	26 33	사금 금·은	경북 의성 경북 의성	단독 단독	
任漢吾	청주광파원	경성 욱정	49	금·은	충북 청주	대표	國分太嘉介의 대리인
張正玉	공주광파원	경성 남부	88	금·은	충남 공주	공동	岡實太郎이 대표허가자
조관윤	장진광파원 평북위원 황해감리	경성 중부	271, 460	금·은	함남 안변	대표	
조동원	평남감리	경성 남부	42 68 94 108 153-155 365	사금 사금 사금 사금 사금 금·은	강원 평강 충남 공주 경기 여주 평남 순안 평북 삭주 충남 공주	단독 단독 대표 단독 대표 대표	趙斗元이 대리인 全昌烈이 공동허가자 庾聖規가 대리인
조정윤	평남북감리	경성 남부	139	사금	평남 순안	단독	
崔永翰	문의광파원	충남 문의	69, 70	사금	충남 문의	공동	望月龍太郎이 대표허가자

자료: 징세인 인명과 전직은 규장각 자료, 그 외는 『관보』.

재계 진출은 많은 연구에서 거론되었으며, 당시 조선인 자본가의 약 23% 정도가 관료 출신이었다(서은영 1995). [표 5-6]은 『조선신사명감』의 주소와 광업권자의 주소를 비교하여 동일인으로 확인되는 경우를 적시한 것에 불과하므로 관료 집단의 허가광구는 표에 제시된 것보다 많을 것이다. 총 16

표 5-6 구한국시대 관료의 허가광구 일람

허가자	전·현직	광구번호	자격
김가진	충남관찰사	342	단독
金基永	中和府使	371	공동*
민영린	장례원경	183, 397	대표
송병준	내부대신	66, 67, 166, 167	단독
유길준	농상공부 대신	249, 315	단독
尹晶錫	정3품, 혜민원참서관, 한성상업은행취체역	287, 294, 371, 454	공동(2)* 대표(2)
윤치오	종2품, 중추원참의	382	대표
李容汶	종2품, 장례원典祀	82	단독
張 燾	검사	416	대표
조진태	정3품, 중추원의관, 한성手形조합장 등	287, 294	대표

주: *김기영과 윤정석이 공동허가자로 참가한 광구는 각각 윤정석과 조진태가 대표허가자인 광구이다.
자료: 日本電報通信社京城支局(1911); 『관보』.

광구 중 공동허가는 9광구이며 광업권자의 주소는 모두 경성이었다. 이들은 모두 광구를 단독 혹은 대표자로 허가받았으며 예외없이 자신의 명의로 광구를 허가받았다. 광구 출원에는 측량비 등의 상당한 비용이 들기 때문에 그것을 감당할 수 있는 자들만이 광구를 허가받을 수 있었고 관료 집단이 그런 부류에 속하였다고 할 수 있다. 그런데 주목되는 점은 앞의 징세인 집단과는 달리 허가광구의 대부분이 1909년도에 허가되었다는 것과 광종면에서 금·사금보다 기타 광구가 많아 총 19광구 중 10광구를 차지하였다는 것이다. 당시 일본인들이 다양한 광종의 광구를 출원·허가받았다는 점을 생각한다면, 가장 쉽게 일본인들을 모방할 수 있었던 이들 관료 집단들이 일찍부터 금·사금 외의 광구에 대해 관심을 갖게 된 것으로 생각된다.

표 5-7 조선인 광업권자 중 5광구 이상 허가자의 광구

허가자, 주소 \ 번호, 광종		338 金	339 金	360 金	361 金	379 金	391 金	392 金	446 金	461 金	467 金	179 砂	209 其	309 金	346 金	414 金	424 金	425 金	左外 광구
白南紹	평북	△	△	△	○		△	△	△	●	△								374金△
金成斗	평북	△	●	△	△	△				△									
劉天涉	평북					△	●	●			●								208其● 341其● 374金● 409金● 481金●
劉禎寬	평북	△	▲		△				●	△				△		△	△	△	238金■ 323其△
朱定鍵	평북											△	△	△	△	△	△	△	183金△
宣冀河	평북										△	△		△	△	△	△	△	
朱永昊	평북											△		△	△	△	△	△	
盧秉熙	불명											●			●				190砂■ 193砂● 343其▲
金鼎國	경성											△	△	●		○	○	○	417金△
비고 (대표허가자)		○ 閔泳夏		○ 劉地涉		● 白鳳紀(李種翼家)							● 劉興鳳(朴宗赫家)						

주: 1) 원은 대표허가자, 세모는 공동허가자, 네모는 단독허가자이며, 검정색은 대리인인 경우.
2) 숫자는 광구번호이며, 砂는 사금광구, 金은 금광구, 其는 기타 광구.
3) 179, 209호 광구에서 김정국의 주소는 평북.
자료: 『관보』.

마지막 부류는 물주 혹은 부재 광업권자로 생각되는 자로서, 물론 앞의 두 부류도 이 속에 포함된다고 할 수 있지만 그 외의 자들을 말한다. 편의상 단독이나 대표 또는 공동으로 5광구 이상 허가받은 자들만 조사하였다. 5광구 이상 허가자는 총 12명인데, 이미 앞에서 언급한 3명(김호성, 조동원, 최운섭)을 제외한 나머지 9명을 [표 5-7]에 제시하였다. 이들이 관계된 것은 총 30광구이고 허가 시점은 대체로 1909년이며 광종은 대부분 금·사금이었다. 표에서 9명이 서로 연관되어 있는 17개 광구의 광구번호 아래 세로로 허가자가 누구인지 확인할 수 있다. 표의 우측 끝에 그 외 13개 광구를 허가자별로 정리하였다. 앞서 언급한 박봉윤의 예처럼 동일한 자의 주소가 평북과 경성 ○○○가로 표시되어 있는 경우에 전자를 허가자 자신의 주소로 보고 표에 적시하였는데, 9명 중 7명이 평북이었다.

공동허가가 28광구이고 단독허가(네모로 표시)는 2광구(190, 238호)에 불과하며, 단독 혹은 대표 허가자의 주소가 경성인 것이 27광구였으며, 대리인으로 단독 또는 대표 허가받은 것(검정색 네모 및 원)이 19광구였다. 허가자 본인의 주소라 할 수 있는 평북은 광구 소재지 부근이며, 따라서 그들이 덕대인지는 알 수 없지만 대개 광산 부근의 현지인으로서 광산에 밝은 자들이었을 것으로 추정된다. 그들은 자신이 광맥을 발견하였더라도 출원수속에 관한 지식이 부족하였거나 출원에 필요한 자금이 없어 물주의 손을 빌렸을 것이며, 경성의 주소는 이들 현지인을 대리인으로 내세운 물주 혹은 부재 광업권자의 주소였을 가능성이 크다.

그런데 우연하게도 이들은 서로 공동허가자의 관계에 있었는데, 직관적으로 위의 4명과 아래의 5명으로 구분할 수 있다. 첫 번째 그룹의 4명 중 백남소는 경성의 이종익(李種翼)가를 주소로 하여 1광구를 대표허가받았으며 다른 9광구에 대해서는 평북을 주소로 하여 허가받았다. 김성두는 이종익가를 주소로 하여 1광구를 대표허가받고 다른 5광구는 평북을 주소로 하여 공동허가받았다. 유천섭은 이종익가의 주소로 6광구, 이계필(李啓弼)가의 주소로 2광구를 대표허가받았으며, 공동허가받은 379호 광구의 대표허가자 백봉기의 주소도 이종익가로 되어 있었다. 유정관은 총 11광구를 허가받았는데, 그중 3광구는 경성의 이계필가를 주소로 하여 허가받았고 8광구는 평북을 주소로 하였다. 이상 4명은 이종익, 이계필과 관련 있는 자들이며, 특히 유정관은 두 번째 그룹과도 관계를 갖고 있다.

두 번째 그룹을 보면, 주정건, 선기하, 주영호는 6광구에 대해 공동허가자로 참여하고 있는데, 그중 4광구의 대표허가자는 김정국이고 2광구의 대표허가자는 노병희이다. 노병희는 총 5광구를 허가받았는데 주소지가 모두 경성의 조덕선(趙德善)가였다. 김정국은 경성의 박종혁(朴宗赫)가를 주소로 하여 1광구를 대표허가받았으며, 2광구(179, 209호)는 평북을 주소로, 4광구는 경성을 주소로 하여 허가받았다. 그런데 경성의 주소는 4광구 중 417호 광구의 대표허가자가 주소를 김정국가라고 한 주소와 동일하므로, 김정국의 주소가 평북에서 경성으로 변경된 것으로 추정된다. 즉, 그는 박종혁의 대리인으로 허가받기도 하고 자신이 직접 대표허가자가 되거나 타인을 대리인으로 내세워 허가받기도 하였다. 김정국이 공동허가 받은 209호 광구의 대표허가자 유봉흥도 박종혁의 대리인이었다. 첫 번째 그룹처럼 두 번째 그룹은 조덕선, 박종혁과 관련되어 있다고 할 수 있다.

[표 5-7]의 광구 대부분은 이종익, 이계필, 조덕선, 박종혁이 실제의 광업권자인 것으로 생각된다. 허가받은 광구 수가 5광구 미만이어서 제외하였지만, 이들과 관련이 있는 자들은 비고에 있는 자들을 포함해서 여러 명 더 있었다. 이들 4명이 관계하고 있는 광구에 대해 좀 더 살펴보자. 이종익은 유천섭을 대리인으로 하여 6광구를 대표허가받고 백봉기, 백남소를 대리인으로 하여 각 1광구씩 허가받아 총 8광구를 허가받았다. 이계필은 유천섭을 대리인으로 한 2광구 외에 전경제, 유정관을 대리인으로 각 1-2광구씩 허가받아 총 5광구를 허가받았다. 조덕선은 노병희를 포함한 총 6명을 대리인으로 9광구를 허가받았으며, 박종혁은 6명을 대리인을 하여 총 5광구를 허가받았다. 경성 거주자들은 새로운 제도하에서 많은 일

본인들이 광구를 허가받는 것을 보고 광업권의 재산적 가치를 쉽게 간파할 수 있었지만 광업에 문외한인 자들이 많았을 것이다. 따라서 그들은 광업 실무에 밝은 현지인들을 공동허가자 혹은 대표허가자로 내세워 광구를 허가받았다고 볼 수 있다. 김정국은 박종혁의 대리인이었지만 후에 자신이 직접 대표허가자가 되거나 현지인을 대리인으로 내세우기도 한 경우였다.

허가자의 주소지가 경성인 경우가 매우 많은 것은 이상에서 살펴본 것처럼 경성에 거주하는 전직 징세인이나 관료 집단이 광업권자로 등장하였을 뿐 아니라 많은 경성 거주자들이 현지인을 대리인으로 내세워 광구를 허가받았기 때문이다. 물론 후자에는 대리인을 내세워 광구를 취득한 전직 징세인이나 관료 집단도 적지 않게 포함되어 있을 것이다. 대리인이지만 주소에 ○○○가로 명시하지 않은 경우도 있으므로, 대리인을 내세운 광구 허가는 더 많았을 것으로 생각된다. 그 결과 가령 평북 소재의 공동허가 51광구 중 48광구의 대표허가자 주소지가 경성인 반면, 44광구의 공동허가자 주소지는 평북 및 평남 등 광구 인접지였다. 광업권자 중 경성 거주자의 비율이 높았던 것은 이상과 같은 이유 때문이었으며 또한 그것은 공동허가 광구의 비율이 높았던 이유이기도 하다.

2) 1910·1920년대 조선인의 광산 경영

(1) 1910·1920년대 조선인의 광업 진출

총독부는 1911년 5월에 「광업법 및 사광채취법에 의해 납부하는 세금 미납자취급방침」이라는 훈령을 공포하여, 법정 기한 내에 광산세, 광구세 및 사광채취세를 납부하지 않는 자가 있을 때는 최고서(催告書)를 발부하며, 지정한 기한이 넘어도 세금을 납부하지 않는 자가 있을 때는 부윤, 군수가 도장관을 경유하여 광업 또는 사광채취업 허가의 취소를 신청할 수 있도록 하였다. 1910년까지 다른 세목의 징수율은 90%를 상회하였지만 광세 징수율은 50%대에 머무르고 있었다. 훈령이 실시됨에 따라 광세 징수 실적이 다소 개선되어 1911년의 광세 징수율은 70%대로 높아졌다.[3]

훈령의 목적은 광세 징수의 부진을 시정하는 데 있었지만, 다른 한편으로는 징수 부진의 근본 원인인 허업가의 광구를 정리하여 광업 행정을 정비하는 데 있었다. 「한국광업법」 공포 이후 허가된 광구의 대부분은 가행되지 않고 휴업광구로 남아 있어 가행률(가행광구/소유광구)은 1909년에 23.3%, 1910년에 26.6%에 불과하였다. 이에 총독부는 신규 허가를 억제하고 훈령을 통해 허업가의 광구를 정리하고자 하였다. 1911년의 광구세가 전년에 비해 2만여 원이 감소하였다는 것은 훈령에 의해 많은 휴업광구가 정리되었음을 의미한다. 반면 사광채취세는 전년에 비해 증가하였는데, 이는 석광에 대한 신규 허가를 억제하면서도 이전부터 높은 가행률을 보인 사금광에 대해서는 1911년에 대폭 신규 허가를 하였기 때문이다. 그러나 사금광의 신규 허가가 오히려 휴업광구의 증가로 나타나자 익년에는 사금광의 신규 허가를 억제하였다.

훈령의 목적이 휴업광구의 정리에 있었기 때문에 훈령 이전에 광업권을 취득한 많은 자들이 광업권을 상실하였다. 조선인에 국한해서 본다면, 1909년 말 조선인의 148광구 중 1913년 11월 현재 소유권이 유지되고 있는 것은 39광구(26%)에 불과할 정도로[4] 훈령이 미친 영향이 매우 컸던 것으

3 『통계연보』(1911). 징수율은 매년 예산조정액에 대한 연말 징수액의 비율로 계산하였다.

로 보인다. 특히 훈령의 세부치침인 「광세미납자취급방침에 관한 건」(통첩 172호)은 납세 의무자가 조선인이고 지정한 기간까지 납세하지 않을 때는 체납처분을 집행할 것을 지시하여, 조선인에게 더 엄격하게 적용된 것으로 보인다. 그럼에도 1910, 1911년의 광구세를 비교하면 조선인은 42,076원에서 35,477원으로 감소하였고 일본인은 65,831원에서 51,447원으로 더 큰 폭으로 감소하였다. 이는 일본인 중에도 조선인에 못지않게 허업가가 많았음을 의미한다.[5]

병합 초기에 광구 정리가 있은 이후, 광업은 점차 호황을 맞이하고 조선인의 광업 진출도 증가하였다. 광구 통계로 볼 때 광업은 1911-1917년의 호황기, 1918-1922년의 침체기, 1923-1930년의 정체기, 1931-1941년의 호황기의 국면을 거쳤다고 할 수 있다([표 5-8]). 병합에 의해 정치적 불안이 해소되자 총독부의 지원 속에서 일본인의 광구 출원은 매년 크게 증가하여 1917년의 출원건수는 1911년의 약 11배나 되었으며, 조선인의 광구 출원도 7배로 증가하였다. 허가광구의 추이도 출원광구의 추이와 크게 다르지 않았으며, 소유광구에서도 1911-1917년에 일본인은 4.2배로 증가하고 조선인은 3배로 증가하였다. 비록 일본인에 미치지는 못하였지만 이처럼 조선인의 출원·허가·소유 광구도 계속 증가하였다. 한편, 가행률은 휴업광구에 대한 정리와 금 및 기타 광물에 대한 수요가 있었음에도 불구하고 20%대로 여전히 낮은 수준에서 정체하고 있었으며 민족별로는 조선

---

4 광구일람에서 확인한 결과이며 전직 징세인의 광구 중 1913년 11월 현재 소유권이 유지되고 있는 것도 10광구에 불과하였다(山口精 1910; 淺野虎三郎 1913).

5 가령 1909년 하반기 중에 광세 체납으로 인해 허가가 취소된 조선인은 2명인데 반해 일본인은 50명이나 되었다(度支部 1910: 99).

표 5-8 민족별 출원·허가·소유 광구 수(1911-1941년)

연도	출원			허가			소유											
							조				일				계	가행률		조선인 비율
	조	일	계	조	일	계	가행	휴업	소계	폐업	가행	휴업	소계	폐업		조	일	
1911	291	378	692	207	190	402	90	230	320	136	103	333	436	203	791	28.1	23.6	44.6
1913	215	385	610	135	207	352	104	265	369	109	150	513	663	72	1,085	28.2	22.6	36.6
1915	403	381	814	157	205	380	108	295	403	102	182	621	803	132	1,256	26.8	22.7	35.5
1917	2,098	4,091	6,189	461	763	1,224	144	794	938	142	404	1,426	1,830	95	2,797	15.4	22.1	25.6
1919	138	884	1,022	134	328	462	36	716	752	355	287	1,804	2,091	452	2,858	4.8	13.7	11.0
1921	92	1,199	1,291	60	356	416	24	318	342	225	174	1,852	2,026	325	2,379	7.0	8.6	11.8
1923	175	214	389	67	64	131	51	288	339	102	168	1,580	1,748	184	2,094	15.0	9.6	22.8
1925	328	644	972	144	134	278	64	393	454	75	229	1,428	1,659	144	2,118	14.1	13.8	21.5
1927	252	541	793	79	113	192	81	363	444	95	277	1,450	1,727	55	2,175	18.2	16.0	22.4
1929	420	515	935	106	99	205	89	383	472	73	293	1,405	1,698	109	2,173	18.9	17.3	23.1
1931	1,161	644	1,805	206	137	343	150	490	640	93	345	1,403	1,748	122	2,390	23.4	19.7	30.2
1933	3,250	1,960	5,210	483	245	728	558	644	1,202	127	911	1,228	2,139	−23	3,343	46.4	42.6	37.9
1935	7,628	2,525	10,153	960	485	1,445	1,589	985	2,574	211	1,777	1,243	3,020	−8	5,596	61.7	58.8	47.2
1937	5,468	2,648	8,116	787	570	1,357	2,208	1,305	3,512	292	2,314	1,626	3,941	123	7,454	62.9	58.7	48.8
1938	10,991	4,730	15,721	896	570	1,466	2,641	1,466	4,107	301	2,704	1,811	4,515	−4	8,623	64.3	59.9	49.4
1939	11,826	4,585	16,411	1,361	876	2,237												
1941	3,151	3,092	6,243	469	551	1,020												

주: 1) 조, 일은 각각 조선인, 일본인, 계는 외국인 포함, 폐업은 폐업·매각이며 계산에 의함.
2) 가행률은 소유광구 대비 가행광구, 조선인 비율은 외국인 포함한 총가행광구 중 조선인 광구 비율.
3) 1925, 1937년 소계는 원자료에서 불일치.
자료:『추세』; 鈴木哲郎,「朝鮮鑛業の趨勢」,『회지』6-1, 1923.

인이 일본인을 약간 상회하는 수준이었다.

광구 출원 및 허가는 1917년이 피크였고 그 이후 급격히 감소하였다. 신규 허가광구는 매년 감소하고 폐업광구가 크게 증가하였으며, 소유광구는 1918년의 3,204광구를 피크로 하여 감소하였다. 그런데 이러한 감소는 조선인에게 특히 현저하게 나타났는데, 1918-1921년에 일본인 소유광구는 약간 감소하는 데 그쳤지만 조선인의 소유광구는 973광구에서 1/3로 감소하였으며 가행률도 일본인에 비해 훨씬 낮았다. 이처럼 1917년 이후 1920년대 초까지 조선의 광업이 침체의 일로를 걷고 있었던 것은 바로 전시의 높은 인플레이션 때문이었으며, 그 타격을 가장 먼저 받은 것은 금광업이었다. 1917년부터 물가가 등귀하였지만, 금 가격은 고정되어 있었기 때문에 금광업의 채산 악화는 불가피하였던 반면, 철, 석탄, 흑연 등은 수요 증가에 따라 오히려 생산이 증가하였다. 물론 전후가 되면 수요 부진으로 광물 가격이 하락하여 금광업뿐 아니라 광업 전체가 침체 상태에 빠지게 되지만, 전시 후반기 이후의 침체 국면은 금광업에서 가장 컸으며 특히 소규모 광산에서 더욱 그러하였다. 따라서 거의 금광업에 국한되어 있는 조선인에게 침체가 더 일찍 그리고 가혹하게 나타났다고 할 수 있다.

1920년대 초부터 광업은 침체 국면에서 조금씩 회복되기 시작하였는데, 회복을 주도한 것은 금광업이었으며 특히 조선인 금광업이었다. 금광업의 출원·허가·소유 광구의 추이를 보면([표 5-9]), 1921년부터 조선인의 허가 및 가행 광구가 증가하고 있으며, 1923년부터 허가광구에서 일본인의 2배 이상이고, 가행광구에서는 일본인에 육박하였다. 즉, 1920년대에 일본인 금광업은 정체되어 있었던 반면 조선인 금광업은 완만한 성장세였다. 또한 조선인만을 두고 보면 1910년대는 사금광이 중요하였음이 명백

표 5-9 민족별 출원 · 허가 · 가행 · 휴업 금 · 은 광구 수(1911-1933년)

연도	출원				허가				가행				휴업			
	금		사금		금		사금		금		사금		금		사금	
	조	일	조	일	조	일	조	일	조	일	조	일	조	일	조	일
1911	–	–	96	69	43	40	141	89	49	18	34	21	63	76	115	107
1912	–	–	55	63	61	86	43	43	41	34	31	13	98	124	116	104
1913	–	–	37	30	86	101	35	26	54	65	42	23	119	177	94	98
1914	–	–	46	26	57	97	31	28	60	115	21	9	122	186	96	101
1915	259	185	127	63	109	100	39	32	79	108	21	12	158	242	106	91
1916	447	316	159	41	167	110	88	40	99	143	62	37	240	271	137	94
1917	488	399	90	34	198	150	70	22	66	133	39	25	378	405	193	103
1918	177	178	17	6	140	91	41	13	51	127	17	17	372	427	199	104
1919	50	50	5	96	66	39	21	8	24	96	4	3	311	402	166	99
1920	8	18	4	44	19	23	10	6	13	36	6	5	181	381	121	88
1921	58	39	15	30	35	25	5	4	16	51	1	11	106	374	86	71
1922	74	43	4	21	34	31	7	9	18	46	5	5	151	323	67	77
1923	126	64	15	4	58	20	2	1	31	48	4	3	139	295	61	72
1924	230	62	12	12	89	28	7	3	29	43	9	4	195	296	53	62
1925	217	102	17	12	106	34	7	5	44	64	5	2	229	290	56	51
1926	146	72	21	15	67	26	4	4	63	83	6	5	202	286	51	46
1927	150	135	13	9	51	19	5	1	63	68	7	2	203	299	55	36
1928	214	101	10	13	66	26	4	5	62	82	2	2	205	275	51	44
1929	297	149	6	9	82	25	1	4	67	73	3	6	235	279	41	40
1930	477	256	11	14	90	55	6	3	81	106	4	8	282	270	39	35
1931	992	380	41	45	176	68	6	6	120	130	9	7	342	307	39	39
1932	1,537	566	128	428	249	95	14	19	273	328	18	19	387	292	41	44
1933	2,551	857	134	193	389	139	43	23	–	–	–	–	–	–	–	–

주: 조, 일은 각각 조선인, 일본인이며, 외국인 광구는 제외.
자료: 『통계연보』(각 연도).

하지만 1920년대는 전혀 그렇지 않았다. 1917년까지 광구에서 큰 비율을 차지하던 사금광구는 1918년부터 크게 줄고 금광업은 석금광 중심으로 변하였다. 이는 1916·1917년에 수차도광기 보급이 전성기를 맞이하여 제련기술이 널리 보급되고 또한 진남포제련소의 설립으로 인해 제련설비가 없어도 매광이 가능하였기 때문이다. 진남포제련소가 휴업 중이었던 1920년대 전반기에는 매광이 불가능하였지만, 조선인은 1910년대 중엽에 익힌 혼홍법에 의한 자가제련에 기반하여 석금광을 개발하였다. 즉, 1910년대에 조선인은 사금광에 익숙하고 석금광에는 아직 초보자였지만, 1920년대에는 석금광에도 매우 익숙해져 있었다.

조선인 금광업이 활발해지면서 1920년대 중엽 이후 상당한 규모의 조선인 금광산이 출현하였다. 1910년대 및 1920년대 전반기까지만 해도 연산 50만 원 이상의 대규모 금광산은 특허 광산들이고 그 이하 중규모의 광산은 일본인 광산들이 차지하였으며, 연산 1만 원 이상의 조선인 광산은 1915년에 6광산, 1920년에 2광산에 불과하였다. 그러나 1925년에는 연산 1만 원 이상에 당시 조선 최대의 생산을 한 삼성광산을 비롯하여 9개의 조선인 광산이 포함되었다. 1930년에는 연산 1만 원 이상의 39광산 중 15광산이 조선인 광산이고 그중에는 교동, 신연, 홀동, 금정과 같은 중대규모 광산도 있었다. 금광업이 활기를 보이면서 총광산액에서 조선인이 차지하는 비율도 증가하였다. 조선인 광산액 비율은 1915년의 3.7%에서 1920년의 0.4%로 감소하였지만 1925년에는 삼성광산으로 인해 9%로 증가하였으며, 그러한 증가 추세는 계속되어 삼성광산이 일본인의 소유로 된 이후인 1930년에도 6.2%를 유지하였다.[6]

새로 제정된 「조선광업령」이 시행(1916년 4월)된 익년이자 각종 광업 통

표 5-10 조선인 허가광구의 분석(1917년, 1923-1926년)

광종별			광구 소재지별			광업권자 주소지별		
	1917	1923-1926		1917	1923-1926		1917	1923-1926
금·은	200	322	경기	24	20	경성	109	108
금·은·동·연	42	40	충북	36	26	경기	24	17
사금	67	21	충남	37	23	충북	11	20
철	7	0	전북	17	15	충남	25	9
석탄	1	20	전남	24	14	전북	15	10
흑연	98	8	경북	16	41	전남	16	4
텅스텐	23	0	경남	34	13	경북	22	32
기타	26	12	황해	30	18	경남	33	13
계	464	423	평남	49	15	황해	21	12
허가형태별			평북	122	142	평남	47	17
단독	152	169	강원	44	79	평북	100	130
조선인과 공동	291	247	함남	29	16	강원	17	35
일본인과 공동	21	7	함북	2	1	함남	23	15
계	464	423	계	464	423	함북	1	1

자료: 『관보』(광업사항, 이하 동일).

계가 피크에 달하였던 1917년의 조선인 허가광구를 보면([표 5-10]), 광구 소재지가 전국에 고르게 분포하고 있으며, 여전히 금·은 광구가 중심이지만 업황에 따라 흑연 및 텅스텐 광구도 일부 존재하였으며, 광업권자의 주소가 경성인 경우는 23%에 불과하였다. 이는 광구의 대부분이 금·은 광구이고 광업권자의 주소가 경성이던 병합 전의 모습과는 상당히 다르다.

6 『통계연보』(1915; 1920; 1925)와 『추세』(1930).

또한 공동허가의 비율은 60.1%로 여전히 높지만 병합 전보다는 감소하였다. 조선인의 금광업이 회복되는 1923-1926년에도 비슷한 모습을 보여 주고 있다. 광업권자 중 경성 거주자의 비율이 낮아졌다는 것은 광업법 시행 초기에 경성 거주자의 대리인이었던 현지인들이 직접 광업권을 취득하고 있음을 의미한다. 즉, 제도 변화 초기에는 구 제도하의 기득권층이 광구 허가자로 다수 등장하였지만 점차 다양한 계층이 새로운 제도에 따른 경제적 기회에 반응하였다.

(2) 조선인 금광개발 붐

1920년대에 조선인의 금광개발 시작은 강원도 정선군 동면에서였다. 정선군 동면은 정선읍에서 동쪽으로 4리 떨어진 해발 2,000-3,000척의 고지이고 통행이 매우 불편한 산간이었다. 이 지역은 일찍이 사금산지로 알려져, 화표동, 몰운리, 화암리 부근의 강 바닥에서 많은 사금이 채굴되었다. 이 지역 금광개발의 원조라고도 할 수 있는 몰운(沒雲)광산은 1915년에 주요 광맥이 발견되어 익년에 오상은(吳尙殷)이 허가받았으며, 1920년에는 김태원(金台原)이 몰운광산의 인근 화표동에서 광맥을 발견하였다. 이로써 이 지역에 금이 광범하게 부존되어 있음을 인식한 오상은과 김태원은 현상금을 내걸고 부근 금광맥의 발견을 장려하였다.[7] 이 과정에서 최응렬(崔應烈)과 최형찬(崔亨瓚)은 1922년 8월에 공동허가받은 화암(畵岩)광산에서 노다지를 발견하였다.

화암광산에서 우량 광맥이 발견된 사건은 조선인의 금광업 열기를 자

7 三澤正美, 「江原道旌善郡東面に於ける金鑛」, 『회지』 16-1, 1933.

극하기에 충분하였다. 화암리를 중심으로 하여 극심한 광구 출원 경쟁이 있었으며, 조선인의 금광 출원에서 정선군이 차지하는 비율이 1921년에 5.3%에서 1922년에는 35.1%, 그리고 1923년에는 50.9%로 증가하였다. [표 5-11]에서 볼 수 있듯이 조선인 금·은 광구는 1923년에 전국적으로 58 광구가 허가되었는데, 강원도가 29광구를 차지하였다. 그 결과 1년이 채 못되어 이 지역에서 신덕, 천포, 수출광산 등 여러 유망한 금광산이 출현하였다. 1923년에 연산 1만 원 이상의 광산이 전국에 28광산이고 이 중 조선인 광산은 7광산이었는데, 3광산이 강원도 정선군에 소재한 광산(화암, 북동, 천포)이었다. 특히 연산 5만 원 이상의 광산은 10광산에 불과하였는데 이 중 4광산은 특허 광산이고 4광산이 일본인 광산이며 2광산이 정선군에 소재한 조선인 광산이었다.

강원도 정선군에서 시작된 조선인의 금광개발 붐은 평북으로 이어졌다. 평북은 운산, 창성과 같은 특허 광산이 있을 뿐 아니라 본래 우량한 금광산이 밀집된 곳이어서 그동안 조선 금광산액의 50%를 생산하고 있었다(德野眞士 1930). 그러나 평북 금광산액의 대부분을 차지하는 특허 광산을 제외하면 생산액 규모가 크지 않았다. 1916년에 486건이었던 평북의 광구 출원은 1917년에 1,776건으로 피크에 달하였지만 그것은 흑연 수요의 급증에 따른 흑연광구 출원 때문이었으며 익년에 흑연광구 출원이 감소하자 평북의 광구 출원도 급격히 감소하였고 이는 1923년까지 계속되었다. 그러나 1923년에 15건에 불과하던 금·은 광구(사금 및 금·은·동·연 광구 제외) 출원이 1924년에 119건으로 증가하면서 전후 불황의 여파로 부진하였던 평북의 광구 출원이 142건으로 급증하였다. 그 결과 1924년에 평북은 허가광구의 반을 차지하였다([표 5-11]).

표 5-11 1923-1926년에 허가된 조선인 금 · 은 광구 수

연도	경기	충북	충남	전북	전남	경북	경남	황해	평남	평북	강원	함남	함북	합계
1923	3	5	2	5	0	9	1	1	0	3	29	0	0	58
1924	3	8	2	7	1	4	1	0	0	43	17	4	0	90
1925	6	7	13	2	0	7	3	3	3	45	15	4	0	108
1926	3	2	6	1	2	6	4	4	3	26	6	3	0	66

자료: 『관보』.

평북에 집중된 조선인의 금광개발 붐은 바로 평북 구성군에 위치한 삼성광산에서 우량 광맥이 발견된 것에 기인하였다. 삼성광산은 최창학이 구성군 관서면 조악동에서 광맥을 발견하고 출원하여 1923년 11월에 허가를 받은 광산이었다. 제대로 된 시설도 없이 덕대제에 맡겼음에도 불구하고 허가된 바로 다음 해인 1924년에 생산액이 86만 원에 이를 정도로 매우 우량한 광산이었다. 최창학의 이런 성공은 많은 조선인들에게 금광개발에 대한 열의를 불러일으켰다. 당시 동아일보 정주지국장이던 방응모(方應謨)는 최창학이 광산에서 큰 돈을 벌었다는 소식을 듣고 광업에 투신하여 삼성광산에 버금가는 교동광산을 소유하게 되었다. 한편, 조선인의 금광개발 붐이 평북뿐 아니라 전국으로 확대되는 데는 경북 봉화의 금정광산이 중요한 역할을 하였다. 금정광산 부근은 과거부터 사금지로 유명하였던 곳인데, 1922년 4월에 김태원이 금광맥을 발견하여 1923년에 출원, 허가받은 후 1925년 9월에 함금이 풍부한 노두를 발견하였다.

조선인의 금광개발 붐이 시작된 정선군 동면의 광업권자는 지방 유력자이거나 몰운광산에서 광산 경험을 한 자들이었지만 직접 작업에 관여하지 않고 완전히 덕대의 자유로운 채굴에 맡겼다. 화암광산의 최응렬은 각

지로 사람을 보내 덕대를 모집하였으며 이렇게 하여 모여든 덕대들에게 각각 일정한 구역을 분할해 주고 채굴하도록 하였다. 광업권자가 광황과 굴진 상황을 직접 감독하거나 노두의 하부를 채굴하기 위한 수평갱을 만들거나 하지 않았기 때문에 노두산화대를 50척 정도 채굴한 후에 광산은 완전히 폐광처럼 되고 말았다. 당시 한 신문은 조선 최대의 생산을 한 삼성광산의 채굴현장이 마치 벌집이나 쥐구멍과 같다고 묘사하였다.[8] 자본의 결핍뿐 아니라 기술과 지식이 부족하였던 것이 큰 원인이며, 따라서 우량광맥을 발견하더라도 광산 수명은 겨우 수개월에 지나지 않았다.

덕대제에 맡겨도 상당한 생산을 할 수 있었고 광맥 발견에도 유리하였기 때문에 조선인 광업가는 덕대제를 광산 경영에 필수적인 것으로 인식하였다. 그러나 채굴은 덕대제에 의존하면서도 제련은 광업권자가 직접 담당하였다. 채굴을 감독하고 지휘하는 것은 어렵지만 제련은 도광기만 설치하면 되는 쉬운 일이었기 때문이며 게다가 도광료와 아울러 광미를 취할 수 있어 광업권자의 수입은 그만큼 더 좋아질 수 있었다. 1920년대 후반에 등장한 중대규모의 조선인 광산도 예외없이 채굴을 덕대제에 맡겼으며 광산 규모에 맞추어 제련설비를 확장하고 채굴설비도 신설, 확장해 나갔다.

1920년대 후반의 조선인 광업권자 중에 삼성광산의 최창학이나 금정광산의 김태원은 일개 광부에서 성공한 행운아였다. 신연광산의 박근식(朴根湜)도 오래전부터 광부와 덕대의 경험을 축적해 왔으며 최창학의 삼

---

8 "산이란 산은 모두 얽었다. 좁은 구녕, 너른 구녕 벌집같이 뚫린 구녕이 말못할 참상이다. … 보기에도 악착스러운 곰보딱지의 산등을 만들고 말았던 것이다." "금분이 섞인 광석만 따라서 쥐구녕같이 이리저리 파들어간 구녕이라 함부로 구불구불하고 되는 대로 비틀비틀"(『東亞日報』, 1927.3.11; 1927.3.15).

성광산에서 활동한 유력한 덕대였다. 이들은 우량 광맥을 발견하여 일약 수백만 원의 부를 이루었으며, 이들 외에도 본격적인 금광개발 시대가 도래하기 전부터 무자산으로 수년간의 탐광 끝에 부를 이룬 조선인이 적지 않았다. 한편, 교동광산의 방응모나 홀동광산의 정세윤(鄭世胤)은 광부 출신이 아닌 자산가나 유식자로서 금광업에 진출하여 연산 수십만 원의 좋은 광산을 소유하였다. 이처럼 광부에서 자산가까지 전 계층이 금광개발에 관심을 갖게 되는 분위기가 1920년대 후반에 조성되었다. 즉, 조선인의 광업 진출은 1932년 이후(近藤忠三 1943)가 아니라 그 이전에 상당히 일반화되었다. 최창학과 김태원처럼 1920년대에 활동한 광업가 중 상당수가 1930년대에도 유력한 광업가로 활동하였으며, 삼성광산을 비롯하여 그들이 개발한 광산은 이후 모두 일본인 대자본에 매각되어 조선 내 굴지의 광산으로 성장하였다. 이들에 의한 초기의 광산개발이 없었다면 일본인 자본이 진출하여 광산을 점취하는 데는 더 오랜 시간이 필요하였을 것이다.

2. 1930년대의 조선인 광업가

1) 1930년대 조선인의 광업 진출

(1) 출원·허가·소유 광구의 급증

금광개발로 인해 광구 출원은 [표 5-8]에서 보듯이 1929년부터 증가하기 시작하여 1930년대에 매년 큰 폭으로 증가하였다. 1930년대에 조선인의 광구 출원은 일본인을 능가하였으며 1930년대 말에 일본인의 2배에 이르렀다. 조선인은 허가광구에서도 일본인을 능가하였으며, 그 결과 일본인의 소유광구(가행+휴업)는 1929-1938년에 2.7배로 증가하는 것에 그쳤지만, 조선인의 소유광구는 8.7배로 증가하였다. 일본인의 광구는 금·은뿐 아니라 철·석탄·흑연 등으로 다양하였지만 조선인의 광구는 대부분 금·은 광구였다. 민족별로 광구의 광종을 마지막으로 파악할 수 있는 1932년에 조선인 소유광구 중 금·은, 사금, 금·은·동·연 광구의 비율은 92.9%였다([표 5-9]).

조선인들의 활발한 광업 진출에 대해서는, 광구를 허가받은 후에 가행하지 않고 전매하려는 경향이 강하다는 부정적 견해가 일반적이었다. 먼저, [표 5-8]에서 가행률을 비교해 보도록 하자. 1930년대 이전에는 일본인도 마찬가지이지만 조선인 소유광구의 대부분이 휴업광구였다. 그러나 1930년대에 소유광구가 크게 증가하면서 휴업광구도 증가하였지만 가행광구가 더 큰 폭으로 증가하여, 1910·1920년대에 1-2할에 불과하던 가행률이 1930년대 중엽에는 6할대를 넘을 정도로 크게 높아졌다. 조선인이 일본인보다 가행률이 높았으며, 가행광구 중 조선인 광구의 비율이 1930년의 22.4%에서 1938년의 49.4%로 증가하였다. 광산 경영의 내실을 차치하고 말한다면 조선인은 일본인보다 더 적극적으로 광업에 종사하였다고 할 수 있다.

다음으로, 전매하려는 경향이 강하다는 점과 관련하여, 금·은 광구의 출원 및 허가와 가행률이 피크였던 1935년에 허가된 금·은 광구의 소유권 이전에서 민족별로 어떤 차이가 있는지를 보자([표 5-12]). 허가된 것은 총 1,445광구이고 그중 금, 사금, 금·은 광구는 1,313광구였다. 허가 시점부터 타인에게 이전되는 시점까지를 보유기간으로 볼 때 민족 간에 차이가

표 5-12	1935년도 허가광구의 보유기간(1941년 말 기준)								
	0-3개월	-6개월	-1년	-2년	-3년	-5년	-7년	7년 이상	합계
조선인	23	22	127	114	93	137	28	371	915
%	2.5	2.4	13.9	12.5	10.2	14.9	3.1	40.5	100
일본인	7	9	63	50	47	43	14	165	398
%	1.8	2.3	15.8	12.6	11.8	10.8	3.5	41.5	100
합계	30	31	190	164	140	180	42	536	1,313
%	2.3	2.4	14.5	12.5	10.7	12.7	3.2	40.8	100

자료: 『관보』.

거의 없었다고 할 수 있다. 조선인은 대개 개인이고 일본인은 개인뿐 아니라 회사가 상당수 포함되어 있는데, 회사는 광구를 비교적 장기간 보유할 것으로 추측한다면 일본인 개인은 조선인 개인보다 더 빨리 허가받은 광구를 타인에게 전매하였다고 할 수 있다.

따라서 조선인이 일본인에 비해 특별히 가행률이 낮고 전매율이 높았다고 할 수 없다. 물론 그렇다고 조선인이 광산 경영을 지속적, 안정적으로 해 나가고 있었다고 할 수는 없다. 왜냐하면 광산을 적극적으로 개발하기보다는 요행히 부광맥을 발견하면 높은 값을 받고 팔려고 하는 투기적 광업권자가 많았기 때문이다. 그 결과 매년 이전되는 광구는 허가되는 광구 수에 필적할 정도로 많았다. 문제는 조선인의 광산이 누구에게 이전되느냐 하는 것인데, 이와 관련하여 [표 5-8]에서 폐업·매각 광구를 보면, 일본인의 폐업·매각 광구 수가 조선인의 그것을 능가하였던 1910·1920년대와는 달리 1930년대에 조선인의 폐업·매각 광구는 매년 증가하지만 일본인은 오히려 음의 값을 보이고 있다. 일본인의 폐업·매각 광구 수가 음이라는 것은 광구 폐업·매각을 초과하는 매입이 있었기 때문인데, 같은 민족끼리의 거래는 영향을 주지 않으므로 조선인으로부터 광구 순매입이 있었음을 의미한다. 즉, 조선인이 광구를 허가받아 일본인에게 매각하는 것이 1930년대 금광개발의 일반적 경로였던 것이다.

(2) 광산액 증가의 상대적 정체

광구 통계로 확인한 조선인의 활발한 광업 진출이 조선인의 광산액 비율에 어느 정도의 변화를 가져왔는가를 살펴보자. 그에 앞서 민족별 광산액 통계에 대한 약간의 설명이 필요하다. 제4장에서 언급하였듯이 광산액 통계에서 독립 제철·제련소 생산이 어떻게 처리되고 있는가를 분명히 해야 한다. [표 5-13]에서 1930년까지의 광종별 합계는 광산의 생산액뿐 아니라 진남포제련소 생산액(1916-1920, 1925-1931년)과 겸이포제철소 생산액(1917-1930년)을 포함하고 있으나 1931년부터는 이들 제철·제련소 생산액을 포함하되 중복계산이 없도록 원료광석을 포함하지 않았다. 민족별 광산액 합계가 1930년까지는 광종별 합계와 같고 1931·1932년에는 그보다 크고 1933년부터는 대체로 일치한다. 따라서 1930년까지 일본인 광산액에는 제철·제련소 생산액이 포함되었고 민족별 합계가 광종별 합계보다 큰 1931·1932년에도 마찬가지인 것으로 추정된다. 즉, 1932년까지 일본인 광산액은 제철·제련소 생산액만큼 과대평가되어 있다. 1933년부터 제철·제련소에서 처리한 원료광석이 포함되지 않아 조선인 광산액은 과소평가된 반면, 제철·제련소 생산액이 포함된 일본인 광산액은 과대평가되어 있다고 할 수 있다.

통계의 일관성에 문제가 있지만 다른 통계가 없기 때문에 [표 5-13]을

표 5-13 민족별 광산액 (단위: 천 원, %)

연도	민족별							광종별 합계
	조선인		일본인		외국인		합계	
1910	331	5.5	1,968	32.4	3,769	62.1	6,068	6,068
1912	182	2.7	1,684	24.7	4,949	72.6	6,815	6,815
1914	313	3.7	1,784	20.9	6,426	75.4	8,522	8,522
1916	1,042	7.4	3,623	25.7	9,413	66.9	14,078	14,078
1918	299	1.0	24,674	80.0	5,865	19.0	30,838	30,838
1920	90	0.4	19,338	79.9	4,777	19.7	24,205	24,205
1922	114	0.8	10,445	72.0	3,945	27.2	14,504	14,504
1924	1,243	6.5	13,221	68.9	4,712	24.6	19,176	19,176
1926	3,752	15.5	17,219	71.4	3,159	13.1	24,130	24,130
1928	1,777	6.7	20,987	79.4	3,670	13.9	26,435	26,435
1930	1,540	6.2	20,154	81.7	2,960	12.0	24,654	24,654
1931	2,343	9.4	19,934	79.7	2,732	10.9	25,009	21,742
1932	3,809	9.8	31,364	80.7	3,706	9.5	38,880	33,747
1933	7,809	16.2	35,935	74.4	4,557	9.4	48,301	48,301
1934	8,952	13.5	52,656	79.2	4,861	7.3	66,470	69,173
1935	11,438	13.4	68,892	80.5	5,249	6.1	85,578	88,039
1936	19,871	18.0	84,353	76.3	6,399	5.8	110,623	110,430
1937	22,638	15.1	112,243	74.8	15,264	10.2	150,145	150,145
1938	22,304	11.0	173,555	85.9	6,155	3.0	202,013	202,013

주: 1936년 조선인 광산액이 자료에는 987.1만 원이지만 오식으로 판단하고 1,987.1만 원으로 수정하였음.
자료: 1910-1928년은 『통계연보』; 1930-1938년은 『추세』.

통해 민족별 광산액을 비교해 보기로 한다. 1931-1938년에 조선인 광산액은 9.5배, 일본인 광산액은 8.7배로 증가하였다. 외국인 광산액이 총광산액에서 차지하는 비율은 1910년대 중엽까지 70% 전후였지만 1910년대 후반부터 크게 감소하였으며 1930년대에도 1937년을 제외하면 계속 감소하였다.[9] 조선인 광산액의 비율은 1910년대 중엽까지 5% 내외를 유지하다가 1910년대 말 1920년대 초에 1%도 되지 않았지만 1920년대 중엽부터 평균 7%를 차지할 정도로 상승하였으며 1930년대에 10% 이상을 유지하였다. 일본인 광산은 다양한 광종에 걸쳐 있지만 조선인은 거의 전부 금광산이었기 때문에, 금광산액만을 놓고 본다면 조선인의 생산 비율은 20%대였을 것으로 추정된다.

[표 5-14]는 1930년대 조선인 광산액을 조선인 중요 금광산의 생산액과 비교해 본 것이다. 물론 후자보다 그것을 포함하는 전자가 더 커야 하는 것은 당연하다. 주목되는 점은 군소 금광산의 생산액이 매우 큰 폭으로 증가하고 있었다는 것이다. 가령 1935년도에 조선인 광산액은 1,143.8만 원이고 연산 5만 원 이상 중요 금광산의 생산액은 588만 원인데, 연산 5,000원 이상 5만 원 미만 금광산의 생산액이 446.2만 원이며(金聖浩 1936) 나머지는 연산 5,000원 미만 광산의 생산액으로 볼 수 있다. 표와는 상당한 차이가 있지만, 1938년에 270여 개의 중요 금광산 중 조선인 소유 60 광산의 생산액은 1,490여만 원이며 3,000여 개에 달하는 군소광산의 8할을 차지한 조선인 광산의 생산액은 2,080여만 원으로 양자를 합하면 전체 금광산액 1억 3,000만 원의 2할을 넘는다는 추정도 있었다.[10] 말하자

9 외국인 광산액은 1929년까지는 운산·수안·창성 광산, 1930-1936년은 운산·수안 광산, 1937년은 운산·수안·대유동 광산, 1938년은 운산광산의 생산액과 대체로 비슷하다. 창성광산은 3사(대유동·갑암·동창 광산)로 분할되었다가 대유동광산으로 재합병되는 동안에 외국인 광산액에 포함되지 않은 것으로 보인다.

10 『광조』 4-3, 1939: 19.

표 5-14 조선인 광산액과 중요 금광산 생산액의 비교 (단위: 천 원)

연도	광산액	중요 금광산
1933	7,809	5,767
1934	8,952	4,956
1935	11,438	5,880
1936	19,871	6,986
1937	22,638	8,180
1938	22,304	9,269

자료: 『추세』(각 연도).

면, 1930년대에 조선인 광산액 증가의 반 이상은 군소광산에 의한 것이었다고 할 수 있다.

이상의 광산액 통계에서 확인한 사실은, 첫째 1930년대 일본인 자본의 진출에도 불구하고 조선인의 생산 비중이 15% 전후로 증가하였다는 점이다. 近藤忠三(1943)은 “조선인 경영의 광산에는 대규모 광산이 없는 관계로 광산액에서는 전체의 20%를 아직 넘어선 예가 없다”고 하였지만 이 말은 역으로 조선인 광산액이 20%에 육박하였음을 의미한다. 둘째, 그럼에도 불구하고 조선인이 광구 수에서 차지하는 비율이 계속 높아져 가는 것에 비하면 생산에서 차지하는 비율은 오히려 정체하고 있었다는 점이다. 조선인 광산액의 반은 군소광산에서 산출된 것이며 특히 금광업에 집중되어 있어 금광업이 쇠퇴하는 1941년에 조선인 광산액은 전체의 3.8%에 불과하였다(大藏省管理局 1946). 요약하면, 1910년대 말과 1930년대 말의 전시기를 제외하고 식민지기에 조선인의 광업 진출이 증가하였으며 특히 1930년대에 조선인의 광구 출원이 비약적으로 증가하고 가행률도 높아졌다. 그러나 생산 비중은 비록 완만하게 증가하였다고는 해도 광구 통계에서 나타나는 양상에는 훨씬 미치지 못하였다.

2) 조선인 광업가에 대한 분석

(1) 광업 진출의 배경 및 시기

전체적으로 본다면 조선인 광산은 대부분 중소규모의 광산이었지만 그러한 기반 위에서 성공한 광업가가 나올 수 있었다. 조선인들은 광업을 통해 기업가적 활동을 경험하였으며 그러한 무형의 자산이 해방 후로까지 이어졌다고 할 수 있다.[11] 광업은 자연적 조건에 규정되는 바가 크고 따라서 투기적 성격이 강하지만 그렇다고 기업가적 활동이 무시되는 것은 아니다. 조선인 광업가들을 위한 한글 잡지 『광업시대』 제1집 첫머리에 실린 '광업이란 여하한 기업인가'라는 글은, 광업에는 위험이 따르지만 지하 광량에 대한 추정과 자본상각을 고려하여 예비자금을 확보한 후에 개발에 힘쓰고 처리법에 관한 연구를 게을리하지 않는다면 공업에 비교하여 위험하지 않다고 하였다.

1930년대에 조선인 유력 광업가들에 대해 살펴보자. 『추세』에 의하면 중요 금광산 중에서 조선인 광산은 1932년에 23광산, 1935년에 44광산, 1938년에 65광산으로 수적으로 3할 내외를 차지하였으며 1941년에 27광산으로 크게 감소하였다. 물론 중요광산이라 해도 일본인 대광산에 비교

11 많은 광산이 북부에 존재하여 광업가의 인맥이 해방 후로 이어지지 못한 측면이 있는데 후술하는 鄭明善을 대표적인 예로 들 수 있다.

할 바는 아니었지만, 유력 광업가의 외연을 넓게 잡는다면 대체로 중요광산을 소유한 이들이 그 속에 포함될 수 있을 것이다.[12] 한편, 『광업시대』는 조선인 광업성공가 19명의 성공담을 몇 회에 걸쳐 연재하였다. 앞 절에서 언급한 바대로 최창학, 방응모, 정세윤, 박근식, 김태원은 1920년대 후반에 이미 광업가로 성공한 자들이지만 연재물에는 김태원만 포함되었다. 또한 연재물에서는 빠졌지만 박용운(朴龍雲)과 이종만(李鍾萬)은 1930년대에 어느 누구보다도 잘 알려진 조선인 광업가였다. 이상 총 25명 중 정보가 부족하거나 연산 5만 원 이상의 광산을 소유하지 못한 4명을 제외한 21명에 대해 정리한 [표 5-15]를 중심으로 조선인 유력 광업가의 실체를 살펴보기로 한다.

이들의 광업 진출 시기를 보면 1900년 전후, 1920년대 중엽, 1930년대 초의 세 시기에 집중되어 있음을 알 수 있다. 각 시기마다 금광업으로의 진출을 조장하는 사회적 분위기가 있었고 조선인은 그러한 변화에 순응하고 있었다. 첫 번째 시기는 「사금개채조례」(1895년) 이후의 시기이다(그룹 1). 조례는 광산왕유제하에서의 수세 확보를 위한 것으로서 근대적 성격이 결여된 것이었지만 정부가 최초로 사금 채굴을 법적으로 허용하였다는 점에 의의가 있다. 사금 채굴이 허가되자 많은 사람들이 사금광에 모여들었으며, 그룹 1의 광업가들 모두가 사금광에서 시작한 것도 그 때문이다. 당시는 아직 농업 외의 산업이 없었지만 일본의 금본위제 이행으로 금에 대한 상당한 수요가 있었기 때문에 금광업에서 취업 기회를 쉽게 찾을 수

---

12 1932-1941년(1939년 누락)에 중요광산을 소유하거나 한 적이 있는 조선인 광업가는 총 182명이었다.

표 5-15 조선인 광업성공가의 배경, 광업진출 동기, 자금 · 기술 축적, 광업활동 및 사회활동

		출생년	학력·배경	광업활동 전 경력	광업진출 동기	광업 진출 시기	성공 전 자금·기술 축적	성공한 광산 현황	광업 관련 활동	기타 사회활동
그룹 1	A	1884	무학			1895 (12세)	실제적 광업가, 사금계의 대왕	천안금광 매각(1935년경)	덕음광산에서 분광(1938), 석금광 진출, E와 동업	지방도로 개수·교량가설·교육기관·농촌사업에 희사
	B	1881	家貧			1896(선천 백현사금광)	길상·대유동·상주玉尙·삼성광산 등에서 분광	신연광산 유증		용정동흥중학·五山고보·평양신흥학교에 기부, 유치원·維明 보통학교 설립
	C	1877		미곡업(1892-)	미곡업 수지 악화	1901년경 (토점에 투신)	분광업으로 축적한 자금을 투자	금정광산 매각 (1933, 金瓜石)	조선제련, 봉광업 중역, 일본연료 설립, 조선광업회 평의원, 경북광업협회 창립, 만주국 광업고문	大邱府에 기부, 일신학원·교남학교에 희사, 대지주
	D	1881			돈을 모으기 위해, 鉛商으로 시작	1901(문의 사금광)	사금광에서 기술체험, 석금광에 진출, 무자본으로 시작, 실제적 광업가	창성광산 매각(1938, 김계조)		
	E	1894	서당수학			1902(의성 사금광)	상주광에서 운반·제련부, 총독부고용원 시절 기술축적, 30년간 경험	무극광산 매각(1938, 조선제련)	강원광업회 평의원, 吉林省官商合辦延吉金鑛公司 중역, 광업시대사 사장	삼척직업학교 창립에 기부

표 5-15 계속

		출생년	학력·배경	광업활동 전 경력	광업진출 동기	광업 진출 시기	성공 전 자금·기술 축적	성공한 광산 현황	광업 관련 활동	기타 사회활동
미분류	F	1886	神戸高商 졸, 蔘業界 거두 손봉상의 子	관립종삼회사, 탁지부 蔘政課 촉탁, 개성학회장, 개성지방 금융조합장(1908), 개성삼업조합장, 개성상업회의소 회장(1909)		1913	연백 등의 광산에서 실패, 이론 연구, 홀동광산에서 분광	경북 봉화 출원권 매각(野口遵), 정곡광산 매각(是川)	경성삼창광업소 설립	고려삼업합자·영신사합자 사장(1919), 개성인삼동업조합장(1933)
	G	1891	家貧, 소년시절 행상			1915(부업공진회 때)	적수공권으로 일어난 예	삼성광산 매각(1929, 三井)	대창산업 설립(1934), 조선광업회 평의원·이사	五山학교에 희사(1928), 압록강 하류 개간(1933), 장학회 설립, 경성공업학교 校舍 기증, 평북 구성군 흉작민에게 무이자 대부(1935), 비행기 헌납(1937)
	H	1896	무학, 몰락명문가	미곡무역상(1910년대 중엽), 청년회, 市興會, 신간회의 지방간부	돈을 모으자면 금을 캐는 것이 첩경	1921(경북 봉화)		금곡 유화철광·풍산금광 매각(1936)		고산운송 사장, 신고산 和信 고문, 공생약업 이사, 한양택시 중역, 고원·안변농장주, 신고산보통학교 후원회장, 학무위원, 면협의원, 지방교육사업·隣保사업에 희사
그룹2	I	1909	고보 중퇴	농사 및 농촌계몽운동	좀 더 희망이 큰 곳으로	1920년대 중엽	분광, 분광착수금조차 부족, 酒母가 자금 지원	오북광산 매각(1936, 전라광업)	오북광업합자 설립(1934), 朝鮮金山개발 이사	만주에서 흥산농장 설립, 信聖학원에 희사

표 5-15 계속

		출생년	학력·배경	광업활동 전 경력	광업진출 동기	광업 진출 시기	성공 전 자금·기술 축적	성공한 광산 현황	광업 관련 활동	기타 사회활동
그룹 2	J	1890년대 후반	고보 졸	토지조사국 용원(1914), 광산과 雇員(1919), 광산과 촉탁(1930년대 초)		1925(水鉛鑛탐채광)	중석판매수입과 수연광판매 先受金, 총독부 고원 시절 지식 축적	완풍광산 매각(1937, 中外광업)	일화광업 설립(1932), 조선광업회 평의원	황해 연백에 대토지 매입, 국방금·사립유치원에 희사
	K			동아일보 청주지국장	최창학의 성공을 듣고	1926(교동광산 허가)	가족의 생계도 곤란	교동광산 매각(1932, 高一清)	합천의 광산 매입	조선일보 인수(1932), 영흥에 조림사업(펄프공장계획), 동방문화학원 설립
	L	1889		화가(帝展 입상)	서화로는 생계를 이을 수 없어	1926·1927년경	백천금광지대 등에서 광산 경영	광정광산 매각(1939, 石井文彌)		
	M	1896	慶應大 졸	삼정물산 근무, 면화·곡물상으로 축재		1926	일본인 광산에서 실제적 경험	동흥광산 매각(1935, 동척)	西鮮鑛業 사장, 朝鮮鑛業 감사, 용연광산 경영	
	N	1884	한학	海陸物산업, 어업, 계몽운동, 대흥학교 설립		1925년경	약간의 자본을 얻어서	흥평금산 매각(1937, 동조선광업)	대동광업 설립(1937), 장진광산 경영, 산금협의회 위원	영평학원·대동공전 설립, 대동광산조합 결성
	O			평남도평의원, 府의원, 평양 錦城병원장		1928(홀동광산 허가)			홀동광업 설립(1932)	

표 5-15 계속

		출생년	학력·배경	광업활동 전 경력	광업진출 동기	광업 진출 시기	성공 전 자금·기술 축적	성공한 광산 현황	광업 관련 활동	기타 사회활동
그룹 3	P	1887	한학	과일상(1913·1914-)		1931(백년중석광 매입)	상업자본을 광업에 투자	백년중석광 매각(1937, 소림광업)		용산고보 설립에 희사, 대지주, 동해물산, 세계고무, 조선고무, 식료품회사, 연와공장, 제사공장
	Q	1900	와세다대 졸, 先祖때부터 고관	삼성자동차부·삼성제모(주) 사장	광업의 전도가 유망할 것을 간파	1930년대 초	공업자본을 광업에 투자	상대광산 매각(1936, 일본채광)		평남 안주·평원군 내 대토지 매입, 농사개량 착수
	R		尙洞청년학원 졸, 藥業 명망가	창신간이학교 교원, 북만신보 발행, 중국에서 건전지공장	광업열에 힘입어	1930년대 초	연구와 분광으로 실력 양성	구의광산 덕대제 경영		
	S	1897	일본 고등공업 졸	신연철공소 개업(1928)		1932(신연광산 상속)		신연광산 매각(1933, 삼정)	합성광업 설립(1936), 문암·대성·대덕광산 경영, 조선산금조합 결성, 조선광업회 평의원	吉田交通이사
	T	1889		종교인, 자강회 이사장, 공생약업 사장	귀한 보물을 우리 손으로	1932·1933년경 (금값 6원)	공업자본을 광업에 투자	광산 투자 확대(20만원 이상)		

표 5-15 계속

		출생년	학력·배경	광업활동 전 경력	광업진출 동기	광업 진출 시기	성공 전 자금·기술 축적	성공한 광산 현황	광업 관련 활동	기타 사회활동
그룹 3	U	1910년경	일본대학 졸, 명문자산가의 子	사업	학창시절에 꿈꾸던 사업을 이루기 위해	1936(금값 13원)	눈물의 배낭의 주인공	하남사금광 매각	용진·동아신광광산 경영, 남광광업 설립(1938)	조선영화(주) 설립

주: A(金鳳瑞), B(朴根湜), C(金台原), D(崔永安), E(鄭明善), F(孫洪駿), G(崔昌學), H(李容愼), I(劉興山), J(孟永玉), K(方應謨), L(黃庸河), M(金熙善), N(李鍾萬), O(鄭世胤), P(元胤洙), Q(金寧起), R(趙相基), S(朴龍雲), T(閔奭鉉), U(崔南周).
자료: 『시대』; 『광조』; 朝鮮新聞社(1935); 朝鮮功勞者名鑑刊行會(1935).

있었다. 그들은 어린 시절부터 운반부나 잡부로 시작하여 광부로 잔뼈가 굵었으며 새로운 제도하에서 상당 시간이 흐른 후에 광업권자가 되었다.[13]

두 번째 시기는 전후 공황을 막 벗어나서부터 최창학(G)의 성공이 회자되던 1920년대 중엽이다(그룹 2). 이 시기에 진출한 광업가 대부분은 초등교육을 받았으며 출신 배경은 다양하였다. 1910년대 중엽 이전이나 1930년대처럼 금 생산을 자극하는 수요적 요인이 없었던 이때에 많은 조선인들이 금광업에 뛰어들게 된 데는 무엇보다도 최창학의 성공이 중요한 작용을 하였다. 최창학의 삼성광산은 생산액에서 당시 조선 최대의 금광인 운산 및 창성 광산을 능가하기도 하였다. 이 광산을 통해 최창학은 별다른 투자없이 한 달에 수만 원의 수입을 올리고 있었다. 이러한 성공은 자연히 많은 조선인에게 선망의 대상이 되었다. 제2의 최창학을 꿈꾸는 자들이 많아졌으며, 방응모(K)는 그 꿈을 실현한 자였다. 그들은 생계 목적이기도 하지만 돈을 벌려면 금광을 해야 한다는 것을 상식처럼 여겨 기존에 하던 일을 떠나 광업에 뛰어들었다. 그룹 1과는 달리, 그들 중 일부는 처음부터 광업권자로 등장하거나 그렇지 못한 경우에는 분광(分鑛)을 하였으며 광부로 시작하지는 않았던 것 같다.

세 번째 시기는 여타 산업이 아직 공황을 벗어나지 못하고 있었던 반면 금 가격 인상에 따라 골드러시가 시작된 1930년대 초였다(그룹 3). 이 시기에 광업에 처음 진출한 광업가들은 대체로 비교적 높은 학력을 갖고

13 『조선광구일람』과 『관보』에 의하면, 이들 중 박근식(B)이 가장 먼저 광업권자가 되고 김태원(C)과 최영안(D) 등은 1920년대 초에 광업권자가 되었다. 1910년대 후반에 금광업이 불황이었기 때문에 출원하지 못하다가 1920년대 초에 광구 허가를 받아 광업권자가 되었다고 할 수 있다.

있으며 집안의 배경도 좋다. 일본에서 유학을 마치고 돌아온 명문가나 부유층의 자제들이 식민지 지배기구에 대한 참여가 제약되어 있는 상황에서 실업계로 눈을 돌리는 것은 지극히 당연하였다. 이들 대부분은 광업 진출 이전에 이미 회사나 공장을 운영하고 있었으나, 금광업의 전도가 유망할 것이라고 판단하고 금광업에 진출하였다. 많은 조선인들이 1930년대에 광업에 진출하였지만 아무래도 근대교육의 세례를 받은 이들이 더 능동적으로 시대적 조류에 민감하게 반응함으로써 성공하였던 것으로 보인다. 이들은 처음부터 광업권자로 출발하였으며, 그것은 그룹 1과 2에 비해 출원이나 기타 필요한 약간의 설비를 갖추는 데 드는 최소한의 재력을 갖고 있었기 때문이다.

나머지 3인은 광업 진출 시기로 분류하기 어렵지만 개인별 특징으로 보면 이상 세 그룹 중 하나에 각각 속할 만하다. 손홍준(F)은 고학력자이고 상당한 재력가이며 그런 점에서 그룹 3에 가깝다. 그는 한일병합 당시에 상공업에서 재능을 보인 조선인 중의 한 사람이었으며 광업에서도 당시 유력한 일본인 광업가 다니구치(谷口與四郎)와 어깨를 견주었던 인물로 평가되었다.[14] 최창학(G)은 금광업에 진출하기 전까지는 별다른 경력이 없었고 가난하여 어린 시절부터 광산에서 광부로서 자랐으며 그 점에서 그룹 1에 속한다고 할 수 있다. 이용신(H)은 무학이지만 금광업에 진출하기 전 다양한 사회활동을 한 경험이 있으며 따라서 그룹 2에 가깝다고 할 수 있다.

1930년대에 조선인의 광업 진출이 급증한 것은 제4장에서 설명한 당시의 특수한 사정 때문이지만, 광업성공가의 다수는 1930년대 이전부터

---

14 R기자, 「三十六年前의 야망을 今日에 大成한 손홍준씨」, 『시대』 2-12, 1938.

광산에서 활동하던 자들이었다. 광부 출신으로 일찍부터 광업에 입문한 최창학(G), 김태원(C), 정명선(E) 등은 물론이고, 21명에 포함되지 않았지만 오좌은(吳佐殷)과 김선현(金璿鉉)도 손홍준(F)처럼 자산가로서 병합 직후에 광업계에 등장하여 1930년대에도 활동을 지속하였다.[15] 이러한 광업 진출의 역사는 1930년대에 새로 등장하는 이들에 의해 계승되었다. 박용운(S)은 일본에서 유학한 후 부친인 박근식(B)의 영향으로 광산용 기계를 생산하는 신연철공소를 개업하고 신연광산을 상속받아 광업에 종사하였다. 물론 그룹 1과 2는 처음부터 광업권자였던 것이 아니며[16] 대부분 1930년대에 비로소 연산 5만 원 이상 광산을 소유하였다.

(2) 자금·기술의 빈곤과 광산 매각

다음으로, 이들 광업가의 자본·기술 수준과 광업활동에 관해 살펴보자. 그룹 1은 물론이고 그룹 2도 대부분 빈한한 출신이고 그룹 3에 속하는 사람 중에 지주적 배경을 가진 자는 거의 없었다. 조선의 유일한 자산가라 할 수 있는 지주의 자본과 광업과의 관련은 그만큼 희박하였다. 즉, 지주들은 "금점에 대하여 적극적 관심을 갖지 않음은 물론 그것을 극단의 투기업으로 알아 금광업에 착업하는 것은 물론 투자하는 것까지도 기피"하였다.[17] 지주의 농외 투자를 분석한 연구에 의하면 농외 투자 총 889건은 주

---

15 七寶山人, 「오좌은론」, 『광조』 3-7, 1937; K기자, 「석풍광산주식회사사장 金璿鉉 씨 가정방문기(1)」, 『시대』 3집, 1937.

16 그룹 1에 속하는 인물 중에 1913년 11월 현재 광업권자는 한 명도 없으며 그룹 1, 2 중에서도 1931년 1월 현재 광업권자는 8명(B, C, F, G, H, K, L, O)에 불과하였다(淺野虎三郎 1913; 『조선광구일람』(1931).

17 李相敦, 「조선금광업의 자본구성」, 『광조』 4-11, 1939: 21-22.

로 상업, 금융, 정미업 등에 대한 것이며 광업 투자는 그중 겨우 14건에 불과하였다(장시원 2024). 14건 중에는 원윤수(P)처럼 농외로부터 자산을 축적하여 농업으로 진출한 경우가 포함되어 있음을 감안하면 광업으로 지주자본이 유입되는 경우는 매우 드문 일이었다.

대부분의 광업가들은 적수공권으로 출발하였으며 그룹 3에 속하는 자들은 비교적 경제적 형편이 나은 자들이지만 그렇다고 해서 큰 자본을 투자할 수 있었던 것은 아니었다. 최남주(U)처럼 배낭 하나만 들고 산을 헤매야 하였던 경우도 있으며, 부친이 인삼업계의 거두였던 손홍준(F)도 자본을 얻지 못해 광업을 시작할 당시에 자본과 기술 모두 결여되어 있었다고 한다. 그룹 1에 속하는 자들 모두와 그룹 2, 3에 속하는 자의 일부(F, I, L, M, R)가 분광, 즉 덕대의 경험을 갖고 있었다. 분광은 스스로 광구를 출원하여 허가받을 능력이 없는 자가 생계를 위해 하는 것이었지만 단지 경험을 얻기 위해 하는 경우도 있었다. 그들 중 일부는 분광을 통해 기술을 축적하고 약간의 자본도 확보하여 그것을 광산에 투자하기도 하였다(가령 B, C, E). 그러나 일반적으로 분광을 통해 자본을 축적한다는 것은 쉽지 않은 일이었으며 분광 경험에서 축적한 기술은 근대적 기술이 아니라 소규모 경영에나 적합한 수공업적 기술에 불과한 것이었다.

이번에는 1930년대에 이들 광업가 소유의 중요광산을 통해 이들의 광산 경영에 대해 살펴보자([표 5-16]). 광업가들이 해당 광산을 소유하는 기간 중에 최대 생산액이 100만 원을 넘어선 적이 있는 곳은 2광산뿐이고 대개 10-50만 원의 중견광산들이다. 광산을 취득한 방식은 출원 허가 14광산, 이전 취득 20광산이며, 소유 형태는 공동소유 21광산, 단독소유 13광산이었다. 출원 허가보다 이전 취득한 광산이 많은 것은 대부분의 유망한

표 5-16	조선인 광업가의 광산 경영

	광산명	취득 연월·방식	소유기간	최고 생산액	경영 방식	설비확충
1	九城 (A)	1939.11〈이〉〈공〉	1년 6개월	43.1만(1940)		
2	全東 (A)	1934.9〈이〉〈공〉	4년 7개월	20.4만(1934)	덕대(1934)	
3	천안 (A)	1932.12〈출〉〈공〉	약 4년	27.1만(1933)		
4	金井 (C)	1925〈출〉	약 9년	10.4만(1930)	병용(1930)	
5	樂山 (A, E)	1940.11〈이〉〈공〉	1년	13.3만(1940)		
6	無極 (E)	?	(1938.5 매각)	48.6만(1937)	직영(1933)	
7	용인 (E)	1939.7〈이〉〈공〉	약 2년 반	8.5만(1940)		
8	홍천 (E)	1937.3〈이〉〈공〉	4년 반 이상	36.9만(1940)	병용(1938)	○
9	井谷 (F)	1930.5〈출〉	8년 4개월	8.4만(1937)	덕대(1931)	
10	西山 (G)	1930.12〈출〉	7년 4개월	9.8만(1934)	직영(1932)	
11	方峴大昌 (G)	1934.1〈출〉	4년 3개월	15.5만(1935)		
12	朔州大昌 (G)	1933.7〈이〉〈공〉	4년 9개월	44.6만(1937)	병용(1935)	○
13	楚山大昌 (G)	1933.7〈이〉	4년 9개월	61.8만(1936)	병용(1935)	○
14	豊巷 (H)	1934.9〈출〉〈공〉	5년	10.6만(1935)	직영(1935)	
15	吾北 (I)	1933.10〈이〉〈공〉	2년 8개월	46.8만(1935)	덕대(1934)	
16	完豊 (J)	1936.3〈이〉〈공〉	1년	58.3만(1936)	병용(1936)	
17	倉成 (C, J)	1933.1〈이〉〈공〉	5년 11개월	10.1만(1937)		
18	白土 (K)	1933.9〈이〉〈공〉	2년 10개월	5.9만(1934)	직영(1934)	
19	교동 (K)	1926.8〈출〉〈공〉	6년 4개월	129.3만(1932)	덕대(1930)	○
20	豊山富興 (K)	1933.5〈이〉〈공〉	3년 2개월	12.7만(1935)		
21	光井 (L)	1932.10〈출〉〈공〉	6년 8개월	11.9만(1937)	덕대(1934)	○
22	東興 (M)	1932.10〈이〉〈공〉	2년 11개월	20.4만(1933)		
23	興平 (N)	1934.6〈출〉	2년 11개월	41.6만(1935)	병용(1935)	○
24	長津 (N)	1936.5〈출〉	〈계속〉	110.5만(1938)	직영(1937)	○
25	홀동 (O)	1928.11〈출〉〈공〉	약 4년	44.4만(1932)	덕대(1930)	○

표 5-16 계속

	광산명	취득 연월·방식	소유기간	최고 생산액	경영 방식	설비확충
26	廣州百年 (P)	1935.11〈이〉	4년 이상	21.8만(1937)		
27	作水 (Q)	1934.9〈이〉〈공〉	1년 3개월	10.5만(1935)		
28	龜宜 (R)	1936.6〈출〉	〈계속〉	17.7만(1937)	덕대(1938)	
29	新延 (B→S)	1925〈이〉〈공〉	약 9년	65.0만(1933)		○
30	門岩 (S)	1934.3〈이〉〈공〉	5년 4개월	22.1만(1935)	직영(1935)	○
31	大成 (S)	1935.9〈이〉	4년 3개월	16.6만(1938)		○
32	君山 (S)	1938.12〈이〉	2년	5.7만(1940)		
33	結雲 (T)	1933.9〈출〉	〈계속〉	8.1만(1936)	직영(1936)	
34	東亞新光 (U)	1941.1〈이〉〈공〉	〈계속〉	14.3만(1941)		
35	瓮珍 (U)	1936.6〈출〉	3년	32.3만(1938)	덕대(1937)	

주: 1) 광산명 다음의 알파벳은 [표 5-15]의 광업가 기호.
2) 〈출〉 출원 허가, 〈이〉 이전 취득, 〈공〉 공동소유, 〈계속〉 1941년 말 현재 소유 중임을 의미함.
3) ( )는 최고 생산액 해당연도와 경영 방식 조사연도이며, 대부분 『추세』에서 확인.
자료: 『관보』; 『조선광구일람』; 『추세』; 『회보』 144호, 1934; 『시대』 2-1, 1938 등.

지역에는 이미 광업권이 설정되어 있을 뿐 아니라 직접 광맥을 발견하여 출원하는 것보다 이전 취득이 리스크가 작기 때문이었을 것이다. 또한 상대적으로 자본력을 갖추고 있는 그룹 3의 광산은 단독소유가 많은 것으로 보아, 전반적으로 공동소유가 많은 것은 자본력의 약체 때문으로 보인다.

금정, 교동, 홀동, 신연 광산을 제외하고 모두 1930년대에 허가된 광산들이고 이전 취득한 광산도 대부분 1930년대에 허가된 신생 광산들이었다. 소유기간은 3년 미만이 9광산, 5년 미만이 10광산, 5년 이상이 13광산으로, 상당한 기간 동안 채굴한 광산도 적지 않았음을 보여 준다. 경영 방식은 대체로 해당 광산이 처음으로 중요광산이 된 해에 조사된 것이다.

광산 취득연도와 경영 방식 조사연도를 대조하면 대부분이 취득연도 혹은 그 다음 연도에 중요광산이 되었음을 알 수 있으며, 또한 경영 방식 조사와 최고 광산액 달성의 연도가 같거나 한 해 정도의 차이인 경우가 많다는 것을 알 수 있다. 즉, 이들 광산은 취득 후 1년 만에 연산 5만 원 이상을 생산할 정도로 우수하였지만 생산 증가가 단기간에 그치고 지속되지 못하였다고 할 수 있다. 이는 조선인 광업가들이 기술과 자본의 한계를 아직 극복하지 못하였음을 의미한다.

이들 광업가들 대부분은 자본과 기술이 부족하여 대광산을 이루지 못하고 결국 소유하고 있던 우량 광산을 수십만 원에 일본인 대자본에게 매각하고 말았다. 그들은 광산 매각으로 생긴 자금을 광업에서의 사업 확대보다 토지 매입에 사용하는 경우가 많았으며(C, G, I, J, P, Q), 이 같은 퇴행적인 모습은 이들 광업가들 중에 소유광구를 증가시킨 경우가 반도 되지 않는다는 점에서도 확인할 수 있다.[18] 조선인은 광산을 계속 경영할 마음이 희박하고 가능한 한 광산을 팔려고 할 뿐이라는 평가가 조선인 내에서도 있었지만, 그러한 평가에 대해 상기 인물 중 한 사람인 이용신은 조선인들이 광업권을 획득하더라도 광산 경영에 필요한 자본과 기술을 갖고 있지 못하여 광산 매각이 불가피하다고 하였다.[19]

그런데 자본과 기술이 부족한 조선인 광업가에게는 광산 매각이 대광산 경영으로 나아갈 수 있는 유일한 방법이기도 하였다. 이종만과 박용운이 광산 매각자금으로 광업에서 사업을 확대해 간 대표적인 예라고 할 수

18 소유광구는 『조선광구일람』(1937; 1939)에서 확인.
19 金聖浩, 「조선광업의 현황과 장래에 대하여」, 『시대』 3집, 1937; 이용신, 「나의하고십흔 말」, 『시대』 2-4, 1938.

있다. 그러한 또 다른 예는 20명에 포함하지 않은 김의명(金義明)이다. 그는 동경전수학교 상과를 졸업하고 이미 다양한 업계의 경험을 하였으며 1929년부터 의주광산에서 분광을 하면서 신임을 얻어 제련소도 위임받아 경영하였다. 미쓰이 재벌이 의주광산을 매입할 때 미쓰이로부터 받은 5만 원으로 초산광산을 매입, 초산금광합자회사(자본금 6.8만 원)를 설립하여 경영하다가 일본인에게 18.5만 원에 매각하였다. 그리고 이어 장진광산을 5만 원에 매입하여 3만 원을 투자한 후 다시 조선광업개발에 12.5만 원에 매각하였으며(자진광산으로 개명), 그렇게 해서 얻은 수입 중 8.5만 원으로 명태동광산을 매입하여 20만 원을 투자한 후 마찬가지로 조선광업개발에 매각하였다. 그 후에도 그는 대성광산을 경영하고 의명광업합자회사(자본금 10만 원)를 설립하는 등 사업을 확대해 나갔다.[20]

광업성공가의 활동에서 적극적으로 평가해야 할 부분은 많은 광업가가 사업 확대를 위해 회사를 설립하였다는 점이다(C, E, F, G, I, J, M, N, O, S, U). 아직 유치한 수준이었지만 이전에 없던 회사 설립의 기운이 조선인 광업가들에게 나타나고 있었음은 주목할 만하며 이에 관해서는 후술하기로 한다. 이외에 광업성공가 중 일부(C, H, K, P, U)는 조선광업회 평의원 등으로 활동하고 광업에서의 성공을 기반으로 다양하게 사업을 전개하였다. 조선인 광업가의 활동에 있어 또 하나의 특징은 기부 및 학교 설립과 같은 사회사업에 대한 투자가 많다는 점이다(A, B, C, E, G, H, J, N, P). 특히 이종만과 원윤수가 대표적이며, 광산 매각으로 거금을 쥐고서도 사회사업 안하기로 소문이 나 있어 이종만과는 대조적인 인물로 평가받던[21] 최

20 朝鮮功勞者名鑑刊行會(1935: 154); 朝鮮研究社(1940: 710); 朝鮮新聞社(1935: 139).

창학조차도 각종 사회적 기부를 하였다. 이종만은 대동공업전문학교 설립은 물론 울산의 농업학교에 30만 원, 삭주농업학교에 10만 원을 기부하고 기술양성소 설립, 영평 소학교 설립, 삼포 보통학교에 대한 기부 등 많은 교육기관을 설립하거나 기부하였으며 그 때문에 광산에서 벌어들인 이익금의 태반이 지출될 정도였다(李駿烈 1973: 69).

조선인 광업가의 상층에 속하는 이들에 대한 이상의 검토로부터 내려질 수 있는 결론은 아마도 한상룡(韓相龍)이 조선산업경제조사회에서 평가한 발언으로 대신할 수 있을 것이다. 즉, 그는 조선인 광업가들이 비록 광산의 초기 개발, 즉 탐광에서는 일본인보다 우위에 있지만 일본인 대자본에 광산을 매각할 수밖에 없는 것은 광산 경영의 성공을 이루기 위한 자본과 기술이 부족하였기 때문이라고 하였다(朝鮮總督府 1936). 이하에서 기술 및 자본 부족 문제에 대해 조선인 광업가들이 어떻게 대응하였는가를 살펴보기로 한다.

---

21 "최 씨는 조선 금광계에 뛰어난 성공인 동시에 또 뛰어난 아무것도 아니하는 분으로 유명 … 조선의 광업계는 분명히 두 개의 왕좌가 있는 듯하다. 그것은 이종만 씨를 위요하고 나가는 금광 왕좌와 최창학 씨를 위요하고 나가는 금광 왕좌다"(城東學人, 「최창학론」, 『시대』 7집, 1937: 39-41).

3. 기술 개선의 양상과 노력

1) 설비 증설과 덕대제에 대한 인식

(1) 기술 변화와 설비 증설

개항기에 수안광에는 수침세가 있었으며 징세인의 투자 내역에 제련용 수은 가액이 포함되어 있었다(제2장). 즉, 수안광산에서 조선인들은 수차로 혼홍제련을 하고 있었는데, 그것은 동 광산에 진출한 일본인에 의해 전래된 것이었다. 그러나 수안광산 외의 다른 광산에서는 수차를 사용하였던 기록이 없는 것으로 보아 조선인들은 광석을 마석으로 분쇄하여 금을 가려내는 재래식 도태법에서 아직 벗어나지 못하였다고 할 수 있다. 그 후 1910년대에 일본인들이 금광업에 진출하면서 신식도광기를 설치하고 혼홍법과 청화법을 병용하는 광산이 증가하였으며, 조선인들도 새로운 기술을 배울 기회를 갖게 되었다(志賀融 1931). 1919년의 조사에 의하면 조선인 광산 중에 채굴에 폭약을 사용하는 곳은 2광산에 불과하고 제련에 동력기관을 사용하는 곳은 1광산도 없었지만, 수차제련을 하는 곳이 20광산이나 될 정도로 혼홍법이 조선인들 사이에 상당히 일반화되었다([표 3-5]).

1920년대에 일본인의 금광업 진출은 부진하였지만 조선인의 금광개발이 활기를 보이면서 1910년대에 일본인 광산을 통해 전래된 기술이 조선인 광산에 점차 확산되었다. 제련 과정에서 혼홍법에만 의존하지 않고 수금률 향상을 위해 청화법을 병용하는 광산이 증가하였으며, 극히 일부이지만 철제도광기와 기계선광장을 설치한 광산도 나타나는 등, 1910년대 말과 비교할 때 조선인 광산에서 기술의 진보가 있었다. 그 결과 1930

년경에 조선인 광산과 일본인 광산 사이에는 1910년대 말과 같은 기술상의 차이가 뚜렷하게 보이지 않았다([표 3-8]). 그것은 조선인 광산에서 기술의 진보가 있었기 때문이기도 하지만 대부분의 일본인 광산이 아직 유치한 기술 수준에 머물러 있었기 때문이다. 즉, 조선인 광산은 물론 일본인 광산도 아직 노두 부근의 채굴에 그치고 있었으며, 근대적 기술을 사용하는 대광산으로 성장하지 못하였다. 그러나 1930년대에 기계적 설비를 갖추고 심부개발을 하는 대광산이 많이 생겨났으며, 그것을 보면서 조선인들도 심부개발을 해야 대광산으로 성장할 수 있음을 인식할 수 있었다.

심부개발을 위해서는 그에 적합한 시설을 갖추어야 하는데, [표 5-16]에서 검토한 광산은 조선인 광산 중에 비교적 큰 광산에 해당함에도 불구하고 설비가 여전히 빈약한 수준이었다. 그러나 신규 중요광산과 설비 신·증설 광산에 대해 간단하게 조사한 시설 현황에 의하면 상당수의 조선인 중요광산에서 설비의 신·증설이 있었으며, 또한 중소광산에서도 기계적 설비를 갖추지 않으면 안된다는 인식하에 설비의 신·증설이 있었음을 알 수 있다.[22] 물론 과대평가는 피해야겠지만, 1930년대에 설비를 증설하는 조선인 광산이 점차 증가하였으며 설비의 내용에도 변화가 있었다.

채굴 및 제련설비를 중심으로 해서 광산의 설비 신·증설 현황을 보면([표 5-17]), 1935년도에 설비를 신·증설한 광산은 128광산이며 그중에서 조선인 광산이 42광산으로 3할 이상을 차지하였으며, 제련설비를 신·증설한 광산이 압도적으로 많았다. 제련설비를 신·증설한 조선인 광산은

22 林仁植, 「전조선유망광산답사기(2)」, 『시대』 3집, 1937; 「전조선유망광산답사기(3)」, 『시대』 4집, 1937.

표 5-17 각종 광산설비 신·증설 광산 수

		착암기		권양기		선광설비	제련설비	광산 수	
1932	조선인	0		1	(1)	2	3	3	
	전체	9	(33)	11	(13)	9	19	29	
1935	조선인	2	(3)	3	(4)	2	37	42	
	전체	37	(321)	35	(56)	10	81	128	(8)
1938	조선인	14	(66)	7	(7)	5	15	29	
	전체	72	(824)	40	(77)	35	43	143	(2)
1941	조선인	19	(116)	13	(17)	1	11	26	
	전체	102	(1,191)	73	(139)	38	44	142	(9)

주: 1) 석탄광산을 제외하였으며 대부분 금·은 광산임.
2) ( )는 착암기 대수, 권양기 대수, 민족 확인이 불가능한 광산 수.
3) 운반설비로는 권양기가 신·증설의 대부분을 차지.
자료: 『추세』(각 연도).

37광산이며, 세부적으로는 250-450lbs 중형 철제도광기가 14광산으로 가장 많고 그 다음으로는 수차도광기가 12광산일 정도로 아직 많았다. 그러나 이후에는 수차도광기를 설치하는 광산은 거의 없고 중형 철제도광기를 설치하는 광산이 대부분이었다. 철제도광기는 동력기관을 구비해야 하는 등 수차도광기와는 비교할 수 없을 정도의 시설을 필요로 한다. 규모의 경제가 있기 위해서는 1일 20톤 처리 정도가 되어야 하는데, 500lbs 도광기의 1일 처리량은 10톤에 불과하여(金聖浩 1936) 중형 철제도광기 1대만 설치한 광산은 효율성을 달성하였다고 보기 어렵다. 그러나 철제도광기 설치는 도광량의 증가와 입지적·계절적 한계의 극복을 보여 주는 것이라는 점에 의의가 있다.

1930년대 말에 조선인 광산에서 가장 중요한 신·증설 설비는 착암기 및 권양기였다. 조선인 광산 중에서 최초로 착암기를 사용한 광산은 1933년에 신연광산과 교동광산이었으며, 1935년에도 착암기를 신·증설한 조선인 광산은 2곳에 불과하였다. 그러나 1936년부터 착암기를 신·증설한 광산이 크게 증가하였으며 1938년 이후에는 착암기 신·증설 광산뿐 아니라 광산당 신·증설 대수도 대략 5-6대로 크게 증가하였다. 1930년대 말에는 상당수의 조선인 광산이 착암기를 사용하고 있었으며 이들 광산은 기계굴로 갱도작업을 하고 있었다고 볼 수 있다. 갱도작업의 기계화는 곧 체계적이고 조직적인 채굴로 이어지고 그것은 또한 운반의 체계화를 요구하므로 표에서 보듯이 착암기를 신·증설하는 광산과 함께 권양기를 신·증설하는 광산도 증가하였다.

(2) 덕대제의 한계 인식

1920년대에 강원도 정선군에서 시작된 조선인의 금광개발이나 최창학의 삼성광산과 또 그것에 이은 중대규모의 조선인 광산의 생산은 모두 덕대제에 맡겨져 있었다. 따라서 조선인들은 금광업을 한다면 당연히 덕대제를 생각하였다. [표 5-16]에서 조선인 광업가의 경영 방식을 보면 덕대제가 8광산, 병용 6광산, 직영 7광산이었지만, 1934년도에 연산 10만 원 이상의 광산 중에는 덕대제가 8광산, 병용 21광산, 직영 32광산이었다.[23] 일본인 광산이 대다수인 후자와 비교하면 조선인 광산이 덕대제에 더 많이 의존하고 있었다고 할 수 있다. 새로 중요광산이 된 금광산에서도 조선인은 일본인에 비해 덕대제에 상대적으로 더 의존하는 경향을 보였으며

23 茂木敏一, 「朝鮮に於ける金銀鑛業の近況」, 『회지』 19-3, 1936.

표 5-18 신 중요 금광산의 민족별 경영 방식

		1931	1932	1933	1934	1935	1936	1937	1938	계
조선인	직영	0	5	0	2	2	12	2	0	23
	덕대	5	6	3	1	8	4	2	2	31
	병용	2	7	4	1	8	1	2	4	29
	미상	9	14	6	13	5	11	20	21	99
일본인	직영	6	6	1	11	10	6	1	4	45
	덕대	2	4	0	4	6	3	0	1	20
	병용	5	3	6	0	4	4	1	2	25
	미상	1	7	4	12	6	7	20	32	89
합계	직영	6	11	1	13	12	18	3	4	68
	덕대	7	10	3	5	14	7	2	3	51
	병용	7	10	10	1	12	5	3	6	54
	미상	10	21	10	25	11	18	40	53	188

주: 해당 연도에 새로 연산 5만 원 이상(1931·1932년은 1만 원 이상)이 된 광산.
자료: 『추세』(각 연도).

([표 5-18]), 조선인 광산이 다수를 차지하는 연산 5만 원 미만의 광산에서는 덕대제가 보편적으로 이용되고 있었다고 할 수 있다.

덕대제를 이용하는 이유는 다양하였다. 덕대제를 이용하면 비용이나 노력을 크게 들이지 않고서도 마치 지주가 받는 소작료와도 같은 분철을 받을 수 있기 때문에, 조선인 광업가들은 광산을 경영할 의지가 없이 그런 불로소득을 노려 덕대제를 이용하였다. 또한 조선인 광업가의 대부분은 탐·채광이나 사업 확장에 필요한 충분한 자금을 갖고 있지 못하였고 차입하였다가는 변제 불능으로 광산을 매각해야 할 수도 있기 때문에 덕대에게 분광을 허가하는 것이 유리하였다. 또한 광산 경험이 전혀 없는 광업가에게는 덕대제가 기술대행의 의미가 있었다. 즉, 덕대제는 직영에 비해 광맥을 발견할 가능성이 커서 탐광·시굴 단계에 있는 광산에는 편리한 제도였다.

그러나 노두산화대의 채굴 시기를 지나 심부의 유화대를 개발하고자 할 경우에 지표 탐광에나 유효한 덕대제에 의존해서는 탐·채광이 불가능하다. 덕대제에 의존해서는 심부로 진행하면서 나타나는 광황의 변화나 운반·배수비 증대, 그리고 광석의 성질 변화로 인한 제련의 문제 등을 해결할 수 없기 때문에 사업의 영속성을 확보할 수 없다. 심부개발을 통해 영속적으로 사업을 하기 위해서는 신식 기술에 의하지 않으면 안되고, 신식 기술로 광산을 경영할 때는 당연히 그에 적합한 방법, 즉 직영제로 하지 않으면 목적 달성이 곤란하였다. 물론 많은 조선인 광업가들은 여전히 덕대제에 의존하고 있었으며 직영으로 한다고 해도 사실상 덕대제에 의존하고 있는 것과 다름없었지만, 광업 진보에 따라 덕대제가 필경 폐지될 수밖에 없다는 점을 점차 인식하고 있었던 것도 사실이다.[24]

1930년대 중엽에 조선인 광업가들 사이에 덕대제의 존폐에 대한 광범한 논의가 있었다.[25] 그러한 논의가 공론화된 것은 조선인 광업가들이 덕대제를 당연시하던 이전과 달리 덕대제의 폐단과 한계를 인식하였기 때문이라고 할 수 있다. 조선인 광업가들 사이에 견해가 분분하였지만, 덕대

---

24 小泉禎次郎, 「朝鮮産金組合과 탐광문제의 해결방법」, 『광조』 1-2, 1936; 小泉禎次郎, 「대광산경영에 當하야 각자의 각오점」, 『광조』 2-1, 1937; 金思錫, 「광업에 대한 三大要素(1)」, 『시대』 2-4, 1938.

25 『광조』는 '조선광업계에 독특한 덕대 제도의 長短可否 검토'라는 제하에, 『시대』는 '덕대제를 어떻게 보는가'라는 질문을 통해 덕대제에 대한 논의를 게재하였다(『광조』 1-3, 1936; 『시대』 8집, 1938).

제 폐지 불가론자들도 광업권자가 실력을 갖추면 덕대제는 사라질 것으로 여겼다. 따라서 조선인 광업가들은 자본과 기술의 부족을 감안하여 덕대제를 무조건 폐지할 것이 아니라 처음 1-2년쯤 덕대제를 이용하여 탐광을 겸한 채굴을 하고 광량을 대체로 확인한 후에 직영으로 본격적인 채굴을 하며 직영으로의 전환을 대비하여 광업권자가 덕대의 작업을 직접 감독, 지시해야 한다고 생각하였다.[26]

2) 대동광업 장진광산의 사례

(1) 대동광업 장진광산의 설비 확장

조선인 광업가의 가장 성공적인 예는 대동광업 사장 이종만으로 생각된다.[27] 그는 최창학과 함께 조선인 광업가의 한 축을 이룬 인물이며, 광업을 통해 치부한 순위로 본다면 최창학을 따라갈 수 없겠지만 1930년대 말에 최창학은 소유광구를 거의 대부분 매각한 상태였던 반면 이종만은 조선인 중 최대의 광구 소유자였다. 그가 본격적으로 사업을 전개한 영평광산은 개항기 때부터 잘 알려져 있었지만 폐광되었다가 일본인이 출원한 것을 이종만이 출원 명의를 변경하여 1934년 6월에 허가받았다. 처음에는 자금 부족으로 소규모의 발굴(拔堀) 조업을 하다가[28] 8월부터 탐광

26 朴龍雲, 「덕대관행을 법규화하야 덕대권을 시인하라」, 『광조』 1-3, 1936; 李鍾萬, 「덕대보호법의 실시가 필요하다」, 『광조』 1-3, 1936.

27 이종만은 해방 후 적산인 삼척개발(탄광)을 경영하고 1946년 조선산업건설협의회 회장, 1947년에 민주주의민족전선 중앙위원을 역임하면서 자립경제건설운동을 주도하고 1948년에 남북협상을 지지한 후 월북하여 제1, 2기 최고인민회의 대의원과 말년의 조국전선 의장을 지냈다(방기중 1996).

28 豊浦鄕人, 「이종만론」, 『광조』 1-5, 1936.

에 착수하여 부광맥을 발견하였다. 이종만은 1936년에 컴프레서 2대, 착암기 10대 및 도광용 분쇄기를 설치하고 연산 41.6만 원의 대광산으로 성장시킨 후, 동조선광업에 150만 원을 받고 매각하였다. 이후 그는 1937년 6월에 대동(大同)광업과 대동광산조합, 대동농촌사, 대동출판사, 대동학원을 설립하였으며, 기관지로 『광업조선』과 『농업조선』을 발행하였다. '대동콘체른'으로 불린 이 모든 사업을 지탱해 준 중추는 대동광업이었으며, 동사의 불입자본금은 당초의 구상보다는 적은 300만 원이었지만 조선인 광업회사로는 가장 큰 회사였다.[29]

대동광업에는 장진광업소, 자성광업소와 초산광업소가 있었으며 장진광업소가 중심이었다. 1936년에 허가된 장진광산은 함남 장진·삼수군, 평북 후창·강계군 일대를 포괄하는 구역이며, 삼포(三浦)와 소동(小洞)에 사무소가 있고 함흥, 강계, 평양에 출장소가 있었다. 광산은 함흥에서 북방 200km, 장진읍에서 북서 20km, 평북 강계읍에서 동방 80km의 오지에 위치하였다. 신흥철도와 조선철도 편으로 함흥에 이를 수 있었으며, 만포선 개통 후에는 광석과 모든 화물이 만포선 강계역을 통해 운반되었다. 1939년대 말에는 산금송전선이 광산까지 가설되었다. 광상은 조선에서 가장 흔한 석영광맥이고 함금품위는 광석 톤당 15-20g으로 비교적 우량하였다. 1939년 당시 허가광구가 17광구이고 출원이 262광구였으며 확정광량만 19.8만 톤이고 추정광량이 54.7만 톤으로, 광석품위로 추산한 가액이

29 설립 초에 발행주식 총 6만 주 중에 이종만 소유가 5.5만 주였으며 1940년 5월에 이종만 48,371주, 1942년 11월에 이종만 28,280주, 대동학원 20,400주였다(東亞經濟時報社 1940; 1942). 이종만과 대동콘체른에 관해서는 長沢一恵(2016), 대동의 사상사적 의의에 관해서는 방기중(1996)을 참고.

표 5-19 장진광산의 광구, 생산액, 인원 (단위: 광구, 원, 명)

연도	허가 광구	출원 광구	지금 생산	정광 생산	생산액 합계	인원
1936	2	78	40,146	11,867	52,013	80
1937	13	240	241,396	123,388	364,784	650
1938	17	245	311,526	786,574	1,014,771	1,141
1939	17	262	356,394	973,536	1,329,930	1,365
1940	25	186	477,435	422,197	899,632	1,280
1941			248,221	447,601	695,822	

주: 1) 금·은 생산액에는 덕대굴에 의한 사금 생산액이 포함.
2) 1940년 인원은 1939년 11월 현재.
자료: 朝鮮總督府建設課計劃係(1940); 『제국의회설명자료』; 『추세』(1941); 『광조』 4-4, 1939.

3,500만 원이나 되는 대광산이었다.[30] 장진광산 생산은 1938년까지 급증하였으며 1939년에는 비록 예정에는 미치지 못하였지만 133만 원으로 전년보다 30여만 원 증가하였다. 장진광산의 생산은 1939년이 피크였지만 1940년에도 약 90만 원의 실적을 기록하였다([표 5-19]).

장진광산 덕분에 1940년 말까지 대동광업의 경영사정은 나쁘지 않았다. 고정자본에 대한 상각을 거의 하지 않았기 때문에 매년 10% 내외의 이익을 보고 있었으며 배당률도 7-8%였다. 동사의 사업 성적을 보면([표 5-20]), 첫째, 차입이 1939년 하반기부터 1941년 상반기까지 매기마다 약 100만 원씩 증가하여 부채율(A)이 높아졌지만, 그것은 장기 부채의 증가(B)에 따른 결과였다. 장기 부채의 증가는 동사가 제도권 금융에 접근하여 자금을 조달하고 있었음을 보여 준다. 둘째, 고정자산 비율(C)과 고정 비율

30 閔正基, 「장진광산의 개관」, 『광조』 2-6, 1937; 『광조』 4-1, 1939.

표 5-20 대동광업의 사업성적 (단위: %, 천 원)

	1939.6	1939.12	1940.6	1940.12	1941.6	1941.12	1942.6	1942.12
총부채/총자산 (A)	29.4	39.6	48.6	53.5	68.7	69.9	74.9	76.7
장기부채/총부채 (B)	52.9	48.7	60.0	72.7	78.0	83.4	80.9	79.2
고정자산/총자산 (C)	63.8	65.8	71.7	72.7	82.7	83.1	82.5	83.6
고정자산/고정부채 (D)	74.0	82.6	89.0	85.2	97.5	94.1	96.3	99.5
지출/수입 (E)	83.5	79.8	86.3	82.0	223.2	100.3	167.9	120.9
(수입/고정자산)×2 (F)	51.6	43.9	54.9	36.6	28.5	29.2	13.1	20.0
총자산	4,511	5,320	6,323	7,078	6,879	7,078	7,393	7,429
고정자산	2,879	3,502	4,534	5,149	5,692	5,885	6,100	6,208

주: 1) 장기 부채는 사채, 담보부 차입금, 기타 보통의 장기 차입금으로 구성.
2) 고정부채는 주주자본과 장기 부채의 합, 즉 자본과 부채의 합계에서 단기 차입금을 뺀 것.

자료: 朝鮮殖産銀行調査部(1942; 1943)에서 계산.

(D)도 점차 증가하였는데, 이는 장기 차입금뿐 아니라 단기 차입금까지 고정자산 증가, 즉 설비 투자에 사용하였음을 의미한다. 그 결과, 동사의 고정 비율은 1939년에만 해도 식산은행이 조사한 다른 10여 광업회사의 평균을 훨씬 하회하였으나 1940년부터 평균을 상회하였고 1941년부터는 다른 모든 광업회사보다 높았다. 셋째, 수입 대비 지출 비율(E)을 보면 1940년 말까지는 건전한 영업활동을 하였던 것으로 보인다. 1940년 하반기부터 수입이 감소하면서 고정자산 회전율(F)도 하락하여 경영 상태가 나빠지고 있었지만, 1941년 상반기에 지출이 수입의 2배 이상이 되면서 경영에 결정적인 타격을 입었다.

대동광업의 사업성적에서 나타나는 가장 큰 특징은 적극적인 설비 투자이다. 장진광산은 사업 초기부터 매우 근대적인 설비와 작업 방식을 채

표 5-21 장진광산의 설비확장계획

	탐·채광설비	제련설비
제1기 계획(1937.8-1938.4) 1937년 6월경 입안	컴프레서 1대, 착암기 6대, 샤프너 1대	소동: 1일 40톤 처리시설 삼포: 10톤 처리시설로 증설
제2기 계획 1938년 후반 입안	三浦, 石幕洞에 각각 컴프레서 1대, 착암기 6대, 샤프너 1대	소동: 1일 100톤 처리시설 삼포: 1일 50톤 처리시설
제3기 계획 1939년(?) 입안	컴프레서 1대, 착암기 증설, 연 4만 톤 채광	소동: 1일 150톤 처리시설 삼포: 청화제련장 및 설비 확충 석막동: 1일 120톤 선광설비
제4기 계획(1940-1942년) 1940년 초(?) 입안		삼포: 1일 150톤 처리시설 석막동: 1일 200톤 처리시설 신원: 1일 50톤 처리시설 신설

자료: 『광조』 4-1, 1939: 58-60; 『광조』 4-4, 1939: 48-49; 朝鮮總督府建設課計劃係(1940: 33).

택하여 과학적 채굴과 작업 능률의 고도화를 달성한 광산으로 평가받았다. 장진광산 개광 당시의 제련시설은 1일 처리량 총 15톤으로, 삼포에 1936년 중엽에 설치한 250lbs 10본 도광기에 의한 5톤과 소동에 1936년 말에 설치한 300lbs 20본 도광기에 의한 10톤이었다.[31] 이 설비는 1937년 중엽까지 유지되었지만 그러나 "유화광은 매광하고 하광(下鑛)만 제련함에도 불구하고 이미 저광량이 2,600톤"[32]에 달하게 되자 제련설비를 확충하는 제1기 계획을 수립하였다([표 5-21]).

1940년 초에 장진광산의 제련설비가 삼포 50톤, 소동 125톤, 석막동 120톤이었음을 근거로 해서 보면, 제1기 계획을 수행하다가 완수하지 못

31 『시대』 3집, 1937: 21.
32 閔正基, 「장진광산의 개관」, 『광조』 2-6, 1937: 36.

하고 확장·수정하는 형태로 제2기 및 제3기 계획을 수립한 것으로 보인다. 물자 부족과 물가 등귀로 금광업의 채산성이 점점 악화되어 감에도 불구하고 다시 삼포와 석막동의 제련설비를 증설하는 제4기 계획이 입안되었다. 제4기 계획이 중점을 둔 것은 1938년 8월에 발견되었지만 매장량이 많음에도 불구하고 함금품위가 소동갱보다 못해 본격적인 채굴이 이루어지지 못한 석막동갱의 본격적인 채굴과 제련이었다. 이 같은 설비 확장에 따른 동력 문제는 산금5개년계획에 의한 산금송전선이 1939년 8월에 가설되었기(大同鑛業株式會社 1941) 때문에 쉽게 해결될 수 있었다.

1930년대 말 조선 최대의 광산인 일본광업 성흥광산의 1938년 말 선광·제련 처리 능력이 1일 330여 톤이었는데, 1940년 초 장진광산의 처리 능력이 1일 약 300톤으로 전혀 손색이 없었다. 착암기는 1939년 초에 20대에 불과하였지만 제3기 계획에 의해 많이 증설되었을 것으로 보인다. 그리고 선광·제련에 혼홍, 부유선광, 비중선광, 청화법 등 다양한 방법이 사용되었으며, 제련장에 방한시설을 갖추어 영하 40도까지 내려가는 혹한에도 날씨 때문에 휴업하는 일이 하루도 없었다.

장진광산은 본격적인 채굴에 들어가지 않은 1938년 초에 이미 1일 30톤(소동 25톤, 삼포 5톤)을 채굴하였으며, 1938년 하반기에 1일 평균 60톤 이상을 채굴할 것을 계획하였는데 1938년 말에 채굴량이 1일 65톤(덕대에 의한 15톤 포함)이어서 생산은 계획대로 진행된 것으로 보인다. 갱도 굴진은 1939년 초에 완성되었다. 장진광산의 중심인 소동갱에서는 수평갱도를 굴진하여 착맥한 후 아래로 사갱도를 만들어 따라 내려가면서 10m 간격으로 수평갱도를 만들었다. 수평갱은 각각 사갱을 중심으로 대개 양 방향으로 100m씩 굴진한 약 200m 길이의 갱도였다.[33] 갱도 굴진이 완성됨에 따라 상향계단굴 또는 쉬링키지법과 같은 근대적 채굴을 하고 스킵 권양기와 광차에 의해 광석을 신속하게 갱외로 반출할 수 있었다.

(2) 이종만의 기술중시관

과감한 설비 투자는 이종만의 경영관에서 비롯된 것이었다. 그는 광업이 근대과학을 이용하는 가장 조직적인 산업이라고 인식하였으며, 따라서 투기적인 미곡선물[期米] 거래나 주식 거래처럼 해서는 안되고 광업권자 스스로 매우 적극적으로 경영에 나서서 현장을 순회하고 감독하며 근검절약하고 투자를 확대할 것을 강조하였다. 또한 그는 고도의 능률을 발휘할 때 풍부한 생산이 가능하고 또 합리적 분배 밑에서 고도의 능률이 가능하며, 풍부한 생산이 있은 후에 윤택한 분배가 가능하다고 하면서 능률, 생산, 분배가 삼위일체라고 하였다.[34] 그는 분배를 가능하게 하는 풍부한 생산을 위해 기술의 고도화가 무엇보다 중요함을 강조하였다.

그는 합리적인 광산 경영을 위해서는 자본의 결집도 필요하지만 자본보다 더 중요한 것이 기술이며 또한 기술자 양성이라고 하였다.[35] 기술에 대한 강조는 장진광산의 인원 구성에 반영되어, 1939년에 장진광산 인원 구성의 변화를 보면([표 5-22]) 직공부터 잡부까지의 노동자는 감소하였지만 정액 급여를 받는 기사부터 용원까지의 직원은 오히려 증가하였다. 물

---

33 『광조』 3-3, 1938: 51-52; 『광조』 3-8, 1938: 53-54; 吉川岩喜, 「大同鑛業關係鑛區內踏查所見」, 『광조』 3-11·12, 1938: 74-75; 『광조』 4-4, 1939: 43-44.

34 李鍾萬, 「狂業이냐? 鑛業이냐」, 『광조』 1-2, 1936; 李鍾萬, 「능률·생산·분배」, 『광조』 2-7, 1937.

35 "공업화 과정에서 몇 가지 우리에게 결핍한 점이 있으니 자본과 기술이다. … 기술의 결핍은 오히려 자본의 결핍보다 더 급한 바가 있으니 여기에 기술자의 양성은 조선에 있어서 초미의 급무가 아닐 수 없다"(李鍾萬, 「협동과 자제」, 『광조』 4-1, 1939: 8-9).

표 5-22 장진광산의 인원 구성

	기사	기수	기술원	용원	직공	채광부	선광제련	잡부	소계	사무계통
1939년 초	2	6	14	10	40	약 900	70	약 300	약 1,342	23
1939년 11월	2	13	19	43	33	936	105	74	1,225	55

자료: 『광조』 4-4, 1939: 49; 朝鮮總督府建設課計劃係(1940: 32-33).

론 이는 장진광산이 설비를 확장하고 근대적 조업을 확대하면서 기술 지도가 더욱 필요해진 때문이었을 것이다.

장진광산에는 처음부터 기술자가 상당히 많아 1938년 초에 14명이었으나 1939년 말에 34명으로 증가하였으며, 이 정도의 기술자 수는 조선인 광산 중에 최고이며 일본인 대광산에 비해서도 손색이 없었다고 할 수 있다.[36] 기사장인 민정기(閔正基)는 구마모토(熊本)고공 출신으로 총독부 광무과에서 1917년부터 10년간 기수로 근무하였으며 신연광산의 기술자와 조선산금조합의 기사로 활약하였다.[37] 기술부 책임인 이창우(李昌雨)는 와세다(早稻田)대 공과를 졸업하고 동척에서 근무한 기술자이며, 채광주임 윤기헌(尹夔憲)과 박창식(朴昌植), 김용암(金龍岩)은 경성고공 광산과와 화학과 초기 졸업생들이었다.[38] 동사 전무였던 이준열(李駿烈)의 회고에 의하면, 광산이 어느 정도 자리를 잡으면서 미쓰이 광업부에 있던 조선인 제일의 채

36 『광조』 3-3, 1938: 46-48. 1940년 말 조선 최대인 성흥광산의 기술자 수는 노동자 105명당 1명이었으나([표 4-23]) 1939년 말 장진광산의 기술자 수는 노동자 35명당 1명이었다([표 5-22]).

37 대동광업의 주요 인물들이 대개 이종만과 사상적 동지였다는 점에서 볼 때, 별로 그렇지 않은 그가 기사장으로 취임하게 된 것은 기술자로서의 화려한 경력 때문이었을 것이다.

38 『시대』 2-7, 1938: 143; 朝鮮工業協會(1939).

광 전문가인 문원주(文源柱, 교토제대 졸)가 소장에 취임하였으며 장진광산은 기술 면에서 일본인 광산을 능가하였다(이준열 1973). 이종만은 나아가 기술자 양성을 위해 조선 유일의 사립공업전문학교인 대동공전을 설립하였으며, 1939년 8월에는 일본인 대광산에서도 보기 힘든 기술원양성소를 사내에 설치하였다.

3) 기술자 확보 및 양성

조선인 광산 중에도 연산 5만 원 이상의 광산이 속출하고 또 점차 심부 채굴에 필요한 근대적 생산설비를 갖추고 생산을 확대하는 광산이 나타나고 있었다. 그에 따라 기술자에 대한 수요가 점차 증가하였지만 당시 조선에서 기술자를 구하는 일은 쉽지 않았다. 조선에는 광업 기술자를 양성하는 전문학교는 경성고공 광산과뿐이었고 중등 과정의 경성공업학교에 광산과가 설치되는 것은 1934년이었다. 1937년 현재까지 경성고공 광산과 졸업생은 한 해에 평균 7명에 불과하였고 조선인은 2명 정도였다. 조선인 졸업생은 관청이나 회사보다 교원으로 취업하는 비율이 높았는데, 이는 경성고공과 규슈제대 채광학과를 졸업한 김종사(金鍾射)에 의하면,[39] 민족적 차별로 인해 관청이나 일본인 회사에 취업하는 것이 쉽지

39 "1930년에 대학을 졸업하고 귀국하자 당시는 대전 이후 불경기 시대이어서 광업도 불경기라 더욱 한국인 광산들은 영세하여 그야말로 명함을 내볼 수도 없었고 일본인 회사들은 차별대우가 심하여 나는 전문적인 직장을 얻지 못하고 겨우 상업학교 수학교사로 2년간 종사하고 나서 비로소 광업 경기가 시작되어 당시 한말 귀족 박영효 후작이 … 의주금광을 맡아 운영하게 되었는데 일본인 기술자들에게만 맡기는 것이 불안하였던지 나를 기술과장으로 채용하게 되었다. … 미쓰이 광업회사가 소문도 없이 의주금산을 매수하여 버리니 나와 한국인 사무직들은 사무 인계와 동시에 해고당하였다"(金鍾射 1983: 275).

않았기 때문이었다.

1930년대 금광개발 붐에 따라 조선인 졸업생의 회사 취업이 증가하였지만 그들 대부분이 일본인 회사에 취업하였기 때문에 조선인 광업가는 몇 안되는 조선인 졸업생을 고용하기도 쉽지 않았다. 대자본이 물밀듯이 진출하면서 기술자에 대한 수요가 비약적으로 증가함에 따라 기술자 부족 문제는 더욱 심각해졌다. 결국 학교기관을 통해 양성된 고급 기술자를 고용한다는 것이 거의 불가능하였던 조선인 광업가들은 보통학교 졸업자 중에서 능력이 있는 자를 선발하여 상당기간 실습과 경험을 통해 기술을 습득하게 함으로써 기술자 부족 문제를 자체적으로 해결할 수밖에 없었다. 또한 조선인 광업가들은 다음과 같은 방법으로 기술자 부족 문제에 대처하였다.

첫째, 기술 지식이 필요한 작업은 총독부가 설치한 연료선광연구소와 광업기술관파견 제도를 이용하였다. 동 연구소의 선광제련시험은 거의 일본인 광산에 국한되었지만 교동광산처럼 연구소의 시험 결과에 따라 부유선광장을 설치한 조선인 광산도 있었으며, 광물분석의 경우 1929년까지 금·은 광물 분석건수 중 조선인이 32%를 차지하였다(김근배 1996; 朝鮮總督府燃料選鑛研究所 1931). 또한 조선인 광업가는「광업지질기술관파견규칙」에 따라 총독부 소속 기술자의 파견을 신청하여 적은 비용으로 기술에 관한 조사, 설계, 감정을 받을 수도 있었다. 동 규칙은 1933년에 기술관이 아닌 직원이라도 의탁사무를 처리할 수 있는 자라면 파견 신청할 수 있도록 개정되었기 때문에 신청자의 비용 부담이 절감되었다.

둘째, 조선광업회 광업기술원양성강습회와 연료선광연구소 광업실습생 제도와 같은 기술강습 제도를 이용하였다. 조선광업회가 1931년부터 실시한 광업기술원양성강습회는 회원의 추천을 받은 1년 이상 실무종사자 10명을 양성 대상으로 하여 광업 전 분야를 교육하였다. 1달 반의 단기 교육이었지만 기술 분야만 교육하였기 때문에 초급 기술을 습득하기에 그리 부족하지는 않았다. 교육기간 중 필요한 일체의 비용을 조선광업회가 부담하였고 강습이 끝난 후 강습생은 추천한 광산으로 복귀하게 되어 있었다. 연료선광연구소 광업실습생 제도에는 관비실습생과 사비실습생이 있었다. 관비실습생은 1년 동안 광업 전 분야에 걸친 교육과 실습을 받은 후 광산 취업을 알선받았지만 대부분 일본인 광산이어서 조선인 광업가가 혜택을 입은 경우는 거의 없었다. 사비실습생은 광업 종사자 중에서 연구소장의 허가를 받아 매월 10원의 강습비를 내고 대개 3개월 동안 강습을 받았다. 기술원양성강습생과 사비실습생에는 조선인이 많았으며 다수가 조선인 광업가들이 추천·후원하는 자들이었다(김근배 1996). 기술원양성강습회는 초급 기술인력을 양성하는 것이고 사비실습생 제도는 기능인력을 재교육하는 것에 불과하였지만 적은 비용으로 단기간에 광업 기술자를 얻을 수 있는 이점이 있었다.

셋째, 초급 기술자만으로는 충분하지 못하였기 때문에 직접 양성교육기관을 설립하였다. 광업 기술 교육의 필요성에 대한 인식은 조선인 광업가들 사이에도 널리 유포되어 있었다. 광업 기술 교육기관 신·증설의 출발이라고 할 수 있는 경성공업학교 광산과가 1934년에 설치되었는데 이때 건물 신축비 3.5만 원을 희사한 사람이 최창학이었다는 점은 광업 기술 교육에 관한 조선인들의 관심을 보여 주는 일면이라고 할 수 있다.[40] 교육기

40 거액을 벌고서도 변변한 사회사업을 하지 않던 그가 선뜻 거액을 희사한 데는 다른 이

관 설립에 대한 관심의 눈부신 결과는, 이종만이 신사참배 문제로 폐교에 직면한 평양 숭실전문학교를 인수하여 1938년 7월에 개교한 대동공업전문학교였다. 숭실전문 인수를 앞두고 이종만의 최측근인 이준열은 대동공전 설립이 조선인 광업가들의 공통된 필요와 요망에서 나온 것이라고 하면서 각계의 지원을 호소하였다.[41] 초대 교장은 와세다대 이공학부장 요시카와(吉川岩喜)였고 일본인 교수가 초빙되었다. 조선인 학생이 대부분인 대동공전의 총 5회 졸업생 수가 경성고공에서 30여 년간 배출된 조선인 졸업생 수에 못지않았을 정도로 대동공전은 조선인 기술자의 양성에 결정적으로 중요한 역할을 하였다(김근배 1996).

4. 자본 부족에 대한 대응과 광업금융의 실태

1) 회사 설립과 조합체 결성

(1) 조선인 광업회사의 증가

조선인 광업가들도 노두 채굴에 만족해서는 경영의 확대나 영속성을 가질 수 없으며 항구적이고 근대적인 광산 경영을 위해서는 무엇보다 심

유도 있었겠지만, 광업 기술자 양성을 당면한 급무로 여겼기 때문이었다(『회보』 142호, 1934: 15).

41 "조선의 광업계는 기술자가 너무도 부족하다. … 최근에 함남, 평남 양도에서 광업종업원양성강습회의 개최를 보게 되었으나 … 광업에 대한 초보적인 지식을 단기간에 수여하려는 것이니 우리는 여기에서 기술자 문제의 근본적 해결을 기대할 수는 물론 없다. … 광업 기술자 양성의 최고기관 설치는 우리들의 공통된 필요와 요망에서 나온 것"(李駿烈, 「기술자양성최고기관의 설치에 협력하자」, 『광조』 3-1, 1938: 23-24).

부개발을 통해 안정적인 광량을 확보하는 것이 중요함을 인식하였다. 그러나 심부개발을 하기 위해서는 많은 설비자금이 필요하였다. 가령 1930년대 중엽에 착암기 4대로 탐광굴진할 경우에 필요한 최소비용이 약 2.7만 원 정도였다.[42] 조선인으로서 이 정도의 탐광비를, 게다가 탐광 결과의 불확실성을 감수하면서 지출할 수 있는 사람은 극히 드물었다. 조선인 광업가들이 이러한 문제의 해결방안으로 생각한 것은 회사 설립과 조합 결성이었다.

먼저 조선인 광업회사 설립에 대해 살펴보기로 하자. 조선 내 본·지점 회사 중 광업회사가 회사 수나 불입자본금 또는 1사당 평균 불입자본금이 가장 급속하게 증가하였음을 앞 장에서 언급하였지만, 일본인 광업회사가 속속 등장하고 있는 현실 속에서 조선인들도 광업회사 설립의 필요성을 인식하였다. 삼성광산의 경영 및 매각을 통해 조선 내에서 손꼽는 부를 이룬 최창학은 1934년에 자본금 100만 원의 대창(大昌)산업을 설립하였으며 그 후 다시 광산을 매각할 때도 회사를 설립하는 기초를 마련하기 위한 것이라고 하였다. 그는 광산을 건실하게 경영하기 위해서는 비용이 많이 들기 때문에 자본을 모아 대규모 회사를 설립해야 하며 그것이 조세 측면에서도 유리하다는 것을 인식하였다.[43]

석풍(石豊)광산회사를 설립한 김선현은 인터뷰에서, 광산 경영에는 운이 있어야 하지만 대규모로 하기 위해 충분한 자본이 있어야 하므로 자금조달의 한 방편으로 회사를 조직하는 것이라고 하였다.[44] 또한 서양인 광

42 李晟煥, 「광업권설정의 報를 보고」, 『광조』 1-4, 1936: 8-9.
43 七寶山人, 「최창학씨방문기」, 『광조』 3-6, 1938: 40.
44 K기자, 「석풍광산주식회사사장 金瓚鉉 씨 가정방문기(1)」, 『시대』 3집, 1937: 56.

산에서 20여 년간의 기사 생활을 통해 얻은 풍부한 지식, 경험, 기술로 광업기술계의 제1인자라고 말해지는 이영식(李永植)은 먼 서양의 예가 아니라 가까운 일본의 예를 보더라도 회사를 조직하여 경영해야 성공할 수 있음을 역설하였다.[45] 그는 특히 유형의 자본과 무형의 기술이 결합하는 형태의 회사 설립을 말하였으며, 유력한 자산가인 민용호(閔溶鎬)와 함께 1932년에 대성(大成)광업합자를 설립하였다. 그가 일본의 예를 들어 회사 설립의 필요성을 주장한다는 것은, 금광업에 진출한 많은 일본인 회사가 조선인들이 회사 설립의 필요성을 인식하는 데 적지 않은 영향을 주었음을 말해 준다.

광업회사는 1930년대에 조선인 회사 중 가장 높은 불입자본금 증가율을 보였다. 1938년 말 현재 조선인 회사 중 광업회사는 회사 수에서 1.3%에 불과하였지만, 불입자본금에서는 10.1%를 차지하고 있었으며, 1사당 평균 불입자본금이 가장 컸다. 불입자본금 총액에서는 공업회사가 가장 큰 비율을 차지하고 있지만 그중 4할이 정미업이며, 1사당 평균 불입자본금도 4만 원 정도에 불과함에 비해 광업회사의 1사당 평균 불입자본금은 43만 원이었다(주익종 1991). 비교적 잘 알려진 조선인 회사로는 광업회사가 가장 많았다.[46]

1930년대 조선인 광업회사의 설립 상황은 [표 5-23]과 같다. 회사 중

45 "자본가는 자본을 내놓고 기술자는 기술을 내놓아 하나가 되어야 할 것이며 개개인이 광산을 경영하는 것보다도 열 사람 스무 사람이 합하여 주식회사를 조직하여 가지고 경영하는 것이 가장 성공할 수 있다"(李永植, 「실제적 체험을 갓자 초보자에게 주는 글」, 『시대』 2-6, 1938: 17).

46 잘 알려진 조선인 회사는 금융보험업 5사, 상업 5사, 공업 7사, 농업 7사인데 비해 광업은 9사였다(神宮, 「朝鮮に於ける半島人支配下の會社狀勢」, 『월보』 20호, 1940).

표 5-23 1930년대 조선인 광업회사 설립 상황

설립년	회사 수	(경성 소재)	(주식회사)	자본금 규모별(설립 당시)		
				5만 원 이하	10만 원 이하	10만 원 초과
1930	1	1	1	1	0	0
1932	4	1	1	2	1	1
1933	4	2	0	3	1	0
1934	8	3	4	4	1	3
1935	1	1	1	0	0	1
1936	6	4	4	2	1	3
1937	5	3	4	1	0	4
1938	6	4	3	3	2	1
1939	10	6	3	6	2	2
누계	45	25	21	22	8	15

자료: 『京城商議月報』(각 연도).

일부는 도중에 없어지기도 하지만 회사 설립은 매년 증가하는 경향을 보였다. 누계 45사 중 합명·합자회사가 반 이상을 차지하고 있어 조선인의 회사 설립은 아직 초보 단계에 지나지 않았다고 할 수 있다. 물론 주식회사라 하더라도 광범위한 투자자로부터 자본을 모을 수 있었던 것은 아니었기 때문에 조선인 합자·합명회사와 주식회사가 크게 다르지 않았다. 자본금 5만 원 이하의 영세한 회사가 반을 차지하였으며, 광산의 현물 출자가 포함되어 있기 때문에 같은 자본금 규모의 타 업종 회사와 비교하면 실제로 더 영세한 경우도 있었다. 이처럼 조선인 광업회사는 합자·합명회사가 많고 자본금 규모도 영세하였다는 점에서 많은 한계를 갖고 있었다. 그러나 자본금 10만 원을 넘는 회사도 상당수 있었고 그중에는 대창산업, 합성광업, 석풍광산, 보인(輔仁)광업, 대동광업처럼 불입자본금이 100만 원 이상인 회사도 있었다. 또한 자본금 규모에서 일본인 회사와 비교하여 나타나는 영세성은 다른 산업에서 나타나는 영세성에 비하면 덜하며, 국책회사와 금광업이 주력이 아닌 회사를 제외하고 비교하면 일본인 본점회사와 자본 규모의 차이가 아주 심하지는 않았다.

회사 설립이 과연 부족한 자본을 모으기 위한 것인가에 대해 회의가 있을 수 있다. 왜냐하면 대창산업, 합성광업, 대동광업의 주주구성을 보면 주식이 1인에게 거의 집중되어 있었기 때문이다. 그런데 그것은 3사 모두 광산 매각자금으로 설립된 사정과 관련 있다. 대동광업의 설립 경위는 전술한 바와 같고, 합성광업도 박용운이 신연광산을 미쓰이에 매각하고 받은 자금으로 설립한 회사였다. 그는 매각대금으로 1936년에 불입자본금 12.5만 원의 합성광업을 설립하였으며, 1938년 5월에 50만 원을 증자하고 1939년 2월에 다시 100만 원을 증자할 때 대부분을 출자하였다. 대창산업도 최창학이 삼성광산과 기타 유수한 광산을 매각하고 받은 자금으로 설립한 회사였다. 최초 불입자본금은 75만 원이고 1936년 5월에 증자를 통해 150만 원(공칭 200만 원)이 되었지만 주식의 대부분을 최창학이 소유하였다. 그러나 3사 외에 다른 많은 조선인 광업회사는 주식회사든 합명 또는 합자회사든 수 명의 공동출자에 의해 설립되었다. 예컨대, 석풍광산(불입 200만 원)의 김선현은 총 4만 주 중 1.7만 주를 소유하였고 보인광업(불입 125.5만 원)의 설원식(薛元植)은 3만 주 중 5,200주를 갖고 있을 뿐이었다(東亞經濟時報社 1940). 이러한 광업회사의 예는 조선인 광업가들이 회사 설립을 근대적 광산 경영에 필요한 자본을 조달하는 방법으로 인식하고 있었음을 말해 준다.

(2) 조선산금조합

조선인 광업가들이 부족한 자금 문제 해소를 위해 생각한 또 다른 방도는 중소광산끼리 조합체를 결성하여 설비 및 자본을 집중하는 것이었으며, 그래서 1936년 1월에 조선산금조합이 창립되었다. 광업단체로 1917년에 창립된 조선광업회가 있었지만 그것은 일본인 광업가 중심의 단체였으며 많은 조선인이 광업에 진출하였음에도 그들의 이해를 대변할 만한 단체는 없었다. 조선인 광업가 대다수는 자본이 궁핍하여 근대적 경영을 해 나갈 수 없는 형편이었지만, 그런 사정을 해소시켜 줄 만한 총독부의 정책이나 금융기관의 지원을 호소하기 어려운 상황이었다. 조선산금조합은 이러한 상황 속에서 탄생한 것인데, 조합의 결성을 주도하고 창립총회에서 조합장으로 선출된 박용운은 개회사에서 조합의 창립 배경을 다음과 같이 말하였다.

> 우리 조선 사람들은 금·은 광구에 있어 십분지 팔을 점령하고 있으면서 산금액에 있어서는 겨우 십분지 이에 달하지 못하는 현상이니 … 통탄을 금할 수 없는 일이라고 생각됩니다. 그 원인의 … 하나는 자금의 부족에 있고 또 하나는 기술의 부족에 있다고 봅니다. … 문제는 어떻게 하여 중소광업가에게 산금 금융의 길을 강구해 주며 기술 및 설비상의 편의를 주는 동시에 … 진실한 광업가의 적극적 진출과 합리적 경영을 도모하여 산금 실적을 고도화할 수 있을까 하는 이것이 금일 조선의 일반 광업가가 절망하여 마지않는 최대 문제인줄 압니다. 우리 발기인 일동은 이 점을 깊이 통절하게 느끼는 바 있어서 이러한 중대 문제를 해결해 갈 만한 유력한 중앙적·지도적 중앙기관을 만들자는 데 의견의 일치를 얻었습니다.[47]

---

47 『광조』 1-1, 1936: 56-57.

즉, 조선인이 금광의 완전한 채굴에 이르지 못하고 매각해 버리는 것은 자금과 기술 부족 때문이지만, 그런 문제를 해결해 줄 중앙기관이 없는 것이 문제였다. 박용운은 중앙 지도기관으로 조선산금조합을 결성하여, 첫째 조선인 중소광업가의 공동이익을 위해 필요한 여론을 내고, 둘째 중소광산에 대한 금융으로 생산 실적을 내도록 함으로써 제도권 금융도 가능하게 하고, 셋째 기술 지도 및 능률 향상을 도모하고자 하였다.[48] 조선산금조합 발기인 대표는 박용운, 창립 총회 임시의장은 조병상(曺秉相), 정관 작성위원은 이성환(李晟煥)이었다. 창립 총회에서 이사 16명과 감사 및 고문을 선임하고,[49] 당시 조선인 최고의 기술자인 김종사, 민정기와 일본인 기술자 고이즈미(小泉禎次郎), 스기하라(衫原蕃一)를 조합의 기사로 채용하였다. 1936년 4월에 봉화지부 창립 총회가 열렸다는 것으로 보아 몇몇 지역에 지부가 결성되었거나 결성을 계획하고 있었던 것으로 추측된다. 조합의 설립 목적은 다음과 같았다.

- 조합원의 요구에 따라 설비상 필요한 자금을 융통
- 고급 기술자를 파견하여 광상조사, 설계 및 작업상의 지도
- 기관잡지를 발간, 조합원을 지도 및 교양하여 합리화 및 능률의 고도화를 도모
- 광무부를 설치하여 출원수속, 광구측량, 제도, 설계, 분석 등을 실비로 대행
- 조합원의 친목도모와 상호부조 등[50]

48 朴龍雲, 「朝鮮産金組合의 특수사명」, 『광조』 1-1, 1936: 9.
49 (이사) 박용운, 朴基孝, 이종만, 李泳贊, 이용신, 원윤수, 林尙助, 洪正求, 오좌은, 李夏源, 김의명, 金昇福, 張驥植, 林興淳, 曺秉相, 崔 浚, 金鍾善, 鄭贊周, 韓百厦, 李晟煥, (감사) 田在禧, 河駿錫, 朴龍水, 李泰完, 閔溶鎬, 민석현, 李相岳, 蔡奎淵, 林京範, 李命福, (고문) 방응모, 김태원, 최창학, 朴榮喆, 韓相龍(한글 이름은 본문 중에 나오는 광업가).

조합의 설립 목적에서 볼 때 조합의 가장 주요한 사업은 역시 광업금융이었다고 할 수 있을 것이다. 정관 26조에 '조합 창립과 동시에 기업자금체인 특별재단을 조직한다'고 규정하였는데, 이 특별재단은 바로 광업금융기금이었다. 또한 산금조합은 광무(출원, 열람, 등록수속 등), 광물분석, 감정, 문의, 기계 알선, 도구 알선, 약품 알선, 지금 판매 등의 업무와 여론 수렴을 통해 정책을 요구하는 것을 중요한 사업으로 하였다. 조합이 3기로 구분하여 구상한 사업계획은 다음과 같았다.

> 제1기: 자본금 50만 원을 조성하여 조합의 조직 완성과 사무기관의 정비, 전국적 조합원 모집과 가입 조합원의 소유광구에 대한 기본조사를 하고 사업 가치가 있다고 인정되는 것 중 우량 광구를 선정하여 개발상 필요한 제1단계 공정의 자금 융통과 기계설비를 하도록 하며 동시에 저리자금의 차입을 준비.
>
> 제2기: 조합원 증모에 의한 조합 기본금 및 특별재단 출자 증액을 도모하며 나아가 저리자금 차입의 길을 타개함으로써 전국에 걸친 조합원의 소유광구 중 가장 우량한 가치를 가진 것을 선정하여 개발상 필요한 자금융통과 기계설비를 함과 동시에 주요 산금지대에 건식제련소를 설립.
>
> 제3기: 본 조합의 산금계획에 따라 연산 2억 원의 금을 생산.[51]

조선산금조합이 조성할 특별재단의 자금 규모는 50만 원이며, 재단의 역할은 조선인 광업가에게 가장 필요한 제1단계 공정, 즉 탐광을 위한 자금을 융통함으로써 제도권 금융의 저리자금을 차입할 수 있는 발판을 마련하는 것이었다. 또한 이러한 탐광금융은 탐광 대행으로 이어질 수도 있

---

50 金鍾射, 「광업계의 시대적 요구」, 『광조』 1-1, 1936: 32.

51 朴龍雲, 「産金增有政策上으로 본 광업금융기관의 절대성」, 『광조』 1-2, 1936: 8.

었다. 만일 조합이 탐광 대행기관의 역할을 하게 되면 장차 총독부에 의해 탐광보조금고가 설치되었을 때 중소광산에 대한 조사, 지도, 융자의 역할을 조합이 담당하게 될 수도 있다는 기대도 있었다.[52]

조합은 자본과 기술이 부족한 중소광업가들의 노력과 자금을 모아 합리적·계획적으로 광산을 개발하자는 것이었다. 그러나 필요성이 절실하였음에도 불구하고 조합은 실패로 끝나고 말았는데 그 이유는 무엇보다도 자금을 조성할 수 없었다는 데 있었다. 특별재단의 조성은 구체적 방안 없이 출연금에 의존하였으나 여의치 않아 마침내 1936년 10월에 개최된 중앙이사회는 특별재단의 조성을 보류하였다. 창립으로부터 1년 정도 지난 1937년 4월에 제1회 총회가 개최되었는데 47명만이 참석하여 조직을 축소하는 내용의 정관 수정과 임원 개선을 하였다.[53] 조직 축소는 조합의 소멸을 암시하는 것이었다. 5월에 제6차 이사회는 조합의 근본 문제를 해결하는 방안을 결정하지 못하였으며, 6월에 제7차 이사회는 조합의 재정 상태로 보아 현상유지가 곤란하다고 판단하고 주요 원칙을 같이 하는 대동광산조합과 무조건 통합하기로 하였다. 비록 조선산금조합은 실패하였지만 총독부의 금융정책이 대광산에 편중되어 있는 상황에서 조합제가 자금 부족을 극복할 유일한 해결책이라는 생각이 조선인 광업가들 사이에 매우 강하였다.[54]

---

52 『광조』 1-2, 1936; 小泉禎次郎, 「조합과 광주의 공동경영」, 『광조』 1-2, 1936; 李晟煥, 「광업권설정의 報를 보고」, 『광조』 1-4, 1936.

53 이사를 5명 이내, 감사를 3명 이내로 축소하여 이사에 박용운, 이종만, 이용신, 이성환, 감사에 임상조, 조병상을 선임하였으며, 평의원 25명 이내로 구성된 이사회 자문기구를 설치하였다.

54 "산금진흥회사가 생긴다 하더라도 우리가 입는 혜택은 별로 없을 것이며, 또 당국의 적극적 장려 그것도 지금에 있어서는 너무나 우리 광업가와 거리가 먼 듯하다. … 우리 중

박용운은 조선산금조합을 창립할 때부터 중소광업가를 보호·구제하기 위해 시설공용을 원칙으로 하는 광산조합령을 제정해야 함을 주장하였다. 이종만도 개별 광산의 광구와 인적·물적 자원을 집단화함으로써 비용을 일원화하고 합리적인 경영을 할 수 있다고 생각하고 1937년 6월에 대동광산조합을 조직하였다. 대동광산조합의 이사장은 이종만이었으며, 산하에 태천, 함평, 초산에 현지 광업권자와 광부를 조합원으로 하는 지방조합을 두었다.[55] 총독부는 인접한 중소광산으로 조합을 결성하는 것이 중소광산 개발을 위한 현실적인 방안이라고 보고 1937년 9월에 공포한「조선산금령」에 일본「산금법」에는 없는 시설공용의 명령에 관한 조항(제6, 8조)을 포함시켰다.「조선산금령」이 공포되자 박용운은 자신의 합성광업을 중심으로 시설공용 명령에 따른 최초의 성천금광업조합을 설립하였다. 이후 성천조합은 총독부로부터 공동시설보조비를 받았으며 성천조합에 이어 청주금광업조합, 평북 희천금광업조합 등이 결성되었다.

2) 탐광금융의 요구와 광업금융의 실태

(1) 탐광금융의 요구

조선인 광업가들은 총독부의 광업금융정책에 대해서도 적극적으로 대응하였다. 1936년 중엽에 총독부가 금 증산을 위해 발표한 광업금융 3안

소광업가가 한데 뭉쳐서 해나갈 도리 외에는 아무런 방도가 없을 줄 안다"(金相鎬,「조합제를 맨들자」,『시대』 2-7, 1938: 18-19).

55 朴龍雲,「화약고와 선광장의 공동조합제도를 실시하라」,『광조』 3-1, 1938: 15; 大同鑛業株式會社(1941).

은, 기존의 금융기관(동척, 식은)이 광업금융을 겸하는 것, 광업회사(동척광업, 조선제련)가 광업금융을 하는 것, 광업금융 특수회사를 설립하는 것이었다. 그러나 박용운은 광업금융이 절대적으로 필요한 이유가 중소광업가의 탐광비와 설비자금의 방도를 타개하자는 데 있다고 하면서 총독부안을 비판하였다.[56]

일본광업, 조선광업개발, 조선제련, 동척광업의 사장이나 전무도 스스로 탐광할 만한 자력을 갖고 있지 못한 다수의 광업가에게 보조를 해야 하는데 총독부의 광업금융안은 금융재원 마련에 관한 것일 뿐 탐광비용에 관한 것은 아니라고 하였다. 또한 그들은 탐광에 의해 광량이 확정된 광산이 아니면 금융을 제공할 수 없다는 입장이며, 만약 조선산금조합이 가장 리스크가 큰 탐광대행기관의 역할을 한다면 '광업권자－탐광기관(조선산금조합)－보증기관(제련회사)－금융기관(동척 등)'의 계통을 형성할 수 있을 것이라고 하였다.[57] 이처럼 총독부의 광업금융안은 조선인 광업가들이 절실하게 요구하는 탐광금융과는 거리가 멀었으며, 제련회사나 금융기관은 탐광금융의 리스크를 거부하였다.

총독부의 광업금융정책은 산금5개년계획과 관련하여 1937년 후반에 구체화되기 시작하였다. 총독부는 광업금융을 위해 본국 정부에 대장성예금부 저리자금의 공급을 확대해 줄 것을 요구하였으며, 1937년 말에 3,350만 원의 예금부 자금이 동척과 식은을 통해 '산금응급자금'으로 대출되기

56 "총독부의 3개 시안은 모두 불철저 … 조선의 광업발전의 근본 문제는 중소광업가가 가지고 있는 광구를 철저하게 탐광하도록 하는 데 있으니, 이미 실적을 내고 있는 광산만의 금융이 되고 만다면 그 존재의 본의와 절대성은 말살될 것"(朴龍雲, 「産金增有政策上으로 본 광업금융기관의 절대성」, 『광조』 1-2, 1936: 7).

57 『광조』 1-2, 1936.

시작하였다. 탐광금융에 큰 관심을 두고 기대하던 조선인 광업계는 1938년 초에 총독부 광산과장과 그 자금에 관한 인터뷰를 하였는데, 그가 밝힌 응급자금 대출 대상은 금 증산에 필요한 우량 광산이며 중소광업가에 대한 고려를 특별히 하지 않는다는 것이었다.[58] 금융조건으로 광산이 유망해야 한다는 것은 결국 자본 부족으로 탐광조차 할 수 없는 조선인 광업가들에게 광업금융의 혜택이 돌아갈 수 없음을 의미하였다. 대광산 편중적인 금융정책에 대해 조선인 광업가들은 자연히 불만이 높을 수밖에 없었다. 조선광업회 평의원이고 조선제련의 중역이었던 김태원은 대광산에서는 쉽게 금융을 얻을 수 있으나 중소광산에서는 장래성이 있어도 금융을 얻기가 지난하다고 호소하였다.[59]

총독부가 구상한 광업금융안은 본국과의 협상 과정을 통해 1938년 3월에 의회에서 「일본산금진흥주식회사법」이 통과되고 8월에 대장성예금부 자금으로 회사가 설립되는 것으로 결론이 났다. 동사는 자금 공급, 산금사업, 산금사업용품의 매매사업, 조금은지금(粗金銀地金) 매매사업을 하고 전체 융자액의 71%인 1억 9,000만 엔을 조선에 공급하기로 하였으며, 총독은 조선에서의 업무와 관련해 필요한 명령을 내릴 수 있었다(박기주 1988; 박현 2011). 이에 대해 조선인 광업가들은 신설될 광업금융기관의 "자금융통은 대재벌에 치우쳐 그들만이 이용"할 뿐이므로 "결국 자력갱생이

58 『집록』 20호, 1937; 德山, 「광업금융문제에 대한 石田광산과장과의 一問一答」, 『광조』 3-3, 1938.

59 "자금회사의 요인과 연줄이 없으므로 자금차입 신청서 접수조차 곤란하며 접수하여도 실지 감정이 천연되고, 실지 감정을 받아도 대부조건에 적합한 광산이 극소수 … 광산 감정자는 지상선의 광맥이 아무리 다량의 함금광석을 갖고 있을지라도 장래가 없다는 상투적 말로 대부조건에 불합격의 인을 치고만다"(『시대』 2-7, 1938: 11).

첩경"이라고 하면서 기관의 설립을 비판하였다. 그들의 눈에는 총독부가 광업권 이전 및 광구 정리를 명령할 수 있도록 한 「중요광물증산령」과 맞물려, 일본산금진흥의 설립이 일본인 유력 회사의 적극적인 진출을 초래함으로써 중소광업가의 소멸이 불가피할 것으로 보였다.[60]

여기서 주목되는 것은 일본산금진흥의 사업 내용이 조선과 일본 양 지역 간에 중요한 차이가 있었다는 점이다. 일본에서는 미개발 중소금산개발자금(탐광자금) 융자가 포함되어 있었지만 조선에서는 그것이 빠져 있는 대신 매광(買鑛)자금 융자가 포함되어 있으며, 융자 대상은 「조선산금령」에 의해 지정매광소로 지정받은 일본인 대자본이었다. 이에 조선인 광업가들은 미개발 중소금산개발자금의 융자를 요구하였지만, 일본산금진흥 조선지사 업무부장은 자금 융자로 금을 증산하는 첩경은 대광산이므로 급속한 증산을 위해 대광산을 확장하여야 하며 소광산은 융자한 만큼의 산금을 기대할 수 없다고 하였다.[61] 일본산금진흥의 조선 내 자금 융자는 대광산에 치중되었고 중소광업가에게는 화중지병에 불과하였다. 그에 대한 불만을 의식한 듯 식산국장은 1939년 8월의 각도광업타합회에서 대광산에 금융혜택이 많은 것은 "산금계획 달성을 위해 유망한 광산에 주력할 수밖에 없는 사정"[62] 때문이라고 변명하였다.

그러나 탐광금융은 중소광산의 운명과 직결되어 있었고 따라서 조선인 광업가는 일본산금진흥 설립 과정에서 끊임없이 탐광금융을 요구하였으며, 조선인 스스로 탐광금융기관을 설립하려는 의도를 표명하였다. 이

---

60 『시대』 2-4, 1938: 46-48; 金德山, 「제73의회와 광업계의 전망」, 『광조』 3-4, 1938: 16-17.
61 村上隆造, 「조선산금업의 최근상황」, 『광조』 5-4, 1940: 65.
62 穗積眞六郎, 「광업보국의 정신을 견지하라」, 『광조』 4-9, 1939: 15.

종만은 "당국에서 중소광업가에게 탐광자금을 대부하여 적극적 개발을 도모하지 않으면 안될 것(이며) … 휴면광구의 탐광을 목적으로 회사나 조합으로 탐광자금을 융통하는 기관을 만들어 볼 생각으로 당국 및 유력자와 협의하고 있는 중"이라고 하였다. 나아가 구체적 방안으로 중소광업에 대한 금융을 일본산금진흥의 사업 중 하나로 포함시키든지 혹은 자매회사인 탐광회사를 별도로 설립할 것을 요구하였다. 1938년 중엽에 제21차 조선광업회 좌담회에서 이종만과 이성환은 탐광회사 설립을 제안하였다. 이들의 요구가 반영된 탓인지 마침내 조선광업회는 동년 12월에 탐광 대행이나 소액 탐광비 대부를 위한 탐광회사 설립을 요망하는 진정서를 총독부에 제출하였으며, 1939년 1월에 각도광업타합회가 있은 후 총독 명령으로 7월에 조선금산개발(주)이 설립되었다. 조선인 광업가 측의 지속적인 요구가 동사 설립의 한 요인이었다고 할 수 있다.[63]

(2) 광업금융의 실태

광업금융이 대광산에 편중된 상황에서 조선인 광업가들은 광업자금을 어떻게 확보하였는가를 살펴보자. 자료는 1943년 4월부터 실시된 금광산 정비와 관련하여 광업권자가 제국광업개발(구 일본산금진흥) 조선지사에 광산을 매각하기 위해 총독부 산금과에 제출한 금산매도신청서이다.[64] 여기

---

63 李鍾萬, 「탐광기관의 설치」, 『광조』 3-8, 1938; 『시대』 2-7, 1938: 9-14; 『회지』 21-7, 1938: 54-56; 金德山, 「광업시론」, 『광조』 4-2, 1939: 61.

64 이 자료는 정비 대상이 아닌 광산이나 대광산이 누락되고 중소광산이나 영세한 광산이 대부분이라는 점, 1943년 초 현재 존재하는 광산이라는 점, 투자액에 관한 조사에 감가상각과 순투자의 합인 진정한 의미의 투자가 아닌 비용이 포함된 경우도 있다는 점에서 광업금융의 전모를 보여주기에는 한계가 있다.

표 5-24 금융기관별 · 민족별 금광산 차입 실태 (단위: 천 원, %)

	차입액			금융기관별 비율			민족별 비율			광산 수		평균 차입액	
	조	일	계	조	일	계	조	일	계	조	일	조	일
일본산금진흥	2,555	6,380	8,935	28.0	43.4	37.5	28.6	71.4	100	20	22	128	290
조선금산개발	918	192	1,110	10.1	1.3	4.7	82.7	17.3	100	54	11	17	17
동척·朝銀	89	470	559	1.0	3.2	2.3	15.9	84.1	100	6	7	15	67
식산은행	770	1,210	1,980	8.4	8.2	8.3	38.9	61.1	100	32	6	24	202
보통은행	307	784	1,091	3.4	5.3	4.6	28.1	71.9	100	21	9	15	87
금융조합	290	31	321	3.2	0.2	1.3	90.3	9.7	100	31	5	9	6
개인대부	3,591	4,132	7,723	39.4	28.1	32.4	46.5	53.5	100	136	39	26	106
제련회사	286	486	772	3.1	3.3	3.2	37.0	63.0	100	24	14	12	35
기타	309	1,013	1,322	3.4	6.9	5.6	23.4	76.6	100	28	8	15	127
계	9,115	14,698	23,813	100	100	100	38.3	61.7	100	192	67	47	219

주: 조, 일은 각각 조선인, 일본인.
자료: 「금산매도신청서」(평북, 함남, 강원, 충남, 경기).

서는 건수가 비교적 많은 평북, 충남, 함남, 강원, 경기 지역의 매도신청서에 기재되어 있는 금융기관별 차입액을 정리하였다([표 5-24]).[65] 총 259광산 중 조선인 광산이 192광산, 일본인 광산이 67광산이었다. 1942년까지 이들 광산의 총차입금 중에서 일본산금진흥 및 조선금산개발과 같은 특수금융기관이 42.2%, 동척 및 조선은행(朝銀), 식산은행(殖銀)과 같은 국책금융기관이 10.6%, 보통은행 및 금융조합이 5.9%, 개인이 32.4%, 제련회

65 소유자의 국적 확인이 불가능하거나 금융기관별 내역이 없거나 있더라도 부채 총액의 70%가 되지 않는 경우를 제외하였다.

사가 3.2%를 차지하였다. 금융기관별 차입 비율을 보면 일본인 광산은 일본산금진흥으로부터의 차입이 43.4%로 가장 크고 그다음이 개인, 식은의 순이지만, 조선인 광산은 개인이 39.4%로 가장 크고 그 다음이 일본산금진흥, 조선금산개발 등이었다. 각 금융기관의 민족별 차입 비율을 보면, 조선금산개발과 금융조합은 조선인의 차입 비율이 압도적으로 크며, 일본산금진흥과 동척·조은은 일본인의 차입이 대부분을 차지하였으며, 식은과 보통은행, 제련회사는 조선인이 차입금의 30% 내외를 차지하였다.

일본산금진흥은 일본인 광산 위주로 대부를 하였다. 일본산금진흥으로부터 차입한 조선인 광산은 상대적으로 적었으며, 평균 차입액의 민족간 차이는 현저하여 일본인 광산은 29만 원, 조선인 광산은 13만 원 정도였다. 50만 원 이상을 차입한 광산은 일본인 4광산, 조선인 1광산이며, 10-50만 원을 차입한 광산은 일본인 14광산, 조선인 9광산인 반면, 10만 원 미만을 차입한 광산은 일본인 4광산, 조선인 10광산이었다. 분석에서 제외한 3광산도 모두 일본인 광산이며, 그것까지 포함하면 일본산금진흥으로부터 차입 총액은 1,000만 원을 약간 초과하였다. 일본산금진흥의 『영업보고서』에 의하면, 1942년 말 현재 조선 내 대부 총액이 1억 1,310여만 원이므로 대부의 대부분은 정비 대상에 포함되지 않은 대광산에 대해 이루어지고 있었다고 추정할 수 있다. 일본산금진흥이 광업금융에서 담당한 역할은 실로 막중하며 해당 광산에 대해서는 더욱 그러하였다. 즉, 일본산금진흥으로부터 차입한 광산은 대체로 차입금 의존율이 매우 높았으며 차입금의 대부분을 일본산금진흥으로부터의 차입금이 차지하였다. 일본산금진흥의 대부 총액과 대부이자 수입으로부터 계산한 대부이자율은 연 4.5-5%로 매우 낮은 수준이었다.

일본산금진흥과 달리 조선금산개발로부터의 차입자는 대부분 조선인이었으며, 분석에서 제외된 2광산도 모두 조선인 광산이었다. 평균 차입액도 약 1.7만 원으로 민족 간에 비슷하였다. 조선금산개발로부터 대부받은 자금은 대부분 탐광자금이었다. 탐광자금을 대부받기 위해서는 수굴발파법에 의한 채광과 수차도광기로 제련하는 정도의 광산 또는 신규 광산이라 할지라도 구갱이 있거나 노두가 우량한 광산이어야 하였다. 대부조건은 탐광계획에 기초한 분할대부이며 광업권을 담보로 하고 이자율은 연 7.2%였으며 기타의 조건으로는 광산물의 매각 강제와 사업 능력이 없는 경우의 광산매각 강제가 있었다.[66] 총독부는 조선금산개발이 소규모 광산의 탐광을 촉진할 것이라 하였지만 1942년 말 현재 조선금산개발의 대부총액은 320여만 원으로 일본산금진흥의 2.8%에 불과하였기 때문에 탐광금융 면에서 얼마나 큰 기여를 하였을지에 대해서는 회의적이다.

동척과 조선은행은 일본인 광산 위주로 대부를 하였다. 조선은행으로부터의 차입은 6광산에 47만 원이었는데 닛치츠 계열 조선광업개발 소속의 곽산광산에만 27만 원이었을 정도로, 조선은행은 닛치츠에 대한 대부에 매우 적극적이었다(朝鮮銀行史研究會編 1987: 571). 식은으로부터의 차입에서는 조선인 광산이 압도적으로 많지만 일본인 광산 2곳의 차입금이 총 113.3만 원이었다. 금융기관의 광업 대부에서 식은의 비중이 커지고 식은의 대부에서 광업이 차지하는 비율이 증가하였지만 식은의 대부는 대광산에 편중되었을 것으로 짐작된다. 식은의 대부이자율은 이 자료에 의하면 5-8%였다. 보통은행의 경우에도 일본인과 조선인 간에 평균 차입액에

66 『회지』 22-9, 1939: 56.

서 차이가 있는데 그것은 일본인 3광산이 보통은행으로부터 67.4만 원을 차입하였기 때문이다. 은행의 대부이자율은 이 자료에 의하면 6-8%였다. 금융조합으로부터의 차입에서는 조선인 광산이 압도적인 비율을 차지하였다. 금융조합은 조선인 중소광산에 대해 소액의 대부를 하였지만 광업금융에서 차지하는 비율이 가장 작았다는 점에서 한계가 있었다. 금융조합의 대부이자율은 대체로 6.6-8.8%였다.

조선인 광산의 개인 간 대부에 의한 금융 비율이 39.4%인데, 이는 경성의 중소공업자 경우에 개인 간 대부에 의한 차입금의 비율이 12.6%인 것(堀和生 1988)에 비추어 보면 상당히 높은 수준이었다. 개인 간 대부가 이처럼 큰 비율을 차지하고 있는 것은 대부분 소규모 광산이기 때문에 금융기관으로부터 차입이 쉽지 않은 데 따른 결과였다. 개인 간 대부에 의존하는 광산은 민족별로 볼 때 조선인의 비율이 압도적이다. 본 자료에 의하면 개인 간 대부이자율은 0에 가깝거나 30%에 달하는 경우도 있지만 대체로 10-20%가 일반적일 정도로 고리였다.

광업 대부에서 제련회사의 비중은 생각보다 크지 않았으며 제련회사로부터 차입은 조선인 22광산, 일본인 13광산이었다. 당시 광업 대부를 한 회사는 일본광업, 조선광업개발, 조선제련, 쥬가이(中外)광업, 후지타구미(藤田組)이며 이들 회사의 대부는 광석 매입과 관련이 있었다. 특히 5사 중 후지타구미의 대부활동이 지역 및 금액 면에서 가장 적극적이었다. 후지타구미는 병합 초기부터 조선의 금광업에 진출하였으나 1930년대에 다른 자본들처럼 대광산을 소유하지 못하였고 조선 내 제련소가 없이 매광소만 설치하였다. 후지타구미는 제련회사 간의 매광 경쟁에서 그러한 불리함 때문에 중소광산에 대한 대부에 적극적이었다고 할 수 있다.

이상을 요약하면 조선인 광업가는 당시 광업금융에 절대적인 역할을 한 일본산금진흥으로부터 금융을 얻는 데는 제한이 있었으며 그 금액에도 제한이 있었다. 따라서 그들은 고리의 개인 간 대부에 더 많이 의존하지 않을 수 없었다. 그러나 동시에 조선인 광업가는 탐광금융에 대한 요구의 반영인 조선금산개발과 소액금융기관인 금융조합으로부터 적극적으로 금융을 받고 그 외에도 식산은행이나 보통은행으로부터 차입하는 경우도 적지 않은 모습을 보였다.

5. 소결

제5장에서는 일본 제국주의에 의해 새로운 제도가 이식되고 또 일본인 자본의 진출로 인해 금광업이 근대적 산업으로 발전하는 과정에서 조선인 광업가는 어떻게 형성, 변화되어 가는가를 구명하였다. 광업법 초기의 조선인 광업권자들 중에 다수는 전직 징세인과 한말 관료집단을 포함하는 경성 거주자들이었으며, 이들 경성 거주자들은 대개 현지인을 공동허가자로 하고 자신이나 혹은 현지인 중 한 사람을 대표허가자로 내세워 광구를 허가받았다. 그러나 새로운 광업 제도하에서 광업권 취득이 누구에게나 가능하였기 때문에 점차 경성 거주자들이 아닌 많은 사람들이 광업권자로 등장하였다. 이렇게 출현한 조선인 광업가들은 일본인 자본이 퇴각함으로써 침체에 빠진 금광업이 1920년대에 다시 회복되는 과정에서 중요한 역할을 하였다. 원래 조선인들은 주로 사금 채굴에 종사하였지만 1910년대에 보급된 제련 기술을 바탕으로 석금광에 진출할 수 있었으며,

1920년대에는 우량한 조선인 금광산이 출현하기에 이르렀다. 그러나 조선인 광업가는 자본과 기술이 취약하였기 때문에 주로 덕대제에 의존하여 광산을 경영하였으며, 이후 그들이 개발한 유망한 금광산은 일본인 자본의 소유가 되었다.

1930년대에 금광산이 적극적으로 개발되면서 생산이 급증하고 일본으로의 금 유출도 증가하였다. 일본인 자본이 대거 진출하면서 금 생산의 대부분을 장악하였지만 금광개발 붐은 일본인뿐 아니라 조선인을 자극하기에 충분하였다. 1930년대에 조선인의 금광업 진출은 일본인을 능가하고 있었으며, 조선인의 광산액 비율도 1920년대에 비해 다소 증가하였다. 물론 조선인의 경우에는 대광산이 많지 않고 군소광산이 생산의 많은 부분을 차지하였다. 그러나 그중에도 기업가라 할 만한 조선인 광업가들이 나타나고 있었다. 그들의 출신은 광부로부터 지식인까지 다양하였으며, 금광업에 진출하게 된 배경도 차이가 있었다. 그러나 그들은 근대적인 광산경영에 필요한 자본과 기술을 갖고 있지 못했다는 점에서는 동일하였다. 결국 그들 대부분은 대광산을 경영하는 데까지 이르지 못하고 소유 광산을 일본인 대자본에게 매각하고 마는 모습을 보이고 있었으며, 이는 1930년대 광산개발의 일반적 경로였다고 할 수 있다. 그러나 그들 중에는 광산매각대금을 수단으로 하여 광업에서 사업을 확장하고 또 회사를 설립하는 등의 적극적인 활동을 전개해 나가는 자도 적지 않게 존재하였다.

조선인 광업가들은 일본인 대자본이 기계설비로 심부개발을 하여 대광산을 이루는 것을 접하면서 대광산과 중소광산의 차이가 광산의 좋고나 쁨에 있지 않고 어떤 기술을 사용하는가에 있음을 인식하게 되었다. 아직 극히 일부이기는 하였지만 조선인 광산 중에 기계설비를 신·증설하는 광산이 증가하였으며, 신·증설의 내용도 소규모 제련설비가 중심이다가 점차 착암기 등의 채굴설비와 규모가 큰 제련설비 중심으로 변하였다. 기존에는 광산 경영을 덕대제에 맡기는 것으로 생각하였으나 덕대제에 대한 인식도 점차 변하고 있었다. 광업 기술 진보를 보여 주는 대표적인 사례가 대동광업의 이종만이었다. 그는 광산 경영에서 기술의 고도화를 무엇보다도 중요하게 생각하였으며 장진광산은 일본인 광산에 비해서도 손색이 없는 설비를 갖추고 있었고 노동자 대비 기술자 비율에서도 당시 조선 최대의 광산을 능가하였다. 한편, 조선인 광산은 주로 중소규모의 광산인데다 조선인 기술자도 주로 일본인 대광산에 취업하기 때문에 정식의 고등교육을 받은 기술자를 확보한다는 것이 거의 불가능하였다. 따라서 그들은 총독부가 실시한 기술자 파견 제도를 이용하거나 연료선광연구소 및 조선광업회에서 실시하는 하급 기술자 양성 제도를 이용하기도 하였다. 나아가 하급 기술자로는 충분하지 못하였기 때문에 고급 기술자를 양성하기 위한 대동공전을 설립하기도 하였다.

한편, 안정적인 광산 경영을 위해서는 심부개발이 필수적이며 거기에는 많은 자본이 필요하다. 회사를 설립하면 자본 조달이 가능하기 때문에 자본 부족 문제를 해결하기 위해 조선인 광업가들은 회사를 설립하였다. 1930년대에 조선인 회사 중 광업회사의 불입자본금이 가장 크고 높은 증가율을 보였다. 물론 조선인 광업회사는 대부분 영세하였지만 조선인 광업가들은 회사 설립을 근대적 광산 경영을 위해 분산된 자본을 모으는 방편으로 인식하였다. 또한 비록 실패로 끝나고는 말았지만, 조선인 광업가들은 조선산금조합을 결성하여 자본 부족을 해결하고자 하였다. 조선산금조합은 부족한 자본의 조달뿐 아니라 조선인 광업가의 여론과 이익을 추구하기 위한 단체이기도 하였다. 그러나 총독부의 금융정책은 대광산 위주로 전개되었으며, 금 증산을 위해 특설된 일본산금진흥의 조선 내 영업도 그러하였다. 이에 대해 조선인 광업가들은 중소광산에 필요한 탐광금융을 요구하였고 그것이 일정하게 반영되어 조선금산개발이 설립되었다. 조선인 광업가들이 당시 광업금융에 절대적인 역할을 한 일본산금진흥으로부터 금융을 얻는 데는 일본인보다 불리하였으며 고리의 개인 간 대부에 크게 의존하지 않을 수 없었다. 그러나 그들은 조선금산개발로부터 자신들이 가장 필요로 하는 탐광금융을 제공받고 소액 금융기관인 금융조합으로부터도 적극적으로 금융을 받고 있었으며, 식산은행이나 보통은행으로부터 자본을 조달하는 경우도 적지 않았다. 이는 곧 조선인 광업가들도 근대적 금융기관을 통한 자본조달의 경험을 가질 수 있었음을 의미한다.

종장

요약과 함의

전근대 사회에서 경제는 사회의 일부이고 정치, 종교 등과 서로 맞물려 있기 때문에 전근대에서 근대 사회로의 이행에 있어 경제 제도의 변화는 체제적 변화를 필요로 한다. 이 책은 금광업이라는 한 산업의 발전사를 통해 식민지기에 조선 사회에 어떤 변화가 구체적으로 어떻게 진행되고 있었는가를 특히 제도와 기술에 주목하면서 분석하였다. 산업의 근대적 변화는 최초의 산업혁명 국가인 영국을 제외하면 외부로부터 기술과 제도의 이식을 통해 이루어졌다. 근대적 기술이 도입되기 전에도 기술의 작은 변화들이 없지는 않았지만 산업의 내용과 성격을 크게 바꿀 정도는 아니었다. 기술혁신을 가능하게 한 조건 중의 하나는 소유권 제도이며 따라서 기술의 변화와 함께 소유권과 관련한 제도적 변화를 고찰하는 것이 중요하다. 제도와 기술의 이식은 자발적·주체적 노력을 통해 이루어지기도 하고 강제적·타율적으로 이루어지기도 한다. 조선의 광업에 근대적 제도와 기술이 이식되는 변화는 일본이 자국의 필요에 따라 조선을 경제적으로 재편성하는 과정에서 진행되었다. 일본은 조선에 대한 지배가 어느 정도 확실시되자 제도를 이식하고 개발을 위한 인프라를 구축하였으며, 이로써 광업은 근대적 산업으로 발전할 수 있었다. 이하에서는 각 장의 내용을 간단히 요약하고 기존의 연구와 관련하여 이 책이 가지는 함의에 대해 언급하기로 한다.

제1장은 자본주의 맹아론에 입각한 조선시대 광업에 관한 연구를 재검토하고 전근대 사회에서 광산은 왕유제적 지배하에 있음을 전제로 하여 광업의 이미지를 재구성하였다. 조선시대에 광업은 개발이 비교적 활발하였던 시기도 없지 않았으나 대체로 개발을 억제하는 상황하에 있었다. 조선 전기에는 중국으로부터의 금·은 세공의 부활에 대한 우려 때문에, 후

기에는 폐농에 의한 전세의 감소와 백성의 유랑민화에 대한 우려 때문에 광산개발이 억제되었다. 광산 운영 방식은 대체로 17세기 초까지는 부역을 동원하여 춘추로 일정 기간을 채굴하는 관영이 일반적이었으나 17세기 중엽부터 설점수세하는 민영 방식으로 변하였다. 설점수세 이후에 다양한 호칭의 징세인이 등장하며 그들은 설점 후에 노동자, 즉 점군을 모으고 점군 수에 따라 정해진 세액을 정부에 상납하며 나머지 생산물의 대부분을 자신의 이익으로 하는 광산의 실질적 경영자였다. 조선시대의 광산 채굴법은 매우 후진적이었으며 생산조직 면에서도 자본주의적 발전을 전망할 수 있는 것은 아니었다. 또한 덕대는 점군들의 우두머리일 뿐 실질적 경영자로 보기 어렵고 점군들은 아직 국가의 인신적 지배 체계에서 완전히 벗어나 있지 못한 존재였으며, 물주는 점군에게 의식주를 선대하는 대부자에 불과하였다.

제2장에서는 구한국시대의 금광업 실태를 제도적 측면에서 구명하고자 하였다. 개항 이후 무역의 확대와 일본의 금본위제 성립에 의해 금에 대한 수요가 증가하였으며 금 가격도 상승하였다. 그러나 금 생산은 수요 및 가격조건뿐 아니라 정부 정책 및 제도적 조건에 의해서도 규정되고 있었다. 광업은 이전과 마찬가지로 왕유제적 지배하에 있었기 때문에 모든 광산은 정부(또는 왕)의 소유이고 개인의 자유로운 채굴은 허용되지 않았다. 정부는 일정한 광세 상납을 약정한 자를 감리나 파원으로 임명하고 광산을 개채 및 관리하는 특권을 부여하였다. 이들 징세인들은 인두세인 광세를 징수하는 임무를 갖고 있지만, 광부들에게 작업장을 조성해 주고 인건비를 제공하는 역할도 하였다. 이를 위해 그들은 공전을 사용할 수 있었지만 사용한 공전에 대해서는 책임을 져야 하며 공전뿐 아니라 사전도

투입하였다. 반관반민적 존재인 한 그들의 권리는 성격이 불명확할 수밖에 없었으며, 동시에 언제든지 박탈될 수도 있는 불안정한 권리였다. 징세인들은 자신에게 부여된 공적 권력을 이용하여 각종의 부정한 방법으로 이익을 추구할 수 있었다. 광부들은 대개 집단을 형성하고 있었으며, 우두머리인 덕대가 징세인의 허가를 받아 부하 광부와 함께 채굴에 종사하였다. 유망한 채굴지에는 광부가 운집하였으며, 작업 방식이 매우 유치하였을 뿐 아니라 광부 수에 따른 세액만 정해질 뿐 허가구역이 정해지는 것은 아니었기 때문에, 자연히 소규모 인원이 좁은 면적을 단기간에 채굴하고 유망한 곳을 찾아 전전하는 것이 일반적이었다. 비록 덕대가 광부에게 생필품을 제공하지만, 양자의 관계는 고용관계라기보다 가부장적, 동업자적 관계였다.

제3장에서는 금광업 발전을 위한 조건이 형성되는 과정과 1910·1920년대의 금광업 기술을 살펴보았다. 통감부 시기인 1906년에 제정된 「한국광업법」은 일본인의 자유로운 광업 진출을 보장하기 위한 것이었지만 광산왕유제를 폐지하고 새로운 광업권 제도를 이식하였다. 광업권은 특권적이고 애매모호한 권리가 아니라 누구나 선원주의(先願主義)에 따라 획득할 수 있으며 매매, 이전, 저당이 가능한 사적 재산권이었다. 광업권의 보장은 광물자원의 안정적인 개발을 위해 전제되어야 할 조건이었다. 총독부는 1911년부터 대대적인 광상조사를 통해 광업희망자에게 광물자원의 부존 상태에 관한 정보와 광업권 관련 업무의 신속·정확한 처리를 위한 자료를 제공함으로써 광업개발을 촉진하였다. 또한 보류 중이던 왕실광산을 허가하면서 유치한 일본인 자본이 제1차 세계대전 후에 철수해버리자 그 이유 중의 하나였던 기술적 문제를 해결하기 위해 1922년에 연료선광연구

소를 설립하였다. 동 연구소는 특히 보통의 방법으로 제련이 곤란한 심부의 금광석 처리에 적합한 부유선광법의 보급에 결정적으로 중요한 역할을 하였다. 한편, 1910년대에 진출한 일본인 자본에 의해 근대적인 채굴·제련 기술이 보급되지는 않았으며, 1920년대에는 일본인 자본이 철수하거나 진출이 거의 두절되었다. 따라서 1910·1920년대에 외국인 특허 광산을 제외하면, 금광업의 기술 수준은 거의 정체되어 여전히 노두산화대만을 채굴·제련하는 것에 머무르고 있었다. 이런 낮은 수준의 기술적 조건 하에서 덕대제는 존속할 수 있었으며, 1920년대에 상당히 널리 이용되고 있었다. 단, 석금광에서는 사금광과 달리 채굴과 제련이 작업상 분리되고 특히 철제도광기가 보급되면서 제련작업은 광업권자가 장악하고 덕대제는 주로 채굴작업에 이용되었다.

제4장에서는 1930년대에 일본인 대자본이 진출하면서 금광업에서 나타나는 기술적 변화와 그 결과를 설명하였다. 금 매입 가격의 인상과 총독부의 자본 유치, 산금5개년계획에 따른 각종 보조금 및 간접시설 확충이라는 정책적 지원 속에서 일본인 대자본은 다른 어떤 산업보다도 빠른 속도로 조선의 금광업에 진출하였으며 생산을 집중해 나갔다. 특히 그중에서도 일본광업을 절대적 선두로 하여 조선광업개발과 조선제련이 세력 확장에서 두각을 보였으며, 그것은 이들 각사가 소유한 건식제련소 간 매광경쟁의 결과였다. 자본의 진출에 의해 금광업은 노두 채굴의 시대를 벗어나 심부개발의 시대를 맞이하였다. 심부개발을 위한 기계화가 진행되어, 착암기 대수와 설치 광산 수가 빠르게 증가하였으며, 대규모 제련설비와 부유선광설비도 증가하였다. 물론 기계화의 수준은 일본에 크게 미달하였지만, 대광산에서 갱도 굴진의 기계화는 대체로 1930년대 중엽에 거의 달

성되었으며, 채광의 기계화도 금 증산이라는 국책적 요구에 따라 일부 진행되었다. 대광산을 중심으로 하여 전개된 기계화는 광산노동자 편성에도 변화를 가져왔다. 착암부가 증가하였을 뿐 아니라, 갱내 작업이 확대되고 운반량이 많아지면서 1930년대 말에 운반계통 광부가 크게 증가하였다. 광산 규모가 확대되고 기계화가 진행되면서 기술자 및 숙련광부에 대한 수요가 증가하자 총독부는 기술자 및 기능공 양성을 추진하였다. 또한 대광산에서는 광부의 숙련을 저해하는 고이동률과 저출근율에 대응하여 사택 확충, 정신교육의 강화, 임금 제도의 변경 등을 통해 노무 관리를 강화하였으며, 총독부도 각종 법령을 통해 노동자 이동을 방지하고자 하였다. 대광산에서는 회사가 대부분의 광부를 직접 통제하였으며, 덕대제가 일부 남아 있을지라도 회사로부터 강력한 통제를 받고 있었다. 즉, 생산에 기계가 사용되고 그에 맞추어 노동관계도 근대적인 형태로 바뀌는 광업의 근대화가 1930년대에 전개되었다.

제5장에서는 새로운 제도가 이식되고 금광업이 근대적 산업으로 발전하는 과정에서 조선인 광업가가 어떻게 형성, 변화되어 가는지를 구명하였다. 광업법 실시 초기에 조선인 광업권자 중 다수는 경성 거주자로 특권적이거나 상인적인 존재들이었다. 그러나 점차 경성 거주자가 아닌 많은 사람들이 광업권자로 등장하였으며, 그들은 침체에 빠진 금광업이 다시 회복되는 데 있어 중요한 역할을 하였다. 1930년대에 조선인의 광업 진출은 더욱 활발하였으며 조선인의 광산액 비율도 증가하였다. 물론 조선인의 광산액 중 군소광산이 큰 비중을 차지하고 있었지만 그러한 기반 위에서 기업가라 할 만한 광업가도 나타나고 있었다. 그들 대부분은 자본과 기술의 한계로 대광산에 이르지 못하였으며, 그들이 초기 개발한 유망한 광

산을 일본인 자본이 매수하여 대광산을 이루는 것이 1930년대 금광개발의 일반적 경로였다. 그러나 이런 과정 속에서 조선인들은 대광산을 접하고 근대적 광산 경영에 대해 학습할 수 있었다. 근대적 기술의 필요성을 인식하고 광산기계를 신·증설하는 조선인 광산이 증가하였으며 덕대제에 의존하는 것을 유일한 광산 경영 방식으로 여기던 인식도 점차 변하고 있었다. 고등교육을 받은 기술자를 확보하는 것이 거의 불가능하였던 조선인 광업가들은 총독부의 기술자 파견 제도나 하급 기술자 양성 제도를 이용하고 나아가 스스로 고급 기술자 양성 교육기관을 설립하였다. 또한 자본 조달을 위해 점차 회사를 설립하였으며 조합식 경영을 통해 자본 부족을 해결하려고도 하였다. 나아가 그들은 중소광산을 위한 금융기관의 설립을 총독부에 요구하였고 그것이 일정하게 반영되어 조선금산개발이 설립되었다. 조선인 광업가들은 당시 광업금융에서 절대적으로 중요하였던 일본산금진흥에 의한 금융보다 개인 간의 고리대에 크게 의존하지 않을 수 없었지만, 다양한 근대적 금융기관을 통한 자본조달을 경험할 수도 있었다.

이상의 논의가 조선시대와 식민지기 경제사 연구에 대해 가지는 함의는 다음의 두 가지이다.

첫째는 조선시대 이래의 덕대제의 성격과 변화에 관한 논의이다. 자본주의 맹아론은 한 사회가 내재적 요인에 의해 발전한다는 내재적 발전을 지지할 뿐 아니라 자본주의 발전의 맹아가 제국주의에 의해 좌절되었다는 함의를 갖고 있다. 기존의 연구는 덕대제를 광업에서의 자본주의 맹아로 간주하고, 10여 명의 노동력으로 편제된 분업적 협업이며 덕대가 기업가 또는 자본가이고 광부가 노동자인 자본주의적 관계라고 설명하였다. 그러나 이는 실증적 자료가 거의 없는 상태에서 덕대와 광부의 관계를 지나치게 부조적(浮彫的)으로 해석하고 덕대제의 본질을 간과한 이해이다. 덕대제의 구체적인 실태를 알 수 있는 자료는 개항기에 풍부하게 존재하며 당시의 제도가 조선 후기와 본질적으로 다르지 않기 때문에 개항기 자료로부터 덕대제를 이해하는 것이 보다 설득력이 있다.

전근대 시대에 광산은 왕유권적 지배하에 있어 민간의 권리와 자유로운 채굴이 허용되지 않았으며, 어떤 사적인 권리가 존재한다 하더라도 그것은 지극히 불완전한 것일 수밖에 없었다. 왕유권자로부터 임명된 징세인은 생산을 덕대제에 맡기고 인두세적인 광세를 징수하면서 사실상 광주로서 광산을 관리하였다. 따라서 덕대제는 징세인으로부터 채굴 허가를 받은 광부집단[牌]이고 수세단위이며 일종의 하청제였다고 할 수 있다. 덕대제는 광부 각자가 간단한 생산도구를 휴대하고 작업하는 소경영 생산양식이지 자본주의 생산양식이 아니었으며, 덕대는 자본가나 기업가적 전망을 가진 자가 아니라 동료 광부와 함께 징세인의 일방적인 수탈의 대상일 뿐이었다. 덕대제는 식민지기를 거치면서 광업권자와의 관계와 덕대와 광부의 관계에서 상당한 변화를 겪게 되는데, 이는 자본의 성격이 징세인이나 상인의 선대적 자본에서 생산에 대한 지배를 확대해 나가는 근대적 산업자본으로 변하였기 때문만이 아니라 기술 자체가 사금광에서의 간단한 기술에서 기계를 사용하고 체계적인 작업을 해야 하는 기술로 변하였기 때문이었다. 생산 기술·방식의 변화는 새로운 조직 혹은 기존 조직의 변화를 요구하며 자본이 노동을 실질적으로 포섭하는 과정의 핵심이다.

하청제는 광업에서 산업적 특성상 광범하게 나타날 수밖에 없지만, 광업 기술이 아직 유치한 수준에서 노두 부근의 채굴에 머물러 있거나 광업권자가 직접 광부를 지휘·감독하고 생산을 통제하기 어려운 경우에 존립이 가능하다. 덕대제는 본질적으로 금광업이 근대적 산업으로 성숙하지 못한 단계에서 성립한 하청제의 일종이며, 낮은 수준의 기술과 결합되어 존립할 수 있었다. 그러나 그런 존립의 조건이 사라지면 하청제는 소멸하든지 다른 형태로 변질될 수밖에 없다. 1930년대 심부 채굴을 위해 근대적 기술과 체계적인 채굴 방식이 도입되면서 광업권자는 하청제를 지양하고 직접 생산을 통제하였다. 이 과정에서 덕대제는 기본적으로 해체되거나 광업권자의 통제를 받는 노동청부조직으로 변질되었다.

덕대제를 하청제라고 해서 그것이 덕대와 광부의 관계가 고용관계로 나타날 수도 있음을 부정하는 것은 아니다. 개항기 사금광에서의 덕대와 광부의 관계는 덕대가 광부들의 의식주를 상당 부분을 제공하고 생산물을 분배하는 전근대적인 가부장적·온정적 성격이 강하였다. 덕대와 광부 간의 관계에서 덕대가 작업의 리스크를 지는 경우와 단순히 자금을 선대하는 역할에 그치는 경우가 있으며, 두 유형은 식민지기에도 덕대제의 지배적인 형태로 유지되고 있었다. 개항기의 사금광에서는 광부 개인의 숙련 여부가 생산에 결정적으로 중요하였기 때문에 덕대가 생산을 조직하는 역할은 크지 않았다. 그런데 사금광보다 분업적 협업의 가능성이 크고 상대적으로 많은 비용이 들 수밖에 없는 석금광에서는 덕대와 광부 간에 고용관계가 나타날 가능성이 있다. 그러나 덕대와 광부가 고용관계를 맺고 있다고 하더라도 그것은 어디까지나 부차적인 관계일 뿐이며, 광업권자가 광산에 대한 투자를 통해 점차 생산을 직접 통제해 나가는 경우에는 덕대도 광부와 다름없이 광업권자에게 고용된 노동자에 지나지 않게 된다. 덕대의 작업에 대한 광업권자의 간섭과 통제는 광업권자가 철제도광기를 설치하고 제련작업을 장악하는 것에서 이미 나타나고 있었다.

덕대는 광업권자와 덕대계약을 맺고 일정한 구역을 차구하여 채굴하기도 하였다. 덕대를 분광이라고 표현한 것은 경영적 의미를 담고 있으며, 실제로 덕대가 설비 투자를 한 예가 없는 것은 아니었다. 그러나 덕대제 경영을 통하여 자본가로 성장하는 것은 불가능하였다. 덕대가 우량 광맥을 발견하더라도 제도적으로 보호받지 못하였으며 덕대가 설비 투자를 하더라도 광업권자가 우월적 지위를 이용하여 사용을 금지할 수 있었다. 갱도식 채굴을 하기 위해 동발을 설치해야 하는데 이러한 고정비용은 광업권자에 의해 임의로 탈취되기 십상이었기 때문에 덕대가 경영을 확대한다는 것은 사실상 거의 불가능한 것이었다. 따라서 덕대로서 기술적 경험은 가능하였을지 모르지만 자본을 축적하여 자본가로 성장할 수 있는 길은 구조적으로 제한되어 있었다. 덕대제 경영을 보호할 수 있는 차구권 또는 조광권과 같은 법적 장치가 없었기 때문이며, 이 점은 조선산금협의회 제2차 총회에서 분명하게 천명되었지만 그것은 끝내 인정되지 않았다.[1] 금광업에서 발전한 덕대제는 타종 광업으로 확산되었으며 해방 후에도 석탄광업에서 존속하였지만 조광권은 1981년에야 인정되었다.

이 책에서는 덕대제를 자본주의 맹아가 아니라 광업이 아직 유치한 단계에서 존립하여 광업의 근대화가 진행되면서 소멸되거나 변질되는 일종의 하청제로 설명하였다. 그렇지만 덕대제의 성격을 보다 분명히 하기 위해서는 다른 지역의 하청제(일본의 斤先制, 自稼法)와 노동청부제(예컨대, 일

---

1 제2차 총회는 '덕대 제도를 법문화하여 조업의 합리화를 도모할 것'을 심의하였다. 광업권자가 일방적으로 해약하기 때문에 난굴을 하거나 금을 도피시키는 폐단이 있으므로 법으로 덕대제를 인정하여 권리의무관계를 명확히 하면 조업을 합리화할 것이며 산금계획 수행에 도움이 될 것이라고 하였다(박기주 1988: 191).

본의 親方制, 만주의 把頭制 등)와는 어떤 차이와 유사성이 있는지를 살펴보는 것이 중요한 과제로 남아 있다. 덕대제는 이미 광업권 제도가 성립되기 전부터 상당히 보편적으로 존재하였기 때문에 그 성격은 당시의 광업 제도와 관련하여 설명되어야 할 부분이다. 따라서 광업권 제도가 성립되기 전의 광산왕유제가 서양이나 일본의 광산왕유제와 어떤 차이가 있는지를 설명하는 것도 남겨진 중요한 과제이다.

둘째는 일본 제국주의에 의한 식민지 개발의 효과에 대한 논의이다.[2] 식민지 개발은 일본의 이익을 위한 것이고 피지배 민족의 자립이 아니라 예속 상태를 강화하였으며, 그렇기 때문에 식민지 체제가 붕괴한 후에도 민족 이데올로기에 의한 적대감은 지속되었다. 제국주의 열강의 식민지 지배가 피지배 민족의 의사에 반한 침략성과 야만성을 갖고 있다는 점에서 그에 대한 도덕적, 윤리적 평가는 당연히 부정적일 수밖에 없다. 그러나 그러한 평가가 식민지기에 일어난 개발의 근대화 측면을 말하는 것을 금기시한다면 연구의 시야를 좁혀버리는 결과를 야기한다. 사실 식민지에서 진행된 개발은 식민지 지배자들이 의도치 않았지만 식민지가 독립한 후 해당 국가의 근대화를 촉진하는 조건이 된 측면도 있다(松本俊郎 1988). 제국주의의 식민지 개발은 식민지로부터 이윤을 획득하기 위한 것이라는 의미에서 착취라고 일반적으로 말할 수 있지만 그 목적과 수단이 다양하며 식민지에 미친 효과도 다양하다. 그것은 기존의 사회관계를 변화시키

2 마르크스는 자본주의가 보편화된 후 사회주의가 도래할 것이므로 비록 잔인하지만 제국주의적 팽창이 사회주의 승리를 위한 필수적인 과정이라고 하였다. 그러나 식민주의가 자본주의적 발전을 가져올 것이라는 견해와 식민지적 종속으로 인해 그것이 불가능하다는 견해가 서로 대립하고 있다.

고 국내 산업을 파괴하며 농업 생산성을 장려할 수도 있고 그렇지 않을 수도 있다(Hamilton 1986).

제국주의에 의한 식민지 개발은 엔클레이브(enclave)의 개발에 불과하여 국내에 다른 경제적 파급효과를 주지 못하였다는 것이 일반적인 견해였다. 즉, 식민지 개발은 농업이나 광업과 같은 수출용 1차산품에 집중되어 있으며, 식민지 본국의 자본이 장악하고 있는 수출 부문의 성장은 국내로 파급되지 않기 때문에 수출 부문이 성장하더라도 저개발은 지속되고 전자본주의적 관계는 온존하게 된다는 것이다.[3] 그러나 예컨대 식민지기의 농업개발을 엔클레이브의 개발로 보는 것은 타당하지 않다. 농업은 수출 부문이지만 동시에 생존 부문이기도 하였기 때문에 농업개발은 생존 부문에 영향을 미치고 거의 전 농업인구를 견인하였다. 또한 식민지 당국이나 일본인의 재투자에 의한 농업용 사회간접자본의 건설은 물론 자신들의 이익을 위한 것이지만 유익한 경제적 효과를 가져왔으며, 조선인도 자본가와 기업가로 농업개발에 참여하여 과거보다 많은 소득을 얻을 수 있었다(Myers and Peattie, eds. 1984). 농업개발이 비록 일본 제국주의의 특수성에서 비롯되었지만 엔클레이브에 그치지 않고 확산될 수 있었던 것은 소경영의 발전과 같은 내적 요인에도 기인하였다.

농업과 마찬가지로 광업개발도 일본의 필요에 따라 일본인 자본에 의해 이루어졌으며 총독부가 그것을 적극적으로 지원하고 있었다. 따라서 기존의 연구는 일본 제국주의에 의한 개발을 자원 수탈이라는 관점에서

3 스테이플 이론(staple theory)에 의하면, 1차산품 수출이 국내적 파급효과를 갖지 못한다는 논리는 반드시 타당한 것은 아니다.

이해하는 것도 무리가 아니다.[4] 그러나 식민지기의 금광개발은 자원 수탈의 측면만이 아니라, 임노동자가 증가하고 시장경제가 확대되고 송전선과 도로·철도망이 광산 소재지인 산간까지 연결되고 광산용 기계기구를 제작하는 공업이 성장하는 효과를 미쳤음을 지적할 수 있다.

그런데 식민지 개발이 엔클레이브 개발에 그쳤는지 아닌지를 평가하기 위해서는 물적 자산보다 인적 자산에 미친 효과를 검토하는 것이 더 중요할 것 같다. 왜냐하면 식민지기에 형성된 물적 자산은 해방과 한국전쟁을 거치면서 거의 폐기 상태가 되었다고 말해지고 있으며, 그것은 광업에서도 거의 마찬가지였기 때문이다. 광업에서의 물적 자산이라면 이동가능한 기계류를 제외하고는 갱내에 설치된 시설들인데, 특히 금광산의 대부분이 1943년의 「금산정비령」에 따라 폐쇄되거나 해방 후 일본인 자본이 철수한 후로 폐쇄되었기 때문에 갱내 시설물은 거의 쓸모없는 상태가 되었다. 반면 인적 자산의 측면에서 본다면, 식민지 개발 과정에서 조선인은 식민지 권력에 의해 의도되지 않았던 변화를 경험하였다. 이 책은 식민지기에 광업의 근대적 발전이 전개되는 가운데 조선인이 경험하는 변화를 설명하는 것에 초점을 두었다. 대부분의 제도가 그러하듯이 근대적 광업 제도는 이식된 것이었지만, 광업의 자유와 안정을 보장하는 새로운 제도하에서 조선인의 광업 진출이 증가하였으며, 그런 가운데 유력한 광업가도 나타날 수 있었다.

---

4 수탈(exploitation)은 강제성을 동반한 행위라는 점에서 전시를 제외하면 그러한 용어를 사용할 수 없다는 주장이 있다. 그러나 식민권력의 통치와 민족적 차별이 존재하는 상황에서 이루어진 경제활동을 단순히 시장원리에 따른 것으로 보기도 어렵다. 광산개발이 외견상 강제성을 동반하지 않았다 해도 그것은 조선인이 아니라 일본 제국주의의 이해에 따른 것이었다는 점에서 자원 유출(drain)의 성격을 갖는다.

광산을 발견하고 초기에 개발하는 과정에서 조선인은 일본인 광산에서 사용되고 있는 기술을 습득하고 회사 제도나 금융기관을 통해 필요한 자금을 조달하는 방식도 경험하였다. 또한 일본인 회사 소유의 대광산에 포섭된 노동자들은 근대적 기술 체계에 적합한 형태의 노동자로 훈련되고 있었으며, 조선인 자력에 의해 비교적 많은 조선인 고급 기술자가 양성되기도 하였다. 즉, 금광개발 과정에서 조선인이 자본주의 경제 제도와 행동양식을 학습하는 과정이 진행되었다고 할 수 있다. 해방 후 미군정 보고서는 금광업에서의 경험을 가진 기술자 및 기능공을 비교적 잘 갖추고 있어 다른 산업과 달리 금광업의 재건에서는 적절한 인력의 부족이라는 것이 그다지 중요한 제약 요인이 되지 않는다고 하였다(U.S. Army Military Government in Korea 1947).

그러나 금광개발의 경로는 자본과 기술이 부족한 조선인이 초기 개발한 상당수의 광산을 일본인 대자본이 매수하여 광산의 기계화를 이루어 가는 것이었다. 즉, 조선인은 개발 과정에서 기회를 포착하고 그것에 편승하였지만 독립국이 아닌 식민지라는 상황 때문에 조선인 자본이 성장하는 데는 한계가 있었다. 또한 식민지기에 평화시라면 수지가 맞지 않았을 많은 한계적 광산이 전시에 국가적 필요에서 채굴되었으며 당시 세계 금 가격 수준에서는 가행될 수 없는 광산까지 생산을 장려하기 위해 대규모의 보조금이 지급되었다. 산금정책에 의한 이러한 과잉개발과 전시 중의 금광산 정리는 금광업이 다시 재기할 수 없는 상태로 만들었다(東洋經濟新報社 1950). 이처럼 식민지기는 근대화에 장해물을 남긴 측면도 있었다.

부표 1 순안광 세금미납 덕대 및 미납금(1905년 3월 선망 현재) (단위: 푼쭝)

덕대명	미납액	미납내역		덕대명	미납액	미납내역	
咸天汝	100	9월 후망	咸錫元條	金應鎬	120	10월 후망	
	108		鄭贊祚條		90	11월 후망	
	72		李正贊條		100		康奉道合牌條
	72	10월 선망	鄭贊祚條		90	12월 선망	
	24	11월 선망	李明淳條		60	12월 후망	
	60	12월 선망	崔泰訓條		45	1월 선망	
	54	12월 후망	安龍德條		36	1월 후망	
	36	12월 후망			27		
	72				57		金光呂條
	72	1월 선망			33		金德信合牌條
	72				51	2월 선망	
	27				54	2월 후망	
	30				147	3월 선망	
	54			鄭用國	12	12월 선망	
	48				57	12월 후망	
	99	1월 후망			42	1월 선망	
	102				36		
	39				30		
	39				16		薛鳳敏七合牌條
	132	2월 선망		鄭壽彦	36	12월 후망	
	162				72	1월 선망	
	180	2월 후망			42	1월 후망	趙元喆條
	255				15		
	252	3월 선망			30	2월 선망	
朴仁祥	90	1월 후망			48	2월 후망	金應浩合牌條

부표 1 계속

<table>
<tr><th>덕대명</th><th>미납액</th><th colspan="2">미납내역</th><th>덕대명</th><th>미납액</th><th colspan="2">미납내역</th></tr>
<tr><td>朴仁祥</td><td>93</td><td></td><td>全仲烈條</td><td>鄭壽彦</td><td>27</td><td></td><td></td></tr>
<tr><td rowspan="11">朴用章</td><td>39</td><td>1월 후망</td><td></td><td rowspan="7">許京烈</td><td>60</td><td rowspan="2">10월 후망</td><td>昌先伐湯條</td></tr>
<tr><td>30</td><td></td><td>林達先條</td><td>33</td><td>洪在卜半分條</td></tr>
<tr><td>21</td><td></td><td>李寬宗條</td><td>35</td><td></td><td>康奉道半分條</td></tr>
<tr><td>54</td><td></td><td>李孝根條</td><td>14</td><td>12월 후망</td><td></td></tr>
<tr><td>32</td><td></td><td>五合牌條</td><td>60</td><td>2월 선망</td><td></td></tr>
<tr><td>35</td><td></td><td>七合牌條</td><td>96</td><td>2월 후망</td><td></td></tr>
<tr><td>50</td><td></td><td></td><td>105</td><td>3월 선망</td><td></td></tr>
<tr><td>108</td><td>2월 후망</td><td></td><td>金大淳</td><td>41</td><td>12월 후망</td><td>薛鳳敏條</td></tr>
<tr><td>42</td><td rowspan="3">3월 선망</td><td></td><td rowspan="3">康奉道</td><td>180</td><td>2월 선망</td><td></td></tr>
<tr><td>117</td><td></td><td>87</td><td>2월 후망</td><td></td></tr>
<tr><td>24</td><td></td><td>168</td><td></td><td></td></tr>
<tr><td rowspan="10">李明淳</td><td>72</td><td>12월 선망</td><td></td><td rowspan="3">張用河</td><td>162</td><td>2월 선망</td><td></td></tr>
<tr><td>60</td><td>12월 후망</td><td></td><td>411</td><td>2월 후망</td><td></td></tr>
<tr><td>66</td><td>1월 선망</td><td></td><td>300</td><td>3월 선망</td><td></td></tr>
<tr><td>108</td><td>1월 후망</td><td></td><td rowspan="4">林京浩</td><td>36</td><td rowspan="2">2월 후망</td><td></td></tr>
<tr><td>144</td><td>2월 선망</td><td></td><td>87</td><td></td></tr>
<tr><td>216</td><td>2월 후망</td><td></td><td>63</td><td rowspan="2">3월 선망</td><td></td></tr>
<tr><td>72</td><td></td><td>趙丙涉條</td><td>18</td><td></td></tr>
<tr><td>201</td><td>3월 선망</td><td></td><td rowspan="2">全仲烈</td><td>54</td><td>2월 후망</td><td></td></tr>
<tr><td>42</td><td></td><td>林京浩條</td><td>90</td><td>3월 선망</td><td></td></tr>
</table>

주: 미납 덕대의 일부만을 제시.
자료: 규21936, 「乙巳三月至順安礦稅金未捧成冊」.

부표 2 1921년도 금광산의 설비

광산	소유자	채굴·운반·배수설비	경영	도광기	동력설비	제련법
영중	조선인		직영			
금주	일본인		직영			
629	조선인		직영	목제	수력	혼홍
노천리	일본인		직영			
청안	조선인		직영			
용성			덕대	목제	수력	혼청
임천	일본인	수권양기, 스킵 권양기	청부			
죽림리			덕대	목제	수력	혼청
삼학	일본인		직영	목제	가스	혼청
대천	일본인		직영	목제	가스	청화
구봉산	일본인	수압펌프	청부	목제	수력	혼청
용마리	일본인		청부	목제		혼청
대현	조선인		덕대	목제	수력	혼홍
계산	일본인		직영	목제	수력	혼청
해미	일본인		덕대	목제	수력	혼청
오천	일본인	사금준설기	청부	목제	가스	혼청
직산	외국인		직영			
삼가리	일본인	수압펌프	직덕	목제	수력	혼홍
광양	일본인	수압펌프	직청			
순천	일본인	수권양기, 수압펌프	직청			
전보	일본인	수권양기, 펌프	덕대	목제	가스	혼홍
고령	일본인		청부	목제	수력	혼청
함안	일본인	수권양기	청부			
용장	일본인	착암기, 펌프	직영			
수안	외국인		직청			

부표 2 계속

광산	소유자	채굴·운반·배수설비	경영	도광기	동력설비	제련법
일치	일본인		직영	철제	수력·가스	혼홍
숭화		수압펌프	덕대			
삼덕	일본인	수권양기, 수압펌프	직영			
대창	일본인	프란쟈펌프	직영			
율포	일본인		직영	철제	가스	혼청
낙산	일본인		덕대	목제	수력	혼홍
계림		전기권양, 터빈펌프	직영		가스	건식
통영	일본인	수권양기, 수압펌프	청부	철제	가스	혼청
창성	일본인		직영	목제	수력	혼홍
직리	조선인	스킵 권양기, 펌프	직덕	목제	수력	혼홍
운산	외국인		직영	철제	동력	혼청
이은봉	조선인		덕대	목제	수력	혼홍
청량	조선인	수권양기	직영	목제	수력	혼홍
곽산	외국인		덕대			
신부면	일본인	수권양기	직영	목제	수력	혼홍
선천	일본인		직영			
감찰	조선인	증기권양기, 펌프	직영	목제	수력	혼홍
창성	외국인		직영	철제	증기	혼청
동창	조선인		덕대	목제	수력	혼홍
화표	조선인		직덕	목제	수력	혼홍
인흥	일본인		덕대	목제	수력	혼홍
송화			덕대	목제	수력	혼홍

자료: 石垣淸, 「技術及經濟上より見たる朝鮮の金鑛業」, 『회지』 5-10, 1922: 10.

부표 3 1930년경 금광산의 작업 방식

광산	경영 방식	채굴법	운반설비	선광법	도광기	동력설비	제련법
운산	청부	계단	스킵	도태	1,050	전기	혼청
도화	덕대	정호	수권양	수선	850	가스	혼매
	직영	계단	전동				
창성		충전	스킵	도태	1,100	가스	청
신연		계단	스킵	도태	500	가스	혼청
교동	덕대	갱도		도태	350	가스	혼청
삼태	덕대	갱도			목제	수차	임청
천원	덕대	갱도			목제	수차	임
운창	덕대	굴하			목제	수차	임
삼성	청부	계단	스킵	도태	500	전기	혼청매
구성	덕대						임매
안창리	덕대						
길상						가스	
입석	덕대	굴하			500	가스	혼청
선천	청덕			도태	250	디젤	혼청
일봉	덕대					수차	혼매
북평	덕대					수차	혼
의주	덕대			도태	500	가스	혼청
자성		횡갱		부선	950	가스	혼매
북광	덕대	굴하		수선			매
대창	덕대	수평		수선			매
봉린		굴하		수선			매
성흥	덕대	노두		수선			매
삼천	병용	굴하		수선			매
삼덕	직영	굴하		수선			매

부표 3 계속

광산	경영 방식	채굴법	운반설비	선광법	도광기	동력설비	제련법
천왕		수평	전동	부선	1,050	가스	혼매
운룡	청부	계단		도태	450	증기	혼
청진		굴하				수차	혼
청암	병용	계단			1,050	디젤	혼청매
오봉	병용	갱도			목제	수차	혼청
풍천		계단	증기				
한흥	직영			수선	목제	수차	혼매
한동리	병용	절하	수권양	수선			매
동창	덕대	절하	人背	수선	목제	수차	혼
대령	병용	수굴				수차	혼청
원창	덕대	굴하		수선			매
사산		수굴	인배	수선	목제	수차	혼
삼가리	병용	절하	인배	수선	목제	수차	혼매
반암	덕대	굴하	수권양	수선	목제	수차	혼청매
덕천	덕대		수권양		100	석유	혼
광양		계단	기관차	부선			매
구산	덕대	수굴			목제	가스	
외천	덕대	굴하		수선			매
옥천	직영		수권양	수선			매
영동		굴하			목제	수차	혼
월전리	덕대			수선			매
삼길	덕대						매
천만					100	수차·가스	혼청
창영	직영						
대릉	덕대			수선	200	석유	

부표 3 계속

광산	경영 방식	채굴법	운반설비	선광법	도광기	동력설비	제련법
용성		계단	스킵	수선	450	디젤	혼청매
이인	병용	수굴		수선			매
전의		절하		수선			매
임천	덕대	절하					청매
부여	덕대	수굴	지게		목제	중유	혼청
죽림리			지게	수선	목제	석유	혼
양지리	덕대	굴하	지게	수선	목제	수차	혼청
보령		계단	권양	수선			매
만리	청부	굴하	수권양	수선	100	디젤	혼청
의평	병용	절하	지게	수선	목제	수차	혼청
구봉산	청부	굴하	광차	수선	목제	수차	혼매
청양		절하	광차				
삼창	덕대	굴하	지게	수선			매
순금산	덕대	굴하			목제	수차	혼
둔포		굴하	수권양	수선	450	석유·증기	
대흥		계단	수권양	수선	150	석유	혼청
호미		계단	수권양				임도
중앙	병용	수굴	전동	도태	1,250		혼청매
일동	덕대	굴하		수선	목제		매혼
영중	덕대				150	수차	혼
경산	직영	굴하		수선			매
고려						수차	혼
계정	덕대	굴하			100	석유	혼
여수	병용		스킵		1,050	디젤	혼
두미		계단	수권양	수선			임

부표 3 계속

광산	경영 방식	채굴법	운반설비	선광법	도광기	동력설비	제련법
안성	직영	계단	스킵	도태			매
문학산					350	석유	혼
율포		잔주	권양	도태	1,050	디젤·가스	혼청
수안		수굴		부선			매
신연	청부	수굴	수권양	부선	1,050	가스	혼매
낙산	덕대			수선	양식		매
곡산				부선			
이등	덕대	리굴	인배			수차	
청석		갱도					매
장남	덕대	수굴			목제	수차	혼
삼조	덕대	노두			목제	수차	혼청
혈리		노천					
몰운	병용	굴하	수권양		목제	수차	혼청
북동	덕대	절하		수선	100	석유	혼청
화암	덕대	절하	인배	수선	목제	수차	혼청
천포	병용	수굴	인배		150	수차	혼청
입탄	덕대	굴하			목제	수차	혼청
동원	병용		인배	수선	목제	수차	혼청
월운	병용	수굴			목제	수차	혼
금일	직영	절하	인배	수선	목제	수차	혼
우익	병용	절하			250	석유	혼청
평강	병용			수선	목제	수차	혼청매
창도		노천		수선			매
용상				수선			매
고령		굴하	수권양	도태	450	증기	매

부표 3 계속

광산	경영 방식	채굴법	운반설비	선광법	도광기	동력설비	제련법
대야		절하		수선		수차	혼
득익			인배	수선	목제	수차	혼매
상영	병용	계단			125	석유	매
상운	덕대					수차	
금정	병용	절하	지게	수선	목제		혼청
명법	덕대					수차	혼청
우구		굴하					
용장	덕대	절하	수권양	수선			매
용호		절하	수권양				
대변		수굴					
마산		절하					
이산	청부	절하		수선			매
삼동		굴하		수선			
대야	덕대	발굴			목제	족답	청
용계	덕대	노두			목제	수차	혼청
봉	덕대	수굴			목제	수차	혼청매
도탄리		계단	광차	수선			매

주: 제련법에서 혼, 청, 매, 임은 혼홍, 청화, 매광(賣鑛), 임도(賃搗). 도광기에서 숫자는 공이 중량(파운드).
자료: 德野眞士(1930).

참고문헌

1. 자료

1) 약칭으로 제시한 자료

『관보』: 『(舊韓國)官報』, 『朝鮮總督府官報』

『광조』: 『鑛業朝鮮』

『문서』: 『日本外交文書』, 外務省編

『시대』: 『鑛業時代』

『시정연보』: 『朝鮮總督府施政年報』

『실록』: 『朝鮮王朝實錄』

『영안』 2: 『舊韓國外交文書』 英案2

『월보』: 『殖銀調査月報』

『집록』: 『殖銀調査輯錄』

『집성』: 『日韓外交資料集成』

『추세』: 『朝鮮鑛業の趨勢』, 『本邦鑛業の趨勢』 附錄

『통계연보』: 『朝鮮總督府統計年報』

『회보』: 『朝鮮鑛業會報』

『회지』: 『朝鮮鑛業會誌』

규16451: 『順安郡礦處田畓成册』

규17821: 『彙案』

규17848-6: 『請願書』

규18001: 『訴狀』

규18971: 「黃海道遂安郡金鑛章程」

규19143: 『訓令照會存案』

규19149: 『忠淸南北道各郡報告』

규19157: 『黃海道各郡報告』

규19158: 『黃海道各郡訴狀』

규19159: 『平安南北道各郡訴狀』

규19160: 『平安南北道各郡報告』

규19161: 『咸鏡南北道各郡報告』

규19309: 『上下葉張綴』

규20054: 『宮內部來去案』

규21027: 『各郡照復書類』

규21935: 『制度局鑛山書類』

규21936: 『經理院各軍尺文軸』

규22053: 『經理院雜書類』

규23394: 『遂安金鑛地域調査派員命令書』

규23398: 『遂安礦山開發朝鮮人에 대한 賠償金支拂要請』

규26387: 『遂安郡石礦關係請願書』

규26388: 『遂安郡石礦關係書類外各種領收證綴』

보고서A: 葛原英夫, 「成興鑛山報告書」, 1934

보고서B: 原田敏雄, 「成興鑛山報告書」, 1934

보고서C: 上原龍興, 「成興鑛山報告書」, 1939

보고서D: 孫澤, 「成興鑛山報告書」, 1939

보고서E: 柳昌燮, 「僉津鑛山報告書」, 1939

보고서F: 河井武, 「僉津鑛山報告書」, 1938

보고서G: 孫秉讚, 「樂山鑛山報告書」, 1939

보고서H: 宋聖律, 「樂山鑛山報告書」, 1939

보고서I: 咸聖熙, 「發銀鑛山報告書」, 1938

보고서J: 松本弘, 「吉祥鑛山報告書」, 1933

보고서K: 尹泰圭, 「慈城金鑛報告書」, 1940

보고서L: 金谷宗淸, 「三成鑛山本坑報告書」, 1940

보고서M: 高橋武男, 「義州鑛山實習報告書」, 1932

보고서N: 安昌薰, 「義州鑛山第2鑛業所實習報告文」, 1936

2) 자료명으로 제시한 자료

『승정원일기承政院日記』

『고종실록高宗實錄』

『비변사등록備邊司謄錄』

『일성록日省錄』

『통서일기統署日記』

『만기요람萬機要覽』

『탁지지度支志』

『열하일기熱河日記』, 朴趾源

『임원경제지林園經濟志』, 徐有渠

『경제야언經濟野言』, 禹禎圭, 1788

『천일록千一錄』, 禹夏永, 1796

『연려실기술鍊藜室記述』, 李肯翊

『목민심서牧民心書』, 丁若鏞, 1818

『한국광업조사보고韓國鑛業調査報告』, 1906

『통상보고通商報告』

『통상휘찬通商彙纂』

『京城商議月報』

『朝鮮鑛業』

『일본광업회지日本鑛業會誌』

『제국의회설명자료帝國議會說明資料』 제79회, 제84회

『금매각관계서류金賣却關係書類』

『조선광구일람朝鮮鑛區一覽』, 각 연도

『영업보고서營業報告書』, 日本產金振興(주)

「금산매도신청서金山賣渡申請書」

『朝鮮諸學校一覽』

『朝鮮總督府調査月報』

Diplomatic and Consular Reports on Trade and Finance

3) 저자명으로 제시한 자료(국문, 일문의 순)

國史編纂委員會(1972), 『高宗時代史』 6.

김낙년·박기주·박이택·차명수 편(2018), 『한국의 장기통계』II, 도서출판 해남.

金聖浩(1936), 『鑛山經營法』, 晴嵐社.

金鍾射(1983), 「광업기술생활회고록」, 학술원, 『나의 걸어온 길』.

李駿烈(1973), 『松崗小史』.

大同鑛業株式會社(1941), 『大同一覽』.

朝鮮銀行調査部(1948), 『朝鮮經濟年報 1948年版』.

靑柳南冥編(1918), 『總督政治』.

淺野虎三郞(1913), 『朝鮮鑛業誌』.

飯島純介(1916), 「朝鮮の金鑛業」, 『朝鮮彙報』 1月.

伊藤彌次郞(1885), 「朝鮮國鑛山の概況」, 『日本鑛業會誌』 593호 재수록.

上瀧基(1933), 「產金奬勵に就て」, 『朝鮮總攬』.

梅村又次·溝口敏行編(1988),『舊日本植民地經濟統計』.

大藏省管理局(1946),『日本人の海外活動に關する歷史的考察』 제6책.

大橋清三郞·川端源太郞·三輪信一(1915),『朝鮮産業指針』.

近藤忠三(1943),『朝鮮の鑛業』.

鑛山懇話會(1932),『日本鑛業發達史』 下.

財政經濟學會(1939),『明治大正財政史』 朝鮮編.

志賀融(1931),『朝鮮金屬鑛業發達史』.

全國經濟調査機關聯合會朝鮮支部(1940),『朝鮮經濟年報 昭和15年版』.

立岩巖(1937),「朝鮮に於ける地質及鑛物資源調査沿革」,『朝鮮實業』 7月號.

立松潔(1979),「新興財閥」,『體系日本現代史』 4.

度支部(1910),『韓國財政經過報告』 第4回.

通商産業省(1966),『商工政策史』 第22卷.

______(1980),『商工政策史』 第23卷.

高衫東峰(1940),『朝鮮金融機關發達史』.

德野眞士(1930),『鑛業狀況』(총12책).

______(1931),『朝鮮金鑛業の槪況』.

東亞經濟時報社(1940; 1942),『朝鮮銀行會社組合要錄』(昭和15年, 17年).

東洋經濟新報社(1943),『朝鮮産業年報 昭和18年版 朝鮮産業の決戰再編成』.

______(1950),『昭和産業史』.

鈴木哲郞(1927),「朝鮮の金鑛業經營と金鑛の處理に就いて(上)」,『朝鮮及滿洲』 234호.

朝鮮硏究社(1940),『躍進之西鮮』.

朝鮮功勞者名鑑刊行會(1935),『朝鮮功勞者名鑑』.

朝鮮工業協會(1939),『朝鮮技術家名簿』.

朝鮮銀行史硏究會編(1987),『朝鮮銀行史』.

朝鮮新聞社(1935),『朝鮮人事興信錄 昭和10年版』.

朝鮮殖産銀行調査部(1942; 1943),『朝鮮事業成績』(昭和16年, 17年).

朝鮮總督府(1917),『朝鮮の保護及併合』 朝鮮統治史料 제3권.

______(1921),『朝鮮産業調査會議錄』.

______(1930),『朝鮮國勢調査報告 全鮮編』.

______(1936),『朝鮮産業經濟調査會會議錄』.

______(1938),『時局對策調査會諮問答申案』.

_____(1940), 『朝鮮國勢調査結果要約』.

_____(1942), 『朝鮮勞働技術統計調査結果報告』.

朝鮮總督府學務局社會課(1933), 『工場及鑛山に於ける勞動狀況調査』.

朝鮮總督府建設課計劃係(1940), 『江界中江鎭間線路經濟狀況』.

朝鮮總督府鑛務課(1941), 「昭和16年鑛業資源調査票綴」.

朝鮮總督府殖産局(1922), 『朝鮮の鑛業』.

_____(1925), 『朝鮮に於ける主なる鑛山の槪況』.

_____(1929), 『朝鮮の金銀鑛業』.

朝鮮總督府殖産局鑛山課(1933), 『朝鮮鑛業の槪況』.

朝鮮總督府地質調査所(1941), 『朝鮮鑛物誌』.

朝鮮總督府內務局社會課(1923), 『會社及工場に於ける勞動者の調査』.

朝鮮總督府燃料選鑛研究所(1931), 『第8回選鑛製錬試驗報告』.

朝鮮總督府勞務課調査係(1942), 「朝鮮の勞務者移動狀況」, 『朝鮮勞務』 2-5.

日本外務省編(1965), 『日本外交年表竝主要文書』 上.

日本銀行百年史編纂委員会編(1984), 『日本銀行百年史』 第4巻.

日本鑛業株式會社(1957), 『五十年史』.

日本電報通信社京城支局(1911), 『朝鮮紳士名鑑』.

農商務省譯(1905), 『韓國誌』, 러시아대장성 발간.

穗積眞六郎(1932), 「金探鑛奬勵と産金買上に就て」, 『朝鮮』 209호.

宮崎雪堂(1917), 『朝鮮鑛業指針』.

山口精(1910), 『朝鮮産業誌』 上.

友邦協會編(1974), 『統監府時代の財政』.

吉田二雄·武田正憲(1941), 『探鑛奬勵金交付申請手引』.

姬野實(1936), 『朝鮮經濟圖表』.

2. 연구서 및 연구논문(국문, 일문, 영문 순)

강창석(1999), 「통감부설치 이전의 한국광업 연구」, 『釜大史學』 제23집, 627-664.

高承濟(1959), 『近世韓國産業史研究』, 大東文化社.

廣瀨貞三(1984), 「19世紀末 日本의 朝鮮鑛山利權 獲得企圖(1882-1894)」, 『史叢』 제28호, 1-66.

金根培(1996), 「일제시기 조선인 과학기술인력의 성장」, 서울대 박사학위논문.
金洋植(1997), 「개항기 한말 광산노동자 연구」, 『國史館論叢』 第77輯, 1-34.
_____(2000), 「대한제국기 덕대·광부들의 동향과 노동운동」, 『한국근현대사연구』 제14집, 37-70.
金載昊(1992), 「'保護國期'(1904-1910)의 皇室財政整理」, 『經濟史學』 제16호, 1-57.
金峻憲(1987), 「小南 金台原의 事跡과 金井鑛山의 경영」, 『經營史學』 제2집, 1-34.
村上勝彦(1975), 「植民地」, 정문종 역(1984), 한울.
朴基炷(1988), 「1930년대 朝鮮産金奬勵政策에 관한 연구」, 『經濟史學』 제12호, 121-219.
_____(1996), 「개항기 조선인 金鑛業의 實態」, 『經濟史學』 제20호, 3-41.
_____(1998), 「朝鮮에서의 金鑛業 發展과 朝鮮人鑛業家」, 서울대 박사학위논문.
_____(1999), 「1930년대 조선 금광업의 기계화와 노무관리·통제—日本鑛業株式會社 소속광산을 중심으로」, 『經濟史學』 제26호, 3-37.
_____(2015), 「조선시대 광업사 재고—금·은·동·연점을 중심으로」, 『經濟史學』 제59호, 3-48.
朴萬圭(1984), 「開港以後의 金鑛業實態와 日帝侵略」, 『韓國史論』, 제10집, 273-327.
朴贊一(1982), 「韓末 金輸出과 金鑛業 德大經營에 관한 硏究」, 성균관대 박사학위논문.
박 현(2011), 「조선총독부의 金 生産力擴充計劃 수립과 전개」, 『한국근현대사연구』 제59집, 119-156.
方基中(1996), 「帝末期 大同事業體의 經濟自立運動과 理念」, 『韓國史硏究』 95, 139-178.
배석만(2016), 「일제말 광산업자 崔南周의 端川鑛山 개발과정과 귀결」, 『한국사연구』 172, 265-296.
徐恩榮(1995), 「大韓帝國時期 民營會社의 設立과 그 성격」, 경희대 석사학위논문.
安秉直(1993), 「'국민직업능력신고령' 자료의 분석」, 安秉直·中村哲 편, 『近代朝鮮工業化의 硏究』, 一潮閣.
양상현(1998), 「대한제국기 내장원의 광산 관리와 광산 경영」, 『역사와 현실』 27, 209-246.
柳承宙(1976), 「李朝開港前後의 鑛業政策硏究: 金鑛開發을 둘러싼 논의를 중심으로」, 『아세아연구』 19-1, 179-232.
_____(1993), 『朝鮮時代鑛業史硏究』, 고려대학교출판부.
李培鎔(1984), 『舊韓末列强의 鑛山利權獲得에 관한 硏究』, 一朝閣.
_____(1989), 「日帝初期 鑛業法 改正과 鑛業侵奪 實態」, 『東亞硏究』 제17집, 서강대동아연구소, 661-687.
이정인·이태섭(2021), 『한국 광업사: 근대 이전을 중심으로』, 한국지질자원연구원.
林炳勳(1981), 「朝鮮後期 鑛業經營의 發展—金銀鑛業을 중심으로」, 『韓國史硏究』 제32호, 103-147.
_____(1983), 「開港後 韓末의 덕대제 鑛業經營—함경도 영흥금광 사례」, 『大丘史學』 제24호, 79-122.
_____(1988), 「개항기·韓末 銅鑛業의 生産과 經營—甲山銅鑛을 중심으로」, 『慶北史學』 제11집, 69-135.
장국종(1991), 『조선광업사 2』, 공업종합출판사.
장시원(2024), 『근대 조선의 대지주 연구』, 에피스테메.

朱益鍾(1991),「日帝下 조선인 會社資本의 動向」,『經濟史學』 제15호, 31-66.

河元鎬(1993),「개항기 穀物의 流通과 價格變動에 관한 硏究(1976-1904)」, 고려대 박사학위논문.

許粹烈(1988),「日帝下 조선인會社 및 조선인重役의 분석」,『近代조선의 經濟構造』, 비봉출판사.

홍희유(1979),『조선중세수공업사연구』, 지양사에서 복간(1989).

立松潔(1979),「新興財閥」,『體系日本現代史』 4, 日本評論社.

伊東正直(1980),「日本銀行金買入法小論－管理通貨制移行と金政策覺書」,『立命館經濟學』 29-4, 19-31.

石村善助(1960),『鑛業權の硏究』, 勁草書房.

大森とく子(1976),「近代史部會報告批判－日本の金本位制と朝鮮産金－」,『歷史學硏究』 第428號, 59-63.

大鹽武(1989),『日窒コンツェルンの硏究』, 日本經濟評論社.

金子文夫(1986),「1920년대における朝鮮産業政策の硏究-産業調査委員會を中心に」, 原郞,『近代日本の經濟と政治』, 山川出版社.

姜德相(1966),「李氏朝鮮開港直後の金流出に關する一考察」,『駿台史學』 第19號, 78-106.

小林英夫(1967),「朝鮮産金奬勵政策について」,『歷史學硏究』 第321號, 10-24.

小林英夫(1979),「日本金本位制移行と朝鮮」,『朝鮮歷史論集』 下卷, 龍溪書舍.

小林賢治(1987),「朝鮮植民地化過程における日本の鑛業政策」,『經濟科學』 34-4, 483-520.

サクソンハウス, G. R.(1981),「戰間期における朝鮮人勞動者」, 中村隆英 編,『戰間期の日本經濟分析』, 山川出版社.

櫻井義之(1934),『朝鮮に於ける鑛山勞動事情』.

武田晴人(1987),『日本産銅業史』, 東京大學出版會.

中國近代國民經濟史硏究會編譯(1971),『中國近代國民經濟史』, 雄輝社.

長島修(1977),「日本帝國主義下朝鮮における鐵鋼業と鐵鋼資源(上, 下)」,『日本史硏究』 第183, 184號, 1-32, 30-47.

長沢一恵(2016),「近代鉱業と植民地朝鮮社会: 李鍾萬の大同鉱業と雑誌『鉱業朝鮮』を中心に」,『한림일본학』 29, 한림대학교 일본학연구소, 185-208.

西川俊作·阿部武司編(1990),『產業化の時代』 上, 岩波書店.

松本俊郞(1988),『侵略と開發』, 御茶の水書房.

廣瀨貞三(1985),「十九世紀末日本の朝鮮鑛山利權獲得について－忠淸道稷山金鑛を中心に－」,『朝鮮史硏究會論文集』 第22號, 167-187.

堀和生(1988),「朝鮮人民族資本論」, 中村哲 外編,『朝鮮近代の歷史像』, 日本評論社.

吉野誠(1975),「朝鮮開國後の米穀輸出について」,『朝鮮史硏究會論文集』 12, 33-60.

吉城文雄(1979),「近代技術導入と鑛山業の近代化」, 技術の移轉·變容·開發－日本の經驗プロジェクト, 國際聯合大學.

Hamilton, C. (1986), *Capitalist Industrialization in Korea*, Westview Press.

Myers, R. H. and M. R. Peattie eds.(1984), *The Japanese Colonial Empire, 1895-1945*, Princeton University Press.

Nef, J.(1952), "Mining and Metallurgy in Medieval Civilisation," M. Postan ed., *Cambridge Economic History of Europe*, II, Cambridge University Press.

Nishiwata, K.(1897), "Useful Minerals of Korea," *The Korean Repository*, Sept.

North, D. C. and R. P. Thomas(1973), *The Rise of the Western World,* Cambridge University Press.

Weber, M., *General Economic History*, trans. by F. H. Knight(1950), The Free Press.

U.S. Army Military Government in Korea(1947), "The Present Economic Status of South Korea," A Report prepared for Lieutenant General Albert C. Wedemeyer.

[ㅇ]

[ㅈ]

[ㅊ]

[ㅌ]

[ㅍ]

[ㅎ]